HISTÓRIA PARA O AMANHÃ

ROMAN KRZNARIC

HISTÓRIA PARA O AMANHÃ

*inspirações do passado
para o futuro da humanidade*

Tradução
Alessandra Bonrruquer

1ª edição

Rio de Janeiro | 2024

CIP-BRASIL. CATALOGAÇÃO NA PUBLICAÇÃO
SINDICATO NACIONAL DOS EDITORES DE LIVROS, RJ

K96h Krznaric, Roman
  História para o amanhã : inspirações do passado para o futuro da humanidade / Roman Krznaric ; tradução Alessandra Bonrruquer. - 1. ed. - Rio de Janeiro : Difel, 2024.

  Tradução de: History for tomorrow: inspiration from the past for the future of humanity
  ISBN 978-85-7432-168-4

  1. Antropologia social. 2. Etnografia. 3. Filosofia social e política. 4. História social e cultural. I. Bonrruquer, Alessandra. II. Título.

24-92970
CDD: 303.49
CDU: 316.42

Gabriela Faray Ferreira Lopes - Bibliotecária - CRB-7/6643

Copyright © Roman Krznaric, 2024
Publicado originalmente em inglês com o título HISTORY FOR TOMORROW: INSPIRATION FROM THE PAST FOR THE FUTURE OF HUMANITY em 2024 pela WH Allen, um selo da Ebury Publishing. Ebury Publishing é parte do grupo Penguin Random House.

Todos os direitos reservados. Proibida a reprodução, armazenamento ou transmissão de partes deste livro, através de quaisquer meios, sem prévia autorização por escrito.

Texto revisado segundo o Acordo Ortográfico da Língua Portuguesa de 1990.

Direitos exclusivos de publicação em língua portuguesa somente para o Brasil adquiridos pela
Difel, um selo da Editora Bertrand Brasil Ltda.
Rua Argentina, 171 – Rio de Janeiro, RJ – 20921-380 – Tel.: (21) 2585-2000, que se reserva a propriedade literária desta tradução.

Impresso no Brasil

ISBN 978-85-7432-168-4

Seja um leitor preferencial Record.
Cadastre-se no site www.record.com.br
e receba informações sobre nossos
lançamentos e nossas promoções.

Atendimento e venda direta ao leitor:
sac@record.com.br

O principal e mais adequado trabalho da história é instruir
e permitir que os homens, por meio do conhecimento das
ações do passado, comportem-se de modo prudente no
presente e de modo previdente no futuro.

— Thomas Hobbes, no prefácio de 1628 para sua tradução de
História da Guerra do Peloponeso, de Tucídides

Sumário

Introdução   Olhando para trás a fim de encontrar o caminho adiante   9

1   Superando a dependência dos combustíveis fósseis   17
2   Cultivando a tolerância   38
3   Abandonando o hábito do consumo   57
4   Domando as redes sociais   78
5   Garantindo água para todos   99
6   Revivendo a fé na democracia   118
7   Administrando a revolução genética   138
8   Reduzindo a lacuna de desigualdade   159
9   Mantendo as máquinas sob controle   177
10   Evitando o colapso civilizacional   201

Conclusão   Cinco razões para a esperança radical   223

Agradecimentos   231
Notas   233
Lista de ilustrações   281
Bibliografia   283
Índice   309

Introdução

OLHANDO PARA TRÁS A FIM DE ENCONTRAR O CAMINHO ADIANTE

A compreensão da história é um tesouro compartilhado para o futuro da humanidade. Vivemos em uma era dominada pelo presente, que subestima profundamente a experiência acumulada do passado como guia para onde irmos em seguida. Diante dos desafios coletivos do século XXI — da ameaça de colapso ecológico e da crescente desigualdade de riqueza aos riscos da inteligência artificial e da engenharia genética —, não estamos aproveitando nosso imenso estoque de sabedoria oferecido por geração após geração de antepassados. É preciso olhar para trás a fim de mapear um caminho para seguir em frente.

Cada vez mais, a tirania do agora governa a vida pública. A maioria dos políticos está ocupada demais, reagindo às manchetes de hoje ou seguindo as últimas tendências, para dar uma pausa e dedicar um tempo a aprender com o passado. As redes sociais fazem com que prendamos nossa atenção ao presente, enquanto os gurus tecnológicos garantem que tecnologias de ponta virão em resgate de nossa civilização: quem precisa de história quando temos captura de carbono, biologia sintética e algoritmos de inteligência artificial?

Quando se trata da vida cotidiana, no entanto, nota-se a quantidade de pessoas que ainda são fascinadas pelo passado. Milhões assistem a documentários históricos com deslumbramento, são ávidos ouvintes de podcasts históricos, leem biografias históricas, visitam locais da Antiguidade em feriados e embarcam em missões para rastrear a ancestralidade de suas famílias. Imagine se pudéssemos canalizar nossa paixão pelo passado para ajudar a solucionar os vários dilemas que serão enfrentados pela humanidade nas próximas décadas.

Há uma boa razão para fazermos isso. Uma eminente linhagem de pensadores históricos, desde Tucídides, Ibne Caldune e Thomas Hobbes, argumentou que o estudo do passado pode nos ajudar a navegar o futuro — algo também conhecido como "história aplicada".[1] Seu propósito não é permitir que prevejamos o futuro como Nostradamus, mas sim expandir nossa imaginação. A história pode nos lembrar de como enfrentamos crises no passado, revelar maneiras há muito esquecidas de organizar a sociedade, expor as raízes das injustiças e das relações de poder atuais e oferecer pistas para sobrevivermos, prosperarmos e promovermos mudança. A história é uma conselheira, não uma vidente. Ela nos incentiva a fazermos novas perguntas e reconhecermos a possibilidade de outros caminhos. Goethe entendeu o sustento que ela fornece quando declarou: "Aquele que não pode lançar mão de 3 mil anos vive na penúria."[2]

Será que a história realmente pode atender às expectativas de uma promessa como guia num mundo complexo? Em outubro de 1962, no auge da crise dos mísseis de Cuba, o presidente John F. Kennedy buscou conselho em uma obra histórica popular, *The Guns of August* [As armas de agosto], de Barbara W. Tuchman, que narrava a série de percepções equivocadas, erros de cálculo e descuidos que foram cometidos por líderes políticos e militares e que contribuíram para o início da Primeira Guerra Mundial. Kennedy temia que uma resposta política agressiva por parte dos Estados Unidos levasse a uma cascata similar de decisões que fariam o premiê soviético Nikita Khrushchov apertar o botão nuclear. "Não farei nada que permita que alguém escreva um livro comparável sobre esta época, *Os mísseis de outubro*", disse o presidente ao irmão, o procurador-geral Robert Kennedy. "Se alguém viver para escrever sobre isso, entenderá que fizemos tudo em nosso alcance para todos ficarem em paz e oferecer liberdade de movimentação a nosso adversário."[3]

Os historiadores ainda debatem acaloradamente sobre os principais pontos de virada da crise dos mísseis de Cuba. Mas há um consenso difundido de que o livro de Tuchman desempenhou um papel crucial na decisão de Kennedy de resistir aos membros pró-guerra de sua administração que queriam invadir Cuba sob o risco de um conflito termonuclear. Em vez

INTRODUÇÃO

disso, o presidente adotou uma abordagem ponderada e buscou uma solução diplomática — que acabou levando à resolução bem-sucedida da crise. De acordo com a historiadora Margaret MacMillan, o livro fez com que Kennedy ficasse "consciente de como uma série de erros e equívocos pode produzir uma grande catástrofe".[4] Certos livros ajudaram a iniciar guerras, como a Bíblia e *Minha luta*. *Por sua vez, The Guns of August* está entre os poucos que podem ter impedido uma.

Esse evento é uma mensagem para nosso tempo que revela o poder de aprendermos com a história. Ele mostra que a história pode servir como um valioso alerta, ideia capturada no famoso aforismo de George Santayana: "Aqueles que não se recordam do passado estão condenados a repeti-lo."[5] Embora possa ser útil lembrarmo-nos de nossos erros e aprender com eles — como fez Kennedy —, se queremos que a história nos guie, é igualmente importante lembrarmo-nos de nossas realizações e nos inspirarmos nelas. Assim, neste livro, adoto uma abordagem dualista do passado, buscando insights tanto em exemplos positivos do que deu certo quanto em contos de advertência sobre o que deu errado.

Também acredito na importância de desafiar a antiquada ideia de que a história se resume ao que Thomas Carlyle chamou de "biografia dos grandes homens": as decisões e ações de políticos poderosos, líderes militares, magnatas e outras figuras públicas. Essa visão elitista da história foi contestada, na última metade do século, por uma escola de pensamento alternativa que enfatiza a importância da "história vista de baixo". O trabalho de historiadores como E. P. Thompson, Christopher Hill e Natalie Zemon Davis, os movimentos de história pública e oral e a tradição francesa dos *Annales* preocupam-se em enfatizar que muito da história foi escrito da perspectiva do poder, ignorando o papel de movimentos sociais, organizações comunitárias e cidadãos comuns na construção do passado. E isso tem consequências. Como escreveu Howard Zinn em seu pioneiro *A People's History of the United States* [Uma história popular dos Estados Unidos], "a maior parte da história minimiza a revolta, enfatiza excessivamente o estadismo e, desse modo, incentiva a impotência entre os cidadãos".[6]

Honrando essa tradição de "história vista de baixo", escrevi este livro a fim de descobrir qual inspiração podemos encontrar em nosso passado coletivo, de modo que ela seja de ajuda para os desafios mais urgentes da humanidade nos dias de hoje. O sistema global já está mostrando sinais de pane: enchentes gigantescas, derretimento de geleiras, crescimento de uma extrema direita, colapso dos Estados de bem-estar social, racionamento de energia, epidemias virais, ataques cibernéticos. Parece que estamos indo rumo a uma era de crise permanente. A história é uma bússola que pode nos ajudar a encontrar nosso caminho em meio ao caos. Não alego ter descoberto quaisquer "leis" históricas universais (isso seria uma fantasia, dadas as vastas complexidades do passado) nem defendo um modelo teórico ou tese específicos sobre como a mudança histórica ocorre.[7] No espírito de Howard Zinn, meu principal objetivo é trazer à luz narrativas e conhecimentos da história capazes de empoderar os promotores de mudança na sociedade — não somente políticos e legisladores, mas também organizadores comunitários, estudantes ativistas, empreendedores sociais, rebeldes urbanos, educadores e outros cidadãos comprometidos que querem fazer a diferença nesse momento crítico da história humana.

Cada um dos dez capítulos trata de um desafio global essencial, como a escassez de água, a desigualdade crescente ou os riscos da engenharia genética. Foram retirados dos cada vez mais abundantes estudos acadêmicos sobre colapso civilizacional e risco existencial, que identificam as principais ameaças ecológicas, sociopolíticas e tecnológicas à sobrevivência e ao florescimento das sociedades humanas.[8] Em seguida, pergunto o que podemos aprender com os últimos mil anos, em múltiplas culturas e continentes, a fim de enfrentar esses desafios de maneiras mais inovadoras e efetivas. Ocasionalmente, para oferecer uma perspectiva mais ampla, a análise se expande para os três milênios de Goethe. A maioria dos exemplos foi retirada de sociedades complexas, urbanizadas e de grande escala, garantindo, dentro do possível, a aplicabilidade da história a nosso mundo multifacetado e globalizado.

Nos capítulos a seguir — os quais podem ser lidos como ensaios individuais —, descrevo a importância das inovações *sociais* no desenvolvimento da história, em contraste com as inovações tecnológicas, que tendem a receber muito mais atenção. Com inovações sociais, quero dizer inovações na ação coletiva, na organização humana e nos ideais compartilhados para o bem comum, indo do potencial disruptivo dos movimentos sociais às possibilidades radicais da democracia direta e à história oculta da gestão

INTRODUÇÃO

das massas. Cada uma dessas inovações — equivalentes sociais do motor a vapor ou do smartphone — se provou capaz, tanto quanto as novas tecnologias, de conduzir sociedades inteiras a mudanças. Se queremos empregar a sabedoria do passado no presente, é essencial lançarmos mão de tudo que descobrimos sobre a extraordinária capacidade humana de cooperação, auxílio mútuo e ação coletiva. Está na hora de uma Renascença no campo das relações.

No curso de minha pesquisa, deparei-me com uma abundância de exemplos históricos fascinantes, que estimularam perguntas bastante surpreendentes. O que as revoltas de escravizados do século XIX podem nos dizer sobre a nossa dependência dos combustíveis fósseis? Como a história do capitalismo pode nos ajudar a entender o que é necessário para limitar os perigos da IA? O que poderíamos aprender com um reino islâmico medieval, para promover a tolerância cultural em uma era de crescente migração, ou com o Japão pré-moderno, para contermos o consumo excessivo? Como os conflitos gerados pela prensa móvel ou os cafés da Londres georgiana podem estimular ideias que busquem diminuir a polarização política criada pelas redes sociais? Da Índia pré-colonial à Cuba revolucionária, da dinastia Qing na China à luta pelos direitos das mulheres na Finlândia, a história oferece inesperadas perspectivas e possibilidades para atravessarmos um futuro tumultuado.

Minha prática acadêmica é em ciência política. Olhar para o mundo pelas lentes da história tem sido o denominador comum de todas as minhas pesquisas e de todos os meus textos nas últimas três décadas, de uma tese de doutorado, na qual examinei os legados do colonialismo latino-americano, a livros e artigos que oferecem uma perspectiva histórica para tópicos como trabalho, empatia, democracia e pensamento de longo prazo.[9] Em *História para o amanhã*, vejo-me como um intérprete ou embaixador do passado, estudando as obras de historiadores profissionais e relacionando-as às crises do próximo século. Ao fazer isso, estou em dívida para com todos os historiadores que passaram anos mergulhados em arquivos e produziram uma riqueza intelectual sem a qual este livro não poderia ter sido escrito.

Também estou em dívida para com meus pais, que plantaram em mim a ideia de aprender com a história, durante nossas conversas à mesa de jantar, na minha adolescência. Meu pai sempre contava histórias das experiências que ele teve superando o trauma da Segunda Guerra Mundial na Polônia e fugindo da Europa para a Austrália como refugiado. Uma influência ainda maior foi minha avó — também uma refugiada que sobreviveu ao bombardeio de sua cidade natal na Itália durante a guerra, além de ser uma professora de História do ensino médio comprometida e apaixonada. Após uma ou duas taças de vinho, ela invariavelmente começava a falar dos grandes personagens, movimentos e eventos, dos esforços de Giuseppe Garibaldi para forjar a República italiana à ascensão do movimento sindical na Inglaterra industrial e à negligenciada história de mulheres como a polímata medieval Hildegarda de Bingen. Ela tinha o dom de fazer com que a história parecesse viva e crucial para nosso entendimento do mundo. Ela falava que construir uma paz duradoura nos Bálcãs exigia consciência das animosidades regionais presentes ali havia centenas de anos. Falava que jamais privatizaríamos serviços públicos como água, transporte ferroviário ou assistência médica se lembrássemos por que nossos antepassados haviam iniciado sua longa luta para entregá-los à gestão pública. Falava como o movimento ecológico global deveria aprender com as estratégias das sufragistas e com a campanha pela independência indiana.

Tudo isso vem com uma advertência. Buscar orientação no passado é potencialmente perigoso, já que a história pode ser muito facilmente usada e abusada. Joseph Stalin, Mao Tsé-Tung e diversos outros ditadores foram especialistas em eliminar suas atrocidades dos livros de história. Nas guerras balcânicas da década de 1990, líderes sérvios manipularam o passado, alegando que a Croácia e a Bósnia eram parte do antigo Império Sérvio e, portanto, pertenciam legitimamente a eles, ao passo que os croatas criaram mitologias similares.[10] Os políticos populistas de hoje promovem histórias imaginárias de pureza nacional em suas tentativas de manter os imigrantes do lado de fora. O poder político frequentemente é fundamentado na fabricação de memórias públicas.

Reconhecer os muitos desafios de aprender com a história é essencial. Pode-se interpretar um livro desta natureza como uma escolha dos exemplos mais convenientes do passado. E isso é absolutamente verdade, porque esses exemplos existem e estão aí para serem usados. Todo texto sobre história é seletivo e exige escolhas sobre assuntos, períodos, atores relevantes, importância de raça e gênero, papel da cultura e da tecnologia, uso de dados quantitativos e

INTRODUÇÃO

outras questões metodológicas. O que importa é ser claro sobre a abordagem. Da variedade de contextos históricos, selecionei conscientemente eventos e narrativas que servem de inspiração para abordarmos as dez maiores crises enfrentadas pela humanidade no século XXI e que focam principalmente os esforços e as iniciativas coletivas de pessoas normais, já que esse é o reino no qual temos o maior potencial de ação. A maioria de nós não é composta de figuras poderosas na política, na mídia ou nos negócios — como John F. Kennedy —, que podem influenciar diretamente as agendas públicas. No entanto, a história revela que, agindo em solidariedade, conseguimos começar a construir um futuro incerto. Espero que os exemplos que escolhi possam levar à reflexão e à ação.

"O passado é um país estrangeiro: eles fazem as coisas de forma diferente por lá", escreveu o romancista L. P. Hartley em *O mensageiro*, de 1953. Será que realmente podemos aprender com sociedades passadas que parecem tão distintas das nossas? Acredito que sim, desde que façamos isso com consciência e humildade. É verdade que nossos ancestrais não estavam envolvidos com redes digitais nem com manipulação do genoma humano, mas eles enfrentaram muitos desafios que, em sua essência, refletem os atuais — da pobreza e das pandemias aos conflitos militares e à escassez de água. As analogias também podem nos ajudar a fazer conexões através do tempo: até mesmo uma tecnologia, à primeira vista tão moderna quanto a inteligência artificial, encontra paralelos no passado. Contudo, é essencial enfatizar tanto as diferenças quanto as similaridades e evitar comparações simplistas ou enganosas: nem todo ditador é Adolf Hitler, nem toda guerra é a do Vietnã, nem toda crise econômica é outra Quinta-Feira Negra.[11]

Uma questão que demanda consciência está relacionada à identidade e à posição social. O campo da história aplicada ainda é dominado por homens brancos.[12] Reconhecendo os vieses e as distorções que podem emergir desse fato, lancei mão de uma variedade mais ampla de fontes eruditas, como as obras de Abeba Birhane e Kehinde Andrews, que trazem muito da história colonial a suas pesquisas sobre viés racial na IA e sobre os legados contemporâneos do império, respectivamente.[13] Também sei que sou um escritor do norte global: existe um "nós" neste livro que é majoritariamente localizado. Assim, tentei, tanto quanto possível, apresentar narrativas do sul global e de culturas não ocidentais, paralelamente a narrativas da Europa e da América do Norte (há um resumo dos exemplos na Conclusão).

Finalmente, existe o perigo de romantizar o passado. É importante reconhecer que a história humana é permeada por tragédias: guerras eclodiram, pessoas passaram fome e foram exploradas, sociedades entraram em colapso. Entretanto, isso não deve ofuscar todas as realizações. Repetidamente, nossos ancestrais confrontaram as injustiças, sobreviveram às crises e construíram cidades e civilizações, muitas vezes contra todas as probabilidades, sendo uma fonte de inspiração para nós, que enfrentamos os desafios do nosso próprio tempo. Há mais possibilidades e caminhos espalhados pelo último milênio do que somos capazes de imaginar.

No fim das contas, este é um livro sobre o poder de pensar historicamente. Fazer isso é um antídoto para a tirania do agora e contesta as narrativas comuns de progresso, que olham para tecnologias futuras em busca de salvação. Certos capítulos da história trazem uma mensagem de esperança radical: a de que, agindo juntos, usando a extraordinária capacidade de cooperação de nossa espécie, podemos encontrar maneiras inesperadas de passar pelas turbulências ecológicas, políticas e tecnológicas que rugem à nossa volta.

Enquanto viajamos em busca do amanhã, tenhamos em mente o provérbio maori: *Kia whakatōmuri te haere whakamua* ["Eu ando na direção do futuro, com um olho sempre no passado"].

1

SUPERANDO A DEPENDÊNCIA DOS COMBUSTÍVEIS FÓSSEIS

*Movimentos rebeldes
e o poder da desobediência*

O West India Interest foi um dos mais poderosos grupos de lobby político da história britânica. Frequentemente conhecido apenas como Interest, uniu donos de plantações, mercadores, financistas, políticos, advogados, membros do clero e jornalistas, todos com um único propósito: preservar a escravidão nas colônias britânicas no Caribe. Embora mais ativo no início do século XIX, sua história tem conexões inesperadas com os problemas ecológicos de nosso tempo.

Em 1807, a Grã-Bretanha aboliu o comércio de escravos, mas não a escravidão, deixando mais de 700 mil pessoas escravizadas trabalhando em plantações britânicas nas Índias Ocidentais. Na década de 1820, a pressão pública pela emancipação total aumentou, o que levou o Interest a iniciar uma vigorosa campanha de oposição. Em 1823, seu "Comitê Literário" estabeleceu um fundo anual de 20 mil libras (equivalente a 1,8 milhão de libras hoje) para distribuir panfletos pró-escravidão e publicar artigos em veículos importantes, em uma tentativa descarada de conquistar a opinião pública.

O Interest apresentou múltiplos argumentos para defender sua posição. A escravidão, disse um de seus mais veementes apoiadores, John Gibson Lockhart (genro do romancista Sir Walter Scott), tirava os africanos da "barbárie" e, se libertos, eles se tornariam "bandidos sem lei, mergulhados em sangue". Eles tampouco sofriam "um milésimo da miséria" alegada pelos opositores da escravidão, escreveu ele na *Blackwood's Edinburgh Magazine*.[1] Outros alegaram que os donos de plantações regulariam o sistema por si mesmos e já estavam estabelecendo um código de conduta para proibir práticas como o chicoteamento de mulheres.[2] A emancipação não só causaria a "ruína econômica" dos donos de plantação e dos milhares de pessoas na Grã-Bretanha cujos empregos e cuja sobrevivência dependiam da economia escravocrata, como também prejudicaria os consumidores, que seriam forçados a comprar o açúcar mais caro da Índia e de outros países.[3]

Talvez o argumento mais influente dos representantes do Interest tenha sido admitir que a escravidão era moralmente questionável, mas a emancipação precisava ser um processo gradual, distribuído por várias décadas, a fim de reduzir o caos que seria gerado pela abolição imediata, uma vez que os escravos não tinham a "educação" nem a "civilização" necessárias para exercer sua liberdade com responsabilidade. Como o pesquisador e professor de Estudos Negros Kehinde Andrews comentou de forma mordaz, "obviamente não se podia esperar que os selvagens entendessem como ser livres".[4] Um artigo de 1824 sugeria "1860 como data mais próxima na qual [...] podemos chegar à [emancipação] sem prejudicar ninguém". Ao mesmo tempo, continuava o artigo, era vital proteger "os direitos dos donos de plantações", que deveriam receber "uma compensação liberal e justa" pela perda de suas propriedades.[5]

Duzentos anos depois, participei de uma conferência TED sobre mudanças climáticas em Edimburgo e ouvi o então CEO da Shell, Ben van Beurden, usar quase exatamente os mesmos argumentos em relação aos combustíveis fósseis. Em uma defesa do gradualismo estendido por décadas, Van Beurden disse que a Shell queria "estar do lado certo da história" e se afastar de seu "legado comercial" de produção de petróleo e gás. Contudo, essa transição tinha que acontecer em "um ritmo aceitável" e não podia se dar "muito rapidamente sem o risco de os negócios existentes implodirem". Na verdade, a Shell precisava continuar produzindo petróleo e gás a fim de financiar a mudança para energias renováveis, como a eólica. "Precisamos dos negócios legados para financiar a estratégia para o futuro", disse o CEO. "Não posso deixar que eles morram ou definhem."[6] Além disso, argumentou, a Shell era obrigada a continuar com a produção de combustíveis fósseis devido à alta demanda dos consumidores. Dadas essas realidades,

SUPERANDO A DEPENDÊNCIA DOS COMBUSTÍVEIS FÓSSEIS   19

a empresa se comprometia a ser livre de carbono em 2050. Qualquer data anterior seria irrealista.

As elegantes justificativas de Van Beurden para o gradualismo foram contestadas. Ele dividia o palco com uma ativista da justiça climática chamada Lauren MacDonald, a qual apontou a hipocrisia da Shell — esta gastara milhões tentando desacreditar as alegações dos cientistas climáticos e ainda fizera lobby com o governo do Reino Unido para obter licenças de perfuração em campos petrolíferos offshore na Escócia. Antes de sair repentinamente do palco, em protesto contra o fato de Van Beurden receber uma plataforma pública durante uma conferência sobre o enfrentamento da crise climática, ela perguntou por que, "se você está dizendo que a empresa se importa com a ação climática", a Shell estava recorrendo da decisão recente de um tribunal holandês que a obrigava a reduzir suas emissões de carbono. A defensiva resposta foi que a decisão havia sido "totalmente irracional", já que obrigava a Shell a reduzir a emissão de CO_2 muito mais rapidamente que outras empresas. Foi uma decisão injusta e parcial e, em nome dos acionistas, ele tinha o "dever" de recorrer.[7]

A história está falando conosco. Embora o dano causado pela produção de combustíveis fósseis seja fundamentalmente diferente do indefensável crime de escravizar seres humanos, é notável como ambos os casos ilustram o poder das elites econômicas em face da mudança. Assim como a luta para abolir a escravidão, a luta para cessar as emissões de carbono sofreu com a intransigência e o gradualismo excessivamente lento dos interesses comerciais e dos governos que dependem deles.[8]

É tentador acreditar na existência do rápido progresso. Na mesma conferência, ouvi Al Gore fazer um discurso incitador e otimista que dava a entender que um mundo com energia 100% limpa estava ali na esquina: o preço das energias renováveis estava caindo, a revolução do carro elétrico estava em curso e até mesmo o Museu do Carvão de Kentucky tinha painéis solares no teto.

Mas dê uma olhada atenta nos números. O quanto as emissões globais de carbono caíram desde que os alarmes começaram a soar durante a Cúpula da Terra no Rio de Janeiro, em 1992? Não caíram. Pelo contrário, as emissões *aumentaram* em mais de 50%, crescendo ano a ano, com exceção de pequenas quedas após a crise financeira de 2008 e a pandemia de Covid-19.[9] Desde a Rio-92, a humanidade lançou mais CO_2 na atmosfera que em toda a história anterior. A despeito de todos os avanços tecnológicos e das promessas de empresas como a Shell, as fontes renováveis forneceram somente 11% da energia global, a maioria hidráulica, com somente 2% de energia eólica e 1% de energia solar.[10] Nada além de uma fração do total. Para permanecermos abaixo de 1,5 grau de aquecimento global, as emissões globais de CO_2 agora precisam cair entre 8% e 10% ao ano por, no mínimo, uma década. Para termos de comparação, o CO_2 caiu somente 6,4% quando a economia global entrou em lockdown em 2020, com empresas fechadas, aeronaves paradas no solo e ruas vazias.[11] Precisamos de mais que isso. Todos os anos.

A opção pelo gradualismo já não existe mais. A necessidade de mudanças rápidas e radicais é muito clara. Mas como isso pode ser feito quando poderosas empresas de combustíveis fósseis ainda lutam para manter as bombas funcionando e a maioria dos governos é tímida demais para implementar as políticas radicais que implementam em tempos de guerra ou de pandemia? Que esperança podemos ter, se as fontes renováveis mal fazem diferença nas indústrias de aço e plástico e quando 40% da energia da China ainda será de combustíveis fósseis em 2050?[12] Não deveríamos reconhecer que a maioria das transições energéticas do passado — como a da madeira para o carvão ou a dos cavalos para os motores mecânicos — foi extremamente lenta, exigindo entre cinquenta e cem anos?[13] Em outras palavras, como lidar com o ritmo indolente da mudança em um mundo em rápido aquecimento?

Contar com as tecnologias milagrosas é uma fantasia perigosa. A captura e o armazenamento de carbono (CCS, que pega carbono da atmosfera e o armazena em formações geológicas bem profundas) provavelmente serão parte de qualquer solução, mas a tecnologia permanece em estágio inicial e há poucas evidências de que possa capturar CO_2 na velocidade e na escala necessárias para evitar um severo colapso climático.[14] Outras inovações tecnológicas, como a geoengenharia, são, além de arriscadas, quase totalmente não testadas. Todavia há outra maneira: colocar nossas esperanças não apenas nas inovações tecnológicas, mas nas estratégias inovadoras dos movimentos rebeldes para criar mudança disruptiva. Que lugar melhor para buscar inspiração do que na luta pela abolição da escravidão?

A HISTÓRIA DE DUAS REBELIÕES

O lobby pró-escravidão na Grã-Bretanha conseguiu impedir a emancipação durante toda a década de 1820. E foi bastante auxiliado pelo próprio movimento abolicionista, que, em 1823, uniu-se à Sociedade Londrina para a Mitigação e Abolição Gradual do Estado de Escravidão nos Domínios Britânicos. O nome dizia tudo. Suas principais figuras, como William Wilberforce e Thomas Fowell Buxton, eram fundamentalmente conservadoras e logo adotaram o argumento paternalista de que os africanos escravizados ainda não estavam prontos para a liberdade, de modo que a emancipação precisava ocorrer em ritmo comedido.[15]

Em 1830, todavia, havia crescente frustração com essa estratégia gradualista. Algumas ativistas radicais, como Elizabeth Heyrick, pediam emancipação imediata. Um novo governo whig havia ascendido ao poder, depois de depor o primeiro-ministro pró-escravidão e herói de Waterloo, o duque de Wellington, e levou mais abolicionistas a posições governamentais. No entanto, nem mesmo isso foi suficiente para gerar mudança.

O ponto de virada ocorreu no ano seguinte, em um ato de disrupção e desafio que criou ondas de choque na Grã-Bretanha: a revolta dos escravizados da Jamaica em 1831. Uma de uma série de rebeliões que haviam irrompido no Caribe nas duas décadas anteriores — incluindo Barbados e Demerara —, o levante na Jamaica foi a maior revolta contra a escravidão da história britânica e um evento crucial para seu fim. De acordo com o historiador David Olusoga, foi "o fator final que pesou a balança a favor da abolição".[16]

O levante foi liderado pelo trabalhador escravizado e diácono batista Samuel Sharpe, de 31 anos. Sharpe, de início, planejara uma greve pacífica para exigir salário logo após o Natal, quando a colheita do açúcar geralmente começava. Ao mesmo tempo, começara a ver a necessidade de ações mais militantes, realizando reuniões secretas após os cultos a fim de incentivar seus apoiadores e organizá-los em milícias, com "coronéis" e "capitães". Em 27 de dezembro, a rebelião começou com um ataque à plantação Kensington, que ficava em terreno elevado. Os rebeldes colocaram fogo na plantação, e as chamas, claramente visíveis, enviaram o sinal para ataques similares às plantações em torno.[17]

Incêndio na propriedade Roehampton, rebelião da Jamaica, janeiro de 1832.

A revolta foi incendiária em todos os sentidos, disseminando-se rapidamente por toda a ilha. Em pouco tempo, mais de 20 mil pessoas participavam da rebelião, incendiando mais de duzentas plantações e assumindo o controle de grande parte do norte da Jamaica. Embora as forças governamentais tivessem armamentos muito superiores, só conseguiram controlar a rebelião no fim de janeiro de 1832. Quando soldados do governo se aproximaram de uma plantação, uma mulher abandonou a roupa que estava lavando e colocou fogo no engenho de açúcar, gritando, antes de ser alvejada: "Sei que vou morrer, mas meus filhos serão livres."[18] Ao fim da insurreição, mais de duzentos rebeldes e somente quatorze homens brancos haviam morrido.

E então vieram as represálias oficiais: 626 rebeldes foram julgados por traição e 312 foram sentenciados à morte. Colonizadores brancos se amontoaram em torno das forcas para assistir às execuções, principalmente a do agora notório líder Samuel Sharpe, o responsável por subir os degraus para a morte citando versículos da Bíblia. Seus donos receberam 16,10 libras de compensação pela perda de sua propriedade. Foi um lembrete, como comentou a autora britânico-jamaicana Andrea Levy, de que, para os colonizadores, "os escravos eram mais gado que gente".[19] Quase 150 anos depois, em 1975, Sharpe foi declarado herói nacional da Jamaica.

A rebelião da Jamaica teve um impacto eletrizante na Grã-Bretanha. Por um lado, levou o movimento abolicionista a exigir emancipação imediata, com membros do público horrorizados não somente com a violência empregada contra os rebeldes, mas também contra as multidões de pessoas brancas que passaram a aterrorizar os missionários que os haviam apoiado. Por outro lado, a rebelião disseminou o medo de novas insurreições entre o establishment, que temia perder o controle total da ilha, do mesmo modo que os franceses haviam perdido a colônia de São Domingos (Haiti) para um levante revolucionário de escravizados liderado pelo lendário Toussaint Louverture. "O atual estado das coisas não pode perdurar por muito tempo", escreveu Lord Howick, vice-secretário parlamentar do Gabinete Colonial e filho do primeiro-ministro Earl Grey, ao governador da Jamaica. "Somente a emancipação evitará efetivamente o perigo."[20]

Convencido de que a Jamaica era um barril de pólvora que podia explodir de novo a qualquer momento, o governo whig aprovou a histórica Lei de Abolição da Escravidão em 1833. No entanto, a lei não foi, nem de longe, uma vitória para o movimento abolicionista nem para as pessoas escravizadas. O West India Interest conseguiu uma extraordinária compensação financeira pela "perda de propriedade", equivalente a 40% do orçamento governamental anual ou a 340 bilhões de libras em valores de hoje (uma quantia que só terminou de ser paga pelo governo britânico em 2015). O projeto Legados da Posse de Escravos na Grã-Bretanha, da University College London, documentou 47 mil beneficiários dessa compensação — incluindo ancestrais do ex-primeiro-ministro David Câmeron —, revelando como a instituição da escravidão estava profundamente enraizada na sociedade. A ideia de os escravizados serem compensados não estava nos planos. Muito pelo contrário: o Interest conseguiu que a lei incluísse um artigo que os forçava a serem "aprendizes" não remunerados durante no mínimo quatro anos antes de serem legalmente libertados. É um histórico de injustiça que estimula o argumento moral contemporâneo por uma reparação para os descendentes do comércio transatlântico de escravos. Segundo escreveu Kehinde

Andrews, "como a riqueza da Grã-Bretanha e do mundo ocidental no geral foi construída graças à escravidão, entende-se que uma dívida é devida aos descendentes dos escravizados".[21]

A história da abolição questiona a mitologia de que a emancipação se deveu principalmente à benevolência de uma sábia elite branca — pessoas como o parlamentar William Wilberforce. Pelo contrário, a história da abolição foi produto muito mais do protesto e do esforço popular. Parte desse esforço foi pacífica e legal, assim como os comícios em massa, as petições públicas e os boicotes ao açúcar liderados por ativistas britânicos, incluindo Elizabeth Heyrick e Thomas Clarkson. Contudo, o que realmente fez diferença, argumenta o historiador Adam Hochschild, foram "as grandes revoltas de escravos, em especial o último grande levante na Jamaica, que tão claramente apressou os dias de liberdade", os quais foram "tudo, menos pacíficas".[22] Embora seja importante reconhecer as múltiplas causas da abolição — incluindo fatores como a importância cada vez menor do açúcar na economia britânica —, está claro que a desobediência e a resistência criaram um crucial ponto de virada.

Ainda assim, uma parte vital da história ainda não foi contada. Por que o Parlamento teve representantes dispostos a apoiar a Lei da Abolição se, durante décadas, esteve tomado por políticos que estavam sob o controle do West India Interest?

Novamente, uma rebelião oferece a resposta, mas essa foi local.

Na noite de 28 de agosto de 1830, um grupo de trabalhadores agrícolas do leste de Kent, perto do antigo centro de peregrinação de Canterbury, invadiu o pátio de uma fazenda e destruiu uma das invenções mais modernas da Revolução Industrial: uma debulhadora. Na época, a Grã-Bretanha rural estava em crise, com altos níveis de desemprego e baixos salários de trabalhadores agrícolas causando níveis agudos de pobreza. As debulhadoras se tornaram o símbolo da opressão desses trabalhadores. Nos nove meses seguintes, centenas dessas máquinas foram destruídas em um levante rebelde que se espalhou rapidamente pelo país. Os trabalhadores agrícolas voltaram-se contra os grandes proprietários de terras, quebrando máquinas, incendiando casas e exigindo salários mais altos e a restauração das terras comuns que haviam sido "cercadas" pelos poderosos fazendeiros.

Com quase 3 mil casos registrados de revolta, esse ainda é o maior exemplo de insurreição contagiosa da história britânica.[23]

Seu líder foi o infame e elusivo capitão Swing. Os trabalhadores costumavam fazer exigências e ameaças de incêndio em cartas manuscritas, que eram enviadas ao proprietário das terras e terminavam com a floreada assinatura do "capitão Swing". Contudo, o capitão em questão não existia. Ele foi uma invenção política, um rebelde mitológico memorável que instilava terror revolucionário no coração da elite rural.

O apoio público à rebelião ou levante do capitão Swing foi disseminado em muitos lugares. Em Otmoor, Oxfordshire, trabalhadores disfarçados destruíram cercas e retomaram terras delimitadas por um aristocrata local, Lord Abingdon. Mais de quarenta foram presos por soldados yeomanry, mas, enquanto eles eram conduzidos ao castelo de Oxford, uma multidão que participava da feira de St Giles conseguiu libertá-los dos soldados. Contudo, o maior apoio ao capitão Swing vinha de radicais das cidades, a exemplo do jornalista William Cobbett, que via a rebelião como expressão da exclusão social e política dos trabalhadores rurais e da necessidade de reformular o sistema político do país. O ponto principal da agenda era expandir o direito eleitoral a fim de incluir mais trabalhadores e eliminar o sistema de "distritos podres" — bases eleitorais controladas em sua maioria pelo establishment Tory, as quais permitiam que os parlamentares fossem eleitos com um número insignificante de votos.

Um resultado inesperado do levante do capitão Swing foi acelerar o movimento de reforma parlamentar que surgia. O medo histérico da agitação revolucionária tomou conta da classe governante, que já estava apreensiva devido às revoltas nacionalistas nas cidades europeias em 1830.[24] Políticos proeminentes, incluindo o primeiro-ministro Earl Grey, defendiam que a reforma era a única maneira de reprimir o perigo de novas rebeliões rurais. "O objetivo principal de minha reforma é evitar a necessidade de revolução", argumentou ele, "reformando para preservar, e não exonerar."[25] Em uma crítica eleição no ano seguinte, o maior apoio à reforma veio justamente das regiões mais atingidas pelas revoltas. De acordo com os estudiosos do período: "Os whigs partidários da reforma não teriam obtido a maioria dos assentos na Câmara dos Comuns na eleição de 1831 não fosse pela violência dos levantes. Sem tal maioria, o processo de reforma certamente teria sido interrompido."[26]

Mas como tudo isso se relaciona ao movimento contra a escravidão? O recém-eleito governo whig, fortalecido pelo impacto da insurreição do capitão Swing, conseguiu aprovar a Lei de Reforma de 1832, a mais abrangente revisão do sistema político em mais de um século. Com a eliminação dos distritos podres, diversos políticos *tories* que apoiavam a posição pró-escravidão do West India Interest foram removidos do poder na subsequente eleição de dezembro de 1832. Os whigs, com mais de dois terços do Parlamento, estavam em uma poderosa posição para aprovar a Lei de Abolição da Escravidão no ano seguinte.[27]

A história das duas rebeliões — frequentemente minimizada nos relatos-padrão da abolição na Grã-Bretanha — é uma mensagem para o presente. A revolta da Jamaica e os protestos do capitão Swing foram marcos decisivos, uma conjunção improvável que revela como as insurreições populares e a resistência radical podem ser aceleradoras de mudanças políticas fundamentais. Apesar de toda a sua complexidade e de suas múltiplas causas, a história da abolição não pode ser contada sem o reconhecimento do papel essencial desempenhado pela disrupção e desobediência das bases, que foram muito além das estratégias políticas corriqueiras de lobbies, petições e manifestações públicas.

Isso suscita uma questão potencialmente controversa: que papel tal ação extraparlamentar deve desempenhar na luta atual para acabar com as emissões de carbono? Talvez as duas insurreições do início da década de 1830 tenham sido exceções, e talvez seja mais prudente que os ativistas ambientais de hoje sigam as regras, buscando a reforma dentro dos limites legais do sistema existente. Contudo, como defende a próxima seção, elas não foram de modo algum excepcionais. Na verdade, foram exemplos precoces do que hoje chamamos de "efeito de flanco radical" — uma das mais transformadoras inovações sociais inventadas pela humanidade.

A HISTÓRIA OCULTA DO FLANCO RADICAL

O que exatamente é um "flanco radical" e como ele cria mudança disruptiva? Em décadas recentes, os estudiosos dos movimentos sociais reconheceram que alguns dos mais bem-sucedidos movimentos de protesto da história, que lutavam por direitos básicos e justiça social, beneficiaram-se de ter organizações ou facções mais radicais engajadas na causa. Esses grupos de flanco radical assumem posições mais extremas que o movimento moderado convencional, fazendo com que as demandas moderadas pareçam mais palatáveis ou "razoáveis" para aqueles que estão no poder. Nas verdade, os radicais modificam os termos do debate, ajudando a ampliar a chamada "janela de Overton" (termo derivado do nome do analista político norte-americano James Overton, seu criador): a gama de políticas que os governos consideram politicamente aceitáveis entre o público a qualquer momento. Eles também podem criar uma sensação de crise política vantajosa para os moderados: uma crença, entre os atores da elite, de que, se não aceitarem as demandas dos moderados, os radicais ficarão ainda mais fortes e a situação sairá de controle. Sem a presença do flanco radical, pode ser fácil demais para os políticos ignorarem os movimentos populares que buscam mudança. O flanco radical é um dos meios para desbloquear a vontade política.[28]

Essa é a teoria frequentemente descrita como "efeito de flanco radical". E quanto às evidências históricas? O esforço para abolir a escravidão nos territórios britânicos foi um exemplo impressionante de efeito de flanco radical em ação: o movimento convencional pela reforma na Grã-Bretanha poderia ter feito campanha por décadas a mais se não fossem a rebelião da Jamaica e as revoltas do capitão Swing, que instilaram uma crise política que ajudou a acelerar a mudança. A teoria em si, porém, foi desenvolvida em relação ao movimento dos direitos civis nos Estados Unidos, na década de 1960.

O movimento dos direitos civis, sob liderança de Martin Luther King Jr., frequentemente é celebrado no imaginário popular como um triunfo das ocupações pacíficas, dos boicotes a ônibus e de outras formas não violentas de desobediência civil. Contudo, cada vez mais se reconhece que essa é uma versão amenizada da história, que diminui a importância do movimento Black Power. Ele foi o flanco radical do conflito pela justiça racial, e envolvia figuras-chave como Malcolm X, Kathleen Cleaver e Angela Davis, além de organizações como a Nação do Islã e os Panteras Negras. Suas táticas eram mais agressivas e suas demandas, mais radicais que as do movimento convencional: muitos ativistas do movimento Black Power pediam a criação de um Estado negro separatista e uma insurreição revolucionária; além disso, portavam armas para autodefesa e participavam de confrontos violentos com a polícia.[29]

Os políticos do establishment temiam que, caso não cedessem às demandas do comparativamente moderado movimento pelos direitos civis, mais e mais afro-americanos fossem atraídos para organizações militantes. Como alertou um importante funcionário do governo ao presidente Kennedy, a menos que grandes concessões fossem feitas, "os negros inquestionavelmente se voltarão para líderes menos experientes e responsáveis" — como Malcolm X.[30] Era um medo do qual o próprio King estava consciente ao escrever de sua cela na prisão de Birmingham em 1963: se o canal de protesto não violento não fosse permitido, "milhões de negros, em função da frustração e do desespero, buscarão conforto nas ideologias nacionalistas negras" e então "as ruas do sul se encherão de sangue".[31] Conforme a década progredia, suas palavras pareciam cada vez mais proféticas: mais de quatrocentos protestos raciais urbanos ocorreram em 1967 e 1968, na que talvez tenha sido a maior onda de agitação social nos Estados Unidos desde a Guerra Civil.

SUPERANDO A DEPENDÊNCIA DOS COMBUSTÍVEIS FÓSSEIS 29

O reverendo King podia pregar "a excelente via do amor e do protesto não violento", mas o sucesso do movimento dos direitos civis dependeu da contrapressão das organizações Black Power. Como argumenta o historiador Andreas Malm, os ganhos legislativos do movimento convencional na década de 1960 — como o fim da segregação — ocorreram "porque ele tinha um flanco radical que o fazia parecer o menor mal aos olhos do poder estatal".[32]

Muitos movimentos tradicionalmente retratados como pacíficos, moderados e que seguiram a lei se beneficiaram de um flanco radical. A campanha pelo direito ao voto feminino na Grã-Bretanha é um exemplo. Inicialmente, ela foi organizada em torno da União Nacional das Sociedades pelo Sufrágio Feminino (NUWSS, em inglês), que adotou uma estratégia pacífica e de não confrontação. Em 1903, porém, frustrada com a falta de progresso, Emmeline Pankhurst fundou a mais radical União Social e Política das Mulheres (WSPU, em inglês), que criticava os métodos "respeitáveis" da NUWSS, como petições e encontros públicos, e adotou o lema "Ações, não palavras". Na década seguinte, membros da WSPU se acorrentaram a grades, tumultuaram reuniões públicas, quebraram janelas de gabinetes governamentais, incendiaram caixas de correio e, quando presos, declararam greve de fome. A WSPU era uma clássica organização de flanco radical, empregando uma mistura de táticas não violentas e outras mais militantes, especialmente contra propriedades. Como argumentou Pankhurst, "ser militante, de uma forma ou outra, é uma obrigação moral".[33] Embora haja debates sobre a extensão do impacto de seus membros, de acordo com a historiadora June Purvis, suas ações ajudaram a transformar o sufrágio feminino em uma das principais pautas políticas daquela era e ampliaram a consciência feminista em todo o espectro político, estimulando o movimento mais amplo pelo direito feminino ao voto.[34]

A escravidão, os direitos civis e a emancipação das mulheres são somente alguns exemplos do papel decisivo que os movimentos de flanco radical desempenharam. A lista também poderia incluir a Revolução Iraniana, a Primavera Árabe no Egito, a queda da monarquia nepalesa, o movimento pelos direitos dos homossexuais e muitos outros.[35] Juntos, eles suscitam uma questão crucial e politicamente delicada: o movimento climático de hoje deveria aproveitar mais o poder do flanco radical?

AUMENTANDO A CHAMA DO GRADUALISMO

No inverno de 2018, eu me vi no meio de centenas de pessoas na praça do Parlamento em Londres, algumas das quais cavavam um buraco no gramado impecável a fim de enterrar um caixão preto com "Nosso futuro" escrito em negrito na lateral. Foi uma das primeiras ações de um novo movimento chamado Extinction Rebellion (XR). A polícia estava presente em grande número e começou a cercar a multidão, forçando as pessoas a ficarem cada vez mais próximas — uma tática conhecida como *kettling*. Tentando nos movimentar pelo cordão policial, começamos a sair da praça e seguir o caixão, agora carregado como se fosse uma procissão fúnebre. A multidão então se espalhou para participar de uma série de "enxames", sentando-se no chão para impedir o tráfego por pontes e intercessões importantes e exigindo que o governo declarasse emergência climática e aumentasse os esforços na direção da emissão zero de carbono. Os carros buzinavam furiosamente, os motoristas gritavam insultos contra os manifestantes por interromperem suas jornadas. A polícia prendia todos que se recusavam a se mexer e enfrentava os ativistas que haviam colado as mãos na rua.

Eu já fui engajado na política climática convencional no passado, escrevendo relatórios para ONGs internacionais e fornecendo consultoria para políticos e funcionários públicos. Também participei de muitas marchas de protesto ao longo dos anos, algumas envolvendo milhares de pessoas — embora a maioria pouco contribuísse para modificar a situação política, a exemplo das manifestações contra a guerra do Iraque na década anterior. No entanto, aquela era a primeira vez que eu participava de uma "ação direta" que forçava os limites da legalidade. E a verdade é que não queria de fato estar lá. Eu não tenho vontade de atrapalhar a vida das pessoas. Preferiria estar em uma antiga biblioteca, trabalhando duro na pesquisa para um novo livro. Mas, como muitos outros, eu havia entendido que a falha crônica do governo em agir de modo substancial para enfrentar a crise climática atrapalharia muito mais a vida das futuras gerações e o planeta em que viveriam do que eu estava atrapalhando o trânsito naquele dia. Frustrado com o ritmo lento — e letal — da mudança, decidi que a opção mais efetiva era me unir ao flanco radical. Foi a melhor maneira que encontrei de ser um bom ancestral.

A mídia convencional é excelente em demonizar as organizações mais radicais que fazem campanha contra as mudanças climáticas, desde as "ocupações de cadáveres" da Extinction Rebellion, nas quais os manifes-

SUPERANDO A DEPENDÊNCIA DOS COMBUSTÍVEIS FÓSSEIS 31

tantes deitam nas ruas e interrompem o tráfego, às táticas chamativas da Just Stop Oil, como jogar tinta laranja em obras de arte famosas (com todo o cuidado para não danificá-las). Os ativistas, em sua maioria, são rotulados de "idiotas", no melhor dos casos, e "terroristas", no pior, com milhares tendo sido presos por suas ações. Se seus métodos são justificados ou não, é uma questão complexa, que exige abordar argumentos tanto estratégicos quanto morais.

O principal argumento estratégico contra os movimentos de flanco radical é o fato de que eles não costumam ter sucesso. De acordo com essa visão, não só alienam o público, como também maculam, com suas táticas agressivas, os movimentos mais moderados, causando danos por associação à reputação desses movimentos — no que às vezes é chamado de "efeito negativo de flanco radical".[36] Foi isso que supostamente aconteceu em 1961, quando Nelson Mandela fundou a uMkhonto we Sizwe (Lança da Nação), a guerrilha armada do Congresso Nacional Africano (CNA). Embora Mandela tenha dito, durante seu julgamento, só ter escolhido a rota militante porque "todo o restante falhara" e "todos os canais de protesto pacífico haviam sido barrados", isso permitiu que o governo sul-africano desacreditasse a campanha paralela de resistência civil não violenta do CNA.[37] Um exemplo relacionado ao movimento climático ocorreu em outubro de 2019, quando dois ativistas da Extinction Rebellion subiram no topo de um trem do metrô de Londres durante o pico matinal, interrompendo a circulação de pessoas em uma parte relativamente pobre e multirracial da cidade. Elas ficaram furiosas. A ação produziu ultraje em todo o espectro político, incluindo muitos ativistas da XR, que achavam mais útil agir contra os privilegiados e poderosos, e não contra pessoas que lutavam para sobreviver e usavam transporte público.

Esse efeito negativo de flanco radical parece ser apoiado por evidências que sugerem que os movimentos militantes tendem a ter taxas de sucesso relativamente baixas. Em uma análise de 323 movimentos políticos e sociais desde 1900, Erica Chenoweth e Maria Stephan descobriram que "campanhas não violentas tiveram quase duas vezes mais chances de obter sucesso integral ou parcial que suas contrapartes violentas".[38] Movimentos que pegam em armas — como a Fretilin (Frente Revolucionária de Timor-Leste Independente) ou o Sendero Luminoso, no Peru — geralmente falham, ao passo que aqueles com participação pacífica, mas em massa, como a Revolução do Poder Popular que depôs Ferdinand Marcos nas Filipinas em 1986 ou a Revolução de Veludo na Tchecoslováquia em 1989, que levou meio milhão de pessoas às ruas para derrubar o desacreditado governo comunista, têm maior probabilidade de atingir seus objetivos. O ponto de virada crítico para o sucesso, argumentam as pesquisadoras, é conseguir que 3,5% da população apoie a causa. A implicação é clara: os flancos radicais que engajam um número relativamente baixo de ativistas militantes são uma estratégia equivocada. Então deixem as armas e a tinta laranja de lado.[39]

O curioso do estudo de Chenoweth e Stephan — repetidamente citado para justificar protestos climáticos em mobilizações não violentas — é sua irrelevância.[40] As autoras selecionaram especificamente movimentos que tentavam promover mudanças de regime (como a queda de ditaduras), em vez daqueles que focavam objetivos políticos pontuais, como o direito das mulheres ao voto, a igualdade racial ou a proteção ambiental. Isso explica por que as sufragistas e o movimento pelos direitos civis nos Estados Unidos — dois dos mais bem-sucedidos movimentos sociais da modernidade — nem sequer foram incluídos em seu conjunto de dados. Tratando-se de mudanças climáticas, organizações de flanco radical como a Just Stop Oil no Reino Unido, a Ende Gelände na Alemanha ou a Climate Defiance nos Estados Unidos não estão pegando em armas nem tentando derrubar governos. Estão apenas fazendo campanha por mudanças políticas, como o fim de subsídios e licenças estatais para a exploração de combustíveis fósseis. Assim, faz pouco sentido compará-las a grupos de guerrilha lutando nas colinas e, consequentemente, condená-las ao provável fracasso.[41]

A comparação mais relevante é precisamente com movimentos sociais focados em mudanças políticas, como o das sufragistas e as campanhas pelos direitos civis e contra a escravidão. Nesses e em muitos outros movimentos, os membros do flanco radical tiveram papel essencial na obtenção de resultados positivos. Até agora, as evidências sugerem que o movimento climático global se beneficia similarmente de sua presença disruptiva.[42] Os ativistas da Extinction Rebellion podem ter sido criticados por terem subido em um trem, mas tais ações "negativas" vêm sendo amplamente superadas pela resposta pública positiva a suas campanhas de ação direta, que se espalharam por 84 países, incluindo o sul global. Dados revelam que as ações da XR fizeram com que a quantidade de pessoas para as quais o meio ambiente é uma questão prioritária aumentasse em níveis recordes.[43] Mais de quarenta governos nacionais e duzentos governos locais responderam ao pedido de declarar "emergência climática". O poder da XR de modificar agendas

SUPERANDO A DEPENDÊNCIA DOS COMBUSTÍVEIS FÓSSEIS   33

públicas também é reconhecido por partes do movimento ambiental convencional, como Fridays for Future e Friends of the Earth, que expressaram solidariedade ao grupo. Organizações de flanco radical como a XR ajudam a abrir o espaço político para iniciativas políticas transformadoras: em 2023, bloqueios criados por ativistas holandeses forçaram o governo a iniciar uma votação parlamentar — bem-sucedida — para encerrar rapidamente os subsídios aos combustíveis fósseis.[44] A dissenção construtiva de tais grupos ampliou a janela de Overton, criando mais possibilidades políticas, mesmo ao custo de alienar alguns membros do público. Esse é o preço inevitável de seu sucesso.[45]

De forma parecida, a Just Stop Oil pode ter irritado alguns apaixonados por jardinagem ao jogar tinta laranja vegana nas plantas durante o exclusivo RHS Chelsea Flower Show em Londres, mas seus membros continuam a usar tais táticas porque estimam que a atenção midiática recebida tenha um resultado final positivo na consciência pública, fazendo com que o risco valha a pena. A despeito de a maioria dos cidadãos do Reino Unido se opor aos métodos provocativos da organização, um estudo mais abrangente de suas ações mostra que "não há evidências de que os protestos reduzam o apoio às políticas climáticas ou aos objetivos da Just Stop Oil". Pelo contrário: os dados sugerem que, como resultado dos protestos, "o número de pessoas que dizem estar dispostas a participar de algum tipo de ativismo climático passou de 8,7% para 11,3% da população do Reino Unido, equivalendo a aproximadamente 1,7 milhão de pessoas a mais".[46] Além disso, a Just Stop Oil começou a receber apoio de importantes figuras públicas: o corredor de Fórmula 1 Lewis Hamilton apoiou a interrupção do Grande Prêmio da Grã-Bretanha, ao passo que o comentarista esportivo da BBC Gary Lineker — que tem mais de 8 milhões de seguidores no X (antigo Twitter) — defendeu publicamente a invasão das quadras de tênis de Wimbledon. Como comentou Lineker, "a história mostra que as únicas manifestações que realmente funcionam são as disruptivas".[47] Quando heróis esportivos começam a apoiar sua causa, quer dizer que algo está mudando.

Estrategicamente, a defesa dos flancos radicais no movimento climático é, no geral, convincente. Mas e moralmente? Um argumento que surge com bastante frequência nas redes sociais está relacionado à inconveniência: os manifestantes não têm o direito de iniciar ações, como o bloqueio de estradas, que atrasam inocentes a caminho do trabalho. Contudo, isso dificilmente se compara à "inconveniência" muito mais drástica de um futuro no qual nossos filhos terão que fugir de incêndios florestais, milhões de pessoas terão suas casas inundadas e haverá 1 bilhão de refugiados climáticos.

Um segundo argumento diz que é moralmente errado descumprir as leis e que o "Estado de direito" é sacrossanto. Mas onde estaríamos sem as ocupações ilegais do movimento dos direitos civis ou as greves ilegais convocadas por Mahatma Gandhi, que paralisaram a Índia colonial? Se ninguém jamais descumprisse as leis, provavelmente não gozaríamos de muitos dos direitos humanos básicos que hoje consideramos garantidos. Os políticos podem chamar os grupos de flanco radical de "extremistas" ou "infratores", mas isso representa sua aguda falha em compreender como a mudança política progressiva ocorre e o que dá à democracia sua significância e vitalidade. Como gracejou a ativista social Abbie Hoffman, "minha crítica da democracia começa e termina com este ponto: as crianças devem ser ensinadas a *desrespeitar* a autoridade, ou então a democracia é uma farsa".[48] A grande ironia é que as paredes das salas de história na escola de meus filhos são cheias de retratos de infratores heroicos, como Gandhi, Martin Luther King Jr. e Emmeline Pankhurst. Será que esses retratos deveriam ser destruídos?

Mural na escola de meus filhos que mostra Emmeline Pankhurst, fundadora da radical União Social e Política das Mulheres, sendo presa pela polícia, flanqueada por sufragistas militantes, inclusive Emily Davison (de chapéu, à esquerda), que morreu em 1913 após ser derrubada pelo cavalo do rei George V durante uma ação de protesto.
Mural de Soham De, cortesia do Museu Rumble.

SUPERANDO A DEPENDÊNCIA DOS COMBUSTÍVEIS FÓSSEIS   35

Um terceiro argumento ético contra os grupos de flanco radical diz que o uso da violência é inteiramente injustificado. O medo subjacente é algum tipo de mergulho no ecoterrorismo, como na fictícia Filhos de Kali, uma organização clandestina com base na Índia que envia enxames de drones para derrubar os aviões particulares dos executivos de empresas petrolíferas, no romance de ficção científica de Kim Stanley Robinson, *The Ministry for the Future* [O ministério do futuro], de 2020. Porém, esse argumento também erra o alvo. Quase toda organização climática radical rejeita explicitamente o uso da violência. Daí a dedicação de seus membros a táticas não violentas, como se colar às portas das empresas petrolíferas, interromper reuniões intergovernamentais, ocupar fábricas alimentadas a carvão e impedir que caminhões de petróleo saiam dos depósitos, assim como ações mais carnavalescas (por exemplo, organizar festas em rotatórias e jardinagem de guerrilha).

Alguém poderia responder que tais ações, que frequentemente envolvem a destruição ou violação da propriedade privada, constituem, por si mesmas, atos de violência. Essa é uma visão comum defendida por muitos políticos e acadêmicos, incluindo Chenoweth e Stephan, os quais definem a violência amplamente como "dano físico a pessoas ou propriedades".[49] Tal reverência pela propriedade tem profundas raízes históricas, originando-se com pensadores do século XVII, como John Locke, que considerava a proteção à propriedade privada individual um direito fundamental. Mas por que a propriedade deveria ser tão sacrossanta quanto a vida humana? Certamente há diferença entre um grupo terrorista assassinando um político e um defensor climático jogando tinta vermelha nos degraus de um banco que investe em combustíveis fósseis, ou um ativista de justiça racial derrubando a estátua de um mercador de escravos.

Veja o caso do Tyre Extinguishers, um grupo anônimo com um único objetivo: "Impossibilitar que um 4x4 grandalhão e poluidor circule em áreas urbanas. Estamos nos defendendo das mudanças climáticas, da poluição do ar e de motoristas perigosos." Seu método consiste em atacar SUVs, particularmente em bairros ricos, em seguida esvaziar um único pneu ao abrir a tampa, colocar uma lentilha na válvula e fechar a tampa novamente, fazendo com que o ar escape aos poucos. Em seguida, deixam um bilhete bem educado

— um pouco como a carta do capitão Swing — informando o proprietário sobre o pneu vazio e explicando o colossal impacto de seu carro no nível de CO_2: "Se todos os motoristas de SUVs se unissem para formar seu próprio país, ele seria o sétimo maior emissor do mundo." Essa campanha contra as "emissões de luxo" dos ricos (em oposição às "emissões de subsistência" dos pobres) começou no Reino Unido em 2021 e viralizou em dezoito países alguns meses depois. Na última contagem, mais de 12 mil pneus haviam sido esvaziados.[50] Isso causou inconveniência? Sim. Mas é violência? Dificilmente. Lentilhas não são projéteis. As ações do Tyre Extinguishers deveriam nos fazer questionar a fixação ideológica na sacralidade da propriedade privada, especialmente quando essa mesma propriedade ajuda a desestabilizar os sistemas ecológicos dos quais toda vida depende.

"Os problemas cruciais de nosso tempo já não podem cozinhar em banho-maria, na chama baixa do gradualismo", escreveu o historiador Howard Zinn.[51] O propósito das organizações climáticas de flanco radical é aumentar a pressão. Com ações efetivas e localizadas, elas têm o poder de ajudar a transformar a crise ecológica em crise política e criar um ponto de mudança. Um grande desafio da emergência climática é o fato de a maioria das pessoas responsáveis pelas maiores emissões (ainda mais nos países ricos) não a experimentar como crise. Ela não toca suas vidas pessoais com intensidade o bastante, a menos que precisem fugir de um incêndio florestal ou sejam fazendeiras atingidas pela seca. A lenta violência das mudanças climáticas não causa tanto medo quanto o bombardeio de Pearl Harbor ou uma pandemia que varre subitamente todo o globo e leva os governos à ação imediata. A maioria dos impactos é gradual demais, de modo que somos cozinhados ainda vivos, como o sapo em uma panela cuja temperatura aumenta pouco a pouco. Os movimentos de flanco radical nos cutucam para que pulemos para fora da panela antes que seja tarde demais.

Isso não significa que outras estratégias devam ser abandonadas. Assim como o movimento antiescravidão se beneficiou também de manifestantes moderados reunindo assinaturas para petições e de políticos reformistas tentando mudar o sistema de dentro, o movimento climático global requer engajamento dos cidadãos em todos os níveis, do lobby político aos tribunais. Contudo, dado o fracasso desanimador das estratégias convencionais nas últimas três décadas em diminuir a emissão de CO_2 na escala e no ritmo

SUPERANDO A DEPENDÊNCIA DOS COMBUSTÍVEIS FÓSSEIS 37

requeridos e dada a incessante intransigência da indústria de combustíveis fósseis e da maioria dos governos, é simplesmente arriscado demais *não* tentar também uma abordagem do flanco radical. Precisamos aceitar as virtudes políticas da disrupção e da desobediência nesse ponto crítico e crucial da história humana (uma questão explorada com mais detalhes no capítulo 10). Os ativistas comprometidos com elas fazem parte de uma distinta tradição histórica que remonta a alguns dos mais renomados movimentos pelos direitos humanos e pela justiça social dos últimos dois séculos, que empregaram estratégias radicais quando todo o restante havia falhado.

Quem tem mais chance de ser lembrado como um bom ancestral pelas futuras gerações: os executivos dos combustíveis fósseis e os políticos que os apoiam ou os ativistas de todo o mundo que dedicam a vida a preservar nosso precioso planeta? A resposta é cada vez mais clara. "Às vezes, os ativistas climáticos são retratados como radicais perigosos. Mas os verdadeiros radicais perigosos são os países que aumentam a produção de combustíveis fósseis", comentou o secretário-geral da ONU, António Guterres. "Os maiores poluidores do mundo são culpados pelo incêndio de nossa única casa."[52]

Não devemos nos precipitar julgando aqueles que se colocam na linha de frente da crise climática. O flanco radical é uma tecnologia vital para sobreviver em um mundo em chamas. Ele tem a história a seu lado, desde os escravos rebeldes às sufragistas. E sua hora chegou. Como escreveu a autora naturalista Jay Griffiths, "somente na escuridão é possível ver as estrelas, e elas estão se alinhando para escrever 'rebelião' no céu".[53]

2

CULTIVANDO A TOLERÂNCIA

Vivendo juntos em um reino islâmico medieval

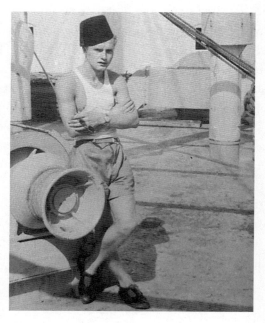

Na sexta-feira, 13 de novembro de 1951, um polonês de 18 anos chegou de navio a Melbourne, na Austrália, com mais de mil outros migrantes europeus. Ele chegou sem família e sem posses, com exceção de algumas camisas de seda que ganhara jogando pôquer, além de um chapéu fez que achara durante a viagem. Porém, trazia consigo memórias — de ver seu vilarejo reduzido a cinzas durante a guerra, de mendigar comida de porta em porta com a tia, de longos dias andando pelas ruas destroçadas de Berlim, de procurar pontas de cigarro e esperar pelos documentos de

CULTIVANDO A TOLERÂNCIA

imigração da Organização Internacional de Refugiados. Finalmente, eles chegaram. O preço da passagem foram dois anos trabalhando onde quer que o governo australiano mandasse. Ele falava cinco línguas e era matemático e músico de grande talento, mas foi designado a trabalhar como faxineiro noturno em um hospital de Sydney. Durante o dia, dormia em um alojamento de metal corrugado no terreno do hospital, ao lado de doze outros trabalhadores, tchecos, húngaros, poloneses e lituanos. Um de seus colegas fora oficial de cavalaria na Polônia e investira contra tanques alemães; outro empilhara cadáveres em Auschwitz. Ele escolheu ficar um ano a mais, guardando dinheiro e aproveitando a calma do turno da noite para estudar inglês e contabilidade, enquanto a freira responsável por sua ala fingia não saber de nada. Em 1954, quase uma década após o fim da Segunda Guerra Mundial, ele deixou o hospital e começou uma nova vida, unindo-se a milhões de imigrantes que esperavam se dar bem no chamado "país da sorte".

Essa é a história do meu pai, mas também é a história da humanidade. Somos uma espécie migratória. Desde que o *Homo sapiens* iniciou sua primeira jornada da África para o Oriente Médio há mais de 50 mil anos, continuamos com essa cultura de movimento. Ocupamos todos os nichos ambientais de todos os continentes, transformando florestas em campos, construindo cidades, colonizando e escravizando uns aos outros, fugindo da guerra e da fome, viajando pelos mares e procurando refúgios seguros onde trabalhar e criar nossas famílias. Podemos não ser nômades mais, mas nunca ficamos parados. Nossa natureza é irrequieta; somos *Homo viator*, a espécie errante. Seja por escolha, seja devido às circunstâncias, grandes parcelas da humanidade sempre procuram novos lugares para chamar de lar.

Vejo traços dessas grandes migrações em meu próprio DNA: 24% judeu asquenaze, 23% irlandês, 17% europeu oriental e 9% croata. Meu haplogrupo genético materno, H6a1a, coloca minha árvore genealógica na Ásia Central há 5 mil anos. Quase ninguém tem uma ancestralidade genética que não cruza fronteiras nacionais ou étnicas. A história da migração faz parte de todos nós, mesmo que não estejamos conscientes ou não queiramos saber dela. É só voltar o bastante no tempo que as fronteiras começam a se desvanecer: não há "nós" e "eles".[1] O orgulho patriótico tem origem em comunidades imaginárias. Vá em frente, torça pela seleção de futebol de seu país, mas saiba que sua camisa deveria ter as cores de muitas outras, mesmo as rivais.

O próximo século anuncia uma nova era de migração que excederá em muito a escala da grande troca das áreas rurais pelas urbanas durante a Revolução Industrial ou do êxodo em massa da Europa no fim do século XIX. Desde a década de 1960, o nível de migração internacional tem sido surpreendentemente constante, por volta de 3% da população global. Esse número logo será superado. Cerca de 280 milhões de pessoas estão em movimento hoje, das quais 35 milhões são refugiadas obrigadas a abandonar seus países pela perseguição ou pela guerra.[2] Em algumas estimativas, no entanto, o número de migrantes chegará a 1 bilhão em 2050 — um décimo da população humana —, a maioria refugiados climáticos fugindo do impacto das secas, do aumento do nível dos mares e da resultante turbulência política.[3] Alguns simplesmente se mudarão para a cidade mais próxima, torcendo por oportunidades melhores: grande parte das migrações é interna, dentro de um único país, e não entre países. Contudo, muitos tentarão cruzar fronteiras e mesmo atravessar continentes — a pé, em botes infláveis, escondidos em caminhões —, percorrendo o longo e arriscado caminho migratório de seus ancestrais, frequentemente com pouca esperança de sucesso. Centro-americanos indo para o norte, rumo aos Estados Unidos. Norte-africanos rumo à Europa. Bengalis e indianos rumo aos países do golfo Pérsico.

Conforme o número de pessoas nesse fluxo migratório continua a crescer, o mesmo se dá com os impactos sociais. O sentimento anti-imigrantista cresce cada vez mais em muitos países, com partidos e a mídia de direita alimentando as chamas da xenofobia e dos medos de que os imigrantes "roubem nossos empregos" e "ameacem nosso modo de vida".[4] Essa perseguição também é dirigida contra cidadãos com histórico imigrante cujas famílias podem ter chegado há gerações. Nada disso impedirá a migração cada vez mais intensa quando as crises ambientais chegarem ao auge, a automação forçar os trabalhadores a procurarem emprego em novos lugares e alguns países ricos buscarem ativamente mais migrantes para revigorar os mercados de trabalho, conforme suas populações envelhecem e declinam.[5] Isso suscita a questão: como centenas de milhões de pessoas, muitas vezes vindas de culturas extremamente diversas, encontrarão maneiras de viver em relativa harmonia?

Aqui, exploro os desafios e as possibilidades de cultivar o que os estudiosos da migração chamam de "convivialidade", a ideia de viver com a diferença em comunidades multiculturais.[6] Isso exige buscar no passado as condições que criaram tolerância em relação não somente a novos imigrantes, mas também a cidadãos estabelecidos que ainda eram considerados "forasteiros" devido ao histórico étnico ou religioso. A história não oferece nenhuma idade dourada na qual esse tipo de coexistência pacífica tenha surgido facilmente. A discriminação e a violência infestam os anais da migração. Como observa o historiador Theodore Zeldin, "durante a maior parte da história, o Ocidente foi intolerante".[7] Contudo, por meio de jornadas pelos últimos mil anos, do esquecido reino islâmico da Europa à Gana e à Singapura pós-coloniais, podemos encontrar dicas para gerar conexão, em vez de sociedades fraturadas. A fim de ganhar perspectiva em relação a esse problema, começaremos com a brutal história da imigração chinesa para os Estados Unidos.

OS SINO-AMERICANOS E A AMEAÇA DO "PERIGO AMARELO"

Vários filmes de Hollywood mostram migrantes europeus chegando à ilha de Ellis, em Nova York, no início da década de 1900, fazendo fila com malas volumosas e crianças chorando, prontos para começar uma nova vida na terra da oportunidade. Poucos mostram a ilha Angel, do outro lado do país.

Em 1910, foi inaugurada a Estação de Imigração da Ilha Angel na baía de São Francisco, com o principal objetivo de impor as políticas draconianas que proibiam a maioria dos chineses de entrar nos Estados Unidos. Imigrantes chineses e asiáticos de modo geral eram sujeitados a intensos interrogatórios e, frequentemente, detenção — durante semanas, meses e às vezes anos — enquanto aguardavam seu destino. Alguns entalharam nas paredes poemas sobre seu suplício, que ainda podem ser lidos hoje. "Aprisionado em um edifício de madeira dia após dia, com minha liberdade suspensa — como suportar falar sobre isso?", diz uma das inscrições. As palavras revelam um dos capítulos mais sombrios da história norte-americana relativa à imigração.[8]

O preconceito e a violência contra os chineses vinham aumentando desde a década de 1850, quando as primeiras grandes ondas de imigrantes haviam começado a chegar, fugindo da confusão da rebelião Taiping e atraídas pela corrida californiana do ouro e pela perspectiva de emprego nas ferrovias. Quase imediatamente, os trabalhadores brancos se voltaram contra aqueles que chamavam de "John Chinaman", acusando os chineses de serem "cules" dispostos a trabalhar por salários de fome. Em uma notória ação legal de 1854, na qual um homem branco foi acusado de assassinar um mineiro chinês, a Suprema Corte da Califórnia decidiu que chineses não podiam testemunhar contra réus brancos por serem "uma raça que a natureza marcara como inferior e que é incapaz de progresso ou desenvolvimento intelectual além de certo ponto".[9] Como os afro-americanos e os nativos americanos, sujeitados a uma discriminação legal similar, os chineses eram alvo fácil, e essa decisão gerou uma onda de linchamentos, queima de casas e destruição de lojas.

O fervor antichinês escalou após a baixa econômica de 1873. Os bairros chineses nas pequenas cidades foram incendiados. Novos sindicatos antichineses foram formados, como os Irmãos Unidos da Califórnia, e, em 1876, um Partido dos Trabalhadores antichinês conquistou um terço dos assentos na legislatura estadual. Em 1877, a violência étnica varreu a Chinatown de São Francisco, com multidões brancas incendiando lavanderias chinesas e matando seus proprietários, em uma repetição do tumulto ocorrido alguns anos antes na Chinatown de Los Angeles, quando quinze chineses haviam sido enforcados.[10]

Políticos oportunistas de toda a nação — tanto republicanos quanto democratas — começaram a perceber que demonizar os chineses era uma maneira garantida de obter os votos da classe trabalhadora branca e pesar a balança eleitoral para seu lado. No início da década de 1880, campanhas públicas pediam o fim da imigração chinesa não somente na Califórnia — onde os chineses representavam 10% da população —, mas em todo o país. O resultado foi a Lei de Exclusão dos Chineses de 1882, a primeira lei federal a restringir a imigração explicitamente com base na nacionalidade ou etnia. Toda nova imigração de trabalhadores chineses foi banida (com algumas exceções, como diplomatas). Os migrantes existentes podiam permanecer no país, mas não tinham direito à cidadania, independentemente do tempo que morassem lá.[11]

A perseguição aos migrantes chineses encontrou expressão cultural em um único termo: o "perigo amarelo". Na virada do século, o preconceito contra os chineses era representado em todo um novo gênero de romances, obras de arte, quadrinhos, peças de teatro e matérias de jornal, que os retratavam como horda incontrolável que podia destruir a raça branca. O "perigo amarelo" era mostrado como um vírus que infestaria a civilização ocidental, minando sua força vital e seu poderio econômico. Esse medo profundo foi personificado em 1913 pelo personagem fictício de Sax Rohmer, o dr. Fu Manchu, um diabólico mestre criminoso que era "o perigo amarelo encarnado em um homem", possuidor de "toda a astúcia cruel da raça oriental".[12]

Uma revista norte-americana comentando a recente aprovação da Lei de Exclusão dos Chineses de 1882.

A discriminação continuou por décadas, até que, em 7 de dezembro de 1941, houve uma inesperada reviravolta. Poucos poderiam ter previsto que o bombardeio de Pearl Harbor seria uma liberação para os imigrantes chineses. O Japão agora era o arqui-inimigo, ao passo que a China, que estivera em guerra contra o Japão nos quatro anos anteriores, passou a ser aliada dos Estados Unidos. O racismo contra os descendentes de japoneses se intensificou rapidamente. Cerca de 120 mil nipo-americanos — mais da metade crianças — foram enviados para campos de concentração cercados por arame farpado durante toda a guerra. Em contrapartida, mais de 10 mil sino-americanos entraram nas Forças Armadas, em unidades de combate, inteligência e logística. As ofensas racistas permaneceram comuns entre os militares, mas as histórias orais dos soldados sino-americanos revelam que as unidades não segregadas nas quais a maioria serviu ajudaram a derrubar barreiras culturais. De acordo com o historiador Kevin Scott Wong, "muitos dos que viram o combate se lembraram de enfrentar o inimigo sob um ataque que igualava todos na unidade, independentemente de patente, raça ou etnia".[13] Ao mesmo tempo, a escassez de operários durante a Segunda Guerra Mundial abriu o mercado de trabalho para as mulheres chinesas, que se viram trabalhando como rebitadeiras nos estaleiros de São Francisco, ao lado de mulheres brancas e afro-americanas. Com os sino-americanos cada vez mais vistos como patrióticos e "bons asiáticos", em 1943 o governo dos Estados Unidos finalmente removeu quinze leis antichinesas dos estatutos, incluindo a Lei de Exclusão dos Chineses. O centro de detenção da ilha Angel, que foi destruído por um incêndio durante a guerra, foi relegado à memória histórica.

Na década de 1960, os asiático-americanos — principalmente os descendentes de chineses — começaram a ser descritos como "minoria modelo", cujos filhos estudavam muito e entravam em profissões de classe média, como Direito e Medicina.[14] Mas, de muitas maneiras, isso era somente outro estereótipo. Na época, como hoje, muitos adolescentes asiático-americanos tinham dificuldades escolares e sofriam com a pressão de atender a expectativas. O rótulo também falhava — e continua a falhar — em reconhecer a variedade das comunidades asiático-americanas nos Estados Unidos, que incluíam não somente profissionais de alto desempenho, mas também operários pobres que trabalhavam por salários de fome e refugiados de mais de doze países asiáticos.[15]

A história da imigração chinesa para os Estados Unidos do passado conversa com os desafios migratórios de nosso tempo presente. Obviamente, é uma forma cruel de nos lembrar como os brotos verdes da tolerância podem demorar para surgir. Nesse caso, levou mais de um século, e poderia ter levado ainda mais se não fosse o impacto de Pearl Harbor. Mesmo após

CULTIVANDO A TOLERÂNCIA

todo esse tempo, o racismo e a discriminação persistem.[16] Essa história também revela profundas continuidades na atitude em relação aos imigrantes. O controverso decreto de Donald Trump banindo a entrada de viajantes de sete nações majoritariamente muçulmanas, publicado em sua primeira semana na presidência, em 2017, não foi somente produto da islamofobia após o 11 de Setembro, tendo precedentes no foco étnico da Lei de Exclusão dos Chineses.[17] Do mesmo modo, a acusação feita por ele, de que os imigrantes mexicanos eram "criminosos" e "estupradores" que "roubam os empregos", foi uma reprise moderna da ameaça do "perigo amarelo".[18] Linguagem comparável foi usada por políticos de extrema direita na Itália, na França, nos Países Baixos, na Austrália e em outros países.

O uso dos trabalhadores chineses como bodes expiatórios, particularmente durante recessões econômicas como a da década de 1870, ilustra de que forma os fatores econômicos subjacentes podem ser uma importante barreira à emergência da convivialidade. Além disso, demonstra o distinto aumento do sentimento anti-imigrantista após a crise financeira de 2008, quando empregos ficam escassos ou instáveis e aluguéis e hipotecas não podem ser pagos, as pessoas rapidamente culpam os "forasteiros" imigrantes, mesmo se houver poucas evidências de sua culpabilidade.[19] De fato, vários estudos mostram que a migração produz muito mais benefícios que prejuízos econômicos. Os migrantes tipicamente contribuem para as finanças públicas, produzindo muito mais receita fiscal do que recebem em benefícios de saúde ou moradia: no Reino Unido, eles contribuem anualmente com 2.300 libras a mais que o adulto médio e fazem uma contribuição líquida positiva de 78 mil libras durante toda a vida.[20] Em relação ao emprego, migrantes e locais quase nunca competem diretamente: os migrantes costumam aceitar empregos que os locais não estão preparados para aceitar, da coleta de lixo à colheita de frutas, ou competem por empregos com a geração anterior de migrantes. Em vez de diminuir os salários, "os imigrantes têm impacto insignificante ou mesmo positivo sobre os ganhos dos nativos", de acordo com o especialista em migração Marco Tabellini.[21] Eles também podem dinamizar economias com mão de obra qualificada. Nada disso, é claro, evita que os políticos populistas os persigam. As questões migratórias estão muito mais relacionadas ao medo que aos fatos.

Em um mundo no qual tanto a migração quanto a insegurança no trabalho crescem rapidamente, estamos prestes a testemunhar mais discriminação e perseguição a migrantes de várias origens. Existe alguma maneira de evitar essa trajetória trágica? O ideal iluminista de progresso que prevalece no Ocidente nos faz acreditar que a moralidade humana se expandiu ao longo das eras e que nos tornamos cada vez mais tolerantes com o passar do tempo. Já não queimamos bruxas na fogueira nem mantemos economias dependentes do trabalho infantil ou impedimos mulheres de votar.

Mas a história nunca foi limitada por tais narrativas lineares. Às vezes, precisamos voltar muito no tempo para descobrir os momentos mais iluminados da possibilidade humana. Agora está na hora de voltarmos mil anos, até o antigo reino de Al-Andaluz, onde houve vislumbres de radical esperança para a criação de um futuro mais tolerante.

AL-ANDALUZ: TOLERÂNCIA E TURBULÊNCIA EM UM REINO ISLÂMICO MEDIEVAL

Imagine que você pudesse nascer em qualquer lugar da Europa no ano 1000, mas sem poder escolher seu estrato social: classe, religião, etnia ou gênero. Que lugar escolheria? É compreensível achar que a escolha é injusta. Esse ano tradicionalmente conjura imagens barbáricas da Idade das Trevas: uma era sangrenta de violência, guerra, pobreza e pestilência que lembra *Game of Thrones*. Porém, se procurar nos lugares certos, há mais nessa oferta. Uma das melhores opções seria a cidade de Córdoba, no sul da Espanha, conhecida em todo o continente como "o ornamento do mundo".

Na época, Córdoba era o epicentro do reino muçulmano de Al-Andaluz, que, sob diversas formas, cobria grande parte da península Ibérica desde o reinado do príncipe omíada Abd al-Rahman I, no século VIII, à rendição final de Granada ao domínio cristão em 1492. Córdoba era uma cidade de maravilhas, com ruas bem-iluminadas, mercados movimentados, centenas de casas de banho e água corrente nos aquedutos, para deleite de uma população de mais de meio milhão de pessoas (enquanto Londres e Paris tinham cerca de 20 mil habitantes cada). Também tinha fama de ser um centro de conhecimento e aprendizado. Em *Declínio e queda do Império Romano*, Edward Gibbon exclamou que sua principal biblioteca

CULTIVANDO A TOLERÂNCIA

continha "600 mil volumes, 44 dos quais eram empregados meramente como catálogo", incluindo traduções para o árabe de textos gregos de Aristóteles, Euclides e Hipócrates.[22] Nenhum lugar da Europa era páreo para tais riquezas culturais.

Contudo, o que de fato diferenciava Córdoba e o reino como um todo era um feito civilizacional aparentemente miraculoso: ter comunidades muito diferentes vivendo no mesmo lugar, em relativa paz, por longos períodos. Segundo a historiadora María Rosa Menocal, durante a era conhecida em geral como *Convivencia* (que significa literalmente "convivência" ou "coexistência", em espanhol), "judeus, cristãos e muçulmanos viveram lado a lado e, a despeito de irreconciliáveis diferenças e continuadas hostilidades, desenvolveram uma complexa cultura de tolerância".[23] Essa é uma tese controversa que, ironicamente, gerou intenso debate acadêmico entre os historiadores medievais durante meio século. Quanta verdade há nela?

Al-Andaluz era uma sociedade estratificada na qual os muçulmanos ocupavam uma posição de autoridade. No entanto, sob a doutrina legal dos *dhimmi*, "os povos do livro" — cristãos e judeus, mas não pagãos — tinham o direito de praticar sua própria religião, desde que não o fizessem em público e pagassem um imposto especial pelo privilégio. Embora muitos cristãos se sentissem oprimidos pelos conquistadores muçulmanos e ameaçados pela quantidade de cristãos se convertendo ao Islã (na maioria dos casos para evitar o imposto), os judeus sentiram alívio após longo período de perseguição cristã, durante o qual haviam sido colocados no fundo da hierarquia social.[24] De fato, atraídos por essa atitude tolerante, judeus migraram para Al-Andaluz e chegaram a representar 5% da população total, ao lado de outros migrantes, incluindo berberes muçulmanos da África do Norte.

Embora muçulmanos, judeus e cristãos muitas vezes morassem em bairros segregados, eles "conviviam o tempo todo em cidades e vilarejos, misturando-se enquanto conduziam seus negócios cotidianos", escreve o historiador John Elliott.[25] Eles negociavam nos mercados, frequentavam as mesmas casas de banho, tocavam instrumentos musicais juntos e, às vezes, até praticavam sexo ilícito. Diziam até que alguns muçulmanos iam escondidos aos monastérios cristãos para beber uma proibida taça de vinho.[26] "Em muitos contextos cotidianos", nota o historiador medieval Brian Catlos, "as pessoas se viam primeiro como andaluzes, e tratavam os conterrâneos como tais, independentemente de sua fé."[27]

A interação social girava em torno da linguagem compartilhada, o árabe, a língua franca na qual eles fofocavam, negociavam, riam e discutiam. "Todos os jovens cristãos talentosos leem e estudam com entusiasmo os livros árabes", queixou-se o teólogo cristão Álvaro de Córdova, "pois, para cada um que pode enviar uma carta em latim para um amigo, há mil que sabem se expressar elegantemente em árabe e escrever poemas nessa língua melhor que os próprios árabes".[28]

Trocas culturais na península Ibérica no século XIII.
Acima, um muçulmano e um cristão tocam instrumentos parecidos com o alaúde.
Abaixo, um judeu e um muçulmano jogam xadrez.

CULTIVANDO A TOLERÂNCIA

Em 1360, quando o líder da comunidade judaica Samuel HaLevi Abulafia construiu uma sinagoga na cidade de Toledo, ele não só o fez no extravagante estilo da dinastia islâmica nacérida, como cobriu as paredes com belas inscrições entalhadas em hebraico e árabe — que ainda era a língua dos judeus cultos de Castilha quase trezentos anos depois de Toledo cair nas mãos dos cristãos.[29] O árabe foi a cola cultural que permitiu que Al-Andaluz se tornasse uma das sociedades mais cosmopolitas que o mundo já vira. Talvez sua rival mais próxima seja a Sicília sob o rei normando Rogério II (1095-1154), que criou uma corte multicultural de muçulmanos, cristãos e judeus, promoveu o uso do latim, do grego e do árabe e deixou um legado arquitetônico que inclui construções com design árabe, normando e bizantino.[30]

Entre as figuras mais celebradas de Al-Andaluz estava o poeta e líder político judeu Samuel HaNagid. Quando Córdoba foi saqueada pelos berberes em 1013 e o califado omíada se dividiu em várias *taifas*, ou cidades-Estados islâmicas, a família de Samuel fugiu com outros refugiados judeus para Málaga, onde abriu um loja de especiarias. Diz a história que a criada de um oficial local visitou a loja e, ao ver a primorosa caligrafia árabe de Samuel, pediu que ele escrevesse cartas para ela. Rumores sobre suas habilidades se espalharam, e logo ele foi nomeado secretário pessoal do vizir de Granada, o mais poderoso oficial político depois do rei. Aos 34 anos, o brilhante Samuel foi nomeado vizir. É difícil imaginar, mas o escriba judeu passou a ser um diplomata em quem o rei muçulmano confiava, até mesmo liderando soldados muçulmanos nas batalhas, em cima de um garanhão árabe. Na mesma época, ele se tornou o líder da comunidade judaica de Granada. Samuel também é lembrado por desenvolver uma nova forma de poesia hebraica que usava o estilo literário e a métrica da poesia árabe — um belo exemplo da inovação e das riquezas que a migração pode produzir por meio da fusão cultural.[31]

Embora alguns acadêmicos considerem Samuel HaNagid um exemplo da cultura de tolerância encontrada em Al-Andaluz, outros acham que ele é exceção. Esses críticos indicam que a chamada *Convivencia* foi marcada por surtos periódicos de violência étnica e religiosa. Em meados do século IX, quase cinquenta cristãos de Córdoba foram executados por suas crenças. Em 1066, houve um massacre de judeus em Granada, e o filho de Samuel, Joseph — que sucedera o pai como vizir —, foi despedaçado, membro a membro, por uma enfurecida multidão muçulmana. A partir do século XII, a violência contra os judeus começou a crescer na península Ibérica, assim como em outras partes da Europa.[32] É importante não romantizar a *Convivencia*: a cultura de tolerância da Espanha islâmica era frágil e podia se transformar em violência e crueldade num piscar de olhos, especialmente em épocas de crise econômica e política. Contudo, também é difícil negar a realidade da disseminada coexistência pacífica das comunidades muçulmanas, cristãs e árabes, mesmo em meio às tensões.[33] "A violência religiosa popular era extremamente rara" em Al-Andaluz, observa o historiador Brian Catlos.[34] Além disso, Al-Andaluz parece ainda mais tolerante quando comparada ao domínio cristão que se estendeu progressivamente pela Espanha a partir do século XIV: estima-se que 100 mil judeus tenham sido mortos pelos cristãos nos pogroms de 1391 e que um número similar tenha sido forçado a fugir.

O que tornou isso possível? Certamente a língua compartilhada e a liberdade de prática religiosa. Porém, acima de tudo, a intimidade forçada da vida urbana. "Essas cidades independentes", escreve David Levering Lewis sobre o período das *taifas*, "causaram um grande aumento da atividade comercial e ainda mais *Convivencia*".[35] A vida urbana promovia relacionamentos pessoais que ultrapassavam as linhas comunitárias e criavam teias de interdependência econômica que sustentavam a cultura de tolerância e respeito mútuo: um coureiro muçulmano podia depender dos suprimentos fornecidos por um curtidor cristão, ou um médico judeu podia precisar dos serviços de um mestre de obras muçulmano (e vice-versa).[36]

É verdade que as cidades podem ser cheias de intolerância, discriminação e desigualdade, como sabem muito bem aqueles que enfrentam a guetização e o policiamento racista nos *banlieues* de Paris ou nos *barrios* do leste de Los Angeles. No entanto, ao mesmo tempo, as cidades são uma das inovações sociais mais importantes da humanidade, uma tecnologia excelente para juntar pessoas de diversos contextos históricos e sociais em grande escala. As cidades ajudam a nos transformar em cidadãos. Estudos sobre a vida urbana revelam que, quanto maior a cidade, mais tolerantes seus residentes tendem a ser em relação a pessoas de fora, especialmente se há uma língua comum na qual possam se comunicar.[37] Talvez tenha sido por isso que, durante o referendo do Brexit em 2016 — que, em grande medida, estava centrado em questões de imigração —, Londres foi esmagadoramente contra a saída da União Europeia, ao passo que a Inglaterra rural foi a favor. Como em Córdoba há mil anos, os habitantes locais e os migrantes recém-chegados estão em contato constante com lojas, escolas, locais de trabalho, parques, clubes, ônibus e cafés das cidades. Os encontrões da vida urbana podem ajudar as pessoas a reconhecer o que têm em comum e considerar a variedade cultural algo normal, em vez de uma ameaça.

O fenômeno psicológico subjacente por trás dessa tolerância urbana é conhecido como "teoria do contato". A tese central é a de que, se diferentes grupos são colocados em contato em condições relativamente iguais, interagindo e cooperando com frequência, o resultado típico é a redução de preconceitos, estereótipos e fatores de divisão. A análise de mais de quinhentos estudos demonstrou que o contato intergrupos reduziu os preconceitos e aumentou a tolerância em mais de 94% dos casos, fossem crianças de diferentes origens étnicas e religiosas jogando no mesmo time de futebol, fossem soldados em um regimento racialmente diversificado sob fogo inimigo (como ocorreu quando sino-americanos lutaram ao lado de americanos brancos na Segunda Guerra Mundial).[38]

As cidades e os povoados de Al-Andaluz são um notável exemplo da teoria do contato em grande escala, baseando-se nas complexas realidades de um longo período da história medieval. Por fim, escreve Brian Catlos, a coexistência de diferentes comunidades na Espanha islâmica ensina que, "como seres humanos, temos uma tremenda capacidade de conviver, a despeito de nossas diferenças e defeitos".[39] Isso é história como mensagem de esperança.

PROJETANDO A CONVIVIALIDADE NAS CIDADES DO AMANHÃ

Em uma era de crescente migração, faz sentido olhar para as cidades a fim de gerar culturas de convivialidade: elas naturalmente chamam os migrantes, e em 2050, mais de dois terços da população mundial viverá em áreas urbanas.[40] Embora as cidades tenham um excelente histórico de promover tolerância, como é possível minimizar o tipo de violência periódica que irrompeu em Al-Andaluz e afetou os imigrantes chineses nos Estados Unidos? Um ingrediente crucial pode aumentar as chances de as cidades gerarem união, e não divisão: o design convivial. Com isso, quero dizer iniciativas de governos e planejadores que visam criar as condições que ajudam os relacionamentos humanos a prosperar.

Três países são uma inspiração para as cidades do amanhã. Um deles é Gana, cujo primeiro líder pós-independência Kwame Nkrumah temia que as diferenças entre grupos étnicos como akan, ewe e ga-adangbe dividissem o país após a liberação do governo colonial britânico. "Se tolerarmos a formação de partidos políticos com bases regionais, seccionais ou religiosas", avisou ele em meados da década de 1950, "estaremos não somente caminhando na direção do caos político, como também, e ainda pior, plantando as sementes da destruição de nossa existência nacional".[41]

Quando Gana se tornou independente em 1957, Nkrumah iniciou uma série de políticas e programas para unificar a identidade nacional ganense e, ao mesmo tempo, incentivar as comunidades étnicas e religiosas do país a coexistirem em paz. Um novo hino e uma nova bandeira nacional, monumentos, cédulas e selos celebravam e simbolizavam o nascimento de Gana. Os oficiais britânicos ficaram furiosos com o primeiro selo, no qual a rainha Elizabeth II foi substituída por um busto de Nkrumah e uma águia africana rompendo as correntes em suas pernas. Em uma decisão controversa, o inglês se tornou a língua da educação nacional, em um esforço para evitar divisões com o grande número de grupos linguísticos que havia no país. Nkrumah não estava tentando erradicar as diferenças culturais, e sim promover a união dentro da diversidade. No nível pessoal, ele quase sempre usava uma túnica nortista durante os comícios políticos, apesar de não ser do norte, e jejuava durante o Ramadã em solidariedade à população muçulmana minoritária, embora não fosse muçulmano.[42]

Essas ações fundacionais de construção nacional estão entre os fatores-chave que explicam os níveis relativamente baixos de violência intercomunitária em Gana desde a independência. Embora alguns sérios surtos de violência — como a guerra de Konkomba-Nanumba de 1994 na região norte — e disputas interétnicas por terras e outras questões tenham continuado a surgir, Gana é geralmente considerada, de acordo com o pesquisador de conflitos Paul Kwame Asamoah, "uma nação pacífica em uma sub-região, por sua vez, instável".[43] Isso é confirmado pelas pesquisas: Gana tem os maiores níveis de tolerância a pessoas de outras etnias e religiões em todo o continente.[44]

CULTIVANDO A TOLERÂNCIA

O Estado de Gana não agiu sozinho em seus esforços para promover a coexistência cultural: organizações civis e religiosas de base desempenharam um papel significativo, especialmente nas áreas urbanas. Na cidade de Ashaiman, todas as tardes de domingo os locais se reúnem em diversas organizações multiétnicas e interreligiosas de autoajuda, indo de grupos de desenvolvimento feminino a clubes de jovens. Eles levam cadeiras, penduram faixas e usam camisetas coloridas representando suas organizações, em uma vibrante exibição de solidariedade comunitária que cruza fronteiras. Refletindo tais atitudes, em 2019 o imã-chefe de Gana, o xeique Osman Nuhu Sharubutu, foi a uma missa católica, em um ato de harmonia interconfessional, durante as celebrações de seu centésimo aniversário.[45]

Embora o senso de identidade nacional partilhada possa promover a inclusão social e a tolerância, também pode, da mesma forma, ser usado como ferramenta de exclusão: para um político populista como Donald Trump, os imigrantes mexicanos não se qualificam como norte-americanos patrióticos, independentemente do tempo que estejam no país. Nesse sentido, bandeiras nacionais têm o potencial de dividir tanto quanto de unificar. Assim, que outras estratégias podem ser usadas para projetar convivialidade e boa vizinhança nas diversas comunidades urbanas?

Para responder a essa pergunta, podemos nos voltar para Singapura, cujos dilemas pós-coloniais lembram, de muitas maneiras, os de Gana. Quando a cidade-Estado asiática obteve total independência em 1965, após quase um século de governo britânico, seu primeiro primeiro-ministro, Lee Kuan Yew, foi similarmente confrontado pela questão de como criar uma República unificada. Na época, Singapura vivia agudas tensões étnicas entre a população, que era majoritariamente chinesa (cerca de 75%), com grandes minorias malaia (15%) e indiana (7%). "Teremos uma nação multirracial em Singapura", declarou Lee taxativamente. "Essa não é uma nação malaia; não é uma nação chinesa; não é uma nação indiana."[46]

Uma das tentativas mais inovadoras de transformar esse sonho multicultural em realidade foi na área da habitação social. Durante uma viagem recente a Singapura, um dos antigos planejadores da cidade me afastou do deslumbrante distrito central para visitar uma área residencial remota, nos limites do sistema do metrô. Emergimos em um mundo de torres uniformes — algumas das mais antigas da cidade —, cercadas por gramados bem-cuidados nos quais alguns senhores praticavam tai chi e mulheres usando sári andavam à sombra. Então pegamos o elevador até o quinto andar de uma das torres, onde me vi em uma grande varanda — mais parecida com um corredor externo — contendo lavadoras e secadoras, bicicletas infantis, vasos e portas de entrada de vários apartamentos. "É por isso que Singapura é diferente", anunciou meu guia de modo triunfal. Eu o questionei com o olhar e ele começou a explicar.

Após os conflitos raciais de 1964 e 1969, o Conselho de Desenvolvimento Habitacional de Singapura decidiu elaborar um sistema habitacional que promovesse a "harmonia racial".[47] Um dos elementos cruciais foi um sistema de cotas étnicas — que opera até os dias de hoje — no qual cada edifício deve refletir a porcentagem nacional dos principais grupos raciais, a fim de assegurar que nenhum deles se torne etnicamente segregado ou guetizado. Os próprios corredores fazem parte desse sistema e incentivam os encontros, frequentemente contendo uma mistura de residentes chineses, malaios e indianos. A maioria dos apartamentos não tem sacada privativa, então os corredores servem como áreas comuns onde as crianças brincam, os vizinhos conversam e pequenos presentes interculturais são trocados, da forma que doces especiais durante festivais religiosos. No térreo de cada edifício, há um espaço público compartilhado que pode ser usado para um casamento muçulmano malaio ou um funeral chinês, assim como durante as reuniões dos comitês residenciais. "Os espaços públicos no interior dos altos edifícios de habitação social, que abrigam mais de 80% dos cidadãos, são locais de convivialidade cotidiana", concluiu um estudo.[48]

Quando voltamos ao elevador, comentei com meu anfitrião que a harmonia multicultural ultraprojetada de Singapura parecia um pouco boa demais para ser verdade. Embora genuinamente orgulhoso das iniciativas governamentais para promover a coexistência interétnica, ainda mais por meio das políticas de habitação, ele também estava pronto para admitir suas falhas. Milhares de migrantes temporários — muitos do sul da Índia, de Bangladesh e do Vietnã — que trabalham com construção civil e outras tarefas manuais ficavam de fora do sistema, abrigados em dormitórios precários, recebendo baixos salários e sofrendo discriminação racial. Na outra ponta do espectro, havia o crescente reconhecimento do "privilégio chinês", referindo-se à maneira como a população chinesa é preponderante em certos domínios da vida pública, ocupando posições de liderança no funcionalismo público — em gritante contraste com o discurso governamen-

CULTIVANDO A TOLERÂNCIA 55

tal sobre igualdade racial.[49] Singapura pode celebrar um Dia da Harmonia Racial todos os anos e ter deixado a era dos conflitos raciais para trás, mas as realidades da convivialidade — como em Al-Andaluz — continuam complexas e contraditórias.

O maior desafio do modelo de Singapura é político: seu sistema semiautoritário de governo permitiu que o partido governante — que está no poder desde a independência — impusesse políticas com mínima oposição. Porém, e se você preferisse viver em uma democracia, e não no que pode ser descrito como uma ditadura benevolente?

Vamos voltar à Espanha, que desenvolveu uma abordagem muito diferente para promover cidades conviviais em um contexto mais democrático. Na primeira década do século, a Espanha passou por uma transformação demográfica sísmica: mais de 6 milhões de imigrantes chegaram ao país, originários do Marrocos e da América Latina principalmente, levando a população nascida no exterior a 14% do total. Embora isso tenha contribuído para a ascensão de movimentos políticos de extrema direita e contrários à imigração, como o Vox, a jornalista ambiental Gaia Vince diz que "a Espanha não conheceu significativa reação contra os migrantes" da forma que outros países conheceram, como a França e a Alemanha.[50] Por que não?

A principal razão, argumenta ela, é o inteligente planejamento governamental na criação de uma nova geração de cidades multiétnicas. Invertendo a política padrão de imigração, a Espanha começou concedendo direitos de cidadania a todos os migrantes empregados em tempo integral — incluindo os trabalhadores "ilegais", sem documentação —, o que lhes deu acesso a serviços públicos como assistência médica e os incluiu no sistema fiscal, onde passaram a contribuir com as finanças públicas. O país também concedeu permissão de trabalho de um ano para dezenas de milhares de migrantes africanos — mantendo-os fora da economia clandestina —, com o incentivo de se tornarem cidadãos permanentes caso conseguissem se manter empregados. Mais de 2 bilhões de euros foram injetados em programas de apoio aos migrantes para ajudá-los a encontrar emprego, aprender espanhol e ter aulas de cidadania.

Os resultados são visíveis em cidades como Mataró, na Catalunha. Em uma tarde de domingo no parque público do bairro de Cerdanyola — onde uma em cada quatro pessoas é de fora da Espanha —, catalães e castelhanos socializam com senegaleses e marroquinos enquanto as crianças jogam futebol em times etnicamente mistos. Por meio do sistema de *empadronament* (registro residencial), todos os migrantes estão registrados na Câmara Municipal e têm os mesmos benefícios sociais dos outros residentes. Nas aulas gratuitas e voluntárias para os "novos cidadãos", eles são apresentados ao termo *convivencia* — um eco de Al-Andaluz medieval —, que promove os ideais de tolerância cultural e boa vizinhança. Estudos antropológicos sobre a cidade revelam que, embora haja desentendimentos entre as etnias, o quadro geral é de respeito e coexistência cordial.[51]

Entretanto, seguindo o padrão histórico, a *convivencia* em Mataró — e na Espanha como um todo — é potencialmente frágil: a crescente proeminência de partidos políticos de extrema direita pode fazer com que as políticas de imigração do país sejam muito menos acolhedoras. Em contrapartida, com a população tendendo a cair em razão da baixa taxa de natalidade — em no máximo 50% até 2100 —, a Espanha terá uma necessidade desesperadora de mais imigrantes para sustentar a economia e pagar os impostos que financiam o sistema de aposentadorias. Como em muitos outros países europeus, a imigração pode se tornar uma obrigação, e não uma escolha.

Viver junto nunca foi fácil. Os exemplos de Gana, Singapura e Espanha revelam várias maneiras de inserir convivialidade na vida pública, fornecendo a base invisível que ajuda as cidades a fazerem o que sempre fizeram de melhor: misturar pessoas de diferentes culturas e origens. Esses três casos não são modelos ou plantas baixas a serem seguidos à risca: as cotas étnicas para habitação social podem funcionar em Singapura e serem insustentáveis em lugares onde as habitações públicas são limitadas e a mistura étnica é mais segmentada. Entretanto, eles sugerem que, se queremos que as pessoas vivam juntas pacificamente, enquanto respeitam suas diferenças culturais, o planejamento e o design intencionais podem aumentar as chances de sucesso.

Sabemos que a história humana é um catálogo de intolerância — de preconceito, discriminação e violência contra os que considerados "forasteiros". No entanto, espero ter demonstrado que a história nos ensina também como uma sociedade pode ser tolerante e como podemos chegar a esse ponto. Nos últimos mil anos, nossos antepassados, em meio ao caos e à confusão, encontraram maneiras de superar suas diferenças e prosperar lado a lado. Com o passado como guia, temos os insights e o conhecimento para criar as cidades conviviais do futuro e fomentar uma nova coreografia de relacionamentos humanos.

3

ABANDONANDO
O HÁBITO DO CONSUMO

O Japão pré-industrial e
o design das economias regenerativas

> Nossa economia extremamente produtiva demanda que transformemos o consumo em padrão de vida, que convertamos a compra e o uso de mercadorias em rituais, que busquemos, no consumo, satisfação espiritual e satisfação do ego. [...] Precisamos que as coisas sejam consumidas, usadas, substituídas e descartadas em velocidade cada vez mais rápida.
>
> — VICTOR LEBOW, ECONOMISTA NORTE-AMERICANO, 1955[1]

O ato de fazer compras como hoje o entendemos foi inventado na Paris de 1872. Foi nesse ano que Aristide Boucicaut abriu as portas do novo e magnífico edifício Bon Marché, a primeira loja de departamentos do mundo. Projetada pelo aspirante a arquiteto Gustave Eiffel, a loja foi saudada pelo romancista Émile Zola como "a catedral do comércio moderno".[2] O Bon Marché — "bom negócio" — foi pioneiro em apresentar a compra como experiência abrangente e envolvente de entretenimento. As pessoas iam até lá não só para ver mercadorias nos suntuosos corredores enfeitados com sedas finas e tapetes orientais, mas também para encontrar amigos, ser servidas por garçons de libré, aproveitar os jornais gratuitos na sala de leitura e frequentar exposições de arte e até apresentações de ópera no opulento átrio. Até o século XVIII, a palavra *consumption* ["consumo", mas também um dos nomes da tuberculose, em inglês] era o nome de uma doença debilitante e potencialmente fatal. O Bon Marché transformou o ato de consumir em um prazer viciante.

Por trás das cortinas de seda, a loja também era uma voraz empreitada capitalista cujas inovações de marketing se tornaram um modelo para a indústria de varejo em expansão na Europa e na América do Norte. Se passasse pela porta de entrada na rua de Sèvres, você seria imediatamente cercado pelos balcões de barganha, onde o frenesi dos compradores se acotovelando dava a impressão de que havia promoções imperdíveis. Continuando a visita pelos espaçosos departamentos e subindo a elegante escadaria curva, você poderia vagar com toda a calma do mundo entre a abundância de mercadorias de luxo e produtos para o lar, todos sob o mesmo teto, experimentar roupas com ajuda de assistentes treinadas e ter a garantia de preços fixos, em vez de pechinchar nas lojas especializadas da cidade. Se tivesse sorte, você poderia estar lá durante a famosa liquidação branca de fevereiro, durante a qual todos os itens brancos — toalhas, lençóis, cortinas — eram vendidos com desconto. A histeria da Black Friday de hoje é uma descendente modificada das vendas sazonais inventadas pelo Bon Marché.

O historiador Keith Thomas escreve sobre a cultura de "desejo ilimitado" que surgiu na Europa no século XVIII, quando os salários mais altos permitiram que a crescente classe média fosse além de satisfazer as necessidades básicas, e o status social passou a ser representado por exibições de riqueza.[3] A maior inovação do Bon Marché foi aproveitar esse desejo e fazer com que as pessoas comprassem coisas que nunca haviam imaginado que precisavam. Os atraentes anúncios e catálogos sugeriam aos aspirantes à burguesia que não precisavam de somente um casaco, mas de um para cada estação, além de um só para viajar e outro para visitar os amigos e ir ao teatro. Uma casa respeitável devia ter diferentes garfos para cada propósito: peixe, carne, azeitonas e morangos. Guardanapos de linho. Cortinas com estampas. Ternos de marinheiro para as crianças e roupas novas para as viagens de férias. O Bon Marché transformou a manufatura do desejo em uma forma de arte altamente lucrativa.

Casacos masculinos para todas as ocasiões. Catálogo do Bon Marché, 1920.

O nascimento da loja de departamentos foi apenas o início. A fixação no crescimento econômico que tomou conta das sociedades ocidentais no início do século XX precisava de um consumo insaciável. A cultura de consumo foi sobrecarregada na década de 1920 por gênios das relações públicas como Edward Bernays — sobrinho de Sigmund Freud —, que convenceram as mulheres a fumarem cigarros pelo fato de estes serem "tochas da liberdade" e que inventaram os ovos com bacon como farto café da manhã norte-americano para benefício da indústria da carne de porco.[4] Essa cultura foi intensificada por executivos de publicidade do tipo *Mad Men* nos Estados Unidos do pós-guerra e pela Nike nos dizendo *Just Buy It* [Apenas compre].[5] Agora, somos atraídos por algoritmos de compras online cujos anúncios personalizados e botões de "compre agora" prometem o prazer imediato de necessidades genuínas e desejos fabricados. Alguém aí precisando de óculos para cortar cebola?

Não havia nada de inevitável nesse processo. O consumismo é uma invenção histórica — como a democracia ou a religião organizada — que se mostrou tão bem-sucedida, que redefiniu o sentido da boa vida. Na sociedade pré-industrial, os indivíduos geralmente eram respeitados e tinham seus status reconhecidos por serem grandes guerreiros, padres devotos ou excelentes estudiosos. Hoje, é mais provável que o status venha das roupas que compramos, do carro que dirigimos e dos lugares luxuosos que visitamos. Eu compro, logo sou. Nossas aspirações materiais continuam a crescer em um processo que a socióloga Juliet Schor chama de "emulação da sofisticação", na qual cada vez mais nos comparamos com o estilo de vida dos ricos e dos famosos que vemos nas telas, em vez de nos compararmos com nossos amigos e familiares ou com nossa comunidade local.[6]

A questão é que a cultura de consumo não só falha em proporcionar níveis mais altos de bem-estar quando nossas necessidades básicas foram satisfeitas, mas, depois de certo ponto, mais coisas não vão nos fazer muito mais felizes. Além disso, temos de lidar com os devastadores impactos dessa cultura no planeta.

Os abastados compradores do norte global são as tropas da linha de frente de uma pilhagem ecológica que nossos antepassados pré-industriais nem poderiam ter imaginado. As montanhas de lixo eletrônico cheias de iPhones descartados e seus metais raros. Os microplásticos no estômago de golfinhos, tartarugas — e crianças. As substâncias tóxicas na água que bebemos e no ar que respiramos. As florestas destruídas pelos produtores de gado que colocam carne em nossas mesas. Estamos falando de muito mais que mudanças climáticas: mesmo que tivéssemos energia 100% renovável, o uso intensivo de recursos ainda nos empurraria para níveis perigosos de perda de biodiversidade, poluição do ar e degradação do solo. A pegada material da humanidade já é quase o dobro do que o planeta consegue suportar com segurança — estamos usando os recursos de dois planetas ao ano —, e ela continua a crescer. Além disso, como nota o antropólogo econômico Jason Hickel, "praticamente todo esse excesso é causado pelo consumo descontrolado das nações de renda alta".[7] Os ricos estão acabando com o mundo.

A Terra não é uma fronteira infinita com recursos inexauríveis. É um sistema fechado, abastecido pelo Sol, que fica girando na escuridão do espaço — o que o economista Kenneth Boulding chamou de "espaçonave Terra".[8] Não é preciso uma bola de cristal para sabermos que, no longo prazo, os desejos ilimitados da cultura de consumo são incompatíveis com a vida em um planeta finito.

Se a história nos conectou ao consumismo, como pode também nos libertar dele? Será que ela pode ajudar a humanidade — principalmente os cidadãos opulentos do norte global — a abandonar o hábito de consumo e parar de destruir o planeta? Quando ando pelo shopping de minha cidade, que zune constantemente com pessoas comprando, conversando, comendo e passeando — uma verdadeira experiência Bon Marché —, quase sempre penso que a influência esmagadora do capitalismo de consumo não pode ser parada. Ele está intrínseco demais. É poderoso demais. Prazeroso demais.

Contudo, a história revela a possibilidade de um outro caminho. Não se trata simplesmente de indivíduos mudando seus hábitos para se tornarem "consumidores verdes". Trata-se de uma mudança sistêmica mais profunda: a adoção do design regenerativo. Isso significa projetar as nossas economias para que operem dentro dos limites ecológicos de nosso delicadamente equilibrado lar planetário, a fim de não usarmos mais recursos do que a Terra pode regenerar naturalmente e não criarmos mais lixo do que ela pode absorver. O design regenerativo é um ideal de sustentabilidade máxima enraizado em muitas culturas indígenas, que também se tornou central no campo da economia ecológica desde seu nascimento, há meio século.[9] Ele representa uma inovação inestimável — mas não reconhecida pela maioria — das sociedades humanas. Explorar as histórias de consumo, dos Estados Unidos coloniais ao Japão feudal, oferece conhecimentos cruciais para a criação de um futuro regenerativo.

O ESPORTE RADICAL DE VIVER COM SIMPLICIDADE

Poucas pessoas já ouviram falar de John Woolman. Nascido em Nova Jersey em 1720, ele era membro da Sociedade Religiosa dos Amigos, uma seita protestante radical mais conhecida como Quakers.

Os Quakers rejeitavam a ideia de clero ordenado, tinham um relacionamento direto com Deus e eram defensores da justiça social. Porém, também eram defensores da vida simples, representada por um conjunto de regras ainda operantes, chamadas de "Testemunho de Simplicidade".

Quakers como Woolman usavam roupas escuras, feitas com tecidos não tingidos, e evitavam adornos chamativos como fivelas, rendas ou fitas. Eles minimizavam suas posses materiais, preferindo móveis esparsos e de madeira a móveis acolchoados e cortinas de veludo. Comiam comida simples e sem tempero e até mesmo falavam de modo simples, evitando títulos honoríficos, e chamavam os dias da semana de "primeiro dia", "segundo dia" e assim por diante.

No início do século XVIII, muitos Quakers estavam incomodados com o crescente número de membros que violavam as regras — a exemplo do fundador da Pensilvânia, William Penn, o qual vivia em uma casa imponente e tinha gosto por vinhos finos e cavalos puro-sangue. Na década de 1740, Woolman liderou um movimento de retorno do quakerismo a suas raízes espirituais e éticas de simplicidade e devoção. Ele viajou incansavelmente pelo país, pregando as virtudes da simplicidade e incentivando os colegas Quakers a enfrentarem injustiças como a escravidão, um tema sobre o qual publicou numerosos ensaios.

Ele não foi um grande orador nem tinha um intelecto brilhante, mas o que o distinguia, de acordo com um historiador, era ser "o mais nobre exemplo de vida simples já produzido nos Estados Unidos".[10] Woolman transformou a vida simples em um esporte radical. Após se estabelecer como comerciante de tecidos a fim de garantir sua subsistência, acabou ganhando tanto dinheiro, que tentou reduzir os lucros pedindo aos clientes para comprarem tecidos mais baratos e em menor quantidade — algo que não se ensina no curso de Administração de Harvard. Por fim, optou por cuidar de um pomar de maçãs em vez de ser comerciante. Woolman também foi pioneiro do comércio justo, boicotando produtos de algodão produzidos em plantações escravocratas e insistindo em entregar moedas de prata diretamente aos serventes escravizados das casas que visitava. Também era vegetariano praticante. Certa vez, quando lhe ofereceram carne de frango, ele respondeu: "Você quer que eu coma meus vizinhos?" Quando viajou como missionário para a Inglaterra em 1771, Woolman ficou tão incomodado com o luxo de sua cabine no navio, que, durante as seis semanas na embarcação, dormiu na entreponte úmida e suja, ao lado dos marinheiros. Ao chegar à Inglaterra, decidiu visitar York, onde planejava observar em primeira mão as condições sociais dos pobres do país. No entanto, quando soube que viajaria em uma carruagem puxada por cavalos, decidiu evitar tal crueldade para com seus irmãos equinos e escolheu caminhar — mais de 320 quilômetros. Finalmente chegou a York, mas nunca conseguiu ir embora. Woolman contraiu varíola e foi enterrado como indigente.

Excêntrico? Sem dúvidas. Maluco? Não. Woolman era um homem lúcido e um agente de mudança radical. Estava disposto a sacrificar luxos mundanos e conveniências, sabendo que haveria uma recompensa maior: o luxo de uma vida cumprindo seus princípios religiosos. Tratava-se também de expressar sua liberdade de escolha de maneiras mais gratificantes que o mero materialismo — escolhia opor-se à escravidão, respeitar todas as criaturas, ajudar os pobres e divulgar suas crenças. A simplicidade Quaker era a fundação de tudo isso, liberando-o da busca de prazeres mundanos.

Embora John Woolman mereça estar no panteão dos exemplos mais inspiradores de vida simples da história, ele não está sozinho. A seu lado estão: o filósofo grego Diógenes, filho de um rico banqueiro, que simplificou a vida até morar em um velho barril de vinho; Santa Clara de Assis, que, no século XIII, fundou uma ordem de freiras — a Ordem das Damas Pobres — que faziam votos de pobreza; Henry David Thoreau, que construiu com as próprias mãos uma cabana de madeira na Nova Inglaterra e declarou: "Um homem é rico na proporção das coisas que pode dispensar." Também há figuras como Mahatma Gandhi, que inspirou milhões a levarem uma vida modesta, fiando as próprias roupas e vivendo em ashrams. "Temos que viver simplesmente para que os outros simplesmente possam viver", teria dito ele.

No entanto, quantas pessoas querem de fato viver sem um centavo, morar em um barril ou costurar as próprias roupas? Em uma sociedade impulsionada pelo consumo, a vida simples pode facilmente ser vista como extremismo de frugalidade que envolve sacrifício, abstinência e privação demais. Porém, não é isso que os defensores da vida simples acham. Eles quase sempre são guiados por ideais maiores e centrais para suas identidades, como crença religiosa, justiça social ou gestão ambiental. Trata-se de uma troca existencial na qual os confortos do novo sofá são trocados por uma vida impulsionada por valores, uma vida "externamente simples e internamente rica", para usar a expressão do movimento Simplicidade Voluntária.[11] Trata-se de expandir os espaços livres e gratuitos da vida, seja participando em um coral comunitário, seja plantando vegetais em seu terreno. Trata-se de ser, em vez de comprar.

A despeito de todos os benefícios potenciais, o real problema da vida simples não é tanto ser um esporte radical, mas ser um esporte das minorias. Desde o surgimento da era do consumo, a simplicidade permaneceu à margem. Não há Gandhis, Thoreaus, Quakers ou Santas Claras suficientes para manter o materialismo longe. Sabemos ser improvável que mais coisas aumentem substancialmente nosso bem-estar, mas a maioria dos que têm recursos econômicos (ou ao menos um cartão de crédito) continua comprando mais roupas, mais sapatos, mais dispositivos, mais tralha. Internalizamos tanto as mensagens publicitárias que ligam os bens materiais à realização pessoal, que poucas opções parecem viáveis ou mesmo concebíveis. Escolhemos o que o futurista James Wallman chama de *stuffocation*[12] [sufocar sob o excesso de coisas].

Mesmo aqueles conscientes do dilema ecológico que enfrentamos se mostram pouco dispostos a mudar seus estilos de vida. Uma pesquisa realizada nos dez países de renda mais elevada revelou que três quartos das pessoas acreditam que mais regulamentação ambiental é importante, mas quase metade sente que não há necessidade real de modificar seus hábitos pessoais e somente um quinto acha necessário que as pessoas andem menos de avião ou reduzam o consumo de carne.[13] A realidade é que é difícil resistir a toda uma cultura voltada para comprar, em vez de ser. O novo iPhone é muito atraente, o Amazon Prime é muito conveniente, o voo nas férias é muito barato e o hambúrguer é muito apetitoso.

Existem, obviamente, pessoas que tomaram a decisão de se afastar da cultura dominante de consumo e seguir outro caminho — e suas ações podem fazer diferença. No Reino Unido, por exemplo, 16% dos jovens entre 18 e 24 anos são veganos ou vegetarianos.[14] Todas as vezes que pedem opções sem carne nos restaurantes, mais delas são incluídas no cardápio, conduzindo toda a população à normalização das dietas vegetarianas. Em breve, poderemos atingir um ponto de virada, mas a indústria global da carne ainda é um oponente formidável. Somente na Grã-Bretanha, mais de 1 bilhão de frangos são mortos por ano. Em 2050, se continuarmos com o ritmo atual, nosso planeta terá que suportar cerca de 120 milhões de toneladas extras de seres humanos, além de 400 milhões de toneladas extras de animais de criação — e todos os resíduos e a destruição ambiental que eles produzem.[15]

Isso gera um grave impasse: ações individuais, como modificar voluntariamente a dieta, podem impactar certos setores, mas é provável que não sejam suficientes, por si sós, para criar as economias regenerativas de base ampla das quais urgentemente precisamos, na escala e no ritmo necessários. Os impulsionadores culturais do capitalismo de consumo, e os interesses por trás deles, estão enraizados demais. O resultado pode ser muito pequeno e chegar muito tarde. Então também precisamos buscar soluções em nível sistêmico.

ABANDONANDO O HÁBITO DO CONSUMO

O filósofo Herbert Marcuse certa vez escreveu que a sociedade ocidental está aprisionada na "máquina de consumo".[16] A questão é como desmantelar a máquina ou, ao menos, alterar fundamentalmente seu modo de funcionar.

John Woolman estava na direção certa. Sua intenção não era somente modificar os próprios hábitos: ele tinha o objetivo de levar toda a comunidade Quaker norte-americana a adotar a simplicidade radical. Contudo, levar isso adiante nas nações ocidentais do século XXI, com milhões de compradores, é uma tarefa ainda mais ambiciosa. Será que a história tem exemplos de simplicidade em grande escala? Será possível manter as forças da cultura de consumo sob controle e criar complexas sociedades urbanas que operem dentro dos limites ecológicos? Por um acaso, uma das primeiras economias sustentáveis do mundo estava em plena operação quando Woolman começou a pregar seu evangelho da simplicidade — mas do outro lado do globo.

EDONOMIA: GRANDE SUSTENTABILIDADE NO JAPÃO PRÉ-INDUSTRIAL

Imagine estar na velha ponte de madeira Nihonbashi, no centro comercial de Edo, a antiga cidade japonesa atualmente conhecida como Tóquio. Estamos no ano 1750, no período dos xoguns Tokugawa, que foi de 1603 a 1868. Você está cercado pela multidão de moradores locais conversando e girando seus guarda-chuvas; comerciantes de frutos do mar apressados, equilibrando cestas nos ombros; e trabalhadores carregando arroz e tecidos para as bancas da feira de ambos os lados do rio. O cheiro do famoso Nihonbashi Uogashi — o mercado de peixe — infesta o ar. A distância, você vê o sol nascendo no horizonte da baía de Edo.

O Japão sob o poder dos Tokugawa ficou isolado do restante do mundo: em um esforço para se proteger da influência dos missionários cristãos e das potências ocidentais, o regime rompeu a maioria de seus elos comerciais internacionais e proibiu as viagens a terras estrangeiras. No entanto, isso não impediu Edo de se tornar uma cidade colossal, com mais de 1 milhão de habitantes. Ela era dominada pelo castelo Edo e pelas residências dos samurais e dos senhores regionais, os daimiôs. A maior parte do *shomin* — o "povo comum" — vivia a leste do castelo, com o restante da cidade ocupado por santuários e outros edifícios religiosos. Após ter sido devastada pelo incêndio Meireki em 1657, quando aproximadamente 100 mil pessoas morreram, Edo ainda era uma cidade de madeira, das casas e templos aos barcos e pontes.

A movimentada ponte Nihonbashi,
na cidade de Edo (Tóquio), durante a era Tokugawa.

Olhando mais de perto, porém, havia algo ainda mais extraordinário em Edo: a cidade não produzia lixo. Quase tudo era reutilizado, reparado, adaptado ou, em última instância, reciclado — o que hoje chamamos de economia circular. A economia de Edo "funcionava em um circuito fechado e muito eficiente", argumenta o historiador de sustentabilidade Eisuke Ishikawa.[17] Um *yukata* tradicional — um quimono simples de verão, feito de algodão — era usado até o tecido começar a se esgarçar, ponto em que já se tornara macio o suficiente para ser transformado em pijama. O estágio seguinte eram as fraldas, que podiam ser lavadas várias vezes antes de virarem panos de chão e, finalmente, serem queimadas como combustível. O algodão era tão precioso, que uma tradição de patchwork chamada *boro* — literalmente "trapos esfarrapados" — foi desenvolvida em alguns lugares do Japão, onde os pobres coletavam pedaços de tecido descartados e os transformavam em casacos e outros trajes, que passavam de geração em geração. Tudo era coletado com o fim de ser reutilizado: a cera não queimada das velas era remoldada, panelas velhas de metal eram derretidas, cabelo humano era vendido para peruqueiros. O projeto modular das casas significava que as tábuas do piso podiam ser facilmente removidas, aplainadas e usadas em novas construções. Samurais sem posses consertavam guarda-chuvas. A palha do arroz era usada na fabricação de sandálias e cordas, no embrulho de utensílios domésticos e, finalmente, como fertilizante e combustível. A reciclagem de papel era uma grande indústria — eles reciclavam até mesmo o papel higiênico, que era feito das rijas e fibrosas cascas de árvore. As pessoas não pagavam os limpadores de latrina para recolherem seus excrementos — eles que pagavam a elas e depois vendiam a preciosa carga como fertilizante agrícola. Embora essa economia circular operasse em todas as ilhas japonesas, era mais desenvolvida na cidade de Edo, que abrigava mais de mil empresas de recondicionamento e reciclagem.[18]

Edonomia em ação: quimono no tradicional patchwork *boro*.
Imagem cortesia da coleção Trey Trahan.

Essa cultura de extrema sustentabilidade era reforçada pela extensa regulamentação criada para gerir a escassez de recursos, especialmente de árvores. A economia do Japão era tão dependente da madeira quanto somos hoje dos combustíveis fósseis. Quando os Tokugawa tomaram o poder, enfrentaram carência desse material precioso: florestas antigas haviam sido tão severamente exauridas — em parte devido ao crescimento populacional —, que havia o genuíno risco de um colapso econômico. Segundo o historiador ambiental Conrad Totman, "o Japão de hoje deveria ser uma sociedade camponesa, empobrecida e enfavelada, subsistindo em uma erodida superfície lunar, e não uma sociedade rica, dinâmica e altamente industrializada vivendo em um arquipélago verde e luxuriante".[19]

O regime regulatório dos Tokugawa, que lhes permitiu evitar esse destino, começou com a proibição da extração de madeira, incluindo limites à derrubada de árvores de certos tamanhos e espécies, visando à regeneração das florestas. As multas eram significativas e, em certas regiões, violar as regras era punível com a morte. Também havia restrições ao tipo de ferramenta usada para extrair madeira e à quantidade de lenha coletada pelos habitantes dos vilarejos. Essas medidas foram combinadas a um abrangente sistema de racionamento. Editos foram introduzidos para limitar o tipo, o tamanho e o número de peças de madeira que podiam ser usadas na construção de casas e outros edifícios. As regras do racionamento estavam intimamente ligadas ao status: os que estavam no topo da hierarquia social, como samurais e daimiôs, podiam usar mais madeira e construir casas maiores — mas também enfrentavam restrições. Embora as regras de racionamento às vezes fossem desconsideradas, elas foram um instrumento político crucial para "ganhar tempo" para a regeneração das florestas, argumenta Totman.[20]

Essas restrições "negativas" do lado da demanda eram combinadas a uma abordagem "positiva" do lado da oferta: os Tokugawa iniciaram um dos programas de reflorestamento mais extensos já vistos. Embora fosse uma política de cima para baixo imposta pelo xogunato governante, ela dependia muito do envolvimento das populações rurais. Por mais que alguns lordes regionais fizessem uso de trabalho forçado, ao longo do tempo uma série de incentivos foi se desenvolvendo, como pagamentos em dinheiro para que os locais plantassem árvores; as florestas de aluguel se tornaram mais

ABANDONANDO O HÁBITO DO CONSUMO

comuns, frequentemente na forma de *nekiyama*, no qual um habitante local plantava árvores e vendia antecipadamente a madeira para um mercador. O habitante local cuidava das árvores e, quando eram derrubadas décadas depois, ele podia replantar e alugar a terra outra vez. As assembleias dos vilarejos também desenvolveram novas regras para administrar as florestas comunitárias, conhecidas como *wariyama*, a fim de geri-las de maneira mais sustentável e evitar conflitos, e plantaram novos bosques para proteger suas terras da erosão e das enchentes. Ao longo de um século, a partir de 1750, milhões de árvores foram plantadas, reflorestando o cenário desnudo.[21]

Essa combinação de circularidade sustentável e regeneração de recursos foi a essência da chamada "edonomia" que surgiu no Japão pré-industrial. Edo é um dos melhores exemplos históricos de economia regenerativa operando dentro de limites ecológicos seguros.[22] A cidade foi, escreve o cientista ambiental Eiichiro Ochiai, "um modelo em pequena escala da espaçonave Terra" que deu "todos os passos possíveis para manter os princípios de desperdício zero e emissão zero muito antes de tais termos serem adotados".[23] Ela também é notável por ter mantido essa economia de baixa pegada ecológica por mais de dois séculos. Além disso, aquela foi uma era de extraordinário florescimento cultural. Embora a vida fosse difícil para os fazendeiros de arroz pobres e para as mulheres oprimidas pelo patriarcado, o período viu o nascimento da poesia de Bashō, das obras de arte de Hiroshige e de uma próspera cultura de teatro de rua, lutas de sumô, cerâmica, caligrafia e arranjos florais. Edo podia não ter os motores a vapor da Inglaterra industrial, mas compensou sua ausência com sofisticação e beleza.

Para resumir, o que explica a emergência da edonomia? Alguns historiadores enfatizam o forte senso de conexão intergeracional na sociedade japonesa, que incentivou políticas de longo prazo como a plantação de árvores, cujos benefícios seriam desfrutados principalmente pelas gerações posteriores. Outros destacam fatores culturais como o *mottainai* — um princípio de suficiência, de não desperdiçar, de ter "somente o necessário". Como comentou um diplomata visitante na década de 1860, até mesmo nas casas dos poderosos lordes os luxos materiais eram relativamente escassos, ao contrário das salas abarrotadas da classe média vitoriana. A qualidade importava muito mais para os japoneses que a quantidade.

70 HISTÓRIA PARA O AMANHÃ

Uma explicação mais comum, entretanto, é a política isolacionista comercial do regime Tokugawa.[24] Ao manter um sistema econômico fechado, ou autarquia, o país foi compelido pela escassez a se tornar supereficiente no uso de seus próprios recursos, particularmente no que se refere a commodities como madeira e algodão. O poder ditatorial dos xoguns governantes de impor suas políticas econômicas, como o racionamento de madeira e a plantação de árvores, também foi um fator de extrema importância na operação da edonomia. No entanto, suas políticas jamais teriam funcionado sem a participação das populações locais, que responderam à escassez com engenhosidade e comprometimento: eram os cidadãos comuns que costuravam retalhos para quimonos *boro*, que fundavam empresas para reciclar a cera das velas e que plantavam árvores nas terras comunais de seus vilarejos. O sucesso da regulamentação estatal só se deu graças à participação local.

O resultado foi o que pode ter sido a primeira civilização ecológica em larga escala do mundo. Não durou muito tempo, porém. Após a queda do regime Tokugawa no fim do século XIX, o Japão reabriu suas fronteiras para o comércio internacional e iniciou sua trajetória rumo a uma sociedade ultramoderna, de alto consumo e altas emissões de carbono. Não é de surpreender que muitos de seus especialistas e organizações ambientais considerem Edo um modelo para uma economia sustentável e regenerativa. Mas o que seria necessário para criar uma Edo 2.0, adequada às realidades ecológicas do século XXI? Que experiências podem ser trazidas do passado?

REPROJETANDO A ESCOLHA PARA UM FUTURO REGENERATIVO

A fim de determinar o caminho para o futuro regenerativo da humanidade, pode ser útil pensar nele como um problema de design. Podemos remover certas escolhas de consumo que nos incitam a ir além da biocapacidade do planeta, de modo que já não surjam no menu de opções, e simultaneamente podemos incluir alternativas que nos mantenham dentro dos limites ecológicos em segurança.[25] Em uma era na qual as decisões cotidianas de consumo podem ter impactos ambientais devastadores — e frequentemente despercebidos —, temos que recalibrar a arquitetura da escolha humana. Edo oferece dois ensinamentos fundamentais para produzirmos a revolução regenerativa de que tão urgentemente necessitamos.

O primeiro é o de que devemos nos conduzir segundo o Período Edo e criar uma economia circular sem desperdício. Como observa o especialista em sustentabilidade Azby Brown, "o modelo de economia circular adere tão intimamente aos princípios ambientais e de design de Edo, que ela pode servir como protótipo e inspiração".[26] Na prática, isso significa excluir sistemas industriais lineares com base na obsolescência programada e em processos de "extrair, criar, usar, desperdiçar", incluindo sistemas cíclicos nos quais a maioria dos produtos e materiais seja continuamente reutilizada por meio de reparos, recondicionamentos, adaptações e reciclagens. É uma ideia familiar para aqueles que experimentaram períodos de extrema escassez de recursos: muitas pessoas que viveram durante a Segunda Guerra Mundial lembram que costuravam cada pé de meia, consertavam cada dispositivo, guardavam cada pedacinho de tecido e nunca desperdiçavam um grão de alimento. No Japão pré-industrial, essa mentalidade de desperdício zero estava profundamente enraizada na normalidade da vida cotidiana, geração após geração.

Embora possamos nos maravilhar com o fato de os habitantes de Edo darem múltiplas vidas ao quimono de algodão quando os transformam em pijama, depois fraldas e finalmente panos de chão, o contexto japonês era muito diferente do atual. A circularidade emergiu no período Tokugawa principalmente devido à falta de recursos, ao passo que muitos dos mais nocivos recursos atuais — como os petroquímicos usados na fabricação de plásticos descartáveis — são abundantes. Assim, precisamos nos afastar do modelo japonês e simular a escassez por meio de uma regulamentação rigorosa para garantir que os produtos sejam projetados com base na circularidade e que as empresas a integrem em seus modelos de negócios. Uma economia regenerativa removeria do cenário de escolha telefones que fazem uso intensivo de recursos, de modo que só poderíamos escolher entre modelos sustentáveis. Eles provavelmente seriam parecidos com o Fairphone holandês, que usa papel, cobre reciclados e tem um design modular; assim todos os componentes — de telas a baterias — são facilmente reparados ou substituídos pelo usuário.[27] Se nossos telefones durassem o dobro do tempo que duram, só precisaríamos da metade da quantidade deles. Em termos de política, as empresas talvez precisassem de um prazo de cinco anos antes que as novas restrições fossem impostas, deixando tempo hábil de sobra para eliminar os modelos antigos e atender aos padrões regenerativos. Essas políticas direcionadas já são empregadas em muitos países para pôr fim ao uso de carros movidos a combustíveis fósseis: Paris, por exemplo, começará a bani-los de suas ruas a partir de 2030.

Assim como é ilusão achar que um número suficiente de indivíduos optará voluntariamente por produtos como o Fairphone, também é idealismo acreditar que um número suficiente de empresas adotará a circularidade por si só. Precisamos de todo um sistema econômico circular, como o de Edo.[28] O governo holandês está liderando o caminho ao prometer uma economia 50% circular em 2030 e 100% circular em 2050, com cidades como Amsterdã já tendo introduzido regulamentação de circularidade para alimentos, produtos têxteis e construção civil (como reutilização dos materiais).[29] Na França, os fabricantes agora precisam fornecer "notas de reparabilidade" a seus produtos eletrônicos — similares às da escala de eficiência energética dos refrigeradores —, a fim de mostrar quão facilmente eles podem ser consertados, induzindo as empresas a competirem por boas credenciais. De forma parecida, a União Europeia introduziu uma legislação de "direito ao reparo", tornando obrigatório que muitos bens, como televisores (e, em breve, celulares), sejam reparáveis por até dez anos. Hoje em dia, apenas 7,2% da economia global são circulares.[30] Se o objetivo é levar esse número aos níveis de Edo, empresas como Apple, Samsung, Tesla e Holcim (a maior fabricante de cimento do mundo) precisarão ser legalmente obrigadas a participar. Os governos há muito proíbem a venda de produtos perigosos para a saúde das pessoas, como o amianto. Por que não deveriam diminuir e, então, proibir a venda de produtos perigosos para a saúde do planeta?

Os críticos argumentam, com razão, que a circularidade está longe de ser suficiente para uma economia regenerativa efetiva. Para começar, muitos produtos, de poliestireno e latas de aerossol a colchões e fraldas descartáveis, não podem ser facilmente reciclados, ao passo que a própria reciclagem exige grande uso de energia. Além disso, a espaçonave Terra não pode absorver facilmente os impactos ambientais de outros 10 bilhões de telefones, laptops e carros elétricos, mesmo que seus designs sejam circulares: a pegada material de produzir, vender e energizar esses produtos seria simplesmente grande demais e excederia os ganhos da circularidade.[31]

ABANDONANDO O HÁBITO DO CONSUMO

Assim, também é preciso fazer algo sobre o crescimento da própria demanda de consumo. Como reduzir o consumo a níveis sustentáveis, especialmente nos países ricos, onde a terapia do varejo se tornou um estilo de vida? Muitas cidades, entre elas Genebra e Grenoble, começaram a banir a "poluição visual" de outdoors, em um esforço de tirar as mensagens publicitárias de vista. Outras introduziram mudanças na condução de veículos que utilizam combustíveis fósseis por áreas congestionadas, a fim de reduzir o uso de carros privados e promover o uso de bicicletas e os deslocamentos a pé — embora essas medidas sejam controversas, como demonstraram os debates sobre a ampliação da zona de emissões ultrabaixas de Londres em 2023.[32] Edo empregou uma opção mais radical de racionamento, que foi além da madeira e incluiu mercadorias como a seda. Esse é o segundo ensinamento de Edo, pedindo que consideremos se devemos introduzir o racionamento hoje — no nosso caso, em relação aos principais culpados ecológicos, como o carbono e a carne vermelha.[33]

O racionamento esteve bastante presente na história da humanidade, com o Japão da era Tokugawa sendo somente um de muitos exemplos. No mundo ocidental, ele foi introduzido em larga escala pela última vez durante a Segunda Guerra Mundial. Na Inglaterra, o racionamento de itens cotidianos, como chá, carne e gasolina, ajudou a reduzir o consumo como parcela dos gastos nacionais de 87% para 55%. Os Estados Unidos também introduziram racionamento e controle de preços, motivados tanto pela necessidade de desviar recursos para a guerra quanto pela inflação causada por uma economia excessivamente aquecida. Apenas dezesseis meses depois de Pearl Harbor, havia treze grandes programas de racionamento em operação, cobrindo produtos como pneu, gasolina, açúcar, café, carne e queijo. Ao mesmo tempo, o Gabinete de Administração de Preços — que tinha como vice-administrador o economista John Kenneth Galbraith — estabeleceu preços máximos para vários itens básicos de consumo, afetando mais de 3 milhões de empresas. A regulamentação de "máximo geral" foi imposta por mais de 250 mil voluntários — em sua maioria mulheres — que trabalhavam com 5 mil membros dos Conselhos de Preços de Guerra e Racionamento, conferindo regularmente os preços nas lojas de bairro a fim de garantir que os varejistas seguissem a regulamentação.[34] É difícil imaginar a economia mais ardorosamente capitalista do mundo suspendendo amplamente a operação do mercado livre durante toda a guerra, mas foi isso o que aconteceu.

O racionamento sempre enfrentou severas dificuldades. Primeiro: pode ser difícil impor regras. Assim como as restrições ao uso da madeira eram frequentemente ignoradas no Japão, nos Estados Unidos até 40% da carne eram vendidos no mercado clandestino em 1944.[35] Segundo: as regras frequentemente são percebidas como injustas. Em Edo, elas favoreciam a elite social, ao passo que na Grã-Bretanha, embora aristocratas e operários recebessem rações iguais, os ricos podiam comprar itens dispendiosos e não racionados, como faisão, e comer em restaurantes caros. Terceiro: elas tipicamente são introduzidas por meios autoritários ou somente em circunstâncias excepcionais. No Japão, o racionamento foi imposto pelo que era, na realidade, uma ditadura militar, ao passo que a Grã-Bretanha e os Estados Unidos experimentavam uma crise de tempos de guerra que dava aos governos o poder de impor medidas de emergência.

"O racionamento significa uma divisão justa para todos nós":
Cartaz de racionamento do governo norte-americano
durante a Segunda Guerra Mundial.

ABANDONANDO O HÁBITO DO CONSUMO

Tudo isso dificulta a venda da ideia de racionamento nos dias de hoje. Para a maioria das pessoas — e dos governos —, desafios ecológicos como perda de biodiversidade, mudanças climáticas e poluição química simplesmente não geram a mesma resposta de tempos de crise que a Luftwaffe lançando bombas sobre território nacional ou emergências de saúde pública como a pandemia de Covid-19, que fez com que os países logo impusessem restrições a viagens, trabalho e socialização. O racionamento também é muitas vezes associado à monótona austeridade da guerra: pessoas fazendo fila com cartões de racionamento na mão, a fim de obter magras porções de manteiga ou açúcar. Além disso, pode conjurar visões de um governo autoritário e limitador da liberdade: por que eu não deveria viajar para a Tailândia durante minhas muito merecidas férias? Como resultado, a maioria dos políticos fica longe da ideia de racionamento, temendo que seja uma medida que assuste os eleitores.

Há, porém, um crescente movimento de legisladores, *think tanks* e figuras públicas em favor do racionamento como resposta viável — e mesmo necessária — à emergência ecológica global. Grande parte da discussão até o momento ficou restrita ao setor de energia. "Desenvolver um sistema de cartões individuais de carbono", escreve o economista francês Thomas Piketty, "certamente fará parte das indispensáveis ferramentas institucionais para enfrentar a questão climática."[36] O Hot and Cool Institute, em Berlim, também defendeu a ideia de racionamento — ou o que chamaram de Cotas Pessoais de Carbono, numa tentativa de reposicionamento do nome. Sua pesquisa destaca o sucesso dos testes na cidade finlandesa de Lahti (onde as cotas dos moradores são subtraídas de suas contas digitais por um aplicativo para smartphone) e da ilha de Norfolk, na Austrália (onde são usados em sistema de cartão), ambos levando à redução relevante das emissões. Eles defendem não somente parcelas iguais para todos, mas também a comercialização de cotas de carbono não usadas em plataformas digitais, a fim de que o grande poluidor gaste mais, enquanto o baixo poluidor seja recompensado. O instituto mostra evidências de que tais esquemas têm o potencial de se tornar populares, desde que haja a genuína sensação de que o sistema é administrado com justiça e protege as residências de baixa renda, e afirmam que muitas cidades do mundo já contam com políticas de racionamento bem-sucedidas sob outros nomes, como o uso de zonas de estacionamento em áreas residenciais.[37]

Também há vozes críticas na discussão, que argumentam, por exemplo, que o racionamento de carbono em países ricos pode nem ser necessário se o preço das fontes renováveis de energia cair o bastante para acabar com a demanda por combustíveis fósseis. Entretanto, em nossa trajetória corrente, na qual falhamos em reduzir o uso de carbono e outros importantes recursos do planeta, o racionamento quase certamente precisará ser considerado entre as opções políticas, como foi no Japão do século XVIII, sob o regime dos Tokugawa. Em nossa era mais democrática, vamos ao menos ter um vigoroso debate público sobre o assunto, em vez de tratá-lo como tabu.

Também não devemos esquecer figuras do passado, como John Woolman. Seu exemplo sugere que, além de apoiar políticas públicas como o racionamento e a economia circular, devemos iniciar ações em nossas vidas pessoais, a fim de deixarmos marcas mais leves sobre a Terra. Uma opção pode ser participar de movimentos de base como o Take the Jump, que oferece seis princípios para adotar um estilo de vida compatível com a meta de aumento de apenas 1,5 °C da temperatura global.

Acabe com entulhos: fique com os mesmos aparelhos eletrônicos por ao menos sete anos.

Tire férias locais: faça voos curtos e somente a cada três anos.

Coma verdes: adote uma dieta baseada em vegetais e não deixe restos.

Vista-se retrô: compre no máximo três itens de vestuário novos por ano.

Proteja o ar puro: se possível, não use carros particulares.

Mude o sistema: aja para modificar o sistema num campo mais amplo.[38]

Se os cinco primeiros princípios parecerem intimidantes demais, o Take the Jump recomenda testá-los por um mês. Contudo, o sexto princípio é tão crucial quanto os outros: alterar voluntariamente nossas escolhas de consumo é um começo, mas, no fim das contas, não há substituto para uma mudança sistêmica quando há tanto em jogo. Precisamos apoiar iniciativas populares que ajudem a colocar na agenda pública políticas regenerativas como a economia circular. Essas políticas também precisarão ser suplementadas por outras mudanças a fim de forjar um futuro regenerativo, como encontrar novas métricas para substituir o ultrapassado foco no crescimento

ABANDONANDO O HÁBITO DO CONSUMO

do PIB e promover modelos inovadores de negócios, como *steward ownership* e cooperativas que forneçam alternativas ao extrativismo de curto prazo do capitalismo acionário (ver capítulo 9).

Todavia, Edo continua sendo uma esperança radical, convidando-nos a nos inspirar no passado e expandir nossa imaginação. Talvez o maior valor da experiência de Edo seja nos lembrar que é possível ir além da ideia de mera sustentabilidade — na qual algo é mantido em seu estado atual — e chegar à mais profunda noção de regeneração. Uma economia verdadeiramente regenerativa se recupera e se renova, cria abundância ecológica e deixa o mundo em um estado melhor do que o encontrou. E foi isso que aconteceu no Japão, onde a resposta a uma grave emergência de desmatamento foi um esforço monumental de plantação de árvores, impulsionado por políticas governamentais, mas implementado por cidadãos que transformaram o país em um arquipélago verde. As sociedades humanas têm uma enorme capacidade de responder efetivamente à crise. A memória de Edo pode nos ajudar a enfrentar as crises de nossa própria era e mapear a jornada na direção de uma civilização ecológica.

4

DOMANDO AS REDES SOCIAIS

A cultura impressa e a invenção dos cafés

> Hoje estamos tão avançados na era elétrica quanto os elisabetanos estavam na era tipográfica e mecânica. E experimentamos a mesma confusão e indecisão que eles experimentaram ao viver simultaneamente duas formas contrastantes de sociedade e experiência.
>
> — *Marshall McLuhan, 1962*[1]

Em *Declínio e queda do Império Romano*, Edward Gibbon destacou algumas das maiores inovações tecnológicas dos antigos romanos, do sistema de aquedutos e esgotos públicos à construção de estradas e arcos de pedra. Não mencionou, porém, que eles também foram os pioneiros no que hoje chamamos de rede social.

A rede social pode ser definida, em sentido amplo, como uma tecnologia de comunicação que permite a troca de informações ponto a ponto e seu compartilhamento por meio de redes e comunidades distribuídas. Dê uma folheada nas novecentas cartas que o filósofo e político romano Cícero deixou para trás, e você entenderá como isso funcionava. Cícero não se limitava a escrever longas cartas para os amigos. Como era costume entre os membros da elite romana letrada, ele também compartilhava cópias e trechos de cartas que recebia, acrescentava comentários pessoais às várias discussões e enviava múltiplas cópias de suas próprias cartas a diferentes pessoas para que pudessem ser distribuídas e lidas em público. Em uma carta rotineira, Cícero escreveu: "Enviei, em 24 de março, uma cópia da carta de Balbo para mim e da carta de César para ele." Em outra, comentou: "Você disse que minha carta foi amplamente publicada; não me importo. Eu mesmo permiti que várias pessoas fizessem cópias." Os romanos estavam, na verdade, escrevendo posts de rede social, distribuindo mensagens e retuitando conteúdo, mas sem o benefício do botão eletrônico de "compartilhar". Em vez disso, geralmente usavam pessoas escravizadas para entregar as mensagens: "Os escravos eram o equivalente romano da banda larga", de acordo com o historiador da tecnologia Tom Standage.[2] Eles também desejavam atualizações constantes. Cícero implorou a um amigo: "Haja ou não novidades, escreva."[3]

A semelhança com a comunicação digital moderna não termina aí. Como nas mensagens de texto de hoje, os romanos usavam abreviaturas como SPD, *salutem plurimam dicit* ("envio muitas saudações"), e SVBEEV, *si vales, bene est, ego valeo* ("que bom que você está bem; também estou bem"). Mensagens enviadas por curta distância quase sempre eram escritas com buril em tabletes de cera emoldurados — uma forma antiga de iPad —, que o destinatário podia apagar com a ponta de seu próprio buril a fim de escrever a resposta. Todos os dias, quando o governo publicava a gazeta de informações oficiais, a *Acta Diurna* ("Atos Diários"), em um quadro do Fórum, escribas contratados copiavam os trechos mais importantes para serem distribuídos nas províncias distantes. Esses resumos de notícias eram frequentemente acompanhados do tipo de trívia encontrada nos feeds de redes sociais, como divórcios de pessoas famosas ou a história do cão leal que nadara atrás do cadáver do dono executado que flutuava no rio Tibre. Em uma versão inicial do Facebook, as paredes dos edifícios funcionavam como quadros públicos de mensagens e estavam cheias de comentários pessoais e grafites — tudo, de "Atimeto me engravidou" ao muito mais mundano "Em 19 de abril, fiz pão". Uma mensagem em Pompeia dizia: "Ah, parede, estou pasmo por você não ter caído, já que suporta os textos tediosos de tantos escritores."[4]

A rede social no Império Romano era lenta se comparada a nossas redes de fibra óptica: sem qualquer serviço postal formal, podia levar mais de um mês para cartas de Roma chegarem aos extremos do império, como Grã-Bretanha e Síria. Com a circulação limitada aos estimados 10% que sabiam ler, as mensagens raramente viralizavam (a carta de São Paulo aos romanos foi exceção). A despeito de tais limitações, o uso da tecnologia de comunicação pelos antigos romanos é um lembrete de que a revolução da mídia digital pode não ser tão revolucionária quanto parece. Desde a invenção da escrita, a humanidade vem explorando maneiras de amplificar sua voz e disseminar informações e ideias, para o bem ou para o mal. Nosso conjunto de tecnologias digitais de comunicação — plataformas de redes sociais, websites, mensagens de texto, e-mails, blogs, podcasts, streamings de vídeo — faz parte de uma história muito mais antiga.

Isso suscita questões sobre o que podemos aprender com a história para lidar com os desafios da era digital, especialmente para contrabalançar os impactos tóxicos da rede social, de polarização política e fake news a *trolling* malicioso, intervenções ilegais nas eleições e manipulação da atenção humana. Subjacente a tudo isso, há uma questão mais complexa sobre se as tecnologias digitais à nossa disposição são simplesmente ferramentas neutras — como a indústria tecnológica quer que acreditemos — ou se há algo inerente a seu design que tende a moldar a sociedade e a mente humana de maneiras particulares, independentemente do conteúdo. Em outras palavras, estaria o teórico da mídia Marshall McLuhan certo ao argumentar, na década de 1960, que "o meio é a mensagem"?[5]

Nenhuma inovação tecnológica oferece maiores insights sobre essas questões que a prensa móvel, cuja invenção representa a mais significativa mudança na produção e disseminação de conhecimento humano anterior ao surgimento da comunicação digital. É importante reconhecer os imensos benefícios que a impressão acarretou, mas, se queremos aprender com sua história, precisamos antes explorar algumas de suas consequências mais destrutivas, muitas delas imprevistas a um primeiro momento.

COMO A PRENSA MÓVEL INFLAMOU A POLARIZAÇÃO, A PERSEGUIÇÃO E A VIOLÊNCIA

Quando Johannes Gutenberg construiu a primeira prensa móvel mecânica em Mainz, na Alemanha, na década de 1440, e publicou uma edição inicial de 180 Bíblias latinas, a invenção foi saudada como presente divino que ajudaria a disseminar os ensinamentos da Igreja católica romana.[6]

No entanto, a bênção papal dada à prensa logo se transformou em maldição. Conforme a antiga cultura de manuscritos copiados à mão desaparecia, as novas prensas móveis que se disseminavam rapidamente pela Europa também disseminavam doutrinas religiosas heréticas que eram um desafio direto à autoridade da Igreja estabelecida. O que, exatamente, aconteceu? Martinho Lutero viralizou.

Em outubro de 1517, o padre alemão pregou suas famosas 95 Teses na porta da igreja do castelo de Wittenberg, um texto latino que criticava a corrupção da Igreja, como a venda de "indulgências" (pagamentos para absolver as pessoas de seus pecados). Em dois meses, cópias impressas na forma de panfletos e cartazes haviam aparecido em Nuremberg, Leipzig e outras cidades, financiadas pelos apoiadores de Lutero. O texto foi então traduzido para o alemão — aumentando imensamente os leitores potenciais — e logo se tornou uma sensação. Em apenas duas semanas, as teses eram conhecidas em toda a Alemanha; em um mês, haviam chegado a todos os cantos da Europa. "Parecia que os próprios anjos tinham sido os mensageiros", relatou um contemporâneo.[7]

Lutero percebeu que não haviam sido os anjos, e sim a prensa móvel que fizera a diferença. Da mesma forma que os políticos de hoje entendem o poder das redes sociais, Lutero não perdeu tempo e tirou vantagem do poder da tecnologia de impressão, especialmente para chegar ao público que não lia latim, a língua da elite erudita. Ele traduziu o Novo Testamento para o alemão pela primeira vez, a fim de que pudesse ser lido pelas pessoas comuns em suas casas, sem necessidade de intermediários sacerdotais, e começou a publicar panfletos baratos em alemão simples, com xilogravuras cartunescas ridicularizando o establishment religioso (incluindo o papa com cabeça de burro e pele escamosa). Os teólogos católicos tentaram rebater seus argumentos, mas a obscura prosa latina empregada por eles não podia competir com a campanha de mídia de massa de Lutero. Mais de um quarto dos panfletos publicados nos territórios cuja língua era o alemão entre 1520 e 1526 eram edições das obras de Lutero. Do total de 6 milhões de panfletos impressos na primeira década do que se tornou a Reforma, um terço era de Lutero, que superou seus rivais católicos em cinco para um nas vendas.[8] James Patterson e J. K. Rowling ficariam com inveja.

Um retrato nada lisonjeiro do papa, retirado de um dos panfletos de Martinho Lutero impressos em 1523. Ilustrações satíricas como esta ajudavam a mensagem anticatólica de Lutero a chegar ao público iletrado.

É improvável que a ascensão da fé protestante tivesse ocorrido em tal ritmo e escala sem a prensa móvel. Mais de um século antes, renegados como John Wycliffe na Inglaterra e Jan Hus na Boêmia haviam criticado a Igreja, mas sem uma prensa mecanizada para disseminar suas ideias. Lutero teve a sorte de nascer em uma era tecnológica diferente. Suas ações inspiraram toda uma geração de reformadores religiosos: em 1522, William Tyndale recebeu uma cópia do Novo Testamento em alemão e imediatamente deu início à ilegal e profundamente subversiva tradução da Bíblia para o inglês. O protestantismo, escreve a renomada historiadora da impressão Elizabeth Eisenstein, foi "o primeiro movimento de qualquer tipo, religioso ou secular, a usar as novas prensas com fins de promover propaganda e agitação contra uma instituição consagrada".⁹

Nesse sentido, a prensa móvel agiu como força liberadora que desafiou a autoridade entrincheirada da Igreja católica. Porém, ao mesmo tempo, gerou agitação, iniciando um intenso período de tensão religiosa e polarização social no continente. A divisão entre protestantes e católicos, alimentada pela revolução da impressão, destroçou a Europa nos dois séculos seguintes, levando a cismas teológicos e tragédias como as guerras religiosas (1562-1598) e a Guerra dos Trinta Anos (1618-1648), nas quais se estima que 8 milhões de pessoas tenham morrido. Como argumenta Eisenstein, "a invenção de Gutenberg provavelmente contribuiu mais para a destruição da concórdia cristã e inflamação do combate religioso que qualquer uma das chamadas artes da guerra".[10]

A prensa móvel já não parece tão inocente: ela teve efeitos polarizantes similares aos das tecnologias das redes sociais de hoje. Porém, seus impactos destrutivos vão além, já que também ajudou a inflamar a insanidade da caça às bruxas que varreu a Europa durante todo o período da Reforma.

A magia e feitiçaria sempre fizeram parte da cultura europeia, mas, entre 1530 e 1650, a vitimização das chamadas "bruxas" se transformou em histeria por todo o continente. Embora cerca de quinhentas pessoas tenham sido sentenciadas à morte por bruxaria na Inglaterra, o centro do frenesi foi a Alemanha, onde aproximadamente 25 mil pessoas foram executadas, entre 80% e 90% delas mulheres.[11] Lyndal Roper e outros historiadores documentaram que elas foram acusadas de canibalismo e infanticídio, de ter relações sexuais com o Diabo e adorá-lo em assembleias noturnas, de fazer modelos de cera de suas vítimas para causar morte ou doenças, de matar o gado e de voar em bodes e vassouras.[12]

Uma das principais explicações para a rápida disseminação dessa feroz onda de perseguição é nada menos que a prensa móvel. "Costuma-se dizer que, sem a prensa, a Reforma não teria acontecido, mas suspeito que o fenômeno da bruxaria tampouco teria", escreve o historiador Charles Zika.[13]

Na Alemanha principalmente, histórias sensacionalistas que fariam as fake news de hoje parecerem brandas eram publicadas em panfletos e cartazes ilustrados, os precursores dos jornais modernos. Um dos primeiros exemplos foi a "aterrorizante história" da criada de Schiltach. Segundo relatos da época, na Quinta-Feira Santa de 1533, um incêndio devastador destruiu a cidade de Schiltach, na Floresta Negra. No dia seguinte, uma criada que trabalhava na hospedaria local foi acusada de usar bruxaria para perpetrar o crime. De início, ela alegou inocência, mas logo voltou atrás — provavelmente sob tortura —, confessando ter ajudado o próprio

Diabo, com quem mantinha relações sexuais havia dezoito anos. A criada, que permaneceu anônima nos relatos, aparentemente voara até a cidade montada em sua vassoura a fim de iniciar o fogo, além de ter usado suas habilidades de bruxa para prejudicar os moradores locais muito antes do incêndio (assim como fizera sua mãe). Ela foi julgada e queimada na fogueira na segunda-feira de Páscoa.

A história foi publicada e republicada por impressores de toda parte, que imaginativamente lhe deram um tom sexual, com ilustrações coloridas picantes retratando a criada com o busto nu entre as chamas. Até mesmo o filósofo holandês Erasmo ouviu a história na distante Roterdã, comentando que havia tantos relatos de envolvimento do Diabo, que "ela não pode ser considerada inventada".[14]

Clickbait de 1533: a criada de Schiltach sendo queimada viva, entre as chamas da cidade que supostamente incendiara. A manchete diz "Uma aterrorizante história do Diabo e uma bruxa".

Os relatos de bruxaria eram disseminados tanto por católicos quanto por protestantes, que os viam como um modo de ensinar lições de moral sobre os perigos do pecado e da tentação em uma era apocalíptica, na qual se acreditava que o Diabo estava solto no mundo. Contudo, também faziam parte da estratégia comercial de uma indústria em expansão: histórias cativantes sobre "crimes reais" cometidos por supostas bruxas vendiam muito bem, sendo o que a historiadora Natalie Grace descreve como "equivalente do *clickbait* no início da era moderna".[15] O termo "fake news" pode ter sido popularizado em anos recentes, mas o fenômeno em si pode ser traçado ao menos até os relatos de bruxaria que saíam voando das prensas móveis na Europa do século XVI.[16]

Os impressores produziam também manuais de demonologia como o best-seller *Malleus Maleficarum* [O martelo das feiticeiras], usado pelos inquisidores papais na Alemanha e em outros países na identificação, no rastreamento e no julgamento de suspeitas de bruxaria. Na prática, a impressão ajudou a criar um código padronizado para um regime de terror que resultou em centenas de milhares de mulheres vivendo em estado constante de medo, especialmente solteiras e viúvas, os alvos mais comuns.[17]

O que todas essas histórias sobre a prensa móvel significam para nós hoje? Os paralelos com a rede social contemporânea são muito nítidos. Acusações de bruxaria podem ter desaparecido em grande parte, mas a cultura de *clickbait* permanece nas matérias sensacionalistas e nos "fatos alternativos" que poluem os feeds das redes sociais.[18] A caça às bruxas agora se dá contra grupos como os "imigrantes ilegais" e os "extremistas muçulmanos" — pessoas marginalizadas que, como as "bruxas" do passado, são usadas como bodes expiatórios para os problemas econômicos e outros males que atingem nossas sociedades. "A história da caça às bruxas na Europa", conclui Charles Zika, refletindo sobre a perseguição contemporânea, é "uma história com a qual podemos e precisamos aprender."[19]

A polarização religiosa da Reforma também é desconcertantemente familiar. Costumamos falar com choque e surpresa da alta polarização social e política causada pelas plataformas de redes sociais — graças a algoritmos que prendem os usuários em bolhas nas quais suas crenças são continuamente reforçadas por feeds de notícias e publicações compartilhadas. Divisões comuns incluem liberais versus conservadores, pró-escolha versus pró-vida e os que acreditam versus os que não acreditam nas mudanças climáticas. Há, porém, um claro precedente histórico nos impactos da tecnologia da impressão há mais de quatro séculos que ajudou a criar uma divisão entre protestantes e católicos.

Além disso, assim como a prensa móvel serviu para unir os protestantes radicais em uma poderosa comunidade capaz de desafiar a supremacia da Igreja católica, as redes digitais permitiram que políticos e movimentos anti-establishment se unissem e mobilizassem cidadãos descontentes com os partidos convencionais e o Estado. Populistas como Donald Trump, Narendra

Modi na Índia e Jair Bolsonaro no Brasil são hábeis operadores das redes sociais, assim como, na esquerda, Bernie Sanders nos Estados Unidos e o partido Podemos na Espanha. De forma parecida, levantes antiautoritários, incluindo a Primavera Árabe e o Movimento dos Guarda-Chuvas em Hong Kong, foram iniciados e apoiados por publicações e campanhas em redes sociais.[20]

Há evidências, entretanto, de que a rede social é particularmente vantajosa para os extremistas de direita: o meio é adequado a sua mensagem.[21] Primeiramente, ela fornece uma plataforma irrestrita e pouco regulamentada para disseminar visões e teorias da conspiração abertamente racistas e xenofóbicas, que geralmente recebem pouca cobertura da mídia tradicional, na qual códigos de conduta editorial mais rigorosos operam. Segundo, é uma ferramenta efetiva para reunir apoiadores dispersos em uma coesa comunidade online, permitindo que obtenham resultados melhores que o esperado. O Comitê da Câmara dos Deputados que investigou o ataque de janeiro de 2021 ao Capitólio deixou claro que a insurreição para impedir a posse de Joe Biden e manter Donald Trump no poder foi alimentada por plataformas como Facebook e Twitter (agora X), cujos algoritmos disseminaram falsas alegações sobre a ilegalidade da eleição de 2020 e promoveram grupos extremistas como o Proud Boys e o QAnon.[22]

No docudrama de 2020 *O dilema das redes*, empreendedores tecnológicos do Vale do Silício alegaram inocentemente que as redes sociais foram projetadas para ser uma força do bem, para unir amigos e conectar o mundo, e que não faziam ideia de que elas aumentariam as fronteiras sociais e beneficiariam grupos interessados em minar as instituições democráticas. Como disse Jeff Seibert, anteriormente alto executivo do X (quando ainda era Twitter), "acredito mesmo que ninguém jamais previu nenhuma dessas consequências". Talvez isso seja verdade, mas, se qualquer um deles tivesse lido livros sobre a história da tecnologia da impressão, poderia ter percebido que suas ferramentas de comunicação bem-intencionadas tinham o potencial de criar polarização social e violência política. Se pudesse voltar no tempo, até os dias iniciais do *boom* tecnológico, eu daria a cada um deles um exemplar do texto clássico de Elizabeth Eisenstein *The Printing Revolution in Early Modern Europe* [A revolução da impressão nos primórdios da Europa moderna], assim como John F. Kennedy distribuiu exemplares de *The Guns of August*, de Barbara W. Tuchman, para seus assessores.

DOMANDO AS REDES SOCIAIS   87

Pelo menos alguns deles podem estar começando a perceber o que fize-ram. Perto do fim do documentário, o narrador pergunta a Tim Kendall, ex-CEO do Pinterest e ex-diretor de monetização do Facebook, qual a maior preocupação dele em relação aos impactos das redes sociais. "No horizonte de curtíssimo prazo, uma guerra civil", responde ele.[23]

Inicialmente, parece alarmista. No entanto, as guerras religiosas que destroçaram a Europa após a revolução da impressão sugerem que ele pode estar certo. A revolução digital pode alimentar a violência em uma escala similar nos próximos anos e décadas — e a velocidade sem precedentes das redes de dados pode fazer com que isso aconteça muito mais rapidamente que no passado. O ataque ao Capitólio pode ter sido somente o início de nosso mergulho no colapso social e na ruptura política. Eu não ficaria surpreso se houvesse meia dúzia de países na América do Norte ao fim deste século. Caso isso aconteça, futuros historiadores sem dúvida identificarão fatores como a crescente desigualdade de riqueza e a crise climática, mas culparão os barões tecnológicos e os algoritmos polarizantes sobre os quais eles fi-zeram suas fortunas. A miopia deliberada pode se revelar seu maior crime.

A CULTURA DOS CAFÉS E O NASCIMENTO DA ESFERA PÚBLICA

A história da prensa móvel é um conto de advertência para a era das redes sociais, revelando quão facilmente as tecnologias de comunicação podem se tornar ferramentas de violência e perseguição. Porém, seria injusto negar seus benefícios transformadores. No fim do século XVII, a impressão co-meçou a disseminar o pensamento racionalista que desafiava superstições como a bruxaria. Ela sustentou o desenvolvimento da alfabetização em massa e amplificou o prazer e a liberação da leitura. Também permitiu o avanço científico do Iluminismo: astrônomos e cartógrafos, por exemplo, começaram a compartilhar e comparar com facilidade suas descobertas e podiam então produzir mapas mais precisos das estrelas e dos continentes.[24] Mais inesperadamente, durante o século XVIII a impressão desempenhou papel fundacional na emergência da moderna cultura democrática e de di-reitos humanos. Como? Ao criar um continente novo e invisível chamado esfera pública. No entanto, só pôde fazer isso com ajuda de outra invenção revolucionária: os cafés.

Na rua em que moro, em Oxford, fica o estabelecimento onde funcionou o primeiro café inglês, fundado por volta de 1650. Hoje, o café fica lotado de estudantes conectados à web, digitando silenciosamente em seus laptops e usando fones de ouvido, mas, há alguns séculos, era uma vibrante colmeia de conversação. Com origem na Turquia, os cafés se espalharam com notável rapidez pelo país: em 1700, havia mais de 2 mil apenas em Londres. Se entrasse em um café como o Manwarings, na rua Fleet, você poderia ser cumprimentado pelo dono com um amigável "Quais são as novidades, mestre?" ou "Aqui temos novidades de todas as partes". Por somente um centavo, você receberia uma tigela ou xícara de café, que poderia levar horas para beber, se quisesse. Poderia escolher sentar-se a uma mesa privada ou no balcão, mas as chances de se sentar a uma mesa compartilhada seriam maiores, pois era essa a característica definidora do café inglês — "uma mesa quilométrica com nada além de cachimbos e panfletos", como descreveu um cliente entusiasmado.[25] Lá, passaria o tempo lendo os periódicos mais recentes, debatendo as últimas notícias com amigos ou estranhos e talvez deixando cópias de seus próprios textos para outros lerem. Muito antes do e-mail, você poderia ter sua correspondência enviada a um café, com os clientes frequentemente indo até lá várias vezes ao dia para ver se haviam recebido novas mensagens.

"Os cafés eram uma plataforma social atraente para compartilhar informações", argumenta Tom Standage; funcionavam como sistema operacional para a troca de notícias, opiniões e fofocas. De acordo com um relato de 1707, "os cafés são muito cômodos para conversas livres e para ler, em ritmo calmo, todos os tipos de notícia impressa".[26] Os críticos temiam que eles pudessem promover conversas triviais e perda de tempo (soa familiar?), mas os cafés eram mais conhecidos por sua vitalidade intelectual. Havia cafés que se especializavam em discussões científicas, arte e literatura, negócios e comércio. Reuniões no Lloyd's Coffee House, que era popular entre mercadores e donos de navios, ficaram famosas pela criação do mercado de seguros em Londres. Porém, acima de tudo, os cafés eram centros de conversa política — ou, como disse um poeta, "os cafés criam políticos".[27] Alguns estabelecimentos publicavam seus próprios jornais, ao passo que outros se tornaram fontes para o jornalismo: a revista *Spectator*, fundada em 1711, teria começado com relatos de conversas ouvidas em cafés como o Will's, o Child's e o St James.[28]

Um anúncio de 1700 do Café Manwarings, onde café, conversa e os últimos jornais estavam disponíveis na mesa compartilhada.

Foi a prevalência de conversas políticas que, mais tarde, levou o teórico social alemão Jürgen Habermas a identificar as origens do que chamou de "esfera pública" nos cafés londrinos do século XVIII.[29] Esse termo se refere a um espaço social no qual pessoas de diversas vivências podiam conversar livremente sobre assuntos públicos, criticar o governo e debater novas ideias, como o republicanismo ou a abolição da escravatura. A esfera pública, de fato, agiu como escola para a democracia. Isso era possível não somente porque a prensa móvel fornecia aos cafés informações e opiniões para discussão, mas também porque as diferenças de status social eram geralmente deixadas de lado, incentivando a troca de diversos pontos de vista. O dono típico, relatou um observador, "não admite distinção; cavalheiros, mecânicos, lordes e patifes se misturam, e todos são iguais".[30] Embora seja fácil romantizar a natureza inclusiva dos cafés — a maioria dos clientes era composta de homens educados da burguesia emergente —, essas "universidades de 1 centavo", como às vezes eram chamados, eram as instituições mais igualitárias da época e forneciam o cenário ideal para o exercício do livre pensamento e da livre expressão.

E era isso que os tornava tão potencialmente subversivos. Charles II reconheceu o perigo já no início, tentando proibi-los em 1675, por serem "lugares nos quais homens descontentes se reúnem e disseminam relatos escandalosos sobre a conduta de Sua Majestade e seus ministros". Escritores radicais como Daniel Defoe e o agitador republicano Tom Paine, que frequentavam os cafés de Londres, ajudaram a lhes dar essa reputação de dissenção e sedição. Na verdade, entretanto, a liberdade dos cafés podia ser limitada pelo contexto político prevalente. Durante o turbulento período da Revolução Francesa, o advogado londrino John Frost — amigo próximo de Paine — exclamou, no café Percy: "Sou a favor da igualdade e de nenhum rei." Ele foi não somente censurado pelos ultrajados clientes como, depois, denunciado à polícia e preso por seis meses.[31]

Embora os cafés tenham entrado em declínio no início do século XIX, o escopo da esfera pública que haviam criado se ampliou. Nas décadas de 1830 e 1840, a imprensa radical da Grã-Bretanha floresceu, a despeito das tentativas governamentais de erradicá-la com taxações, e publicações como o militante *Northern Star* e o *Poor Man's Guardian* chegavam a milhões de leitores da classe trabalhadora, que garantiam que exemplares chegassem aos sindicatos, aos clubes políticos e aos pubs locais. A imprensa radical, escreveu o líder cartista Feargus O'Connor, era "o elo unificador das classes industriais".[32]

Porém, nos 150 anos seguintes, o pluralismo da esfera pública foi gradualmente asfixiado pela ascensão da mídia de massa. Primeiro vieram os jornais de grande circulação, como *Daily News* e *Daily Mail*, que usavam a receita dos anúncios para vender exemplares a preço de custo e desbancar as publicações menores. O estabelecimento da British Broadcasting Company (que em breve se tornaria British Broadcasting Corporation) em 1922 deu início a uma era de difusoras estatais que centralizavam e homogeneizavam o fornecimento de informações públicas. Um terceiro desenvolvimento crucial foi a disseminação exponencial da televisão após a Segunda Guerra Mundial: na década de 1970, 99% dos domicílios ocidentais tinham um aparelho, que ficava ligado em média três horas por dia.[33] Os inebriantes dias da cultura impressa, com sua proliferação de panfletos, periódicos e debates animados nos cafés da Londres georgiana, foram sendo substituídos por uma cultura de passivo entretenimento doméstico, bastante desprovida de ação humana e interação social, com exceção de discussões aqui e ali sobre mudar ou não de canal.

A explosão da internet na década de 1990 era para ter mudado tudo isso. Tivemos uma chance de revigorar a esfera pública com o livre fluxo de informações digitais. Os internautas podiam então ignorar os obsoletos fornecedores da mídia de massa e se transformar em criadores de conteúdo. Fóruns de discussão, blogs, sites independentes de notícias e revistas digitais especializadas criariam uma cornucópia de comunidades sem fronteiras com ideias vindas de diversas perspectivas. "A informação quer ser livre", proclamaram triunfalmente os entendidos em tecnologia.[34] Era tudo muito promissor, mas sabemos o que aconteceu: as redes sociais foram monopolizadas por algumas grandes empresas, os dados pessoais, vendidos para anunciantes, filtros de bolha, fake news, teorias da conspiração, interferência nas eleições, maratonas de séries, muito tempo em frente às telas lendo só notícias ruins, dark web, *trolls* furiosos, selfies, FOMO, emojis fofinhos, curtidas e descurtidas. A esfera pública, observou Habermas em 2022, "foi reduzida a uma 'curtida'". [35]

A esfera pública foi uma das maiores inovações sociais do século XVIII. Como podemos retomá-la na era digital? Com a ajuda de uma dose histórica de cafeína, aprendendo com os cafés que a criaram.

Uma característica notável da cultura dos cafés era a competição saudável entre diversos estabelecimentos. Eram todos pequenos negócios. Não havia redes de cafeterias. Se não gostasse de um café em particular, você provavelmente encontraria seis outros à distância de uma caminhada. As redes sociais, claro, são dominadas por poucas e gigantescas plataformas, como Facebook, TikTok e X: alternativas gratuitas e de código aberto, como Mastodon e Signal, detêm somente uma parcela relativamente pequena do mercado. Usando a história como referência, pode ser prudente desmantelar as *big techs* usando leis antimonopólio, de maneira similar à divisão da Standard Oil, da família Rockefeller, em 43 empresas em 1911, para pôr fim a seu controle sobre o mercado norte-americano de petróleo.[36] Essa é uma

92 HISTÓRIA PARA O AMANHÃ

política cada vez mais favorecida por políticos progressistas como a senadora americana Elizabeth Warren, a qual argumenta que, assim como leis antitruste foram usadas para evitar que a Microsoft controlasse a tecnologia de navegadores de internet na década de 1990, os atores digitais dominantes deveriam ser desmantelados a fim de promover a competição de mercado e impedir que "usem seu poder político para modelar as regras a seu favor".[37] Os governos poderiam, ao mesmo tempo, ampliar o ecossistema comercial ao apoiar o desenvolvimento de alternativas às empresas com fins lucrativos, como cooperativas digitais (ver capítulo 9). Precisamos de mais opções, não de menos. Imagine se o único café disponível fosse o da Starbucks.

Um dos desafios é que as redes sociais estão sujeitas aos "efeitos de rede": o setor tende a desenvolver um pequeno número de redes dominantes porque as pessoas querem usar as mesmas plataformas de seus amigos e familiares, como o WhatsApp, e são contrárias à ideia de receber mensagens em vários aplicativos. É por isso que pode ser necessário suplementar o fim das *big techs* com outras abordagens, como estatizar as empresas maiores a fim de vencer o poderio dos monopólios comerciais. Um precedente já foi estabelecido pela European Open Science Cloud, da União Europeia, que opera como serviço de nuvem de gestão pública. Da mesma forma que pensamos na água encanada e nas ferrovias como serviços essenciais que devem ser fornecidos pelo governo, podemos dizer da infraestrutura digital. Outra sugestão, do analista tecnológico Azeem Azhar, é que as empresas digitais que chegarem a determinada fatia de mercado (digamos 10% ou 15%) sejam obrigadas a permitir que seus usuários transfiram seus perfis e dados para outras redes com um único clique.[38] Seria como deixar de frequentar o café da esquina se o café ou a conversa ficassem amargos demais para seu gosto.

Uma segunda característica dos cafés e um componente-chave da esfera pública era a vigorosa conversa à mesa entre estranhos com visões distintas. Chats online como o Reddit poderiam ser considerados o equivalente moderno. Não é segredo, entretanto, que eles tendem a se tornar antros polarizantes de intolerância nos quais usuários agressivos se escondem atrás do escudo do anonimato, enquanto moderadores ineficazes (ou ausentes) não conseguem controlá-los. Um grande estudo do Reddit, analisando 3,5 bilhões de publicações de 25 milhões de usuários em um período de dez anos, descobriu que as pessoas tinham 35% mais probabilidade de usar linguagem ofensiva em fóruns de discussão política e que cerca de um em dez comentários políticos era ofensivo. Usando um sofisticado programa de análise de vocabulário, o estudo também descobriu que uma conversa típica sobre política no Reddit parecia ter sido escrita por uma criança de 6 anos.[39]

No entanto, há alguns modelos positivos de conversa digital entre estranhos, que lembram os mais celebrados cafés do século XVIII. Você não encontrará muito comportamento agressivo em um site de discussões como o MetaFilter. Isso porque ele tem um conjunto muito claro de orientações para a comunidade de usuários, como "seja atencioso e respeitoso", "esteja ciente de seus privilégios" e "tome cuidado com as microagressões", que ajudam a criar uma cultura de discordância respeitosa.[40] Quando alguém faz comentários ofensivos, as conversas são sinalizadas, e moderadores pagos interferem rapidamente, agindo como o presidente da Câmara dos Comuns, que supervisiona os debates na Grã-Bretanha desde o século XIII e garante que os parlamentares ajam com decoro. O MetaFilter tem a característica adicional de ser amplamente financiado por seus 12 mil usuários ativos (que pagam uma taxa de ingresso de 5 dólares), interessados em manter esse espaço de conversa seguro e compartilhado, em vez de ser financiado por capital de risco ou por acionistas mais interessados em um balancete saudável que em uma discussão equilibrada e saudável.

Se desejamos reviver a cultura de conversas dos cafés georgianos, no entanto, também podemos nos voltar para as lojas físicas, que, nas últimas duas décadas, tiveram um aumento de popularidade que não era visto desde o século XVIII. Mas, em vez de focar grãos selecionados e doces perfeitos, elas deveriam trazer de volta as mesas compartilhadas do passado. Imagine entrar no café do seu bairro sabendo que a longa mesa com revistas e jornais jogados é um lugar no qual você pode conversar livremente com estranhos sobre as questões atuais. Nada de laptops e telefones. Nada de anonimato. Apenas seres humanos trocando uma ideia face a face. Hoje existem cerca de 30 mil cafés somente no Reino Unido. Se houvesse somente dez conversas entre estranhos ao dia em cada um deles, teríamos 100 milhões de conversas ao ano.[41]

Sem dúvida, alguns estabelecimentos ficariam conhecidos por assuntos específicos, talvez buscando inspiração no movimento Death Cafe, que, desde 2011, já organizou mais de 15 mil discussões sobre a morte em cafés de 83 países. Eu sugeriria que as mesas tivessem cardápios impressos com perguntas intrigantes a fim de gerar trocas de ideias e experiências entre estranhos. Durante vários anos, trabalhei com o historiador da conversação Theodore Zeldin fazendo exatamente isto: mediando discussões em cafés, parques, centros comunitários e outros espaços públicos, entre pessoas com diferentes históricos, usando cardápios conversacionais.[42] As perguntas, que cobriam 24 tópicos universais, incluíam "O que você aprendeu em sua vida sobre as diferentes variedades de amor?", "De que maneiras você gostaria de se tornar mais corajoso?", "Como suas prioridades mudaram ao longo dos anos?" e "Como você pensa no futuro?".

Jamais devemos subestimar o poder da conversa entre estranhos, que pode florescer mesmo nos contextos mais politicamente carregados. Em 2002, o Parents Circle — que aproxima israelenses e palestinos cujos familiares foram mortos em conflitos — iniciou um projeto chamado Hello Peace. Colocaram um número de telefone nos outdoors das grandes cidades: qualquer israelense que telefonasse era atendido por um voluntário palestino com quem podia conversar até meia hora sobre qualquer assunto, ao passo que os palestinos que telefonavam eram atendidos por israelenses. Nos primeiros cinco anos de operação, houve mais de 1 milhão de conversas entre os dois lados.[43] Embora algumas ligações resultassem em discussão, quase sempre acabava tudo bem e, às vezes, acabava até em amizades duradouras. Os projetos de diálogo promovidos pelo Parents Circle são considerados tão subversivos (em parte porque enfatizam as mortes causadas pelas Forças de Defesa de Israel), que o governo israelense chamou o grupo de "terrorista" e tentou bani-lo em múltiplas ocasiões.[44] Ele continua em operação, mesmo durante o renovado conflito iniciado no fim de 2023, permitindo diálogos que aproximam "inimigos" a fim de que possam compartilhar seu pesar e encontrar algum ponto de concordância.

Conversas entre estranhos são um poderoso antídoto às polarizações que nos dividem e podem ajudar a nos libertar de visões enraizadas e ideias ultrapassadas. Nem sempre, mas às vezes. Quer ocorram em chats online com moderadores eficientes, quer aconteçam presencialmente em um café, elas são parte crucial de uma esfera pública saudável e vibrante. Saber um pouco sobre as mentes alheias é uma maneira de expandir a própria mente. Como diz Theodore Zeldin, "uma conversa satisfatória é aquela que faz você dizer algo que nunca disse antes".[45]

DA MENTE TIPOGRÁFICA À MENTE DIGITAL

Enquanto olhamos para o futuro digital, há uma razão final para termos um olho no passado e contemplarmos a história da prensa móvel: entender o que pode acontecer à mente humana.

Retornemos ao conciso slogan de Marshall McLuhan na década de 1960: "O meio é a mensagem." Ele nos convida a ir além do foco no conteúdo das tecnologias de comunicação — como as maneiras pelas quais a prensa móvel alimentou a loucura da bruxaria ou as plataformas de rede social se tornaram fóruns de agressão política. "O 'conteúdo' de um meio", escreveu ele, "é como a peça de carne mais gostosa levada pelo assaltante para distrair o cão de guarda da mente."[46] O que realmente importa, na visão dele, não é a mensagem que o meio transmite, mas as formas sutis pelas quais o próprio meio modela as estruturas profundas de nossa psiquê. Esse é o tema de um novo campo conhecido como "história cognitiva", que se preocupa não com o que pensamos, mas com a maneira como pensamos o que pensamos.[47] Então, de que forma a prensa móvel modelou a evolução cognitiva da mente humana? E o que isso sugere sobre os prováveis impactos da mídia digital?

Uma importante consequência da invenção de Gutenberg, de acordo com McLuhan e acadêmicos como Walter Ong, foi a mudança sensorial de uma cultura predominantemente oral que dava primazia ao ouvido a uma cultura escrita na qual o olho é muito mais dominante.[48] Em vez de aprender sobre o mundo com as experiências partilhadas da conversa e da contação de histórias, cada vez mais absorvemos conhecimento olhando para palavras em uma página, geralmente em silêncio e isolados. Nossos processos mentais se tornaram mais internos e autorreflexivos, em uma extensão muito pouco conhecida nas sociedades pré-impressão. O resultado, escreve o historiador da tecnologia Neil Postman, foi que "a impressão aprimorou vastamente a importância da individualidade", transformando-a em elemento central da mente tipográfica emergente.[49]

A impressão também introduziu novas formas de ordem e padronização. As inovações incluíram a ordenação alfabética das informações (em obras de referência, por exemplo) e livros com índices e páginas numeradas — práticas ausentes dos textos manuscritos da era medieval.[50] Quando Robert Cawdrey publicou o primeiro dicionário da língua inglesa, *Table Alphabeticall*, em 1604, ele teve que explicar cuidadosamente aos leitores: "Se a palavra que deseja encontrar começa com 'a', olhe no início da tabela, mas, se começa com 'v', olhe no fim." A palavra impressa e a consequente alfabetização em massa também criaram uniformidade linguística, diminuindo a importância dos dialetos locais em favor de uma linguagem escrita e padronizada que podia ser entendida por todos e que, argumentou McLuhan, contribuiu para o crescimento do nacionalismo.[51]

Conforme nossos olhos aprendiam a percorrer sistematicamente as palavras da página, linha a linha, a impressão também encorajava um modo linear de pensamento. Livros e panfletos tinham início, meio e fim. Eram sequenciais e conduziam a mente em linha reta, reforçando uma visão de mundo causal e mecanicista na qual A levava a B. Tal pensamento linear sustentou a lógica racionalista da ciência iluminista e ideias de progresso perpétuo, contrastando nitidamente com as noções de circularidade e equilíbrio que permanecem prevalentes em muitas culturas indígenas, como a ideia de humanidade vivendo em equilíbrio com a Mãe Terra ou o relacionamento simbiótico entre yin e yang no taoismo.[52]

Somos herdeiros da mente tipográfica, a qual se infiltrou tão profundamente na psiquê ocidental, que mal a notamos. E agora estamos frente à perspectiva de ela ser modificada pelas tecnologias da era digital. A mudança de *Homo typographicus* para *Homo interneticus* gerará profundas transformações em nosso entendimento do "eu" e do mundo, representando um novo estágio da história cognitiva da humanidade.[53] Como as caixas de busca e os hyperlinks afetarão a maneira como conectamos ideias, organizamos informações e descobrimos sentidos? Será que as redes sociais digitais vão alterar a personalidade humana e criar novas ideologias e religiões? Qual será o efeito de nossa existência eletrônica sobre nossa percepção do tempo e nosso relacionamento com o restante do mundo? Será que a natureza do amor e da vida familiar será transformada quando começarmos a desenvolver relacionamentos com chatbots personalizados pela IA? É muito cedo para responder tais perguntas — seria como tentar prever os impactos da prensa móvel apenas algumas décadas após sua invenção —, mas podemos especular.

DOMANDO AS REDES SOCIAIS

Imagine adolescentes do ano 2100 fazendo uma prova de história de múltipla escolha:

Selecione a afirmação verdadeira (você pode selecionar mais de uma).
A revolução digital do início do século XXI teve quais dos seguintes efeitos?

a. Ela levou a um declínio fundamental da capacidade humana de atenção, o que diminuiu os níveis educacionais em muitas áreas.

b. Sua estrutura de rede interconectada promoveu o pensamento holístico em termos de sistema, resultando nos avanços na computação quântica e na compreensão da consciência humana.

c. Ela reviveu o anarquismo como ideologia política ao promover uma nova cultura de relacionamentos horizontais entre pares, desafiando a organização hierárquica e centralizada da política e dos negócios.

d. Suas viciantes tecnologias de realidade virtual aprimorada por IA contribuíram para uma epidemia de depressão e afastamento dos assuntos mundanos, o que retardou a ação em relação à crise climática.

e. Ela foi parcialmente responsável pela ascensão de ditaduras em toda a Europa Ocidental e gerou conflitos civis que dividiram os Estados Unidos da América em pequenas nações.

f. Ela permitiu a disseminação de economias regenerativas de pós-crescimento que aceleraram o fim do capitalismo.

Qualquer uma dessas declarações poderá muito bem ser verdadeira ao fim deste século. Eu as coloco como um lembrete de que seria imprudente pensar que já conseguimos enxergar o futuro digital. Todas as principais tecnologias têm consequências involuntárias, que às vezes permanecem imperceptíveis por décadas ou mesmo séculos — como a história da prensa móvel mostra tão claramente. Algumas podem ser destrutivas, como a violência polarizante incitada pela tecnologia da impressão durante a Reforma. Outras podem se provar benéficas, como o desenvolvimento de uma esfera pública democrática nos cafés do século XVIII.

A história da impressão pode nos ajudar a ver mais claramente o que já começa a emergir na era da comunicação digital, lançando luz tanto sobre seus perigos quanto sobre suas possibilidades. É por isso que devemos agir para mitigar as polarizações alimentadas pelas redes sociais e fazer nosso melhor para fomentar conversas entre estranhos, em uma tentativa conjunta de expandir o reino da tolerância e do entendimento mútuo.

Precisamos de uma nova conversa pública — informada pela história — sobre a melhor maneira de adotar e gerir a tecnologia digital. Deixemos nossos telefones de lado, sentemo-nos à mesa de um café e conversemos. Talvez devamos começar discutindo uma citação atribuída a Marshall McLuhan: "Nós condicionamos nossas ferramentas e, consequentemente, elas nos condicionam."

5

GARANTINDO ÁGUA PARA TODOS

Guerras de água e a genialidade dos comuns

Somos uma civilização rumando na direção do aquacídio.

Não se trata apenas do fato de que 1 bilhão de seres humanos não têm acesso a água potável, e dez vezes mais pessoas do que em todas as guerras juntas estejam morrendo anualmente por ingerir água suja e contaminada.[1] O futuro está correndo em nossa direção. Secas causadas por mudanças climáticas. Agricultura industrial em expansão que exaure os aquíferos armazenadores de água em rochas permeáveis nas profundezas do solo. Crescimento populacional elevando o consumo de água muito além do ponto de sustentabilidade. Mais de uma em cada quatro pessoas serão afetadas pela crescente escassez de água nas próximas décadas — talvez você, talvez seus filhos, mas, principalmente, pessoas que você nunca conhecerá. Em 2018, a Cidade do Cabo, uma cidade costeira com quase 5 milhões de habitantes, estava a semanas de ficar sem água doce — o nefasto Dia Zero — quando chuvas milagrosas puseram fim a uma seca de quatro anos. A lista das dez cidades com maior probabilidade de enfrentarem escassez crítica de água inclui Cairo, Jacarta, Los Angeles, Beijing, Melbourne, Cidade do México e São Paulo. Como diz sombriamente a cientista ambiental Vandana Shiva, "a crise da água é a dimensão mais pervasiva, severa e invisível da devastação ecológica da Terra".[2]

O Planeta Azul tem 70% de sua superfície composta de água, mas não se deixem enganar. Somente 2,5% desse total são de água doce, e mais de 99% estão presos nas geleiras, no solo e nos aquíferos subterrâneos.

Países que enfrentarão escassez severa de água em 2040

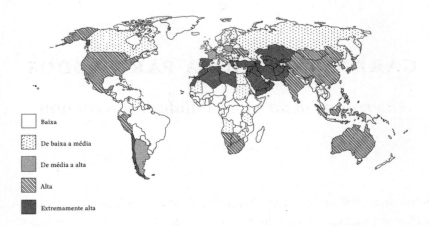

Cinquenta e nove países, incluindo as superpotências mundiais China e Estados Unidos, experimentarão níveis altos ou extremamente altos de escassez de água em 2040. Fonte: World Resources Institute.[3]

De cada 10 mil gotas de água na Terra, menos de uma é de água doce acessível na superfície, em rios e lagos.[4] Lembre-se do verso de Samuel Taylor Coleridge em *The Rime of the Ancient Mariner* [A história do velho marinheiro], de 1798: "Água, água por toda parte, e nenhuma gota para beber."

O único lugar no qual a água parece verdadeiramente abundante é na história. Ela está presente em praticamente todas as páginas das crônicas da humanidade. Nenhuma civilização foi capaz de florescer sem ela — para matar a sede do povo, irrigar os campos, carregar dejetos, impulsionar máquinas, ancorar navios e permitir o comércio. Não surpreende que quase toda cultura tenha venerado deidades da água: os antigos gregos tinham mais de cinquenta deuses, deusas e espíritos desse domínio.

É precisamente isto que perdemos: a reverência pela água. E precisamos recuperá-la com urgência se quisermos vencer a crise que se aproxima. Você sabe em que país nasceu e a rua em que mora, mas sabe o nome da zona de captação em que vive? A maioria de nós, sobretudo nos países ricos do norte global, é completamente desconectada da água: abrimos a torneira, damos a descarga, tomamos banho, fazemos chá e lavamos roupa, inconscientes do quanto o precioso elixir da vida permeia nossa existência diária. A história traz exemplos que podem permitir nossa reconexão antes que as torneiras sequem. Por meio de viagens à antiga China, à Espanha medieval e às incendiárias guerras da água no Oriente Médio, este capítulo revela como podemos dar à água a reverência merecida, tratando-a não como mercadoria a ser comprada, vendida e explorada, mas como um tesouro comum que pode ser gerido democraticamente para benefício de todos.

COMO A ÁGUA CRIA E DESTRÓI CIVILIZAÇÕES

O caractere chinês que significa "gerir politicamente" ou "governar"— zhì 治 — deriva da raiz que significa "controlar a água" ou "aproveitar os rios".[5] O esforço para dominar e gerir a água foi central na história da China durante milhares de anos, desde lidar com as devastadoras enchentes dos rios Yangtzé e Amarelo a transportar água do sul úmido onde se plantava o arroz para o norte árido e infértil. O lendário imperador Yu, o Grande, que pode ter vivido por volta de 2000 a.C, era um habilidoso engenheiro hidráulico que supostamente trabalhou ao lado dos operários durante treze anos na construção dos canais de irrigação e diques que aliviaram o destrutivo dilúvio conhecido como Grande Enchente (dizem que ele foi ajudado por um dragão escavador de canais). Mesmo hoje, muitos dos principais servidores públicos da China são engenheiros hidráulicos.

A conclusão do monumental Grande Canal no início do século VII contribuiu para que a China se tornasse um dos impérios mais poderosos do mundo nos quinhentos anos seguintes. Muito mais impressionante que seu homônimo veneziano, ele ainda é a mais longa via navegável artificial da humanidade, conectando o sul ao norte e cobrindo uma distância equivalente àquela entre a Flórida e Nova York. Graças ao trabalho de vários milhões de trabalhadores conscritos — mais do que os necessários para construir a Grande Muralha —, as sedentas planícies do norte subitamente tinham água para irrigar seus ricos solos, com o canal permitindo o rápido crescimento da produção agrícola, da população e do comércio. Guarnições militares passaram a ter água e comida para as tropas e podiam rechaçar invasores. O governo central expandiu seu domínio, e o crescimento econômico foi acompanhado pelo despertar literário e cultural. A água foi o ingrediente secreto que tornou tudo possível, e para simbolizar sua importância, um relógio hidráulico de 12 metros de altura foi construído na capital Kaifeng, em 1090. A China se tornou um exemplo do que o historiador Karl Wittfogel chamou de "civilização hídrica", em uma tese controversa que afirma que um governo centralizado e autoritário é necessário para gerir os recursos hídricos requeridos por uma sociedade agrária de larga escala (por exemplo, a fim de conscrever mão de obra para construir canais e represas).[6]

Se há uma figura que personifica as realizações hídricas da China, é Chen Hongmou, o oficial que presidiu a gestão da água nos gloriosos dias da dinastia Qing, em meados do século XVIII. Sua carreira foi a versão chinesa do sonho americano. Nascido na pobreza rural em 1696, ele escalou a hierarquia imperial por meio de trabalho duro e dedicação acadêmica e se tornou um governador provincial de tanto sucesso, que o imperador recusou repetidas vezes seus pedidos de aposentadoria. Supostamente, Chen não era uma pessoa muito engraçada. Era totalmente desprovido de humor e tinha forte tendência puritana, opondo-se ao fumo, às bebidas e ao sexo recreativo. Embora sua filha fosse uma poetisa publicada, ele desprezava a poesia e ridicularizava as pretensões literárias dos colegas.

Contudo, quando se tratava de água, Chen era um prodígio tecnocrático. Movido pelo ideal confuciano de bem público — e por memórias da própria infância —, era totalmente comprometido em ajudar os pobres moradores do campo. Durante quatro décadas, geriu habilmente a construção de sistemas de irrigação e drenagem e se manteve atento aos estoques emergenciais de grãos. Chen defendeu a construção de moinhos de água e garantiu reparos regulares para valas, barragens e pôlderes. Em uma única província, ordenou a escavação de mais de 30 mil poços. Ele assumiu pessoalmente o comando no combate à fome durante as secas da década de 1740, garantindo que o governo imperial fornecesse assistência aos necessitados, incluindo cozinhas comunitárias e distribuição direta de dinheiro — um feito que nenhum país europeu da época poderia igualar. Também fez uma campanha bem-sucedida para iniciar investimentos de longo prazo na infraestrutura de controle de enchentes, apesar dos

GARANTINDO ÁGUA PARA TODOS

imensos custos. Chen foi um ícone do estadismo chinês e continua sendo um modelo das virtudes da perícia tecnocrática.[7]

No entanto, nem mesmo ele poderia salvar a dinastia Qing das tragédias do século XIX. Sob a pressão das guerras do ópio contra a Grã-Bretanha e a França, da rebelião Taiping e do declínio da receita com impostos, o Estado começou a desmoronar. A burocracia acabou tomada pela corrupção e incompetência. Diques e canais de irrigação ficaram sem manutenção e armazéns de grãos foram esvaziados. A linha vital do Grande Canal foi assoreada. Então veio um desastre climático. Entre 1876 e 1878, um grande El Niño — um dos sistemas que determinam o clima global — levou caos para todo o mundo, causando enchentes inéditas em algumas regiões e secas ainda mais severas a outras. A Índia e o Brasil passaram maus bocados, mas nenhum país sofreu mais que a China.

Os relatos da fome nas províncias no norte de Shanxi e Shandong parecem um pesadelo. Quando as chuvas caíram, os camponeses famintos começaram a comer grama e cascas de árvore. Então venderam a madeira das casas e comeram o bambu apodrecido dos telhados. Milhões de refugiados fugiram para o sul e para o litoral. Aqueles que permaneceram sofreram uma morte lenta causada pela fome, enquanto o auxílio governamental era desviado por oficiais corruptos. De acordo com uma testemunha:

> Nas casas destruídas, mortos, moribundos e vivos ficavam todos juntos [...] os cães domésticos, levados pela fome a se fartarem dos corpos espalhados por toda a parte, eram avidamente abatidos e devorados [...] Mulheres e meninas eram vendidas para os traficantes [...] e o suicídio era tão comum, que já não chamava mais atenção.[8]

Algumas fontes sugerem que mais de 100 mil mulheres e crianças foram vendidas como escravas para receptadores no sul. E as coisas não pararam por aí: como ocorreu na Europa medieval em épocas de fome e na Ucrânia no início da década de 1930, as pessoas recorreram ao consumo de carne humana, desenterrando e cozinhando os cadáveres dos vizinhos. Os oficiais Qing relataram que "crianças abandonadas pelos pais [...] eram levadas a locais secretos, mortas e consumidas". Em alguns lugares, a carne humana era vendida abertamente nas ruas, enrolada no formato de almôndegas macabras.[9]

Vítimas do El Niño: crianças à venda na província de Shandong, 1877.

Essas histórias não são encontradas na maioria dos relatos sobre o século XIX, que mais provavelmente descrevem a chegada do trem a vapor, a invenção do telefone e a primeira partida de críquete entre Inglaterra e Austrália. A fome chinesa — durante a qual entre 10 e 20 milhões de pessoas morreram — é uma história negligenciada que deveria estar gravada em nossas memórias. O historiador ambiental Mike Davis a chamou de "holocausto vitoriano tardio".

Esses vislumbres do que os chineses passaram com a água — e sua ausência — pertencem a uma narrativa maior: a de que a água constrói e destrói civilizações. Em alguns países, isso é deveras compreendido. A China é um deles, por isso o país continua a construir imensos canais e diques e a guardar zelosamente as preciosas fontes hídricas que controla no Tibete. Do mesmo modo, nos Países Baixos, um quarto da terra está abaixo do nível do mar, e as enchentes são uma ameaça importante há séculos. Igualmente na Etiópia e no Sudão, que estão entre as nações mais propensas a secas. Contudo, na maioria dos países, a água é uma questão casual que não costuma receber atenção pública ou debate sério. Ao caminharmos para um mundo em aguda crise hídrica, deveríamos aprender com a história da China, sobretudo a maneira como a combinação entre negligência estatal e eventos climáticos extremos causou calamidades na década de 1870. Trata-se de um alerta útil para nosso próprio futuro climático — um futuro para o qual a maioria das nações não está preparada.

A civilização hídrica da China também suscita questões sobre a maneira mais efetiva de gerir a água. Alguns analistas a veem como um exemplo a ser seguido, argumentando que a melhor maneira de gerir esse recurso é um Estado centralizado e autoritário que adote políticas de cima para baixo — uma forma de hidroditadura benevolente que pode assumir projetos monumentais como a Hidrelétrica das Três Gargantas, finalizada em 2013, após quase duas décadas. Contudo, claramente isso não oferece garantias. Como a história chinesa revela, tal sistema pode sucumbir à corrupção, à corrosão e à incompetência, especialmente em tempos de crise. Pode haver uma abordagem mais efetiva — e até mesmo mais democrática — que leve a gestão da água para mais perto do povo cuja sobrevivência depende dela? Essa busca nos leva de volta à cultura da água na Espanha medieval.

HIDRODEMOCRACIA E A PROMESSA DOS COMUNS

O antigo sino badala doze vezes. É meio-dia de quinta-feira e, em frente à Porta dos Apóstolos da catedral de Santa Maria, na cidade de Valência, Espanha, nove figuras usando mantos pretos — uma delas de quepe com fita e carregando um arpão cerimonial — se dirigem a sua reunião semanal, como fazem há centenas de anos. Esse é o Tribunal de les Aigües — o Tribunal das Águas —, a mais antiga instituição de justiça da Europa. Os turistas se amontoam para observar os acontecimentos. Cada um dos membros, que representa um dos canais de irrigação das ricas terras agrícolas da cidade, as *huertas*, observa enquanto o responsável, com o arpão de cobre nas mãos, chama os fazendeiros acusados de violar leis, como desviar água para suas terras sem autorização. O tribunal discute os casos e então determina uma multa ou os anula. Geralmente, não há casos a ouvir, mas a reunião cerimonial continua diante dos impassíveis e solenes apóstolos.

As origens do tribunal são bem misteriosas. Sofisticados sistemas de gestão hídrica surgiram em Valência após a conquista islâmica no século VIII, com os fazendeiros mouros escavando canais de irrigação para plantar azeitonas, castanhas, berinjelas e frutas. As práticas agrícolas deles foram herdadas quase integralmente pelos colonos cristãos após a reconquista da região em

1238, incluindo regras para resolver conflitos locais, sobretudo durante tempos de seca. No século XV, o tribunal eleito começou a se reunir em frente à Porta dos Apóstolos e, no início do século XIX, as sessões de quinta-feira aconteciam sem falta. E ainda ocorrem, com o uso frequente de termos árabes como *azud* (açude) atestando o legado islâmico medieval.[10]

O tribunal está entre os mais notáveis exemplos de autogestão de recursos do mundo, com a participação de cerca de 20 mil fazendeiros na eleição de representantes a cada dois anos (o primeiro membro do sexo feminino foi eleito em 2011). Sua longevidade como instituição se equipara a seu sucesso: graças à ajuda de guardas particulares, os fazendeiros quase nunca roubam água dos vizinhos. Se quiser rebater a tese de Wittfogel sobre a necessidade de gestão centralizada da água, visite as sessões semanais do tribunal. E todas as vezes que comer uma suculenta laranja valenciana, lembre-se de estar se beneficiando de mil anos de dedicada gestão comunitária da água.[11]

História no presente: há séculos, o Tribunal das Águas de Valência se reúne semanalmente em frente à catedral gótica da cidade.

Elinor Ostrom, vencedora do Prêmio Nobel de Economia em 2009, tinha um interesse particular pelo tribunal de Valência, que foi um dos alicerces de sua obra pioneira sobre a ideia de "comuns", uma das inovações sociais mais importantes — e menos compreendidas — das comunidades humanas.

Ostrom, que era cientista política, ganhou renome internacional ao desafiar o disseminado modelo do *Homo economicus*: a ideia de que os seres humanos, em função do autointeresse individual, mostram-se motivados principalmente a maximizar sua utilidade pessoal. Com base em décadas de pesquisa empírica, ela revelou um retrato muito mais cooperativo por meio da exploração de um negligenciado domínio econômico conhecido como comuns, que se refere às práticas mediante as quais as comunidades gerenciam com sucesso recursos como terras ou águas, sem recorrer ao mercado ou ao Estado. Ostrom refutou a difundida ideia de que as comunidades locais naturalmente abusam de recursos compartilhados, como pastos, e que os indivíduos tentam pegar o máximo possível para si — um resultado conhecido como "tragédia dos comuns". Em vez disso, ela argumentou que muitas comunidades desenvolveram sistemas democráticos de autogoverno do que ela chamou de "conjunto comum de recursos".

Em busca de evidências, ela se voltou para a história e dedicou parte significativa de seu inovador livro de 1990, *Governing the Commons* [Governando os comuns], ao antigo sistema de gestão hídrica de Valência, descrevendo suas origens e seu funcionamento nos mínimos detalhes. Também explorou casos como as comunidades da África Ocidental, que há séculos praticam a gestão sustentável de seus cardumes; e os moradores de Törbel, na Suíça, que desde 1224 gerenciam as florestas, os prados e os canais de irrigação nos Alpes comunitariamente. Em seguida, Ostrom, praticante convicta de história aplicada, usou essas regras para desenvolver seus celebrados oito princípios de design, essenciais para a gestão coletiva e efetiva de recursos escassos: a participação da comunidade na criação das regras; um sistema demarcado de sanções para as violações; limites claros sobre quem pode usar os recursos; a garantia de que as regras de gestão sejam adequadas às necessidades e condições locais; a garantia de que as regras sejam respeitadas pelas autoridades externas; o estabelecimento de níveis de governança; o desenvolvimento de sistemas para monitorar o comportamento dos membros; e meios para a resolução de disputas.[12] Esses eram precisamente os princípios que regiam o Tribunal das Águas de Valência.

Ostrom tinha uma espécie de visão de raio X, que lhe permitiu ver, entre o Estado e o mercado, um setor quase invisível da economia chamado "os comuns", compreendendo recursos compartilhados que não pertenciam individualmente a ninguém e podiam ser geridos de modo sustentável pelos usuários. Trata-se de uma ideia simples, mas radical, enraizada — como Ostrom reconheceu — em práticas indígenas de gestão ambiental: ninguém deve possuir a água, o ar, a terra ou as árvores, assim como ninguém possui o Sol ou a Lua (ao menos, ainda não). Eles são presentes a serem compartilhados. Tal modo de pensar é encontrado também em antigas tradições legais, como a doutrina de propriedade pública codificada pelo imperador Justiniano em 529: "Pelas leis da natureza, essas coisas são comuns a toda a humanidade: o ar, a água corrente, o mar e, consequentemente, as orlas do mar." Ou, como disse o escavador rebelde Gerrard Winstanley em 1649 — enquanto liderava um movimento para recuperar territórios comuns roubados do povo pelos ricos proprietários ingleses —, a terra é "um tesouro comum de todos".

Parcialmente graças ao Prêmio Nobel, Ostrom é uma das mais citadas cientistas políticas do mundo (apesar de sua morte em 2012).[13] Seu trabalho, baseado na história profunda da gestão comunitária de recursos, não só contestou o evangelho dos economistas sobre o homem autointeressado, racional e econômico, como também inspirou a maior onda de ativismo dos comuns da história humana: movimentos contra a privatização da água, da Grécia a Gana; grupos comunitários trabalhando para impedir empresas de extraírem água de preciosos aquíferos e a venderem em garrafas; campanhas para dar direitos legais aos rios e transformar os oceanos em um gigantesco parque marinho; e o crescimento de cooperativas locais, como na Áustria, onde mais de 5 mil cooperativas democraticamente controladas fornecem água aos cidadãos rurais.[14] E há muito mais acontecendo para além do reino aquático: crescimento dos comuns digitais, da Wikipédia e de softwares de código aberto como o Linux a jornais científicos de acesso livre; litígios de confiança pública nos Estados Unidos para evitar que empresas de combustíveis fósseis lancem gás carbônico no ar; e esforços para impedir que corporações patenteiem o código genético de plantas medicinais. Muitas dessas iniciativas devem sua inspiração a Elinor Ostrom e às histórias comunais com as quais ela aprendeu.[15] Assim como eu mesmo: foi somente após duas décadas estudando mudanças sociais — incluindo um Ph.D. em Ciência Política — que finalmente descobri a existência dos comuns ao comparecer a uma de suas palestras, sem saber muito bem quem ela era.

GARANTINDO ÁGUA PARA TODOS

Os comuns, obviamente, sempre existiram, muito antes de serem defendidos por Elinor Ostrom e outros pensadores e praticantes, operando despercebidos no espaço limítrofe entre Estado e mercado. Mas sua recente "redescoberta" é um dos maiores feitos históricos de nosso tempo, mais importante que a revelação da tumba de Tutancâmon ou dos guerreiros de terracota de Xian. Os defensores dos comuns acreditam que a gestão local e democrática da água, como em Valência e Bali — onde há mil anos o sistema *subak* gerencia a irrigação das fazendas de arroz com todo o cuidado —, poderia ajudar muitas regiões a vencer o desafio da escassez de água.[16] Além disso, no fim das contas, eles podem ser mais efetivos que soluções de cima para baixo como represas gigantescas, as quais frequentemente são elefantes brancos caros e ineficazes que deslocam comunidades inteiras e ignoram o conhecimento local. A própria Ostrom condenava as represas: "Não precisamos de mais maravilhas da engenharia que se transformam em desastres institucionais."[17] Em vez de esperar que os governos criem grandes projetos de infraestrutura, pode ser mais prudente usar o poder da gestão comunitária dos comuns.

Não obstante, um cético poderia argumentar que, quando se trata de água, menos nem sempre é mais. Os tribunais e as cooperativas podem parecer atraentes, mas é claro que precisamos de políticas nacionais para regulamentar a poluição agroindustrial dos rios e fornecer respostas coordenadas de grande escala a crises como secas e enchentes. Conforme as mudanças climáticas e seus impactos globais se tornam cada vez mais presentes, um modelo descentralizado de gestão dos comuns não seria somente um ideal agradável e utópico?

Antes de responder a essa pergunta — o que nos levará de volta à obra de Elinor Ostrom e ao tribunal de Valência —, precisamos entender como serão os conflitos hídricos no próximo século, sobretudo a perspectiva de guerras hídricas.

A NOVA ERA DAS GUERRAS HÍDRICAS

Os seres humanos vêm lutando pela água há séculos, um fato evidente na origem da palavra "rival", oriunda do latim *rivalis*, que significa "alguém que usa o mesmo rio". No entanto, conflitos por água não costumam virar manchetes de jornal. Uma exceção do passado recente foi aquilo que se tornou conhecido como Guerra da Água de Cochabamba.

Em 1999, a cidade boliviana de Cochabamba privatizou os serviços de água, sob pressão do Banco Mundial e do FMI. A nova fornecedora, uma subsidiária da norte-americana Bechtel, aumentou os preços em 35% e ainda tornou ilegal a coleta de água da chuva. Em janeiro de 2000, milhares de pessoas foram às ruas em protesto, de operários e crianças de rua a trabalhadores rurais preocupados com a destruição dos sistemas comunitários tradicionais. Após prolongados conflitos com a polícia, o governo declarou lei marcial, o que só inflamou a revolta — ruas bloqueadas, gás lacrimogêneo, tiros, centenas de prisões e seis mortes se seguiram. Em abril, o governo finalmente voltou atrás com a decisão e devolveu a água municipalizada aos cidadãos.[18] Em seguida, proibiu a privatização da água, transformou o acesso a ela em direito humano na Constituição de 2009 e protegeu suas fontes mediante a Lei dos Direitos da Mãe Terra em 2010.

A onda global de privatização da água iniciada na década de 1990 causou reações similares em vários países — entre eles Nigéria, Índia e Filipinas —, particularmente porque a privatização tende a elevar o preço, atingindo mais duramente os pobres.[19] Mas quão comuns são os conflitos hídricos entre países, em vez de no interior deles? E tendem a se intensificar? Aqui, vale a pena analisar a rivalidade pela água no Oriente Médio.

Em 5 de junho de 1967, Israel iniciou uma das mais devastadoramente bem-sucedidas campanhas militares do século XX. Em menos de uma semana, obliterou as forças aéreas e terrestres do Egito, da Jordânia e da Síria e conquistou a península do Sinai, a Cisjordânia e as colinas de Golã. Como todas as guerras, a dos Seis Dias teve causas complexas: a beligerância do presidente egípcio Gamal Abdel Nasser, que pretendia destruir o Estado israelense; a URSS, que supostamente usou informações falsas para iniciar o conflito; as continuadas tensões por território desde o estabelecimento de Israel em 1948; e, é claro, profundas segregações religiosas. Entretanto, também foi, sem dúvida, um dos exemplos históricos mais claros de guerra da água.

A vitória de Israel não somente quadruplicou a área terrestre do novo Estado, como também ampliou vastamente suas reservas estratégicas de água. Sob o território da Cisjordânia, em grandes profundidades, estão alguns dos maiores aquíferos da região, ao passo que as colinas de Golã contêm as nascentes do rio Jordão. Como o ex-primeiro-ministro israelense Ariel Sharon, principal comandante militar da guerra, escreveu em sua autobiografia:

GARANTINDO ÁGUA PARA TODOS

As pessoas geralmente veem 5 de junho de 1967 como o dia em que a Guerra dos Seis Dias começou. Essa é a data oficial. Contudo, na verdade, ela começou dois anos e meio antes, no dia em que Israel decidiu agir contra o desvio do rio Jordão [...] Embora as disputas de fronteira entre a Síria e Israel tivessem grande importância, o desvio da água era uma questão extrema de vida ou morte.[20]

Em 1964, com apoio de outros Estados áŕabes, a Síria iniciou um grande projeto de engenharia para redirecionar o rio Jordão — que fornecia um terço da água de Israel — para seu próprio território. Para Israel, um país desértico que sonhava com a criação de uma pátria sionista para milhões de imigrantes judeus, perder as águas do Jordão seria uma catástrofe econômica e política. Era apenas uma questão de tempo para que as disputas acerca do projeto de desvio — tanques israelenses atiravam contra o local desde o início das escavações — se transformassem em um conflito militar mais grave.[21]

O legado da Guerra dos Seis Dias ainda é dolorosamente visível. Embora Israel tenha conseguido garantir seu fornecimento de água, os 2,9 milhões de cidadãos palestinos que vivem na Cisjordânia não tiveram tanta sorte. Não somente Israel limita o acesso às preciosas águas do rio Jordão como, sob um distorcido tratado internacional, cerca de 80% dos aquíferos fluem para Israel. O resultado é que os palestinos têm que comprar a água sob seus pés da fornecedora estatal israelense Mekorot, por preços altamente inflacionados. Quase 50% dos palestinos têm menos de dez dias por mês de acesso à água corrente. Graças à água barata da Mekorot, os colonos israelenses na Cisjordânia consomem quatro vezes mais que os palestinos.[22] Embora alguns israelenses tenham piscinas, os fazendeiros palestinos vivem em condições permanentes de seca. Em quase nenhum outro lugar do planeta a privação do direito humano à água é mais claramente evidente. E em quase nenhum outro lugar a água é mais claramente política: quando os conflitos entre palestinos e israelenses se intensificaram em outubro de 2023, após um ataque militar do Hamas, uma das primeiras ações do governo israelense foi bloquear o fornecimento de água da Faixa de Gaza.

Alguns historiadores veem a Guerra dos Seis Dias como uma anomalia, já que há poucos registros históricos de guerras especificamente relacionadas à água. Essa escola de pensamento da "paz hídrica" indica que, de

412 crises internacionais entre 1918 e 1994, somente 7 envolveram disputas sobre água.[23] De fato, é preciso voltar ao ano 2500 a.C. para encontrar uma guerra da água, quando as cidades-Estados sumérias de Lagas e Uma lutaram pela bacia Tigre-Eufrates. A cooperação internacional em relação à água, argumentam esses acadêmicos, é muito mais comum que o conflito.

No entanto, é improvável que o cenário permaneça assim. Cada vez mais o consenso de que os conflitos hídricos devem aumentar neste século é estabelecido, com a Guerra dos Seis Dias tendo sido um aviso precoce do que está por vir. Embora seja verdade que a maioria das guerras do passado não foi provocada pela água, elas com certeza foram suscitadas por recursos como terras e petróleo. No século XXI, ao sofrermos os impactos das mudanças climáticas e do crescimento populacional urbano, a água será o recurso de mais importância. Como avisou o ex-secretário-geral da ONU, Kofi Annan, em 2001, "se não formos cuidadosos, as futuras guerras serão sobre água, e não petróleo".[24] Foi uma declaração presciente. Os últimos dados revelam um pico nos conflitos internacionais relacionados à água na virada do século, contrariando a tendência histórica (ver gráfico a seguir).[25]

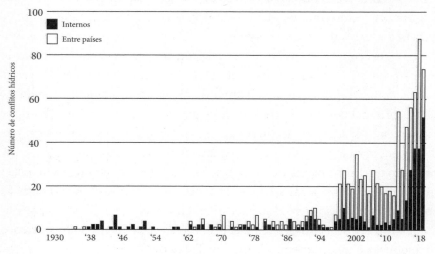

Tendências dos conflitos hídricos internos e entre países

Os conflitos relacionados à água já estão aumentando,
tanto no interior dos países quanto entre eles.
Fonte: Gleick, Iceland e Trivedi (2020), World Resources Institute.[26]

O potencial para conflito está inserido na história da geografia política. Em 1978, havia 214 bacias internacionais, aquelas nas quais as áreas de captação dos rios cruzam fronteiras nacionais. Hoje, amplamente devido à dissolução da URSS e da antiga Iugoslávia, há 263, cobrindo mais da metade da superfície mundial e afetando duas em cada cinco pessoas. A bacia hidrográfica do rio Congo inclui treze países; a do rio Nilo, onze; e a do rio Mekong, seis. A China controla as águas que fluem para a bacia Ganges-Bramaputra-Meghna, lar de 630 milhões de pessoas, principalmente na Índia e em Bangladesh, tornando-a a potência hídrica da região. As represas turcas na nascente da bacia Tigre-Eufrates contribuíram para a escassez de água na Síria e no Iraque, agravando a guerra civil e a agitação social.[27] O local de construção da represa do Renascimento gerou disputas com o Egito e o Sudão, que temem que o fornecimento de água do rio Nilo seja interrompido.

Guerra e água estão destinadas a se tornarem cúmplices letais em um mundo com sede. Os países ainda entrarão em guerra por razões menos importantes, mas a água provavelmente será um ingrediente cada vez mais significativo do coquetel de fatores causadores de futuros conflitos. Do mesmo modo, fará com que milhões de pessoas atravessem fronteiras, esperando fugir da privação de água e da violência e instabilidade que ela alimenta (veja, no capítulo 2, uma discussão dessas questões migratórias). Ao contrário do petróleo, a água não é substituível. Toda nação estará focada em garantir seu acesso àquilo que a ativista canadense Maude Barlow chama de "ouro azul".[28]

GOVERNANDO A ÁGUA NO SÉCULO XXI (COM AJUDA DA HISTÓRIA)

Não há soluções fáceis para a crise geopolítica causada pela água, que começa a acelerar. Mas será que a história pode ao menos oferecer dicas para diminuir as potenciais tensões?

Voltemos para uma fonte improvável de inspiração: o Tribunal das Águas de Valência. Seria ilusório supor que um mecanismo similar aliviaria a crise da água em um lugar como a Cisjordânia, não seria? É difícil imaginar colonos israelenses e residentes palestinos vestindo mantos iguais e resolvendo suas disputas hídricas amigavelmente em uma reunião semanal. No entanto, é precisamente isso que sugere o importante hidrólogo palestino Abdelrahman Tamimi. Ele acredita que eles deveriam "importar e adaptar o modelo do Tribunal das Águas [...] não somente para solucionar conflitos entre fazendeiros, mas também para reduzir as tensões entre israelenses, palestinos e jordanianos".[29] Para Tamimi, não há esperança de diminuir os conflitos hídricos no Oriente Médio sem o uso de tais mecanismos, que podem gerar o diálogo e a confiança necessários para a cooperação. "Podemos lutar pela água ou cooperar por ela, só depende de nós", diz ele. "O primeiro passo é confiarmos uns nos outros."

Essa não é uma ideia tão impossível assim. A organização EcoPeace Middle East criou o programa Good Water Neighbours, que junta prefeitos e residentes palestinos, israelenses e jordanianos para administrar coletivamente os recursos hídricos compartilhados no vale do rio Jordão. Em 2013, o programa conseguiu que o governo israelense lançasse água doce do mar da Galileia no exaurido rio Jordão pela primeira vez em 49 anos. Um outro exemplo parecido foi o do Instituto Arava, que em 2022 facilitou o diálogo entre oficiais israelenses e a Autoridade Palestina da Água, resultando na construção de um novo aqueduto para os fazendeiros palestinos no vale do rio Jordão.[30] Tais projetos diplomáticos continuam em andamento, mesmo em meio a um conflito prolongado, tentando construir paz nas bases, uma gota de cada vez.

Se Elinor Ostrom ainda estivesse viva, seria a primeira a apoiar tais iniciativas e reconhecer seu enorme potencial. O trabalho de Ostrom já foi criticado por focar demais a gestão comunitária local e evitar questões complexas como os conflitos hídricos regionais no Oriente Médio, mas ela tinha bastante noção do panorama. Ela acreditava que um elemento essencial da gestão de um recurso compartilhado como a água era criar níveis de tomada de decisão — o que chamou de "governança policêntrica". A teoria foi originalmente desenvolvida por seu marido, o teórico político Vincent Ostrom, que se inspirou no etos de autogoverno dos colonos puritanos da Nova Inglaterra, que tomavam decisões comunitárias nas reuniões das assembleias locais, assim como na estrutura descentralizada da política norte-americana do século XIX, que devolveu poder da esfera federal para a estatal.[31] Elinor Ostrom argumentou que o poder deve ser dividido por diversos níveis, do local ao nacional, regional e global, e não somente imposto centralmente de cima para baixo (parecido com o modelo de "democracia comunitária" discutido no capítulo 6). Assim, do mesmo modo que pode haver um corpo como o Tribunal das Águas de Valência no nível comunitário, pode haver também um corpo regional que resolva conflitos sobre uma bacia hídrica compartilhada por vários países ou um tribunal internacional para gerir os comuns hídricos globais. Não somente um conselho, mas muitos, com esferas de influência autônomas, porém sobrepostas.

Como, exatamente, isso funcionaria? Já existem alguns modelos em nível regional. A maioria das pessoas nunca ouviu falar da Comissão Internacional para Proteção do Rio Danúbio (ICPDR, em inglês), mas, para 81 milhões de pessoas em dezenove países, ela desempenha um papel vital na gestão das águas da bacia do rio Danúbio, que flui desde a Floresta Negra até o mar Negro. A comissão reúne servidores públicos, cientistas e organizações da sociedade civil, trabalhando sem muito alarde para que enchentes sejam cada vez menos recorrentes, a poluição diminua e a água seja conservada e compartilhada de modo equânime e alinhado à Diretiva Estrutural das Águas da União Europeia. A ICPDR, cujas raízes estão em um tratado internacional de 1856 que regulamentava a livre navegação no rio Danúbio, usa decisões consensuais para forjar espírito cooperativo entre diversas nações, muitas das quais — como Croácia e Sérvia — têm enraizadas histórias de conflito. Entre suas realizações, está a quase duplicação do número de espécies no mar Negro, que, há somente duas décadas, era considerado efetivamente "morto" devido aos níveis de poluição.[32] A Comissão dos Grandes Lagos na América do Norte é um corpo similar, no qual oficiais de oito estados norte-americanos e duas províncias canadenses garantem a conservação dos cinco lagos que fornecem água potável a 40 milhões de pessoas. Ambas as organizações regionais demonstram considerável perícia tecnocrática. O que elas não têm, entretanto, é um verdadeiro design de comuns que integre a participação democrática dos cidadãos, o que ajudaria a garantir a responsabilização e a gestão dos recursos hídricos tanto desta quando das próximas gerações.[33]

O maior problema de governança está no nível global. A Convenção da Água da ONU, que deveria julgar conflitos internacionais pela água, é um documento praticamente sem poder legal, ratificado por somente 43 países: nesse caso, a soberania nacional é suprema. Segundo especialistas como o professor de Direito e político libanês Tarek Majzoub, um efetivo passo adiante seria a criação de um Tribunal Universal da Água que se inspirasse — veja só — nos moldes daquele de Valência.[34] Ele seria uma espécie de tribunal internacional que julgaria países — e, idealmente, corporações — por não garantirem o direito básico à água e violarem os comuns globais. Os réus seriam julgados em audiências públicas por ações como desviar água de países a jusante, despejar resíduos tóxicos nos rios, subsidiar empresas de combustíveis fósseis cujas emissões de CO_2 contribuam para as secas e o derretimento das geleiras e elevar o preço da água a níveis inacessíveis. Um corpo regional similar, o Tribunal Latino-Americano da Água, realizou audiências públicas em todo o continente e publicou 250 pareceres consultivos desde sua fundação em 1998. Seu trabalho tem sido essencial na mobilização de comunidades, do México ao Brasil, em protestos contra a construção de represas e a privatização da água, e até agora foi bem-sucedido na tentativa de defender o direito dos povos indígenas à água.[35] Com a ideia de ecocídio — o crime de destruir o meio ambiente — começando a ganhar tração nos círculos legais internacionais, está na hora de também desenvolvermos mecanismos para evitar o aquacídio.

Os entusiastas tecnológicos veem pouca necessidade de tais estruturas de governança. Eles buscam soluções em inovações como a tecnologia de dessalinização, que permite coletar água doce dos mares. Países como Espanha, Israel e China vêm fazendo um investimento pesado em unidades de dessalinização — muitas movidas a energia solar —, assim como a Califórnia, nos Estados Unidos, cujos aquíferos estão secando com rapidez e onde a seca se tornou um estilo de vida.[36]

O problema com essa abordagem não é somente o fato de os países pobres e suas comunidades privadas de água serem incapazes de custear a tecnologia de dessalinização, mas também que, ao colocar a água cada vez mais na mão de corporações, as quais costumam operar as unidades, é provável que a privatização seja o próximo passo, coisa que se provou tão controversa em países como a Bolívia. Na Inglaterra, onde moro, os 57 milhões de habitantes são compelidos a comprar água de empresas privadas que monopolizam o mercado local — um fato que teria chocado os cidadãos do século XIX que lutaram tão arduamente pela posse municipal da água. Entre eles, estava o estadista britânico Joseph Chamberlain, o qual argumentou, em 1884, que

GARANTINDO ÁGUA PARA TODOS

"é difícil, se não impossível, combinar os direitos e interesses dos cidadãos e os interesses da iniciativa privada, porque a iniciativa privada visa a [...] maior margem de lucro possível".[37] Ele provavelmente não ficaria surpreso ao descobrir que as empresas hídricas de hoje têm histórico de despejar esgoto nos rios ilegalmente para cortar custos e aumentar os dividendos dos acionistas. Em todo o espectro político, há crescentes pedidos para devolver a posse da água às mãos públicas.

E nas mãos públicas é exatamente onde ela deve ficar. A água não é uma mercadoria para ser comprada e vendida, e sim um bem comum a ser gerido para o bem público. Conforme a emergência ecológica se aprofunda, alguns países sem dúvida olharão para o modelo de cima para baixo da China como maneira de passar pelas crises do futuro. No entanto, segundo revelou Elinor Ostrom, há igual razão para buscarmos inspiração nas comunidades históricas que autogerenciaram sua água de forma democrática, como tesouro comum, pertencente a todos. A grande e não reconhecida inovação social dos comuns oferece uma visão poderosa e ambiciosa pela qual vale a pena lutar, seja na forma de uma cooperativa de água para a cidade em que vivemos ou de um tribunal para julgar disputas internacionais. Ao fazer isso, estaremos demonstrando a duradoura relevância de exemplos históricos como o antigo Tribunal das Águas de Valência, cujos membros provavelmente continuarão a se reunir todas as quintas-feiras, diante dos apóstolos, por muitas gerações.

6

REVIVENDO A FÉ NA DEMOCRACIA

Redescobrindo a democracia comunitária do passado

O arqueólogo francês Raymond Mauny estava decepcionado. Era o fim da década de 1950, e ele havia viajado longas distâncias para escavar um intrigante monte, com cerca de um quilômetro de largura, na região do delta do rio Níger, onde hoje é o Mali. Após escalar a lateral do monte por uns 7 metros, ele lançou seu olhar de perito sobre a superfície, mas não viu nada além de detritos espalhados — cerâmica quebrada, cachimbos, antigas casas de barro. O monte parecia oferecer poucas perspectivas de descoberta arqueológica. Não havia traços de edifícios monumentais, templos, palácios nem de grandes estátuas. Nenhuma sugestão de esplendor dinástico, nenhuma evidência de riqueza e poder. Aquela não era a grande cidade perdida que ele esperava encontrar. "Estamos em terras voláteis", escreveu ele, "sem nenhum artefato de diagnóstico útil." Mauny abandonou a escavação do monte, frustrado, e nunca mais voltou.[1]

Mal sabia ele que, sob seus pés, jazia um extraordinário tesouro arqueológico: a antiga cidade de Djenné-Djenno. Entre 250 a.C. e 1400 d.C., Djenné-Djenno esteve entre as mais prósperas civilizações urbanas da África Ocidental, um centro comercial complexo que, em seu auge, abrigou mais de 40 mil pessoas.

O que torna Djenné-Djenno tão fascinante é o tempo que ela permaceceu ignorada pelos arqueólogos ocidentais, que durante décadas escavaram sítios potenciais em todo o continente, em busca de riquezas. Mauny e seus predecessores da era colonial simplesmente presumiram que qualquer cidade africana de grande escala teria sido governada pelo mesmo tipo de rei ou chefe e teria os detalhes arquitetônicos de uma sociedade hierarquicamente organizada — uma imponente cidadela como as das antigas cidades do vale do Nilo, com imensos obeliscos, pirâmides e câmaras mortuárias para glorificados faraós.

Djenné-Djenno era o oposto. Era uma cidade sem cidadela.

Quando os arqueólogos enfim deixaram de ignorar o monte e começaram as escavações no fim da década de 1970, perceberam ter encontrado uma sofisticada cultura urbana, produtora de cerâmica de alta qualidade, peças de metal inovadoras e esculturas refinadas.[2] No entanto, eles não viram sinal algum das estruturas esperadas de um governo centralizado e autoritário. Roderick McIntosh, um dos primeiros escavadores, não tinha dúvidas sobre sua maior descoberta: "O que encontramos? Em primeiro lugar, nenhum rei. Nenhuma hierarquia."[3]

Uma antiga hipótese ocidental, datada da era colonial, afirma que as sociedades africanas são inerentemente hierárquicas e despóticas. Como escreve a acadêmica nigeriana Damola Adejumo-Ayibiowu, "o eurocentrismo nega a história democrática da África e projeta a cultura africana como totalmente autocrática".[4] Djenné-Djenno desafiou essa hipótese com evidências do que McIntosh chamou de "heterarquia": um sistema mais horizontal de autogovernança no qual diferentes grupos sociais — pescadores, ferreiros, mercadores — pareciam administrar os assuntos da cidade, sem necessidade de uma casta superior de aristocratas, sacerdotes e reis. Não há grandes construções para os governantes ou os ricos. Não há salões de audiência nem jardins decorativos. Em vez disso, Djenné-Djenno é dividida em seções nas quais os vários grupos ocupacionais viviam e trabalhavam lado a lado, com relativa autonomia. Sinais de riqueza — como cerâmica fina — estão espalhados pelas setenta áreas da cidade, sugerindo uma estrutura social igualitária, combinando com sua política igualitária.[5]

Nada disso deveria ser realmente surpreendente. Existem grandes evidências de que formas coletivas de organização surgiram no continente africano paralelamente aos sistemas mais hierárquicos. Como observou o filósofo político ganense Kwasi Wiredu, "a tomada de decisões na vida e na governança africana tradicional era, de modo geral, por consenso".[6] Antes de o comércio colonial de pessoas escravizadas surgir no século XVII, a região Ruund (hoje em dia, a República Democrática do Congo) era organizada como confederação horizontal. Em vez de ter um rei, os vilarejos enviavam anciãos e os líderes dos clãs para conselhos comunitários nos quais as decisões eram tomadas coletivamente. No nível do vilarejo, as decisões ocorriam em assembleias populares abertas à maioria dos membros da comunidade, frequentemente sob uma cabana ou árvore "palaver" (que significa "conversar" ou "discutir"), que ainda podem ser encontradas em muitos vilarejos.[7]

Da mesma forma, as comunidades ibos no sudeste da Nigéria têm uma longa história de decisões coletivas. Quando os britânicos entraram pela primeira vez em terras ibos no século XIX, eles não conseguiram encontrar nenhum governante tradicional. Em vez disso, havia um complexo sistema de assembleias públicas, em que o poder era delegado aos níveis superiores para as decisões muito importantes. Essa estrutura descentralizada governava a vida de dezenas de milhares de pessoas.[8] Em uma entrevista de 1973, um ancião ibo, Noo Udala — então com 102 anos —, lembrou como elas funcionavam:

Anciãos se reúnem na toguna ou cabana "palaver", em um vilarejo dogon em Sangha, Mali.

Antes de o homem branco chegar, não tínhamos chefe para tomar conta dos assuntos da cidade. Tínhamos várias instituições que ajudavam a organizar nossas atividades. Durante quaisquer casos que afetassem toda a cidade, os *ndi ishi ani*, chefes de vilarejo, reuniam-se e discutiam efetivamente as questões envolvidas. Eles se encontravam como iguais. Contudo, antes que qualquer decisão fosse tomada, tinha de haver um consenso entre todos. Os homens adultos e as mulheres muito idosas podiam frequentar as reuniões dos vilarejos. Após a decisão no nível do vilarejo, passávamos para o nível da linhagem, ou *umu nna*. Então, todos os adultos, homens e mulheres, podiam comparecer.[9]

Apenas com esse breve vislumbre das estruturas africanas de governança tive profundas reflexões pessoais. Na década de 1990, passei alguns anos dando aulas de História e Prática da Democracia em uma famosa universidade britânica. Em nenhum lugar do programa havia informações sobre essas tradições democráticas africanas: nós apenas presumíamos — erroneamente — que a democracia era uma invenção ocidental e um dom único a ser exportado para o mundo, cheio de ditadores e déspotas. Paralelamente a essa visão de mundo falha e colonialista, havia a suposição de que "democracia" significava necessariamente "democracia representativa", na qual políticos profissionais são eleitos durante disputas entre várias partes interessadas, de tantos em tantos anos. Alternativas não estavam na agenda, como a "democracia comunitária", um modelo de autogoverno descentralizado no qual membros da comunidade discutem abertamente em assembleias locais e as decisões com frequência são tomadas por consenso, em vez de serem tomadas pela maioria. Djenné-Djenno? Ibos? Para minha vergonha, eu jamais ouvira falar deles.

Porém, justamente tais exemplos — ainda gritantemente ausentes na maioria dos cursos e livros convencionais — são cruciais para a democracia. Eles incentivam a imaginação de uma maneira diferente de fazer política em uma época na qual ela precisa de uma renovação urgente e radical.

O modelo ocidental de democracia representativa está em crise. Inúmeras pesquisas mostram que a fé nas instituições democráticas e a confiança nos políticos estão despencando no mundo ocidental, especialmente entre os jovens, desiludidos com um sistema que parece oferecer muito pouco —

um fenômeno descrito pelo comentarista político e historiador David Van Reybrouck como "síndrome da fadiga democrática".[10] O circo de eleições dirigidas pelas redes sociais, representantes movidos pelo ego e políticas movidas pelas corporações compõe um catálogo de falhas: três décadas de inação sobre a emergência climática, crescente desigualdade de riqueza e insegurança no trabalho, habitação inacessível, setor de saúde em desintegração, violência armada, terrorismo. A IA e o hackeamento digital das eleições estão comprometendo a integridade dos processos democráticos (ver capítulo 10). Ao mesmo tempo, políticos de extrema direita ganham influência nos parlamentos e nos sistemas judiciários, ameaçando os mais básicos direitos civis e políticos e anunciando um retorno à política da década de 1930. Os dados estão bem claros: o número de governos autoritários está aumentando. De acordo com o respeitado Índice de Democracias Liberais da Universidade de Gotemburgo, hoje somente 34 de 179 países podem ser classificados como democracias liberais — o menor número em trinta anos —, ao passo que mais da metade da população do mundo vive sob ditaduras.[11]

A democracia como a conhecemos é frágil e está falhando. Em vez de ficarmos dependendo de um sistema que dá poucos sinais de conseguir lidar com nossa era de crise permanente ou cruzarmos os dedos e torcermos para que algum ditador benevolente venha nos socorrer, será que existem outras possibilidades democráticas enterradas na história sob nossos pés, precisando ser escavadas como as ruínas de Djenné-Djenno?

COMO A DEMOCRACIA FOI PROJETADA PARA SER NÃO DEMOCRÁTICA

Está na hora de uma nova narrativa sobre a história da democracia. Trata-se parcialmente de descobrir práticas democráticas inovadoras na África e em outras regiões, que foram ignoradas por tempo demais. Mas também devemos desvendar as mitologias que cercam a democracia no Ocidente.

Vamos deixar uma coisa clara já de início: o muito valorizado ideal de governo representativo foi criado para *evitar* a política democrática, não para permiti-la. A história padrão — que, como muitos, eu costumava ensinar — identifica a origem da democracia na Atenas clássica e alega que ela foi revivida, após uma longa pausa, pelo desenvolvimento da política parlamentar na Inglaterra e pelas revoluções democráticas na França e nos Estados Unidos, durante o século XVIII.[12] Nada poderia estar mais longe da verdade.

A palavra "democracia" vem do grego antigo *demokratia* — poder do povo. Contudo, os Pais Fundadores dos Estados Unidos tinham medo da ideia de dar poder ao povo, pois a associavam a uma oclocracia que poderia ameaçar os privilégios dos ricos. James Madison, um dos principais arquitetos da Constituição norte-americana de 1789, comparou o modelo ateniense de democracia direta, no qual os cidadãos participavam das decisões das assembleias, à superior ideia de eleger representantes. Isso iria "aprimorar e ampliar as visões do público ao passá-las por um corpo escolhido de cidadãos cuja sabedoria poderia discernir melhor os verdadeiros interesses do país", pois seriam "mais consonantes com o bem público do que se pronunciados pelas próprias pessoas".[13] Criar uma balança de poder entre o Executivo, o Judiciário e o Congresso — adotados da antiga Roma, e não dos gregos — foi também uma decisão projetada para calar a multidão, assim como a limitação do voto aos homens brancos com posses.

Esse elitismo também estava evidente na Revolução Francesa, durante a qual Emmanuel Joseph Sieyès (mais conhecido como abade Sieyès), autor do explosivo manifesto de 1789 *O que é o terceiro Estado?*, argumentou que a política deveria ser colocada nas mãos de uma "profissão especial" de representantes eleitos, mais capazes de defender "os interesses comuns". Como conclui o cientista político contemporâneo Francis Dupuis-Déri, "os fundadores dos sistemas eleitorais modernos nos Estados Unidos e na França eram abertamente antidemocráticos".[14]

O mesmo aconteceu na Inglaterra, onde a elite política tentava constantemente evitar que a maioria da população obtivesse direito ao voto ou participasse diretamente da política, esmagando movimentos políticos de base como o dos niveladores e dos cartistas e calando vozes radicais como a de Thomas Paine e Mary Wollstonecraft. O resultado foi um sistema fundamentalmente oligárquico no qual os representantes políticos, eleitos entre uma minúscula classe privilegiada, tinham grande liberdade para fazer o que quisessem. O filósofo político Jean-Jacques Rousseau entendeu a essência desse sistema e em 1762 escreveu: "O povo inglês acredita ser livre, mas está redondamente enganado. Ele só o é durante a eleição dos membros do Parlamento. Assim que os membros são eleitos, o povo é escravizado."[15]

Rousseau ficaria chocado ao descobrir que a política do mundo ocidental continua presa no modelo representativo do século XVIII. Estamos escravizados a uma forma de governo inerentemente desempoderadora e projetada para silenciar a voz do *demos*, do povo. E essa é a raiz do problema. A maioria dos políticos profissionais está distante demais da realidade das pessoas comuns que enfrentam altas no preço dos alimentos e da energia, cortes na saúde pública e supertempestades devastadoras, para representá-las efetivamente. Depois de eleitos, há pouco que os impeça de irem atrás de interesses de curto prazo relacionados a suas carreiras ou partidos, em vez de pensarem no interesse público de longo prazo.

Mas será que realmente existe uma alternativa viável em nosso mundo complexo e globalizado? Winston Churchill declarou que "a democracia é a pior forma de governo, com exceção de todas as outras que tentamos de tempos em tempos".[16] Espirituoso, mas errado. Como a maioria das pessoas, Churchill igualava democracia e democracia representativa. Entretanto, há outras formas de democracia, escondidas nos *annales* da própria história ocidental, que podem ser muito mais adequadas a nossos tempos.

UMA HISTÓRIA NÃO OFICIAL DA DEMOCRACIA OCIDENTAL

Uma história alternativa da democracia no Ocidente ainda precisa começar em Atenas, nos séculos V e IV a.C. Porém, em vez de tratá-la como antecedente distante do sistema representativo, precisamos entendê-la como predecessora de uma tradição democrática participativa mais radical — a democracia comunitária —, que foi muito ignorada pela história política convencional.

A maioria das pessoas sabe que a democracia ateniense não somente era baseada na participação direta, mas também fundamentalmente exclusivista — mulheres, pessoas escravizadas e imigrantes não tinham direito ao voto —, com a consequência de que a política era deixada nas mãos de entre 30 mil e 50 mil cidadãos do sexo masculino, que representavam apenas 20% da população total. No entanto, isso ainda era um grande número de pessoas para coordenar. Como eles cuidavam dos assuntos da cidade-Estado e dos reinos remotos?

REVIVENDO A FÉ NA DEMOCRACIA   125

Para começar, havia a Assembleia do Povo (*Ekklesia*), que votava as leis e à qual qualquer cidadão do sexo masculino podia comparecer. Até 6 mil deles iam às reuniões quase semanais em uma colina conhecida como Pnyx. Porém, o coração do governo era de fato o Conselho dos Quinhentos (*Boule*), que preparava a agenda para a *Ekklesia* e supervisionava as finanças públicas e as relações diplomáticas. A fim de distribuir o poder de forma justa e evitar que indivíduos ou famílias particulares se tornassem dominantes, os membros do *Boule* eram escolhidos por loteria pública ou sorteio. Os nomes eram jogados em um chapéu — na verdade, em uma pedra com reentrâncias escavadas, chamada *kleroterion* —, e os selecionados tinham que reter suas posições pagas durante um ano. O sorteio também era usado para escolher mais de seiscentos magistrados (*Arkhai*), que implementavam as leis, assim como jurados para o Tribunal do Povo (*Heliaia*), escolhidos aleatoriamente todas as manhãs, para os casos daquele dia.[17]

É difícil imaginar um sistema democrático mais diferente do reles "X" na cédula de votação a cada quatro anos. Os atenienses do sexo masculino viviam e respiravam política: entre 50% e 70% ocupavam assentos no Conselho dos Quinhentos em algum momento da vida (imagine um nível similar de envolvimento político hoje). E funcionava. Embora longe de ser um sistema perfeito — havia muita corrupção e jogos de poder, além dos gritantes limites da cidadania —, ele conseguiu gerir com sucesso as finanças públicas, construir edifícios cívicos e sobreviver a turbulentos períodos de guerra durante quase dois séculos. Aristóteles estava entre os que viam virtudes no sorteio de ocupantes para os cargos públicos, o que rompia a barreira entre cidadão e político e evitava o domínio das elites. "Um dos princípios da liberdade é governar e ser governado em turnos", escreveu ele, deixando claro que "a nomeação de magistrados por sorteio é democrática, e sua eleição é oligárquica."[18]

Com exceção da seleção aleatória de membros do júri, os aspectos participativos mais amplos da democracia ateniense estiveram ausentes da tradição democrática ocidental desde que o sistema representativo se tornou dominante no século XVIII. Porém, antes disso, por centenas de anos as antigas práticas gregas de sorteio e participação direta foram surpreendentemente comuns na política europeia.

O sorteio foi uma característica definidora do governo nas cidades-Estados do início da Renascença, nos séculos XIV e XV, como a República Florentina que prosperou na era de Dante, antes que a dinastia Medici tomasse o poder. Quase todas as posições governamentais eram decididas por sorteio, incluindo a de chefe de Estado e as dos conselhos legislativo e executivo (esse último conhecido como *signoria*, equivalente ao gabinete de hoje). Os cidadãos frequentemente eram indicados pela guilda a que pertenciam (uma associação de artesãos ou mercadores). Depois de alguns serem eliminados por já terem ocupado posições de autoridade, o sorteio podia ocorrer. Como em Atenas, os mandatos duravam não mais que um ano, com o resultado de 75% dos cidadãos ocuparem, em algum momento da vida, uma das 2 mil posições em oferta. De acordo com o historiador Piero Gualtieri, esse procedimento, chamado de *imborsazione* (colocar nomes em uma bolsa), foi "decisivo para levar estabilidade ao governo de Florença" ao reduzir tomadas de poder e faccionalismo entre as famílias que formavam a elite da cidade.[19]

Embora limitado, como na antiga Grécia, à população masculina considerada cidadã, esse sistema de seleção por sorteio era considerado tão funcional, que foi adotado por outras cidades-Estados italianas, como Siena e Perugia. Também se expandiu para o norte, até as cidades alemãs de Frankfurt e Monastério, e então atravessou a península Ibérica e chegou a Barcelona, Zaragoza e outras regiões, incluindo Murcia, La Mancha e Extremadura. Em 1492, o rei espanhol Ferdinando II se declarou convertido: "A experiência mostra que cidades e municipalidades que trabalham com sorteio têm maior probabilidade de promover uma boa vida, uma administração saudável e um governo adequado, em comparação com os regimes baseados em eleições. Elas são mais harmoniosas e igualitárias, mais pacíficas e distantes das paixões."[20] Um endosso e tanto.

E quanto a outra importante prática ateniense, a de realizar assembleias democráticas populares nas quais os membros da comunidade podiam participar diretamente das decisões, sem serem selecionados por eleição ou sorteio? Bem-vindo ao Estado Livre da Récia, também conhecido como República das Três Ligas ou Ligas Réticas — um dos segredos mais bem guardados da história da democracia.

Durante quase três séculos, de 1524 a 1799, três territórios alpinos — conhecidos como Liga Cinza, Liga da Casa de Deus e Liga das Dez Jurisdições —, que ficavam onde hoje é a Suíça, formaram uma aliança política para se proteger das ambições territoriais da Casa de Habsburgo. No entanto, em vez de serem governados por um duque ou príncipe — o regime padrão da época —, eles escolheram rejeitar uma administração hierárquica e formaram uma confederação baseada em assembleias comunitárias e decisões coletivas.

No começo, o recém-formado Estado Livre da Récia teve dificuldades, pois acabou se envolvendo no tumulto da Guerra dos Trinta Anos na Europa e nas divisões entre protestantes e católicos (um tópico explorado no capítulo 4). Porém, com o tempo, desenvolveram uma forma de governo que deu certo para seus 150 mil habitantes.

Na base de uma estrutura piramidal descentralizada, havia 227 assembleias de vizinhança, das quais os residentes do sexo masculino tinham o direito de participar. Imagine-os se reunindo em uma praça de paralelepípedos — ou talvez em uma taverna durante o inverno — e tomando decisões sobre os impostos locais, o acesso às terras comuns e os reparos de que certas estradas e trilhas nas montanhas precisavam. Cada vizinhança enviava delegados a uma das 49 comunas. Esses delegados não eram representantes eleitos que agiam de forma independente, mas administradores ou mensageiros que faziam a vontade de sua vizinhança e respondiam a ela. Então havia uma assembleia federal (*Bundestag*) com os delegados das comunas, que se reunia uma ou duas vezes ao ano, e, finalmente, um poder executivo formado por um delegado de cada uma das três ligas, que respondiam à cadeia de comando e tinham pouco poder individual. No topo, havia um incomum sistema de referendos em camadas, criado para evitar abusos ou resultados precipitados: em vez de uma escolha simples entre "sim" e "não" para toda a república, como uma unidade, as decisões — como relações exteriores — exigiam a concordância da maioria das comunas, e cada comuna tinha o direito de modificar uma moção ou aceitá-la com condições.[21]

"Seria difícil encontrar um exemplo mais radical de aplicação integral dos princípios de descentralização confederada", observou o historiador político Benjamin Barber.[22] O Estado Livre da Récia talvez tenha sido a forma mais participativa de democracia que a Europa já viu, um sistema político de baixo para cima, e não de cima para baixo, que priorizava a discussão pessoal e a construção de consenso no nível local e dava voz política não somente aos mercadores ricos, mas a quase todos os homens, incluindo sapateiros humildes e vaqueiros pobres — algo que só aconteceria na Grã-Bretanha dali a quatrocentos anos. Embora ainda excluísse as mulheres e, às vezes, fosse excessivamente complexo, ele gerava imenso orgulho entre os cidadãos da República. Há uma história sobre um fazendeiro obstinado que encontrou um príncipe estrangeiro em uma trilha alpina e se recusou a mover suas mulas. "Abra caminho", gritou o príncipe. O fazendeiro derrubou o nobre do cavalo, declarando: "Eu sou um homem livre da Récia. Também sou príncipe!"[23]

Infelizmente, a nação não conseguiu derrubar Napoleão Bonaparte de seu cavalo, e a República das Três Ligas foi desmantelada pelo general francês em 1799. Contudo, seu legado permanece na Suíça, que não só continua a realizar assembleias públicas locais — conhecidas como *Landsgemeinde* — em muitas regiões, como também é o Estado mais politicamente descentralizado da Europa, por meio do sistema de cantões (que dividem o país em 26 distritos amplamente autogovernados), e conduz mais referendos que qualquer outra nação do mundo. A discriminação de gênero, entretanto, também sobreviveu: notoriamente, na Suíça as mulheres só foram ter, em 1971, o direito ao voto nas eleições federais.

Democracia comunitária em ação. Alguns cantões suíços — incluindo a região do antigo Estado Livre da Récia — continuam a realizar assembleias públicas conhecidas como *Landsgemeinde*, que datam da Idade Média. Milhares de residentes participam, e os votos são um simples levantar de mãos.

REVIVENDO A FÉ NA DEMOCRACIA

Embora o Estado Livre da Récia se destaque por ter praticado um governo de assembleias locais em larga escala e por um longo período, esse modelo também surgiu em outras partes da Europa a partir do início do período medieval. Assembleias comunitárias eram usadas para gerir os pastos compartilhados das comunas na França rural, sobrevivendo até o século XIX a despeito da crescente centralização estatal, e desempenharam papel fundamental na Comuna de Paris de 1871, quando operários assumiram temporariamente o controle da cidade, antes de serem destruídos pelo Exército. Elas também fizeram parte do sistema russo de comunidades camponesas autogovernadas (*mir*) e dos sovietes, ou conselhos de trabalhadores, nos primeiros dias da Revolução Russa. Assembleias democráticas locais floresceram mais tarde na Espanha republicana da década de 1930, quando operários anarquistas assumiram o controle de Barcelona e de outras cidades.[24] Elas têm uma longa história nas reuniões da câmara municipal na Nova Inglaterra, tendo sido importadas por colonos puritanos no início do período colonial, e ainda operam nas associações locais de alocamento na Grã-Bretanha, nas quais os membros administram comunitariamente suas hortas. Sempre que têm chance, os seres humanos exibem o poderoso desejo de liberdade coletiva para governarem suas próprias vidas.

Então agora temos uma nova história da democracia europeia. Pensar nela simplesmente em termos de *democracia representativa* é um descuido histórico crítico. Desde que os atenienses se reuniram pela primeira vez na Pnyx, existe uma tradição oculta de política participativa que podemos chamar de *democracia comunitária*, baseada nos três "Ds", ou três dimensões: descentralização, deliberação e decisão direta.[25] Essa é uma política fundada nos relacionamentos horizontais, e não verticais, que emprega mecanismos como o sorteio e as assembleias populares. A natureza disseminada desse modelo alternativo em suas várias formas, ao longo dos séculos, é uma maneira de lembrar que o surgimento de Estados-nações com base no governo representativo durante o século XVIII tinha, sim, outras alternativas. Se alguns caminhos diferentes tivessem sido seguidos, a Europa poderia ter terminado com um cenário político mais variado, incluindo democracias comuniárias preocupadas em empoderar mais os cidadãos comuns que os políticos profissionais.[26]

Quando começamos a imaginar uma história diferente, podemos imaginar também um futuro diferente. Porém, realmente é viável pensar em uma forma de democracia mais participativa, parecida com o Estado Livre da Récia ou com a governança comunitária dos ibos e empregando o modelo decisórios dos três Ds, desenvolvendo-se independentemente na Europa? Um cético poderia argumentar que tal sistema jamais funcionaria na escala de Estados-nações com milhões de habitantes. Seria pesado e ineficiente demais, sobretudo em tempos de crise, e não contaria com políticos nem tecnocratas experientes.

Eu sugiro o contrário: essa pode ser a melhor forma de governo para nossa turbulenta era de crise. E já está começando a emergir.

COMO UM REVOLUCIONÁRIO CURDO ADOTOU A DEMOCRACIA COMUNITÁRIA

Em abril de 2004, o filósofo político e historiador americano Murray Bookchin recebeu uma carta surpreendente. Na época, com oitenta e poucos anos, Bookchin tinha a reputação de ser um idoso radical e rabugento que havia abandonado o marxismo na década de 1930, passando vários anos como anarquista antes de se tornar o principal luminar da "ecologia social", uma teoria que argumenta que os seres humanos só serão capazes de viver em harmonia com a natureza caso a sociedade se torne menos hierárquica e se afaste das relações econômicas capitalistas. Ele tinha alguns poucos e leais seguidores nos círculos libertários de esquerda, mas não era muito conhecido.

A carta que chegou à casa de Bookchin em Vermont fora enviada pelo líder revolucionário curdo Abdullah Öcalan, o qual, em 2004, estava na prisão. Ele era uma figura carismática que, em 1978, fundara o Partido dos Trabalhadores do Curdistão (Partiya Karkerên Kurdistanê, PKK), uma organização marxista de guerrilha com o intuito de criar um Estado independente, unindo o povo curdo que se espalhava pelos territórios da Turquia, do Irã, do Iraque e da Síria. Em 1999, Öcalan foi capturado e preso pelo governo turco por tentativa de insurreição armada, mas ainda era o líder incontestado do movimento de libertação curdo, a despeito dos anos na prisão.

REVIVENDO A FÉ NA DEMOCRACIA   131

A carta a Bookchin contava uma história improvável. Enquanto estava na prisão, Öcalan tivera acesso à biblioteca, onde descobriu traduções para o turco de duas importantes obras de Bookchin, *The Ecology of Freedom* [A ecologia da liberdade] e *Urbanization without Cities* [Urbanização sem cidades], as quais desafiavam os modelos tradicionais de política hierárquica e governo representativo. O impacto fora eletrizante. Öcalan passou por uma conversão como a de Paulo na estrada de Damasco. Abandonou a crença marxista no conflito revolucionário armado e na tomada do poder estatal e percebeu que a maior esperança do povo curdo seria criar uma nova forma autônoma de governo *no interior* dos Estados existentes, com base no modelo de "comunalismo democrático" de Bookchin. Esse era um sistema no qual vizinhanças organizavam assembleias democráticas populares, que então formavam confederações, com o poder delegado de baixo para cima até os conselhos confederados, em uma série de níveis — exatamente como o Estado Livre da Récia. Öcalan se sentiu particularmente atraído pela profunda análise histórica de Bookchin. "É vital que procuremos no passado os elementos do verdadeiro comunalismo", escrevera Bookchin, oferecendo um relato detalhado de como ele fora praticado por toda parte, dos cantões suíços e da Nova Inglaterra puritana à Itália da Renascença e à antiga Grécia.[27]

Öcalan dizia ser um "aluno" de Bookchin, que adquirira "um bom entendimento de sua obra" e estava "ávido para aplicar suas ideias às sociedades do Oriente Médio".[28] Ele falava sério, e já urgira os curdos — de prefeitos de vilarejos a combatentes da liberdade — a estudarem os textos de Bookchin e começarem a colocar em ação seu modelo historicamente fundamentado de democracia comunitária. Quando Bookchin morreu em 2006, o PKK homenageou "um dos maiores cientistas sociais do século XX" e prometeu "manter Bookchin vivo em nossa luta".[29]

Eles cumpriram sua palavra. Após o início da guerra civil na Síria em 2011, os curdos que viviam no nordeste do país conseguiram assumir o controle de três províncias onde, notavelmente, estabeleceram um governo autônomo *de facto* baseado no modelo de Bookchin.[30] Eles criaram centenas de comunas, nas quais todo mundo podia participar de discussões e decisões. Os residentes se reuniam em câmaras municipais espartanas para discutir de tudo, desde a distribuição dos escassos suprimentos médicos e a organização das unidades locais de defesa à velocidade das crianças pedalando pelo vilarejo.[31] As comunas então enviavam delegados aos conselhos distritais e regionais para decisões mais importantes. Comitês temáticos também foram formados a fim de tratar de questões como assistência médica, educação e finanças. Ao contrário de tantos modelos comunitários do passado, Öcalan garantiu que a igualdade das mulheres tivesse prioridade: era mandatória, em todas as reuniões, a presença de um presidente e uma presidente, ao passo que qualquer reunião deveria ter ao menos 40% de mulheres para que as votações fossem válidas. Em meio a um conflito violento, uma nova sociedade democrática estava sendo forjada na concha da antiga, de baixo para cima, e não de cima para baixo.

Mais inclusiva que a antiga Atenas: a reunião de um comitê sobre
assuntos femininos em Qamishli, Rojava, região síria controlada pelos curdos, em 2014.
Fotografia de Janet Biehl.

Nos anos seguintes, os curdos que ocupavam a região renegada conhecida como Rojava expandiram as redes locais de comunas, formaram cooperativas de trabalhadores e buscaram introduzir uma agricultura sustentável, alinhada com os ideais ecológicos de Bookchin.[32] Quando um ex-diplomata britânico visitou a área em 2015, ele escreveu: "Achei confuso. Procurei uma hierarquia, o líder ou sinais de uma linha governamental, quando,

REVIVENDO A FÉ NA DEMOCRACIA

na verdade, não havia nenhum; havia somente grupos."[33] Logo ficou claro que a iniciativa não podia ser facilmente ignorada como um pequeno experimento de democracia radical: mais de 4 milhões de pessoas viviam em Rojava, ocupando uma região maior que a Dinamarca ou os Países Baixos.

Os críticos da democracia comunitária logo apontam seus aparentes defeitos, como a demora dos processos deliberativos ("Quem tem tempo para todas aquelas reuniões?") e o fato de os delegados nomeados por assembleias comunitárias poderem se revelar tão autointeressados quanto os representantes políticos eleitos. No entanto, a evidência de Rojava e de outros processos comunitários (por exemplo, o orçamento participativo em Porto Alegre, no Brasil, e os projetos de democracia digital em Taiwan) desafia tais visões.[34] Os cidadãos geralmente prosperam graças ao senso de comunidade que a democracia comunitária oferece e tendem a tomar decisões mais justas, sábias e ecológicas que os políticos regulares, como investir em serviços públicos e acabar com a corrupção. Segundo argumenta o escritor ambiental e político George Monbiot, o modelo de Bookchin "funciona melhor na prática que na teoria".[35]

A Revolução de Rojava ainda se mantém forte, sendo uma ilha de possibilidades no interior das fronteiras do frágil Estado sírio. Embora tenha enfrentado dificuldades devido à contínua guerra civil e à destruição causada por terremotos, é um ótimo exemplo não somente da maneira como a democracia comunitária pode operar em grande escala, mas também da maneira como, por meio do conhecimento da história, podemos encontrar motivação para a transformação política prática. Öcalan ainda está na prisão e continua a escrever tomos políticos e históricos de peso, tendo como inspiração as antigas práticas comunitárias discutidas por Bookchin e as tradicionais formas curdas de solidariedade entre os clãs.[36] Se a democracia comunitária pode funcionar para milhões de curdos, será que não tem o potencial de ser integrada aos sistemas políticos do mundo ocidental?

ASSEMBLEIAS DE CIDADÃOS E A ONDA DELIBERATIVA

Para além do experimento de democracia comunitária de Rojava, um segundo desenvolvimento democrático impressionante ecoa a política do passado: o retorno do sorteio. Na última década, a "onda deliberativa" varreu o mundo democrático. O termo se refere à crescente popularidade das "assembleias de cidadãos", que reúnem uma seleção aleatória de pessoas com o objetivo de discutir tópicos de interesse público, do casamento homoafetivo à crise ecológica, e que geralmente oferecem recomendações políticas aos parlamentos nacionais ou governos locais. Pense nelas, sugere a cientista política Hélène Landemore, como uma "versão mais ampla do júri criminal".[37] Talvez o exemplo mais conhecido tenha ocorrido na Irlanda em 2017, quando uma assembleia de cidadãos recomendou uma mudança constitucional permitindo o direito ao aborto, subsequentemente aprovada em referendo nacional — um grande marco em um país com um histórico profundamente católico. Desde 2010, ocorreram mais de 250 assembleias de cidadãos nas 38 nações da Organização para a Cooperação e o Desenvolvimento Econômico (OCDE), com uma grande proporção delas focada em temas relacionados ao meio ambiente.[38]

A popularidade das assembleias de cidadãos é um dos desenvolvimentos mais significativos da história da democracia desde a extensão do direito ao voto às mulheres no início do século XX. O uso do sorteio é conscientemente inspirado nas práticas da antiga Grécia: um dos mais influentes defensores europeus das assembleias de cidadãos, David Van Reybrouck, defende um modelo "inspirado na antiga Atenas".[39] Mas como elas funcionam e quão efetivas são?

Em 2022, tive a sorte de me envolver com uma delas: a Assembleia de Cidadãos sobre Perda de Biodiversidade na Irlanda — a primeira do mundo sobre essa questão crucial. No processo de seleção, 99 pessoas foram escolhidas ao acaso dentro de um grupo inicial de 20 mil domicílios convidados aleatoriamente — um algoritmo foi aplicado para garantir que essas pessoas refletissem a população irlandesa em termos de idade, gênero, etnia, geografia e status socioeconômico.[40] Após uma viagem aos sítios ambientais ameaçados, elas se reuniram em um antigo hotel à beira-mar, perto de Dublin, para o primeiro de quatro intensos fins de semana de discussão e debate.

Os organizadores governamentais pediram que eu apresentasse uma palestra no fim de semana de abertura, incentivando os participantes a se verem como "bons ancestrais" — o tema de meu livro mais recente —, tomando decisões que afetariam a vida das futuras gerações.[41] Eu os lembrei de que, ao contrário de políticos normais, presos nos ciclos de curto prazo das eleições e pesquisas de opinião, durante a assembleia de cidadãos eles teriam a oportunidade de fazer o que realmente era melhor para o país — e o planeta — no longo prazo. Quando terminei, cada mesa — com sete pessoas e um facilitador — discutiu as questões suscitadas em minha palestra, e então respondi algumas perguntas.

Em seguida, uma sucessão de ecologistas e especialistas em política falou de tudo, desde os habitats dos sapos e do drástico declínio dos cardumes irlandeses às complexidades da lei de biodiversidade da União Europeia, que a assembleia precisaria levar em consideração durante suas recomendações. Inicialmente, eu estava cético quanto à capacidade dos membros de lidar com um assunto tão técnico — até porque a maioria parecia ter pouco conhecimento prévio sobre questões de biodiversidade —, mas, em apenas algumas horas, eles estavam tendo discussões vigorosas e embasadas e fazendo perguntas um tanto perpicazes. Sua confiança parecia aumentar rapidamente e, ao fim do primeiro dia, um em cada quatro membros se levantou e fez uma pergunta aos especialistas.

Fiquei impressionado também com a diversidade do grupo: conheci, entre outros, um criador de porcos, o vendedor de uma loja de sapatos, um farmacêutico e um enfermeiro, além de membros com ascendência síria e ucraniana. Eles eram muito diferentes da elite privilegiada que parecia dominar muitos parlamentos nacionais.[42] Foi revigorante ouvir discussões políticas sérias, sem os políticos de sempre com as brigas e fanfarras seguindo a linha do partido e sem sentir a presença de lobistas corporativos no fundo. Enquanto observava aquele microcosmo da sociedade irlandesa, percebi que as assembleias de cidadãos também têm vantagens distintas sobre os referendos. Eles não somente são uma das ferramentas favoritas de ditadores e demagogos, como também tendem a reproduzir visões que as pessoas absorvem em suas bolhas nas redes sociais (como a votação do Brexit em 2016 revelou). As assembleias de cidadãos, em contraste, expõem as pessoas a visões diferentes das suas, dando-lhes a oportunidade de ouvirem especialistas, e encorajam o tipo de discussão deliberativa respeitosa e engajada que talvez — apenas talvez — possa fazer com que mudem de ideia.

As assembleias de cidadãos parecem incluir o melhor da tradição democrática comunitária ao mesmo tempo que oferecem uma solução inteligente ao problema de representatividade de toda uma nação ao usar processos seletivos aleatórios e pensados com cuidado. Não é de admirar que os legisladores às vezes as chamem de "minipúblicos deliberativos". Porém, quando compareci a uma conferência de especialistas europeus sobre o assunto — uma mistura de acadêmicos e praticantes —, logo percebi que estavam longe de ser perfeitas. Ouvi como as assembleias eram caras, em sua maioria apressadas e, às vezes, pouco diversas. Elas costumavam focar questões políticas relativamente restritas, como a reforma eleitoral ou o aborto, e deixavam de lidar com questões sistêmicas, como a dependência do crescimento econômico ou a disparidade de riqueza entre o norte e o sul globais (com uma exceção, a Assembleia Global sobre o Clima e a Crise Ecológica de 2021).[43] Elas também podiam ser manipuladas por políticos: o presidente francês Emmanuel Macron organizara uma assembleia sobre mudança climática em parte para desviar a atenção de seus próprios problemas políticos.[44]

O problema mais fundamental, no meu entender, era que elas não tinham poder de verdade. As assembleias de cidadãos haviam se mostrado capazes de criar políticas mais transformadoras que os políticos regulares, particularmente em relação a questões ecológicas: várias, por exemplo, haviam recomendado transformar o "ecocídio" — a destruição do meio ambiente — em crime punível por lei.[45] Na maioria dos casos, todavia, os políticos eram livres para ignorá-las e tratar suas recomendações como meras "sugestões". Em uma sessão da conferência, levantei a mão e perguntei a um renomado especialista britânico o que seria necessário para que os políticos cedessem parte de seu poder às assembleias de cidadãos. Minha pergunta, respondeu ele, era um desvio do tema: o papel das assembleias não era substituir a democracia representativa, e sim ser um mecanismo consultor que ajudaria a revigorá-la com maior participação do público.

Foi onde nossas perspectivas divergiram. Aliás, logo percebi que a sala estava dividida nessa questão. Eu fazia parte da metade que acreditava que o sistema representativo provavelmente não responderia aos urgentes desafios de nossa época e que, portanto, as assembleias de cidadãos deveriam ter poder real de decisão, ao lado dos políticos eleitos. Um colega com o mesmo ponto de vista mencionou como, na cidade polonesa de Gdansk, o prefeito declarara que implementaria qualquer decisão apoiada por 80% dos membros da assembleia de cidadãos e como, no leste da Bélgica, o par-

REVIVENDO A FÉ NA DEMOCRACIA

lamento regional estabelecera uma assembleia permanente. Outra pessoa apontou que defensores climáticos como a Extinction Rebellion estavam pedindo assembleias de cidadãos com poder real de decisão.[46] Então sugeri que a Câmara dos Lordes na Grã-Bretanha fosse substituída por uma assembleia de cidadãos escolhidos por sorteio, tornando-se a Câmara dos Bons Ancestrais, com autonomia para criar e emendar leis e tendo poder de veto em áreas de crucial importância (como as que tivessem impacto sobre as futuras gerações).[47] Em outras palavras, um sistema híbrido que combinasse democracia comunitária e democracia representativa (mantendo a Câmara dos Comuns). Algumas pessoas assentiram. Outras se opuseram a uma proposta aparentemente tão radical.

Os debates sobre o futuro das assembleias de cidadãos continuam. Uma coisa é certa: elas ainda são nossa maior esperança prática de reinventar a política democrática e fugir do confinamento do fundamentalismo eleitoral.[48]

Sejamos honestos: em seu estado atual, a democracia representativa já não cumpre seu propósito. Se quiséssemos de fato lidar com uma ameaça civilizacional como a emergência climática, seria esse o sistema político que escolheríamos por livre e espontânea vontade e no qual confiaríamos, com toda a sua política partidária, seu lobby corporativo e seu foco crônico no curto prazo? Agora é o momento de usarmos nosso conhecimento histórico e aplicá-lo em alternativas como a democracia comunitária, com suas três dimensões de descentralização, deliberação e decisão direta, baseada em exemplos que vão da antiga Atenas e do Estado Livre da Récia às práticas ibos de governança na Nigéria. Isso não significa que a democracia representativa deva ser abandonada por completo. Sempre será útil ter políticos eleitos: no mínimo, alguém precisa criar as regras para um sistema mais participativo e ser responsabilizado se ele não funcionar efetivamente. A questão é que tais políticos não deveriam ter o monopólio do poder. Já temos uma longa tradição de júris, que confiam aos cidadãos comuns as decisões sobre questões tão cruciais quanto o direito penal. Por que não estender essa prática a uma variedade mais ampla de questões políticas e confiar nos cidadãos, e não nos políticos profissionais, para defender o interesse público? O fundamentalismo eleitoral precisa se tornar uma relíquia do passado.

7

ADMINISTRANDO A REVOLUÇÃO GENÉTICA

A sombra da eugenia e a busca pelo bem comum

Imagine-se no laboratório de um alquimista medieval. No canto da sala escura, um caldeirão borbulha sobre o fogão. A mesa está cheia de jarros em formatos estranhos com líquidos coloridos, ao lado de livros com capas de couro e símbolos secretos. Uma figura barbada, usando uma capa, mói cristais amarelos de enxofre com seu pilão, tentando produzir a lendária pedra filosofal, que se acredita ser capaz de transformar metais em ouro.

Hoje, vemos os alquimistas como pseudocientistas obcecados com poções mágicas e sonhos impossíveis. No entanto, a alquimia tem uma origem intelectual distinta, sendo uma busca científica séria, com base em ideais filosóficos profundos. Ela surgiu no antigo Egito, floresceu no Oriente Médio entre os séculos VIII e X, e chegou à Europa na sexta-feira, 11 de fevereiro de 1144 — o dia em que o monge inglês Robert of Chester terminou a tradução de um texto árabe agora conhecido como *On the Composition of Alchemy* [Sobre a composição da alquimia].[1] Ela cresceu tanto que, no século XVII, seus devotos incluíam cientistas célebres como Isaac Newton e Robert Boyle.

Os primeiros "químicos" estavam interessados pincipalmente na transformação da matéria. Eles haviam notado que adicionar um pouco de vinagre a um barril de vinho transformava todo o vinho em vinagre e que uma pequena quantidade de coalho transformava litros de leite em queijo. Por que não seria possível adicionar substâncias como enxofre ou mercúrio

ADMINISTRANDO A REVOLUÇÃO GENÉTICA

ao bronze ou à prata a fim de transformá-las em ouro? Bastava encontrar a receita certa.

O propósito da alquimia não era simplesmente produzir riquezas. De acordo com o historiador Lawrence Principe, os alquimistas acreditavam ter a missão teológica de "aprimorar o mundo natural" e aperfeiçoar as criações divinas.[2] Essa busca ia além de transformar materiais brutos em ouro, o metal "nobre". Também incluía usar a alquimia para a criação de poções curativas e, no caso de alguns alquimistas, gerar vida humana. Em seu livro *Of the Nature of Things* [Sobre a natureza das coisas], o alquimista e físico suíço do século XVI Paracelso descreveu como criar um homúnculo, um minúsculo bebê super-humano (do sexo masculino, claro), dotado de extraordinários poderes intelectuais e habilidades artísticas. Bastavam esperma, esterco de cavalo e um pouco de paciência:

> Deixe que o esperma de um homem se decomponha em uma cabaça de vidro selada, com o mais alto grau de putrefação conseguido com esterco de cavalo, num período de quarenta dias ou até que ganhe vida, movendo-se e mexendo-se, o que pode ser visto facilmente. Após esse período, ele será algo como um homem, mas transparente e sem corpo. Depois disso, se for diária, cuidadosa e prudentemente nutrido e alimentado com o arcano do sangue dos homens e, por um espaço de quarenta semanas, mantido no calor constante do esterco de cavalo, ele se tornará um verdadeiro e vivo infante, tendo todos os membros de um infante nascido de uma mulher, mas menor. A isso chamamos homúnculo.[3]

Você pode achar que a alquimia é uma relíquia do passado. Em essência, ela está de volta, mas hoje a chamamos de engenharia genética. O cientista biotecnológico do século XXI tem o mesmo objetivo elementar do alquimista tradicional: transformar a matéria e recriar a natureza.[4] Paracelso teria notado outros paralelos. A fertilização *in vitro* (FIV), realizada com sucesso pela primeira vez em 1978, é uma versão atualizada do homúnculo — um embrião produzido pela mistura de esperma e óvulos em um recipiente de vidro (*in vitro* significa, literalmente, "no vidro"). Em todo o mundo, mais de 12 milhões de bebês nasceram por meio desse processo, com o advento dos testes pré-implantação da década de 1990 permitindo que os pais rejeitem embriões com sinais de doenças geneticamente herdadas, como fibrose cística.[5] A descoberta da tecnologia de edição de genes CRISPR/Cas9 em 2012 nos levou para ainda mais perto do sonho alquimista de aperfeiçoar a natureza, concedendo-nos o poder quase divino de não só remodelar plantas e animais, mas também de melhorar nossa própria espécie.[6] Usando um processo relativamente simples de recortar e colar, ela permite remover, adicionar ou alterar seções da sequência de DNA. Pacientes com doenças genéticas letais, como anemia falciforme — causada pela mutação de uma única base na sequência de DNA —, foram tratados com sucesso usando CRISPR/Cas9.

Na peça *Fausto*, de Goethe, o personagem Wagner usa segredos alquímicos para criar um homúnculo deveras articulado e inteligente.

A alquimia da edição genética e dos testes em embriões oferece a perspectiva de criarmos nosso próprio homúnculo, feito sob medida. Em breve, os pais poderão escolher— se puderem pagar — não somente as características de seu novo telefone, mas também os traços de seu novo bebê. Eles vão poder determinar o sexo, a cor do cabelo e dos olhos (opções já oferecidas em algumas clínicas de fertilização nos Estados Unidos) ou garantir que o bebê nasça livre de doenças genéticas como hemofilia ou tenha baixa suscetibilidade ao Alzheimer ou ao câncer de mama.[7]

ADMINISTRANDO A REVOLUÇÃO GENÉTICA

Com os avanços da tecnologia nos próximos anos, pode haver muito mais em oferta no mercado da genética. Quer um filho com elevadas capacidades musicais ou atléticas? Talvez um coração de porco geneticamente modificado para substituir seu órgão falho? Ou talvez terapia genética para melhorar a memória e retardar o envelhecimento? Uma empresa do Texas pode clonar seu gato por meros 50 mil dólares — então por que não clonar alguns humanos para cuidar do trabalho pesado? Embora as técnicas de terapia gênica ainda estejam em estado inicial de desenvolvimento e haja limitações legais rígidas à edição genética e aos testes em embriões em muitos países, a maior parte da ciência necessária para criar as ficções de Aldous Huxley em *Admirável mundo novo* (1932) e do filme *Gattaca: a experiência genética* (1997) já existe, está apenas esperando para ser usada no mundo real.[8]

A revolução genética é um daqueles raros momentos-chave — como a invenção do fogo ou o surgimento da agricultura — que modificam fundamentalmente a trajetória da jornada humana. Ela assinala um novo estágio em nosso relacionamento com a natureza, correspondendo a nada menos que um segundo Gênesis. Contudo, agora somos os mestres criadores capazes de transformar a vida na Terra e nosso futuro evolutivo. A seleção "natural" darwinista está sendo superada pela seleção projetada pelo homem, em altíssima velocidade.

Como podemos administrar com segurança os riscos de nossos novos superpoderes genéticos? A biotecnologia oferece oportunidades extraordinárias de alívio para o sofrimento humano, mas também apresenta dilemas éticos graves, responsabilidades sociais e perigos políticos. Na *Divina comédia* de Dante (*c.* 1321), os alquimistas foram lançados às profundezas do oitavo círculo do inferno, ao lado de fraudadores e feiticeiros, por tentarem perverter as leis divinas. Será que os cientistas genéticos e executivos biotecnológicos de hoje serão julgados pelas gerações de amanhã de forma parecida?

A inspiradora história do desenvolvimento da primeira vacina contra a poliomielite serve como experiência para nosso recente conhecimento genético para o bem comum. Porém, primeiro vamos ouvir os alertas do passado, traçando os inesperados caminhos de uma catastrófica tentativa anterior de manipular geneticamente a espécie humana: a eugenia.

A EUGENIA NORTE-AMERICANA E O CAMINHO PARA AUSCHWITZ

Venham, venham! A Competição dos Melhores Bebês está prestes a começar!

Feira Estadual de Indiana, 1927. Enquanto fazendeiros inscrevem suas cabeças de gado para serem julgadas por sua excelência, pais inscrevem seus filhos para competirem por uma cobiçada fita azul e prêmios em dinheiro. Os bebês são exibidos no Galpão da Competição de Bebês, onde são julgados primeiro por atributos físicos e pontos são retirados por cabeças irregulares, orelhas malformadas e pele escamosa, e então por aptidão mental, como habilidade de falar e se reconhecer no espelho. É o evento mais popular da feira. Há repórteres e patrocinadores corporativos, com milhares de pessoas entrando no edifício para ver os bebês nesses testes. No fim, os vencedores — todos de pele branca e vestidos com togas brancas combinando — são alinhados para serem admirados pela multidão.[9]

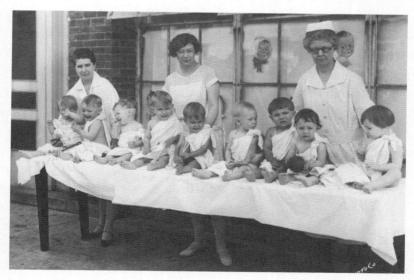

Competição dos Melhores Bebês, Indiana, 1927. As togas eram obrigatórias. Assim como a pele branca. Imagem cortesia dos Arquivos do Estado de Indiana.

A Competição dos Melhores Bebês, que acontecia em Indiana (e em vários outros estados) todos os anos entre 1920 e 1932, foi parte de um movimento eugênico maior que atingiu os Estados Unidos nas primeiras décadas

ADMINISTRANDO A REVOLUÇÃO GENÉTICA

do século XX. A eugenia — a crença de que a espécie humana podia ser melhorada por meio da reprodução selecionada, assim como o gado — foi apresentada na década de 1860 pelo estatístico britânico Francis Galton, que também cunhou o termo. Usando a ideia de seleção natural de seu primo Charles Darwin, Galton a transformou na elaborada teoria de racismo científico. Seu alvo não eram somente as pessoas com deficiências mentais e físicas. Galton também era um supremacista branco que acreditava que as pessoas de pele escura eram intelectualmente inferiores e deveriam ser impedidas de se reproduzir, a fim de evitar a degeneração da espécie humana. "O padrão intelectual médio da raça negra está dois níveis abaixo do nosso", alegou ele em 1869.[10] Mal sabia ele quão rapidamente suas ideias permeariam a mente ocidental.

A eugenia floresceu na pátria de Galton, a Grã-Bretanha, mas espalhou-se ainda mais rapidamente do outro lado do oceano Atlântico. Indiana liderou o caminho em 1907, com uma lei que permitia a esterilização forçada de "criminosos, idiotas, imbecis e estupradores comprovados". Em 1931, 29 outros estados norte-americanos haviam adotado leis similares.[11] Os adeptos da eugenia incluíam corpos de saúde pública, institutos universitários de pesquisa, organizações cristãs e figuras públicas, da defensora do controle de natalidade Margaret Sanger ao presidente Theodore Roosevelt. "A sociedade não deve permitir que degenerados se reproduzam", escreveu Roosevelt. "Eu gostaria muitíssimo que as pessoas erradas fossem impedidas de se reproduzir."[12] Quem eram as pessoas erradas? Para o eugenista norte-americano comum, não somente as "de mente fraca", fisicamente deficientes e criminosas, mas também as afro-americanas e a onda cada vez maior de imigrantes judeus e italianos. Das 60 mil pessoas esterilizadas contra a vontade, um número desproporcional era de mulheres afro-americanas.[13]

O impacto das políticas eugenistas norte-americanas não parou aí. Em uma inesperada virada histórica, elas se tornaram o modelo principal para o Estado racial criado na Alemanha nazista. Quando os advogados nazistas começaram a elaborar as leis antissemitas de Nuremberg, proclamadas em 1935, eles se voltaram para os Estados Unidos procurando inspiração, em particular para as leis de esterilização forçada e as restrições legais ao casamento inter-racial da Califórnia.[14] O próprio Hitler havia muito admirava as políticas eugenistas do país e as usara para ajudar a legitimar seus planos de criar uma raça ariana. Sua causa foi auxiliada pela Fundação Rockefeller, que gastou milhões de dólares em pesquisas eugenistas na Alemanha, durante as décadas de 1920 e 1930, incluindo as do instituto no qual Josef Mengele trabalhou antes de conduzir seus grotescos experimentos genéticos com gêmeos em Auschwitz.[15]

Ao fim da Segunda Guerra Mundial, os nazistas haviam esterilizado à força mais de 400 mil pessoas e assassinado 275 mil outras, consideradas geneticamente inadequadas, incluindo crianças com deficiências mentais ou físicas, indivíduos com transtorno bipolar e homossexuais. O extermínio dos judeus europeus — que Hitler considerava o *Untermensch* sub-humano por definição — adequava-se perfeitamente à ideologia da eugenia. Como conclui o historiador da ciência Adam Rutherford, "o caminho para a eugenia levou diretamente aos portões de Auschwitz".[16]

Embora o movimento eugenista tenha, aos poucos, perdido legitimidade no período pós-guerra devido à associação com o Holocausto, sua história nos convida a refletir sobre o potencial impacto social e político de nossas novas capacidades genéticas. É fácil ficar deslumbrado com as manchetes biotecnológicas publicadas quase diariamente: a descoberta de genes para tudo, da força muscular à felicidade; a cura genética para a leucemia; a terapia genética para expandir habilidades; a identificação de "genes de hibernação" que podem permitir viagens espaciais de longa distância. Contudo, por trás dessas maravilhas científicas, esconde-se uma pergunta: com nossos crescentes poderes genéticos, haverá uma eugenia de alta tecnologia por vir?

Você pode achar que a história da eugenia paira como um pesadelo sobre a comunidade biotecnológica atual. Para alguns, de fato paira. Jennifer Doudna, coinventora da revolucionária técnica de edição genética CRISPR/Cas9, lembra um sonho no qual encontrou uma silhueta que queria saber como a técnica funcionava. "Quando a figura se virou, percebi, com horror, que era Adolf Hitler [...] Eu me lembro de acordar tremendo e pensar 'Meu Deus, o que foi que eu fiz?'"[17]

Entretanto, no caso de muitos profissionais, tais paralelos históricos não são levados em consideração. O cientista Stephen Hsu, fundador da empresa americana de biotecnologia Genomic Prediction, por exemplo, oferece testes embriológicos para distúrbios genéticos como a síndrome de Down.

ADMINISTRANDO A REVOLUÇÃO GENÉTICA

Ele afirma que eugenia significa apenas "bons genes" e que comparar com as políticas de esterilização forçada dos nazistas o fato de os pais poderem testar geneticamente a saúde do embrião é "não somente burrice, mas, na verdade, loucura". De acordo com Hsu, é muito importante reconhecer os benefícios públicos mais amplos dos testes genéticos: "Se houver uma fração menor da população com síndrome de Down, a inteligência média será um pouco mais alta e a sociedade pode vir a funcionar com um pouco mais de eficiência."[18]

Hsu afirma que os testes genéticos são uma benigna oferta de escolha aos pais, em contraste com as políticas coercivas dos nazistas. É quase impossível, porém, não ouvir ecos da história sombria da eugenia em suas falas sobre deficiência e inteligência: em nome da "eficiência" social, algumas vidas nitidamente são consideradas mais valiosas que outras. Em 2020, Hsu foi forçado a pedir demissão do emprego na Universidade Estadual de Michigan após ser publicamente acusado de promover "pesquisas eugenistas" e "racismo científico".[19] A engenharia genética se transforma muito facilmente em engenharia social.

É por isso que muitos pesquisadores e defensores dos direitos das pessoas com deficiência são cautelosos em relação aos testes e à edição genética. Entre eles está Tom Shakespeare, professor de Bioética que possui uma mutação genética chamada acondroplasia, cuja característica principal é o nanismo. Shakespeare se lembra de quando o gene da acondroplasia foi descoberto em 1989. Ele ficou chocado e indignado porque "agora existe uma tecnologia que pode impedir alguém de nascer". Ele se lembra de membros da rede de apoio Little People of America começarem a usar camisetas com o slogan "Espécie ameaçada" e reconhece que a crescente popularidade dos testes genéticos faz com que outros ativistas fiquem "alarmados com a perspectiva de uma nova eugenia". Entre eles estão as pessoas surdas, que costumam se enxergar como minoria cultural unida pela linguagem de sinais, e não como pessoas com uma deficiência que deveria ser extinta por meio da engenharia genética. Conforme a tecnologia genética avança, observa Shakespeare, "a próxima geração de pais terá a responsabilidade de decidir quais condições genéticas são piores que não viver".[20]

Estamos no meio de uma transição genética histórica: no século XXI, a eugenia está prestes a operar no nível da escolha individual, e não da política estatal, como no passado. A humanidade está em uma ladeira escorregadia na direção de um tipo de eugenia "de livre escolha", na qual pais bem-intencionados, motivados pelas normas culturais prevalentes, tomam decisões que podem significar que alguém como Tom Shakespeare — ou a atriz Sarah Gordy, portadora de síndrome de Down; ou o músico Woody Guthrie, que tinha doença de Huntington — nem mesmo nasça. Some todas essas decisões individuais, que com facilidade podem ser baseadas em vieses inconscientes ou em visões de mundo profundamente capacitistas, racistas ou sexistas, e o perfil de toda uma sociedade pode mudar tanto quanto se fosse impulsionado por políticas governamentais eugenistas. Isso pode levar tempo, mas é uma perspectiva assustadora, especialmente quando tantos países permanecem tomados pelo preconceito, pela xenofobia e pelas fronteiras sociais.[21]

Com o avanço da ciência e a diminuição das restrições legais à edição genética, mais e mais pais — sobretudo aqueles com poder aquisitivo alto — optarão não somente por remover doenças, mas também por aprimorar seus filhos, dando-lhes traços como memória superior ou QI mais alto. Eles poderão até mesmo garantir que esses traços sejam passados adiante por meio da edição da "linha germinal", na qual o genoma do indivíduo é editado de tal forma que a mudança se torna hereditária. A ciência do aprimoramento ainda está na infância: mais de mil genes estão associados ao QI alto, que também pode ser influenciado por fatores ambientais como o nível educacional dos pais, de modo que não está claro como selecionar ou editar um embrião para obter essa forma particular de inteligência. No entanto, isso não impediu algumas empresas de fertilização de se prepararem para oferecer serviços de aprimoramento.[22] É pouco provável que suas campanhas de marketing sejam contidas pela incerteza científica.

Quais são as consequências prováveis? Vale lembrar dois momentos cruciais na história da eugenia. Primeiro, ela não aconteceu única e exclusivamente na Alemanha nazista, como se costuma acreditar, mas estava profundamente incorporada na cultura ocidental dos dois lados do Atlântico. Segundo, a eugenia se disseminou com extraordinária rapidez: em apenas meio século, foi de teoria obscura proposta por um cientista vitoriano a política social dominante e ferramenta de assassinato em massa. Tendo a história como base, a biotecnologia será usada para criar "bebês melhores"

ADMINISTRANDO A REVOLUÇÃO GENÉTICA

mais rapidamente do que pensamos, e os pais abastados em países abastados serão os primeiros a tirar vantagem de tal tecnologia.[23]

Os perigos são muito claros. A maioria das sociedades humanas desenvolveu formas de estratificação social com base em classe, etnia, gênero ou religião, o que criou uma divisão entre os superiores "nós" e os inferiores "eles". A revolução biotecnológica agora oferece a perspectiva de um sistema genético de castas, que poderia reforçar desigualdades econômicas e sociais já existentes num piscar de olhos. A sociedade será cada vez mais dividida entre o que o biólogo Lee Silver chama de GenRich ["genes ricos"] e GenPoor ["genes pobres"]: os modificados e os não modificados.[24] Ainda não sabemos exatamente como isso se dará. Será que os GenRich ficarão com os principais empregos e os GenPoor serão cidadãos de segunda classe que nem sequer conseguirão ter planos de saúde — ou serão tratados como os súditos coloniais descartáveis do século XIX? Será que os GenRich se transformarão em superespécie *de facto* sem o desejo, ou mesmo a capacidade biológica, de produzir híbridos com seus subalternos genéticos?

Os defensores da biotecnologia tendem a ignorar tais medos e a ressaltar os benefícios pessoais dos testes genéticos: menos sofrimento, uma saúde melhor, vidas mais longas. Esses benefícios são muito reais: talvez minha mãe, que morreu de câncer quando eu tinha 10 anos, tivesse vivido muito mais se terapias genéticas estivessem disponíveis no fim da década de 1970. Também pode haver benefícios mais amplos para a saúde pública. A vacina AstraZeneca contra a Covid-19, por exemplo, foi desenvolvida com a tecnologia de edição de genes.[25] Erradicar importantes doenças genéticas como a leucemia pode não somente reduzir o sofrimento humano, mas também permitir que o investimento público em seu tratamento seja redirecionado para outros usos nos sistemas públicos de saúde. A modificação genética também está sendo usada para desenvolver sementes resistentes à seca que podem sobreviver ao aumento das temperaturas globais e ajudar a alimentar uma população mundial que se aproxima dos 10 bilhões de pessoas.

Dessa forma, é essencial explorarmos como as tecnologias genéticas podem ser efetivamente empregadas para o bem público mais amplo, e não apenas para os benefícios individuais da medicina personalizada, como permitir que pais escolham a cor dos olhos dos filhos ou, algum dia (provavelmente em breve), que californianos ricos vivam até os 130 anos.

148 HISTÓRIA PARA O AMANHÃ

Também é essencial considerarmos como isso pode ser feito de maneira a evitar tanto os perigos históricos da eugenia patrocinada pelo Estado quanto o perigo da nova eugenia "de livre escolha", que poderia deixar as sociedades divididas para sempre entre os geneticamente aprimorados e as massas não modificadas.

Aqui, a história pode novamente vir em nosso auxílio, dessa vez não para dar um alerta, como no caso da eugenia, mas como inspiração para direcionar a inovação médica para o bem comum.

MARCH OF DIMES E A CRUZADA CONTRA A PÓLIO

O antigo conceito de bem comum ou *bonum commune* saiu de moda em nossa era de individualismo e escolha pessoal. Seu significado preciso evoluiu ao longo dos séculos. Para Aristóteles, tratava-se de fomentar virtudes como a sabedoria e a moderação na sociedade; para Thomas Hobbes, estava relacionado com a garantia da segurança pública, ao passo que, para os pensadores modernos, poderia incluir ideais de bem-estar social, justiça política ou preservação da integridade do planeta. O que une todos esses conceitos de bem comum — uma das maiores inovações sociais de nossa espécie — é a ideia de buscar o bem-estar da comunidade como um todo, em vez de priorizar interesses individuais. É isso que parece estar faltando nos atuais debates sobre biotecnologia, que focam esmagadoramente escolhas individuais, refletindo o que o sociólogo Amitai Etzioni chamou de "grande perda de comprometimento com o bem público" da cultura ocidental desde o surgimento do individualismo na década de 1960.[26] Em nossa era genética, cada escolha individual tem consequências coletivas que podem afetar a sociedade durante gerações e potencialmente alterar o curso evolutivo de nossa espécie. Nossas responsabilidades não são somente para com os genes individuais, mas para com o genoma social.

Assim, vale a pena refletir sobre o que pode significar o bem comum no domínio da saúde pública e dos avanços médicos e como isso pode influenciar nossa opinião sobre o futuro das tecnologias genéticas. Um importante exemplo emergiu nos Estados Unidos não muito depois do auge da eugenia: a cruzada contra a pólio.

Se você fosse um pai ou uma mãe norte-americanos na primeira metade do século XX, um de seus maiores medos seria que seu filho contraísse a temida poliomielite ou "paralisia infantil", um vírus misterioso e de origem desconhecida que deixava as crianças permanentemente paralisadas, com a necessidade do uso de desajeitadas órteses nos braços e nas pernas, e podia ser fatal. Todo verão, quando o vírus se propagava mais rapidamente, as crianças eram levadas para dentro de casa, as piscinas públicas e os cinemas eram fechados e as famílias rezavam para que seus filhos não terminassem em uma cadeira de rodas. A primeira epidemia de pólio registrada nos Estados Unidos ocorreu em 1894, com 123 casos e 18 mortes. O número de vítimas aumentava ano a ano. Durante o surto mais severo, em 1952, mais de 51 mil pessoas (a maioria crianças) foram infectadas, 21 mil ficaram paralisadas e mais de 3 mil morreram.

Durante décadas, a pólio gerou um terror fatalista que se espalhou pela sociedade norte-americana. Uma das vítimas mais famosas foi o presidente Franklin Delano Roosevelt. Ele começou a experimentar paralisia nas pernas no verão de 1921, no início de sua carreira política, e terminou preso a uma cadeira de rodas. Após receber o diagnóstico de pólio, Roosevelt decidiu encontrar uma cura para a doença.[27] Em 1938, cinco anos após ter assumido a presidência, ele criou a Fundação Nacional de Paralisia Infantil, uma organização sem fins lucrativos que era a ponta de lança de uma campanha nacional para desenvolver uma vacina por meio de pesquisas nas principais universidades do país.

A campanha começou naquele ano, quando o astro de Hollywood Eddie Cantor — amigo próximo do presidente — lançou a March of Dimes [Marcha das Moedas], uma tentativa de arrecadar fundos cujo nome era uma homenagem a um popular noticiário exibido nos cinemas, chamado *The March of Time* [A marcha do tempo]. Em vez da abordagem rotineira de pedir doações a filantropos abastados, a campanha lançou mão do que agora é chamado de estratégia de *crowdfunding*, pedindo que membros do público enviassem *dimes* (moedas de 10 centavos de dólar) diretamente à Casa Branca. A resposta foi incrível. O Salão Oval era inundado por milhares de cartas todos os dias, com moedas e notas de baixo valor empilhando-se nas paredes. No fim de 1938, mais de 2,68 milhões de *dimes* haviam sido coletados — o suficiente para iniciar importantes programas de pesquisa médica em todo o país.[28]

Alunos do Texas jogam suas moedas na caixa de correio local da March of Dimes em 1945, para serem enviadas diretamente ao presidente Roosevelt.

Campanhas March of Dimes aconteceram todos os anos, arrecadando milhões de dólares de cidadãos de todo o espectro social para a "guerra contra a pólio". Entre os beneficiados pelo financiamento estava o virologista Jonas Salk, cuja equipe na Universidade de Pittsburgh acabaria entrando para a história. Em 1954, após anos dedicando-se a pesquisas, financiadas em grande parte pela March of Dimes, Salk estava certo de ter desenvolvido uma vacina viável e embarcou no maior experimento médico da história norte-americana. O "teste de campo da vacina Salk" daquele ano envolveu mais de 300 mil voluntários adultos que inocularam mais de 2 milhões de crianças em duzentos centros de testes de toda a nação. O teste foi um sucesso: a vacina tinha dado certo. Salk se tornou herói nacional.

Na fanfarra que se seguiu à descoberta, ele foi entrevistado pelo jornalista televisivo Ed Murrow, e eles tiveram a seguinte conversa:

Murrow: "Quem detém a patente da vacina?"

Salk: "Bem, eu diria que o povo. Não há patente. Alguém poderia patentear o Sol?"[29]

ADMINISTRANDO A REVOLUÇÃO GENÉTICA

A lendária resposta de Salk não deixou sombra de dúvida de que aquele não era um produto privado, e sim uma vacina do povo, que seria colocada nas comunidades, onde seria usada para o interesse público, para o benefício de todos.

Embora empresas farmacêuticas privadas não estivessem envolvidas no desenvolvimento da vacina Salk, a administração presidencial Dwight D. Eisenhower de 1953-1961 licenciou seis empresas para a produção em massa da vacina, visando à imunização nacional. O resultado foi um desastre: nessa tentativa de acelerar o processo da fabricação da vacina, um dos fabricantes acabou produzindo amostras contaminadas que foram responsáveis pela morte de várias crianças, além de ter havido grande déficit de doses. Tal evento foi evitado no Canadá, onde o governo federal se encarregou de produzir a vacina e disponibilizá-la ao público em quantidade suficiente.[30]

A despeito dos contratempos iniciais, a incidência de poliomielite despencou nos Estados Unidos durante os anos seguintes, graças à nova vacina e, mais tarde, à vacina rival desenvolvida por Albert Sabin, também financiada pela Fundação Nacional de Paralisia Infantil. Ambas as vacinas, especialmente a Sabin, foram empregadas por governos de todo o mundo nas décadas de 1960 e 1970. Em 1987, a Organização Mundial da Saúde anunciou um programa global para erradicar a pólio em quinze anos, um objetivo atingido com grande sucesso. Foi uma realização monumental, que poderia jamais ter ocorrido sem a maciça iniciativa de saúde pública financiada pelos cidadãos que teve início nos Estados Unidos na década de 1930. Que insights históricos para a gestão da tecnologia genética podem ser retirados da história da pólio? Primeiro, a cruzada para encontrar uma vacina foi firmemente voltada para o bem comum, o *bonum commune*. Não foi um avanço médico para expandir as escolhas pessoais, como determinar a cor dos olhos de um bebê ou aprimorá-lo com genes modificados. A pólio era uma doença epidêmica que podia afetar quase qualquer criança, e a vacina Salk foi desenvolvida com o intuito de ajudar todas as crianças, independentemente de classe social, raça ou nacionalidade. A enfática declaração de Salk de que não havia patente refletia a profunda crença de que a vacina era um presente para a humanidade e para as futuras gerações — era o que ele chamou de "bom ancestral".[31] Segundo, é interessante notar que a vacina Salk (e também a Sabin) tenha sido desenvolvida em larga escala sem envolvimento da indústria farmacêutica privada. Esse foi um claro sinal de que a inovação na esfera médica não necessariamente exigia os incentivos financeiros e o financiamento prévio do mercado. O que realmente importava era o compromisso com o ideal de saúde pública.

Essas duas informações devem ser lembradas enquanto contemplamos o futuro da medicina genética. Como podemos garantir que avanços genéticos como a tecnologia CRISPR contribuam para o bem comum, em vez de se voltarem para escolhas individuais e frequentemente cosméticas? E é verdade — como a indústria biotecnológica quer nos fazer acreditar — que o setor privado deve ter o principal papel no desenvolvimento das tecnologias genéticas? Agora nos voltaremos para essas perguntas, que giram em torno da complexa questão sobre quem possui e administra a biologia da vida.

OS BENS GENÉTICOS COMUNS E O ESTADO EMPREENDEDOR

A lei prende o homem ou a mulher
Que rouba o ganso dos comuns
Mas deixa solto o maior vilão
Que rouba os comuns do ganso.[32]

Esse poema anônimo do século XVIII resume um dos mais flagrantes crimes econômicos da história britânica: o cercamento de terras comuns por proprietários abastados e sua conversão em propriedade privada. Entre 1500 e 1800, aproximadamente 2,7 milhões de hectares de terras aráveis e bosques (um quinto da área total da Inglaterra), que anteriormente eram um recurso compartilhado dos vilarejos, foram expropriados do domínio público. Alguma vezes pela força, outras, com a ajuda de leis criadas pelos aristocratas que se beneficiavam delas.[33]

Eles argumentavam que, se as terras comuns fossem colocadas em mãos privadas, seriam usadas de modo mais eficiente e a produção agrícola aumentaria. Em termos puramente econômicos, eles estavam certos: as colheitas aumentaram e a criação de ovelhas em larga escala produziu muito mais lã e carne. Contudo, ao mesmo tempo, o cercamento empobreceu a população rural, que perdeu acesso a uma preciosa fonte de subsistência. Na Inglaterra, milhões de pessoas foram expulsas dessas terras, ao passo que, na Escócia, os despejos forçados das Highland Clearances resultaram em uma escassez de alimentos devastadora. "Os cercamentos", escreveu o historiador econômico Karl Polanyi, "foram devidamente chamados de revolução dos ricos contra os pobres."[34]

Voltemos ao presente, quando testemunhamos um novo movimento de cercamento, bem diante de nossos olhos — ou melhor, diante de nossos corpos: o cercamento genético.[35]

O genoma humano é a herança compartilhada de nossa espécie, um DNA comum e sempre em evolução que tem milhões de anos e sempre existiu fora do domínio da posse privada. No entanto, isso está mudando. O campo da biotecnologia é hoje em dia um imenso playground comercial, ainda mais nos Estados Unidos, onde é impulsionado pela crença neoliberal de que quase tudo pode ser privatizado e sujeitado às forças de mercado, até mesmo o DNA em nossas células. Nossa informação genética está se tornando a matéria-prima de uma nova forma de capitalismo genômico, sendo comprada, vendida, dividida e cortada em cubos para benefício das corporações biotecnológicas. Conforme o petróleo acaba e os metais se tornam escassos, o conjunto genético humano surge como recurso ainda não explorado como fonte de riqueza para que, assim, as rodas do sistema econômico capitalista continuem girando.[36]

O funcionamento da economia genética fornece ampla evidência desse emergente movimento de cercamento. Uma das áreas se refere às *biopatentes* — o uso de patentes e leis de propriedade intelectual para dar às empresas biotecnológicas a posse de tecnologias genéticas. A empresa americana Bluebird Bio, por exemplo, patenteou as técnicas de edição e a terapia genética para o tratamento da anemia falciforme e de vários tipos de câncer. As consequências adversas vieram à luz em um notório caso de 2021: a empresa queria cobrar 2 milhões de dólares por paciente, mas, quando governos europeus se recusaram a pagar uma taxa tão alta, em vez de reduzi-la, a Bluebird Bio abandonou o mercado, deixando os pacientes sem recursos.[37] Essa é a consequência de privatizar os bens genéticos comuns. Patentes também estão sendo aplicadas em áreas de rápido crescimento, como a biologia sintética e o DNA recombinante (unindo diferentes organismos), e em processos como a edição genética CRISPR/Cas9, que deve dar aos proprietários milhões de dólares em lucrativos contratos de licenciamento quando começar a ser aplicada em pacientes humanos em escala comercial.[38] Assim como nos cercamentos originais, a lei permanece a serviço do capital, transformando a natureza em ativo gerador de riqueza.[39]

Um segundo domínio monetizado diz respeito aos *biodados*. Existe agora um ecossistema de empresas biotecnológicas que sequenciam seu DNA por um preço, com o objetivo declarado de fornecer informações sobre sua ancestralidade ou saúde, mas em geral com o objetivo comercial mais amplo de vender seus dados pessoais a terceiros, como empresas farmacêuticas, da mesma maneira que o Google e o Facebook vendem seus dados de navegação para anunciantes. Em 2018, a empresa de testes genéticos 23andMe — fundada pela empreendedora tecnológica Anne Wojcicki, que era casada com o cofundador do Google, Sergey Brin — vendeu os dados de mais de 4 milhões de clientes para a gigante GlaxoSmithKline, após a assinatura de um contrato de 300 milhões de dólares.[40] A maioria das pessoas não percebe que, ao concordar que sua amostra pode ser usada para "pesquisa", está dando à empresa a posse legal de seus dados genéticos, que podem então ser vendidos. Embora seja possível optar por não compartilhar o DNA a fim de evitar a captura por corporações, o website da empresa não facilita a proteção nem a destruição dos seus dados pessoais.

Esse é o movimento de cercamento genético em ação. Como escreve a historiadora legal Katharina Pistor, a indústria biotecnológica norte-americana se parece com "os proprietários que baniram os locais das terras que haviam compartilhado no passado".[41] Esse crescente comercialismo teria horrorizado alguém como Jonas Salk, que considerava o conhecimento médico salvador de vidas um tesouro compartilhado da humanidade, e não um produto criado para o lucro corporativo. É uma visão comum também entre os pesquisadores acadêmicos de biotecnologia, que quase sempre têm forte crença no ideal de saúde pública (embora muitos tenham laços ainda mais fortes com a indústria biotecnológica). Como, então, podemos proteger o bem genético comum a fim de que nossa compreensão da ciência genética seja dirigida para o *bonum commune*, ao mesmo tempo garantindo que os motivos financeiros do setor privado sejam mantidos sob controle?

ADMINISTRANDO A REVOLUÇÃO GENÉTICA

Como a aristocracia rural do passado, a indústria biotecnológica geralmente argumenta que a privatização do cenário genético é necessária para que os benefícios públicos de tecnologias como o CRISPR sejam produzidos, já que, de outro modo, seria impossível atrair investimentos suficientes para as pesquisas ou incentivar a inovação. Mas será que isso realmente é verdade? Cercar os bens genéticos comuns é a melhor maneira de colher e repartir os frutos do conhecimento genético?

O exemplo da vacina contra a pólio já nos diz que importantes avanços médicos não dependem dos incentivos do mercado e do desenvolvimento comercial. A história mais geral da inovação tecnológica também sugere isso. O Vale do Silício nos vende uma imagem de empreendedores geniais inventando tecnologias revolucionárias em suas garagens. No entanto, como indica a economista Mariana Mazzucato, a maioria dos principais avanços tecnológicos do último século veio do setor público, não do privado — do que ela chama de "Estado empreendedor". A internet foi criada pela Agência de Projetos Avançados de Pesquisa (Darpa) do governo norte-americano, no fim da década de 1960, ao passo que a maior parte das tecnologias que tornam nossos celulares "inteligentes" (microprocessadores, telas sensíveis ao toque, baterias de lítio, ativação por voz) é cortesia do financiamento governamental. Muitos outros exemplos podem ser adicionados à lista. O GPS? A tecnologia de sistema global de posicionamento por trás de produtos como o Google Maps foi desenvolvida pelo Departamento de Defesa norte-americano na década de 1970, com o objetivo de rastrear e coordenar a movimentação de ativos militares. E quanto à primeira e revolucionária assistente virtual, Siri? Ela surgiu durante um projeto de pesquisa financiado pelo governo norte-americano, envolvendo vinte universidades, cuja tecnologia foi então arrebatada pela Apple em 2010.[42]

Do mesmo modo, os governos têm sido grandes investidores e empreendedores no campo da genética. O governo norte-americano foi o principal financiador do Projeto Genoma Humano, que custou 2,7 bilhões de dólares e criou o primeiro mapa genético em 2003 — nenhuma empresa privada teria embarcado em um projeto de pesquisa tão colossal, embora muitas tenham se beneficiado de suas descobertas. Similarmente, 95% do financiamento da pesquisa por trás da vacina contra a Covid-19 da AstraZeneca, desenvolvida na Universidade de Oxford, vieram dos cofres públicos.[43] A ideia de que precisamos do capital de risco do Vale do Silício para produzir inovações biotecnológicas é um mito. Isso significa que há potencial para mantermos muito mais conhecimento genético no lugar a que pertence: o domínio público, no qual pode servir melhor ao bem comum.

Como isso funcionaria na prática? Um modelo inovador de "Estado empreendedor" foi desenvolvido pela Genomics England, uma empresa criada pelo Departamento de Saúde e Cuidados Sociais do Reino Unido a fim de realizar pesquisas de sequenciamento genético para o Serviço Nacional de Saúde (SNS). Sua primeira empreitada foi o Projeto 100 Mil Genomas, que sequenciou genomas de pacientes do SNS para serem usados — com consentimento — em pesquisas genéticas sobre doenças raras e alguns tipos comuns de câncer. Os dados reunidos pela Genomics England foram disponibilizados gratuitamente para pesquisadores acadêmicos e clínicos, mas também estão acessíveis para empresas privadas de biotecnologia mediante o pagamento de uma taxa de inscrição (com descontos oferecidos a startups pequenas e promissoras). Um sistema de monitoramento garante que os dados sejam usados apenas em projetos aprovados, ao passo que um "comitê de participantes" composto de indivíduos que doaram seus dados genéticos fornece certo grau de supervisão da sociedade civil. A maioria dos pacientes do SNS fica feliz em contribuir com seus dados genéticos (de forma anônima), desde que sejam usados para auxiliar pesquisas médicas essenciais, e não para gerar lucro.[44]

Esse sistema híbrido público-privado pode ser preferível ao comercialismo selvagem do setor biotecnológico norte-americano, mas está longe de ser infalível. De um lado, nesse modelo de propriedade, os dados genéticos permanecem nas mãos de um corpo público, ao contrário do caso da 23andMe. Até aqui, tudo bem: o Estado está agindo para salvaguardar os bens genéticos comuns. De outro, entretanto, sem supervisão efetiva, isso ainda poderia criar oportunidades para que empresas privadas desenvolvessem tecnologias e tratamentos genéticos patenteáveis que colocariam o ganho financeiro acima do benefício público e poderiam ficar acessíveis somente para um número limitado de clientes abastados.

Uma solução padrão seria sugerir que os governos aumentassem as medidas regulatórias para assegurar que o setor biotecnológico agisse mais claramente no interesse público. Uma estratégia ousada seria o Estado

ADMINISTRANDO A REVOLUÇÃO GENÉTICA

empreendedor desempenhar um papel mais ativo no desenvolvimento de novas tecnologias genéticas, tendo participação em empresas biotecnológicas privadas, por exemplo, como fez o governo alemão ao investir nas empresas que desenvolviam vacinas contra a Covid-19.[45] Além disso, os governos poderiam apoiar o desenvolvimento de modelos alternativos de negócios, como *steward ownership*, nos quais os objetivos financeiros da empresa estivessem subordinados a objetivos sociais mais amplos (ver capítulo 9).[46]

Ao confrontarmos o futuro dos estudos genéticos, dar um passo atrás e ter em mente o retrato histórico mais amplo é crucial. Os precedentes da eugenia e do cercamento de terras deveriam nos tornar extremamente cautelosos em relação aos perigos apresentados pelas tecnologias genéticas. Poderíamos sem grandes dificuldades cair na direção do que o futurista Jeremy Rifkin chama de "civilização eugênica comercialmente motivada", na qual as escolhas no mercado genético criam aos poucos uma divisão entre GenRich e GenPoor.[47] Não deveríamos confiar nem nos valores individualistas que dominam as sociedades modernas, nem nas corporações com fins lucrativos para nos defenderem dos possíveis riscos. A biologia da própria vida e o caminho evolutivo da espécie humana estão em jogo. Seria de uma tremenda irresponsabilidade cruzar os dedos e torcer para que tudo dê certo enquanto as grandes empresas biotecnológicas tomam a frente no assunto.

Pode ser difícil imaginar uma alternativa ao mundo atual, no qual empresas privadas dominam e impulsionam o setor biotecnológico, mais ainda nos Estados Unidos, o centro das pesquisas genéticas globais. Contudo, a história revela que não precisa ser assim. Embora possamos buscar exemplos de Estado empreendedor em ação, como o desenvolvimento da tecnologia de smartphones ou a Genomics England, também contamos com o inspirador exemplo da campanha popular para erradicar a poliomielite, que trouxe inovações médicas sem depender da indústria farmacêutica privada e garantiu que suas descobertas permanecessem como um presente não patenteado para a humanidade.

Também podemos direcionar nossas mentes para iniciativas ainda mais antigas de busca de conhecimento que representam o bem comum de forma parecida, como a Grande Biblioteca de Alexandria, fundada pelos reis ptolomaicos do Egito por volta do século III a.C. Sua ambição era criar uma biblioteca universal que contivesse e protegesse todo o conhecimento essencial do mundo — um tesouro de informações científicas, históricas e filosóficas que seria preservado para a posteridade. Quando visitantes entravam na cidade, seus livros — de textos médicos a tabelas astronômicas — eram temporariamente confiscados e copiados por escribas, a fim de serem incluídos na biblioteca. Seus principais eruditos, como o matemático Euclides, insistiam para que o conteúdo da biblioteca jamais fosse usado para o ganho financeiro. Acima de suas prateleiras, havia a inscrição: "Um local para curar a alma."[48]

A grande biblioteca genética da humanidade, contida em nosso DNA, merece ser tratada com igual reverência e respeito, como um tesouro comum a ser compartilhado por todos.

8

REDUZINDO A LACUNA DE DESIGUALDADE

Luta pela igualdade em Querala e na Finlândia

> A fim de continuar o avanço na direção da igualdade, precisamos retornar às lições da história.
>
> — THOMAS PIKETTY[1]

Ela chegou ao vilarejo de Kibworth, Leicestershire, nas primeiras semanas de 1349. Percorrendo as rotas comerciais da Ásia Central, atravessando o Oriente Médio e então destruindo cidades na Europa, a peste bubônica pode ter encontrado seu caminho até o assentamento graças às pulgas de rato nos alforjes do jovem Robert Church, que havia acabado de retornar de Oxford, onde fora pedir alguns acres de terra ao maior senhor feudal de Kibworth, Merton College. A praga varreu o vilarejo com aterrorizante velocidade. O historiador Michael Wood descreve a cena:

> Temos de imaginar os ratos mortos nas ruas e nos quintais; os moradores infectados, agonizando com inchaços e pústulas; aqueles sofrendo com as formas pneumônicas e cuspindo sangue; crianças pequenas morrendo às dezenas; o desesperado vigário John Sibil tentando cuidar de seu rebanho, embora também estivesse morrendo.[2]

A peste bubônica matou cerca de um terço da população da Inglaterra, mas Kibworth sofreu mais que qualquer outro vilarejo: em pouco mais de um ano, mais de quinhentas pessoas morreram — cerca de 70% dos habitantes.

Ninguém poderia ter previsto o impacto econômico da praga nas décadas seguintes. O rápido declínio populacional resultou em uma súbita escassez de mão de obra, dando aos camponeses sobreviventes de Kibworth um inesperado poder de barganha com os proprietários de terras. Os meticulosos registros mantidos por Merton College revelam que, além de serem capazes de negociar aluguéis mais baratos, os camponeses entraram de fato em greve, recusando-se a pagar os aluguéis devidos.[3] Os *villeins* — servos feudais das casas senhoriais — voltaram-se cada vez mais contra seus senhores e exigiram tornar-se assalariados, livres para trabalhar e viajar para onde quisessem. Os salários aumentaram, assim como em toda a Europa, onde cresceram mais que o dobro em muitas regiões. A crescente confiança e influência dos trabalhadores rurais ficou evidente nas rebeliões populares contra os grandes proprietários que tentavam manter as antigas estruturas de poder, como a Grande Jacquerie na França, em 1358, e a revolta dos camponeses na Inglaterra, em 1381. A peste bubônica foi o início do fim do feudalismo, ajudando a acabar com as vastas desigualdades da servidão medieval.[4]

Segundo o historiador econômico Walter Scheidel, a praga que assolou a Europa no século XIV ilustra perfeitamente uma dinâmica geral na história: reduções significativas da desigualdade de riqueza tipicamente são resultado de "maciças e violentas perturbações da ordem social", causadas pelo que ele chama de "quatro cavaleiros do nivelamento". "Na história registrada", escreve ele, "as periódicas compressões de desigualdade causadas por mobilizações em massa, revoluções transformadoras, colapso do Estado e pandemias superam qualquer exemplo conhecido de equalização por meios inteiramente pacíficos."[5] Como consequência da Segunda Guerra Mundial, por exemplo, a classe alta europeia enfrentou impostos nunca antes vistos a fim de financiar enormes gastos militares, enquanto a guerra em si fez com que o valor de seus ativos diminuísse. Somaram-se a isso as demandas populares por melhor habitação e assistência médica, que surgiram da experiência de privação durante a guerra; o resultado foram várias décadas de declínio da desigualdade no continente — les *Trente Glorieuses* (os Trinta Gloriosos), como são conhecidos na França.[6]

REDUZINDO A LACUNA DE DESIGUALDADE   161

Nenhuma tese histórica poderia ser mais desempoderadora, pois sugere que todos os esforços pacíficos e bem-intencionados para lidar com a desigualdade de renda e riqueza em nível nacional — de melhorar a educação pública e aplicar impostos progressivos a criar esquemas de microcrédito e renda básica universal — provavelmente não têm impacto fundamental no *status quo*. Há similarmente poucas chances de que sindicatos ou outros movimentos sociais consigam fazer grande progresso no desmantelamento das profundas estruturas de desigualdade no interior dos países. Conforme argumenta Scheidel, não existe "nenhuma razão para ver [os sindicatos] como agentes independentes de compressão salarial". Para ele, são necessárias rupturas extremas envolvendo "grandes e violentos choques" — por exemplo, a peste bubônica, a Segunda Guerra Mundial, o colapso do Império Romano do Ocidente ou uma revolução total que derrube o regime existente, como a Revolução Chinesa de 1949.[7]

A desigualdade assume muitas formas. Um dos temas recorrentes deste livro tem sido a desigualdade e a injustiça racial, cuja longa história é evidente em todos os lugares, das revoltas de escravizados no século XIX e da ideologia racista da eugenia à luta do movimento pelos direitos civis nos Estados Unidos e à violência e à intolerância sofridas pelos trabalhadores migrantes. Este capítulo volta nossa atenção para uma forma diferente, mas relacionada, de desigualdade: a de renda. Por que, exatamente, ela é importante?

Para alguns, trata-se apenas de justiça econômica: lacunas enormes entre ricos e pobres são inerentemente injustas, sobretudo se pensarmos na loteria que é o nascimento, o qual coloca algumas pessoas no topo e outras, na base. No entanto, a desigualdade também é importante por causa de suas consequências prejudiciais. O inovador livro de Richard Wilkinson e Kate Pickett, *O nível*, fornece surpreendentes evidências de que países mais igualitários — sejam ricos ou pobres — apresentam melhores resultados em diversos indicadores, como mobilidade social, saúde física e mental, longevidade, nível educacional, criminalidade, abuso de drogas, vida comunitária e confiança social.[8] A promessa de igualdade de oportunidades tem pouca perspectiva de se tornar realidade em sociedades que enfrentam grandes diferenças na distribuição de renda. Quando tais divisões são reforçadas pelo racismo e pelo sexismo, a promessa é pouco mais que um conto de fadas:

nos Estados Unidos, por exemplo, a riqueza média dos domicílios brancos é sete vezes maior que a dos domicílios afro-americanos.[9]

Sociedades altamente desiguais são instáveis. Elas ficam mais sujeitas a tensões políticas e mais vulneráveis à tentação do autoritarismo de extrema direita. São menos efetivas ao lidar com abalos como pandemias. São mais vulneráveis às mudanças climáticas e a outros riscos ambientais. Civilizações inteiras entraram em declínio por causa de elites abastadas que sorviam os recursos e se isolavam atrás de muros enquanto a maioria sofria destituição econômica.[10] Como entendeu Aristóteles, a igualdade é uma boa receita para a saúde e a longevidade civilizacionais: "Quando não há classe média e os pobres são em grande número, os problemas começam a surgir e o Estado logo chega ao fim."[11]

Se o sábio da antiga Grécia visse as estatísticas atuais de desigualdade, certamente soaria o alarme: o 1% no topo capturou quase 40% do crescimento global de riqueza nos últimos 25 anos, ao passo que os 50% na base — que vivem principalmente no sul global — receberam somente 2%.[12] Conforme muitas nações avançam na direção de um futuro em forma de "K", com uma elite rica no topo, a vasta maioria na base e cada vez menos pessoas no meio, é essencial que contemplemos a tese de nivelamento de Scheidel. Será que ele está certo? Será que nossa maior esperança para lidar com a desigualdade é esperar alguma catástrofe, como a praga que dizimou Kibworth?

Tudo depende de onde começamos. Não há dúvida de que, no passado, epidemias, guerras e outras crises acabaram com a desigualdade. Contudo, se começamos no presente e olhamos para a história de algumas das sociedades mais igualitárias da atualidade, uma alternativa e um caminho mais empoderador na direção da igualdade começam a se mostrar.

Contarei agora as brilhantes histórias de dois lugares: a nação nórdica da Finlândia e o estado indiano de Querala. Nenhum deles é uma utopia, mas ambos conseguiram forjar sociedades relativamente igualitárias, em desafio à tendência global em forma de "K". A despeito de suas óbvias diferenças culturais, geográficas e econômicas (a primeira, por exemplo, é relativamente rica e igualitária, ao passo que o segundo é relativamente pobre e igualitário), suas histórias compartilhadas escondem um dos ingredientes mais vitais para um mundo mais igualitário: as lutas sociais prolongadas. A igualdade não é apenas um produto de circunstâncias acidentais ou presente de um

Estado benevolente. É a recompensa por uma ação civil comprometida que sacode a ordem social de baixo para cima. É dessa maneira que se diminui a lacuna de desigualdade. É aí que jaz a esperança radical. É assim que encontramos a luz.

COMO AS MULHERES DE QUERALA DESAFIARAM CASTA, CLASSE E COLONIALISMO

Imagine que você está olhando para uma tela com um mapa da Índia, dividido em 36 estados e territórios. O mapa começa mostrando a expectativa de vida em diferentes partes do país e então passa para as taxas de mortalidade infantil e acesso a vacinas e hospitais. A isso se segue o número de anos que meninos e meninas passam na escola, taxas de alfabetização entre mulheres, níveis de nutrição e indicadores de desigualdade de renda e riqueza. Você começa a notar um estranho padrão: um estado no sudoeste está no topo de praticamente todos os indicadores. Você encontrou Querala.[13]

Por mais de meio século, economistas do desenvolvimento como o vencedor do Prêmio Nobel Amartya Sen se perguntaram por que esse estado, com uma população de cerca de 36 milhões de pessoas (mais ou menos o tamanho do Canadá ou da Polônia), conseguiu chegar a níveis tão elevados de igualdade e desenvolvimento humano em geral, quando comparado a outros estados indianos.[14] Normalmente a explicação é apontar para o governo, em especial para as impressionantes estatísticas estaduais de investimento em saúde e educação. No entanto, isso só suscita mais perguntas sobre por que essas áreas receberam prioridade. A resposta real é muito mais profunda e pode ser traçada de volta a dois séculos de dedicada luta social.

Quando a Companhia Britânica das Índias Orientais estabeleceu seu domínio sobre o que agora é Querala no fim do século XVIII, seus oficiais descobriram uma região de colinas verdejantes e grande diversidade cultural, com hindus, muçulmanos e uma antiga população de sírios cristãos espalhados pelas três regiões principais: Malabar, Cochim e Travancore. Eles também descobriram um dos mais rígidos e inumanos sistemas de castas da Índia. Membros das castas hindus estavam restritos a trabalhos servis e precisavam permanecer a 10 metros de distância de seus superiores brâmanes. Quando precisavam falar, cobriam a boca com a mão a fim de não contaminar o ouvinte. Não podiam caminhar pelas estradas principais, entrar em templos nem carregar sombrinhas. O mais humilhante de tudo: as mulheres não podiam usar nenhuma roupa acima da cintura; eram forçadas a exibir os seios em público.[15]

Em 1813, mulheres da comunidade Nadar decidiram se rebelar contra essas restrições, e escolheram fazê-lo cobrindo os seios. Esse foi o início da revolta de Channar, uma série de rebeliões lideradas por mulheres contra o sistema de castas. Repetidas vezes, quando as mulheres começaram a usar roupas acima da cintura como um ato de protesto às normas sociais e religiosas, elas foram atacadas por castas rivais. Durante a chamada Controvérsia dos Seios Vestidos de 1858, quando as mulheres da comunidade Nadar voltaram a usar roupas para cobrir o torso, os homens da casta dominante Nayar responderam com violência, espancando-as, rasgando suas roupas, queimando suas casas e envenenando seus poços. Muitas mulheres seguiram o chamado do líder espiritual Ayya Vaikunda Swami: "Uma casta, uma religião, um deus, uma língua, um mundo para a humanidade." Seus esforços foram bem-sucedidos: em 1859, novas leis garantiram que todas as mulheres das castas inferiores pudessem usar as roupas de sua escolha.[16]

Paralelamente a esse corajoso ativismo, Querala foi pioneiro global na educação em massa no século XIX. A disseminação da escolaridade entre meninos e meninas às vezes é atribuída à defesa da educação pelos missionários cristãos e pelos marajás de Travancore, mas o ativismo de base exerceu uma significativa pressão. Na década de 1890, por exemplo, membros da casta de intocáveis fizeram campanha para ter acesso à educação formal e a empregos públicos, entregando ao marajá uma petição com 10 mil assinaturas, o que contribuiu para a diminuição das restrições. O grande número de meninas com acesso à escola também foi influenciado pela prevalência da matrilinearidade, na qual as propriedades são passadas pela linhagem feminina, dando às mulheres de Querala maior influência e autonomia social do que em qualquer outro lugar da Índia (as razões para o desenvolvimento da matrilinearidade em Querala, que data do século XI, não são claras). Um censo de 1891 revelou que ao menos 50% das famílias eram matrilineares. Embora os homens permanecessem poderosos decisores nos domicílios de Querala, a matrilinearidade ajudou a diminuir o estigma social sofrido pelas meninas enviadas à escola.[17]

REDUZINDO A LACUNA DE DESIGUALDADE   165

Um resultado da educação em massa foi que Querala desenvolveu uma população com potencial político explosivo. Pessoas de todo o espectro social levaram o engajamento cívico a níveis extraordinários, lendo jornais obsessivamente, comparecendo a reuniões políticas e defendendo seus direitos. Elas lutaram contra a opressão das castas; voltaram-se contra os proprietários de terras — várias revoltas camponesas desenrolaram-se nas décadas pré-independência, e milhares de camponeses participaram; formaram cooperativas, filiaram-se a sindicatos e iniciaram greves (sobretudo os trabalhadores da indústria de fibra de coco); apoiaram as campanhas de desobediência civil de Gandhi, tomando as ruas em protesto contra o governo britânico.[18]

As mulheres estavam na vanguarda de todos esses poderosos movimentos.[19] Em 23 de outubro de 1938, uma professora de 29 anos, Akkamma Cheriyan, liderou mais de 20 mil manifestantes e exigiu a libertação de prisioneiros detidos durante campanhas pela independência. Quando ameaçada por soldados britânicos que disseram estar prontos para atirar contra a multidão, ela deu uma resposta lendária: "Eu sou a líder deles, atirem em mim primeiro."[20] Eles baixaram as armas. Mais tarde, ela escreveu em sua autobiografia:

> Shakespeare disse uma vez que o mundo é um palco e que todos os homens e todas as mulheres são meros atores; mas, para mim, a vida é um longo protesto — protesto contra o conservadorismo, os rituais sem sentido, a injustiça social, a discriminação de gênero; contra tudo que é desonesto e injusto [...] quando vejo algo assim, fico cega, e até mesmo esqueço contra quem estou lutando.[21]

A importância da luta coletiva no caminho de Querala rumo à igualdade desafia claramente a tese de Scheidel sobre o papel de rupturas como guerras e desastres no "nivelamento" e também a pouca importância que ele dá aos movimentos sociais. Sua perspectiva tem algum mérito no fato de apontar que a Segunda Guerra Mundial serviu como catalisador de mudança. A escassez de recursos básicos como arroz (o conflito interrompeu as importações de Myanmar) levou os oficiais a introduzirem um dos maiores programas de racionamento de comida da Índia, apoiado por uma rede de lojas "de preço justo". Contudo, isso provavelmente nunca teria acontecido sem os protestos públicos em massa contra a escassez, organizados pelo

Partido Comunista, que também instigou greves, criou bibliotecas públicas e promoveu peças de teatro radicais que exaltavam as virtudes dos trabalhadores. Ao fim da guerra pela independência em 1947, os comunistas ajudaram a garantir que as lojas "de preço justo" permanecessem abertas (elas existem até hoje, distribuindo grãos básicos e outros produtos). Ao mesmo tempo, faziam campanha por educação, saúde e reforma agrária. Eles foram recompensados ao se tornarem um dos primeiros governos comunistas democraticamente eleitos no recém-formado estado de Querala, em 1957.[22]

Desde então, Querala goza da incomum distinção de ter um governo que, na prática, alterna entre o Partido Comunista, que continua a se engajar em política eleitoral, em vez de revolucionária, e o Partido do Congresso, que geralmente apoia a social-democracia. Incentivados por eleitores exigentes e altamente politizados, em 1970 os comunistas introduziram o mais radical programa de reforma agrária da Índia — o que desmantelou entrincheiradas desigualdades e práticas feudais — e, juntos, os dois partidos conseguiram manter os sistemas de bem-estar social e educação mais extensos do país durante os traumas da austeridade neoliberal. Como comenta Bill McKibben, "o lema da política de Querala tem sido a 'redistribuição'".[23]

Talvez a maior realização dos comunistas tenha ocorrido em 1998, quando eles lançaram o Kudumbashree — que significa "prosperidade da família" —, agora mais reconhecido como um dos principais programas contra a pobreza e a injustiça social do mundo. Fiéis ao passado de Querala, as mulheres estão no centro do programa. O Kudumbashree convida uma mulher de cada domicílio a participar de um grupo de vizinhança que tem entre dez e vinte participantes e forma pequenas empresas coletivas em áreas como confecção, transportes, construção civil e agricultura, obtendo apoio governamental na forma de empréstimos baratos e treinamento. Respaldado em uma filosofia de descentralização radical e empoderamento feminino, o programa conta com espantosos 4,5 milhões de mulheres, incluindo 60% dos domicílios de Querala. Mais de 250 mil mulheres criaram mais de 60 mil chácaras coletivas — a maioria sustentável e de baixo impacto — para garantir a segurança alimentar de suas famílias e vender o excedente no mercado aberto.

Na verdade, o Kudumbashree é um exercício de pré-distribuição, e não redistribuição, de riqueza, dando às mulheres os meios econômicos para conseguirem levar uma vida decente, em vez de dependerem de benefícios estatais. Cada vez mais replicado no mundo, o programa é uma evidência inspiradora do papel das mulheres na luta de Querala por igualdade e justiça social. Como enfatiza uma das participantes, "a nossa força é coletiva. Conseguimos coragem e determinação de nossa solidariedade. O Kudumbashree é um programa de solidariedade".[24]

Trabalhadoras na cooperativa de café do programa Kudumbashree em Fort Kochi, Querala, 2019. Imagem cortesia de Benny Kuruvilla.

Seria errado descrever Querala como algum tipo de paraíso social. Apesar das conquistas de programas como o Kudumbashree, os níveis de violência doméstica permanecem elevados.[25] Os críticos também indicam que, embora Querala possa ter a nota mais alta de todos os estados indianos no Índice de Desenvolvimento Humano da ONU — que inclui indicadores de saúde, educação e padrão de vida —, seu PIB *per capita* é mais baixo que a média nacional. O retrato mais amplo, entretanto, é de que o chamado "modelo Querala" de desenvolvimento é uma das histórias de sucesso igualitário mais notáveis. A que isso se deve? Como vimos, a crise da Segunda Guerra Mundial estimulou as reformas igualitárias, mas dificilmente foi tão decisiva quanto se poderia esperar, considerando a teoria de Scheidel sobre o papel crítico de tais eventos. Iniciativas estatais, especialmente políticas, como a reforma agrária promovida pelo Partido Comunista, tiveram impacto significativo no pós-guerra. Contudo, em uma perspectiva de longo prazo, por baixo de tudo havia uma profunda cultura de ativismo político que datava do século XIX e era, em grande parte, apoiada e estimulada por mulheres empoderadas e educadas.

Muito frequentemente, o ativismo feminino não tem lugar nos livros de história. Querala oferece uma correção bem necessária a essa situação. Como indica o historiador Robin Jeffrey: "Uma população politicamente ativa e organizada, na qual as mulheres são educadas, movem-se com liberdade e realizam trabalhos assalariados, permite que as pessoas exijam — e forcem os governos eleitos a fornecer — serviços básicos como saúde, habitação, saneamento e educação." Ou, como ele mais sucintamente resume a lição de Querala: "Política + mulheres = bem estar."[26]

FINTOPIA: COMO A FINLÂNDIA PASSOU DE FIM DE MUNDO ECONÔMICO A EXEMPLO IGUALITÁRIO

Ao passo que Querala frequentemente é citada como uma das regiões mais igualitárias do sul global, quando se trata dos países ricos do norte global, o holofote tende a recair sobre a Escandinávia. A percepção popular do "modelo nórdico" enfatiza o forte papel do Estado na promoção de políticas igualitárias e no fornecimento de sistemas abrangentes de bem-estar social. Contudo, como em Querala, a perspectiva histórica revela a participação decisiva de prolongadas lutas sociais — mais uma vez, com proeminência do ativismo feminino — na diminuição da lacuna de desigualdade. A extraordinária transformação econômica da Finlândia no último século é um bom exemplo.

Em dezembro de 2019, um tuíte mostrando os cinco líderes da nova coalizão governamental da Finlândia viralizou.[27] Por quê? Porque eram todas mulheres e quase todas jovens — incluindo a primeira-ministra Sanna Marin, de apenas 34 anos.

Embora a coalizão tenha durado apenas alguns anos, foi emblemática de um país que com frequência é considerado um dos mais igualitários e

REDUZINDO A LACUNA DE DESIGUALDADE

felizes do planeta. Não é difícil entender a razão: a Finlândia ocupa o primeiro, segundo ou terceiro lugar em mais de cem indicadores de igualdade e bem-estar social, econômico e político.[28] Esse sucesso é evidenciado pelas estatísticas nacionais de igualdade de gênero no local de trabalho, pela assistência infantil e licença parental, pelos impostos sobre os ricos, pela parcela de renda do 1% do topo, pela qualidade da educação pública, pelo padrão de vida dos idosos, pelo nível de pobreza das crianças, pela proporção do PIB investida em serviços públicos e pelo progresso em relação aos Objetivos de Desenvolvimento Sustentável. A Finlândia também tem o maior número de bandas de heavy metal *per capita* do mundo. Para a maioria dos finlandeses, a vida é muito boa — embora o país ainda enfrente sérios problemas sociais, como suicídio, alcoolismo e racismo, sobretudo contra descendentes de africanos.[29]

Igual ao que acontece em Querala, as realizações da Finlândia ocorreram em somente algumas gerações. Durante a primeira metade do século XX, a Finlândia era um dos países mais pobres da Europa, com os habitantes em sua maioria camponeses sobrevivendo graças à agricultura e à silvicultura. Sua incrível reviravolta ocorreu sem receita advinda de petróleo e gás natural, como na Noruega, e sem os benefícios da riqueza colonial, como na Suécia. Então o que explica o surgimento da chamada "fintopia"?[30]

Voltemos no tempo, até 1907, quando a Finlândia ainda fazia parte do Império Russo. Outra era — e outra fotografia contendo somente mulheres. Esta mostra treze das dezenove eleitas para o novo Parlamento de câmara única. A Finlândia se tornara não somente o primeiro país da Europa a dar às mulheres direito ao voto em eleições parlamentares (logo após a Nova Zelândia e a Austrália), como o primeiro do mundo a permitir que elas se candidatassem ao Parlamento — e o primeiro no qual foram eleitas. Entre as novas parlamentares, havia, além de mulheres intelectuais de classe média, algumas de origens mais humildes, incluindo uma costureira, uma fiadeira, uma padeira e uma empregada doméstica. Talvez a mais conhecida fosse a candidata do Partido Social-Democrata Miina Sillanpää, ex-empregada doméstica e líder do sindicato das empregadas domésticas, que mais tarde se tornaria ministra de Assuntos Sociais e — nas palavras de Tarja Halonen (presidente finlandesa entre 2000 e 2012) — "uma das mães de nosso Estado de bem-estar social".[31]

As primeiras parlamentares do mundo, incluindo Miina Sillanpää (atrás, terceira a partir da direita), de blusa branca, como suas colegas social-democratas.

Elas não chegaram até lá sem luta. Assim como Querala, a Finlândia esteve à frente dos outros países quanto à educação feminina no século XIX. Parte disso se deve à influência da Igreja luterana e ao legado de Catarina, a Grande, que defendeu a educação para as mulheres das classes superiores em seus domínios. Os nacionalistas finlandeses foram responsáveis pela outra parte, pois lutavam pela independência após centenas de anos sendo o fantoche colonial da Suécia, a oeste, e da Rússia, a leste, e que acreditavam que educar as mulheres ajudaria a incluí-las na luta patriótica. No fim da década de 1800, 40% dos alunos do ensino médio eram do sexo feminino, assim como 14% dos alunos do ensino superior.[32] Essa nova geração de mulheres educadas esteve por trás da fundação da primeira Associação das Mulheres Finlandesas, em 1884, que fez campanha pelo sufrágio feminino, mas somente para as advindas de famílias abastadas.

Grupos dissidentes radicais logo se formaram, exigindo direito ao voto para todas as mulheres, independentemente de seu contexto social. Entre os principais grupos, estava a Liga das Mulheres Trabalhadoras, criada em 1900. Parte do crescente movimento social-democrata, a Liga foi às ruas ao lado de organizações trabalhistas na greve geral de outubro de 1905, um protesto surgido durante uma onda de agitação política que começara em São Petersburgo, naquele mesmo ano, contra o imperialismo russo na Finlândia. "A semana de greve foi um despertar para os direitos das mulheres", comentou o jornal de empregadas domésticas *Palvelijatarlehti*. Nos

REDUZINDO A LACUNA DE DESIGUALDADE

meses seguintes, a Liga organizou mais de duzentos protestos públicos pelos direitos de todas as mulheres de votarem e concorrerem nas eleições. Suas manifestações de massa, que mobilizaram dezenas de milhares de pessoas, finalmente venceram aqueles que se opunham ao sufrágio feminino universal. Em 1906, um Comitê de Reforma Parlamentar aceitou suas demandas.[33]

Essa histórica vitória das bases pavimentou o caminho para o alto nível de participação feminina na política finlandesa: sem ela, a foto de 2019 no Twitter jamais teria sido possível, e é improvável que 46% dos parlamentares fossem mulheres (significativamente acima da média europeia de 33%). Ela também estabeleceu as fundações do bem-estar social da Finlândia, já que foram mulheres politicamente ativas como Miina Sillanpää as pioneiras da oferta de assistência médica gratuita e apoio social a mulheres, crianças e idosos. Como argumenta a historiadora Aura Korppi-Tommola, "as mulheres finlandesas foram capazes de desempenhar um papel importante na construção da democracia e da sociedade de bem-estar quando ganharam o direito ao voto e à participação nas eleições".[34]

A jornada da Finlândia na direção do igualitarismo foi prejudicada pela violenta guerra civil iniciada em 1918, que causou a morte de mais de 20 mil simpatizantes social-democratas, conhecidos como Vermelhos, muitos dos quais foram executados pelas forças vitoriosas, os Brancos de direita.[35] Os conflitos compartilhados da Segunda Guerra Mundial, especialmente uma longa e gélida luta contra a União Soviética, ajudaram a reforjar a unidade nacional. Também provocaram a reforma do sistema de bem-estar social logo após a guerra: similarmente ao que ocorreu em outros países europeus, os veteranos de guerra exigiram pensões, habitação e assistência médica.

Em 1948, a Finlândia ficou entre os primeiros países do mundo a fornecer cuidados universais para crianças, graças à pressão de sindicatos e associações de mulheres, que permaneceram ativas desde a obtenção do direito ao voto.[36] O ano seguinte viu a introdução de um pacote único de maternidade para todas as mulheres grávidas do país. Ainda em vigor e agora conhecido como Baby Box, o kit contém roupas, cobertores, um colchão, brinquedos e livros para recém-nascidos, ao passo que a caixa pode ser usada como berço. O recebimento da caixa sempre foi condicionado à presença da mãe na clínica de pré-natal antes do quarto mês de gravidez, o que contribuiu para o rápido declínio das taxas de mortalidade infantil desde a década de 1950.

Como resultado de tais políticas, escrevem as demógrafas Danny Dorling e Annika Koljonen, se você é um bebê finlandês, "seu início de vida é um dos mais igualitários do planeta".[37]

Conteúdo da Baby Box finlandesa, ainda distribuída gratuitamente para todas as mulheres grávidas.

A era do pós-guerra testemunhou o nascimento do sistema tripartite de acordos salariais entre sindicatos, empregados e Estado, mas ele só decolou após os protestos sociais no fim da década de 1960 e início da década de 1970.[38] Os trabalhadores afiliados à Organização Central de Sindicatos Finlandeses (Suomen Ammattiliittojen Keskusjärjestö, SAK) se tornaram os grevistas mais militantes do mundo no que se refere a dias de trabalho perdidos. Conforme mais e mais mulheres entravam na força de trabalho (parcialmente devido à escassez de mão de obra), elas se tornavam mais ativas no movimento sindicalista, com o número de membros femininos da SAK mais que dobrando e ultrapassando os 400 mil entre 1969 e 1977. Esse desenvolvimento contribuiu para uma série de acordos facilitados pelos governos social-democratas, que aumentaram os rendimentos dos empregados de menor renda e das mulheres e garantiram melhores habitações públicas, pensões e benefícios para os desempregados. "Em termos de distribuição de renda", escreve o historiador do trabalho Tapio Bergholm, "a Finlândia rapidamente se tornou um dos países mais igualitários do mundo".[39] Impulsionados pelo movimento feminista em expansão, os sindicatos também conseguiram garantir novas creches, a fim

REDUZINDO A LACUNA DE DESIGUALDADE

de que as mulheres pudessem trabalhar com mais tranquilidade e tivessem licenças-maternidade remuneradas e mais longas.

A história de igualitarismo da Finlândia, que se estende em um longo arco, do sufrágio feminino em 1907 a inovações como a lei de 2020 que dá a recentes pais e mães o mesmo tempo de licença, continua a fornecer modelos visionários para lidar com desigualdades profundas. Há alguns anos, minha parceira foi convidada a fazer uma palestra em uma escola de ensino médio na Finlândia e, ao chegar, ficou espantada com o pequeno tamanho das turmas e a qualidade das instalações: laboratórios de ciências, salas de música, salas de aula com tecnologia de ponta e paredes em cores atraentes. Ela perguntou aos anfitriões se aquela era uma escola particular, só para ter certeza. Eles levaram vários minutos para entender a pergunta. O que ela queria dizer com "escola particular"? Parecia um conceito estranho. Não, era uma escola pública, explicaram eles. Ela descobriu que a maioria das escolas particulares havia sido estatizada pelo governo local após a Lei de Escolas Básicas de 1968, como parte do desejo de oferecer educação gratuita e abrangente a todas as crianças. Agora só havia um punhado de escolas de gestão independente — a maioria com afiliações religiosas, mas ainda subsidiadas pelo Estado —, e nenhuma delas podia cobrar mensalidade, obter lucro ou exigir testes de admissão. A maioria dos professores precisava de mestrado, ao passo que, desde 1948, todas as crianças recebiam almoço gratuito. E, embora as crianças finlandesas só começassem a estudar aos 7 anos e fizessem poucas provas, seus resultados estavam entre os mais altos do mundo em termos de nível educacional.[40]

"Se está atrás do sonho americano, vá para a Finlândia", brincou o ex-líder do Partido Trabalhista britânico, Ed Miliband.[41] Ele provavelmente está certo. Trata-se de um sonho cuja realidade igualitária com frequência é atribuída aos serviços públicos, ao generoso sistema de bem-estar social e à robusta política de impostos redistributivos. No entanto, dar crédito ao Estado finlandês — ou ao impacto de uma ruptura como a Segunda Guerra Mundial — não é o suficiente. Como em Querala, a história revela a influência crucial dos movimentos sociais e dos sindicatos na construção de uma das sociedades mais igualitárias do planeta, com as mulheres novamente no papel principal. Essa sociedade emergiu da cidadania ativa que ajudou a dar origem a um Estado progressista.

A despeito de liderar tantos indicadores globais de igualdade e bem-estar, não devemos celebrar a Finlândia como ideal. O racismo, particularmente contra a população imigrante, está entre os mais marcantes da Europa.[42] Além disso, conforme lidamos com as incertezas ecológicas do século XXI, os finlandeses ainda compram e queimam coisas demais: a pegada ambiental do país é a pior da OCDE e quatro vezes mais alta, por pessoa, que em Querala.[43] O planeta não consegue suportar todo mundo vivendo como os finlandeses. Assim, devemos escolher com cuidado entre os ingredientes do *smörgåsbord* do igualitarismo finlandês. Felizmente, a igualdade não tem custo para a Terra. Fornecer educação gratuita não é um perigo ambiental. A assistência médica pública tem uma pegada menor que a privada. Taxar os ricos — que apresentam emissões de gás carbônico desproporcionalmente altas — reduz o impacto ambiental.[44] E tenho o prazer de relatar que a Baby Box, hoje em dia feita de papelão reciclado, contém fraldas reutilizáveis e está a caminho de ser neutra em termos de pegada de carbono.

ESPERANÇA RADICAL E O PODER DA SOLIDARIEDADE

A desigualdade de riqueza ainda é um dos grandes flagelos da humanidade, tanto nos países quanto entre eles. De acordo com um relatório recente da Oxfam, "a desigualdade contribui para a morte de ao menos uma pessoa a cada quatro segundos", principalmente devido à fome e à falta de acesso à assistência médica básica, e a maioria das mortes ocorre no sul global.[45] Em contraste, a revolução digital criou uma nova geração de bilionários tecnológicos que capturam mais e mais riqueza para si mesmos. A *gig economy* está substituindo empregos estáveis por empregos temporários, como os de entregador da Amazon e motorista da empresa de delivery Deliveroo. A crise climática está atingindo as pessoas pobres mais severamente e ameaça aprofundar as desigualdades em um novo apartheid ecológico, no qual somente aqueles com meios econômicos podem se proteger do aumento das temperaturas, do nível dos mares e do preço dos alimentos. Assim, como extinguir a lacuna da desigualdade?

A história é uma fonte de esperança radical. O inesperado par formado por Querala e Finlândia, aparentemente tão diferentes um do outro, revela o poder dos movimentos sociais para forjar sociedades mais igualitárias

REDUZINDO A LACUNA DE DESIGUALDADE   175

e compelir os governos a distribuírem recursos de forma mais justa. Seus cidadãos se revoltaram repetidamente perante o colonialismo, o patriarcado, a hierarquia, os proprietários de terras, os baixos salários e a pobreza. Eles se organizaram de modo incessante e altruísta. Aproveitaram oportunidades e correram riscos. Confrontaram autoridades, desafiando-as com seu grito de "atire em mim primeiro". Sua longa luta, que durou até mesmo décadas, revela que a igualdade precisa ser conquistada — e pode ser, quando as pessoas se unem. Essa é uma resposta direta à tese de Scheidel, que foca o impacto de crises como guerras e desastres para criar igualdade: não há dúvida de que a Segunda Guerra Mundial ajudou a iniciar reformas igualitaristas tanto em Querala quanto na Finlândia, mas foi somente parte de uma história muito mais ampla na qual a ação civil que contestou o *status quo* desempenhou papel decisivo e duradouro.

As histórias de Querala e da Finlândia também são emblemáticas dos processos globais de mudança. A partir de uma série de estudos internacionais baseados em dados, o economista Thomas Piketty concluiu que uma força dominante reduziu a desigualdade de riqueza no século XX: "foram as lutas sociais e políticas que permitiram mudanças institucionais", como a introdução de impostos progressivos sobre a riqueza. Em suas palavras, essa é a "lição histórica" fundamental para criarmos um mundo mais igualitário.[46] É o poder disruptivo da solidariedade coletiva — uma força que Scheidel subestima amplamente — que de fato faz diferença. A capacidade dos seres humanos de organizarem movimentos para atingir seus objetivos compartilhados, frequentemente contra adversidades extremas e com poucos resultados imediatos, está entre as mais transformadoras inovações sociais da era moderna (um tópico ao qual retornarei no capítulo 10).

Como vimos, os movimentos liderados por mulheres foram cruciais na tentativa de criar sociedades mais igualitárias. Elas continuam a lutar em múltiplas frentes, daquelas que se opõem à disparidade salarial entre os gêneros e à violência doméstica ao movimento feminista negro e às iranianas que queimam seus lenços de cabeça enquanto escrevo. Similarmente, elas desempenham papel proeminente no movimento ecológico global, incluindo jovens ativistas como Xiye Bastida, Vanessa Nakate, Greta Thunberg e Licypriya Kangujam.

Embora eu tenha focado principalmente a história da desigualdade econômica e o papel das mulheres como agentes de mudança, no futuro o ativismo social tratará cada vez mais de diversas formas de desigualdade — baseadas em raça, gênero, sexualidade, classe, deficiências e outras formas de discriminação — e nas interseções entre elas. Isso atrairá uma nova geração de atores disruptivos que assumirão seu lugar na longa e distinta história dos movimentos antiopressão, desde as revoltas camponesas contra a servidão feudal no século XIV. Os esforços de tais movimentos exemplificam uma das narrativas centrais da história humana: o fato de que a justiça social é forjada no calor das lutas coletivas. Em um mundo de desigualdades aparentemente insuperáveis e enraizadas, lembremos as palavras da ativista política Angela Davis: "É nas coletividades que encontramos reservas de esperança e otimismo."[47]

9

MANTENDO AS MÁQUINAS SOB CONTROLE

Inteligência artificial e a ascensão do capitalismo

Vivemos um momento decisivo no desenvolvimento da inteligência artificial. Bill Gates declarou que ela é uma das maiores esperanças da humanidade, com o poder de "reduzir algumas das piores desigualdades do mundo".[1] A inteligência artificial pode ensinar às crianças habilidades literárias e numéricas essenciais em lugares onde não há escolas e aconselhar sobre a melhor maneira de tratar doenças se as pessoas não tiverem acesso a profissionais de saúde. Pode acelerar drasticamente os avanços médicos para curar certos tipos de câncer, permitir progressos na fusão nuclear e desenvolver sementes resistentes à seca — assim como compilar a playlist perfeita para você no Spotify. Como não gostar dela?

As extraordinárias capacidades da IA nos dão esperança, mas também medo. O que acontecerá se os vilões se apoderarem dela — criminosos cibernéticos que a usarão para hackear contas bancárias ou terroristas que enviarão drones para assassinar políticos? E se ela se tornar um Frankenstein eletrônico completamente descontrolado e decidir que somos uma espécie dispensável? "A IA poderia destruir a humanidade", declarou recentemente uma manchete de primeira página do *Daily Mail* britânico.[2]

Enquanto oscilamos entre esses dois extremos, a IA se insinua em praticamente todo aspecto de nossas vidas: algoritmos que determinam nossos feeds de notícias nas plataformas de redes sociais, indicações para nossa próxima compra na Amazon, medidores inteligentes que calibram nossos sistemas de aquecimento, sistema de GPS que nos ajuda a evitar engarrafamentos, aplicativos que podem desenhar qualquer coisa no estilo de Pablo Picasso e grandes modelos de linguagem como ChatGPT e Bard, que realizam as mais diversas tarefas, de escrever complexos códigos de computador a criar receitas para as sobras na geladeira (alguns autores até os usam para escrever seus livros — embora não este).[3] Todos esses são exemplos do que é conhecido como "IA limitada": máquinas digitais programadas para atingir objetivos específicos, tendo como base a análise de grandes quantidades de dados, com muito mais velocidade e eficiência que os humanos. Ela contrasta com a inteligência artificial geral (IAG, às vezes chamada de "IA forte"), o tipo presente em distopias de ficção científica como *Exterminador do futuro* e *Matrix*: máquinas autoconscientes que estabelecem seus próprios objetivos, gostemos deles ou não.

Este capítulo foca os insights que a história oferece para confrontar os perigos apresentados pela versão estreita da IA, que já se dissemina em velocidade terminal, ao passo que a IAG permanece no domínio da especulação: ela ainda não existe e exigiria grandes saltos tecnológicos para existir. À primeira vista, a história pode parecer pouco relevante para entender — e possivelmente mitigar — os riscos criados por algo tão tecnológico e sem precedentes quanto a IA. No entanto, há paralelos surpreendentes no passado.

Pensando em termos históricos, podemos começar com uma pergunta geral: a humanidade já criou um sistema de larga escala, muito parecido com a IA, e então se mostrou incapaz de controlá-lo? A resposta é sim: um sistema econômico que chamamos de capitalismo financeiro.[4] Analisar suas origens e seu desenvolvimento pode nos ajudar a entender melhor os perigos apresentados pela IA.

A IA tem espantosas similaridades com três outras formas de capitalismo que surgiram nos últimos quatrocentos anos: industrial, colonial e de consumo. Para compreender a fundo as fortes conexões entre IA e capitalismo, pense não apenas nas capacidades extraordinárias da IA, mas também nas fundações subjacentes que permitem seu desenvolvimento e funcionamento. Como disse a estudiosa de tecnologia Kate Crawford, precisamos entender a IA "como corpórea e material, feita de recursos naturais, combustível, trabalho humano, infraestruturas, logísticas, histórias e classificações".[5]

MANTENDO AS MÁQUINAS SOB CONTROLE 179

Descobrir as semelhanças entre IA e capitalismo nos permite reconhecer as dicas para evitar os riscos críticos da primeira que podem ser encontrados nas alternativas ao segundo. Contudo, antes de chegarmos às possíveis maneiras de limitar esses riscos, vamos dar uma olhada na origem do capitalismo financeiro e vejamos o que ela revela sobre a operação — e os potenciais perigos — da IA.

COMO O CAPITALISMO FINANCEIRO SE TORNOU UM SUPERSISTEMA INCONTROLÁVEL

As raízes do capitalismo financeiro podem nos levar às tábuas de argila usadas pelos babilônios como instrumentos de crédito e débito e a desenvolvimentos como o método das partidas dobradas na Itália renascentista. Contudo, sua forma moderna, a exemplo do complexo sistema integrado, começou de fato em Amsterdã no início do século XVII. Todos os dias, entre as 12 e as 14 horas, centenas de ávidos negociantes se reuniam na praça central da primeira bolsa de valores do mundo, a Bolsa de Amsterdã, e se engajavam em frenéticas trocas de ações e mercadorias. "Apertos de mão são seguidos por gritos, insultos, impudências e empurrões", relatou um observador.[6] A bolsa operava como uma forma inicial de computador, com os negociantes transmitindo informações pelo circuito impresso das colunas da praça. Muitos tinham ações na Companhia Holandesa das Índias Orientais, a primeira sociedade anônima de capital aberto do mundo e precursora da corporação moderna, que lidava com especiarias como noz-moscada, tecidos e outras mercadorias coloniais, tendo feito sua primeira oferta pública de ações em 1602.

O circo da bolsa de valores era moderado pela mão firme do Wisselbank, uma espécie de banco central, fundado em 1609 para facilitar os pagamentos do comércio exterior de Amsterdã, que crescia em ritmo acelerado. A prefeitura abrigava a câmara municipal de seguros marítimos e, alguns metros adiante — no caso de tudo dar errado —, ficava a câmara de falências, com a Queda de Ícaro esculpida acima da porta. Amsterdã tinha tudo para operar o que o historiador Simon Schama denominou "mais formidável capitalismo que o mundo já viu".[7] No entanto, na época poucos previram a facilidade com que poderia dar errado.

Um computador humano: negociantes fazendo acordos de alta velocidade na praça da Bolsa de Valores de Amsterdã.

Avancemos até a década de 1690, quando o exuberante financista escocês John Law chegou a Amsterdã. Law, um viciado em apostas de vinte e poucos anos que havia perdido toda a fortuna da família, fugia das autoridades britânicas, tendo escapado da prisão após matar um homem em um duelo. Ele ficou fascinando com o sistema financeiro operante em Amsterdã, ainda mais com a pioneira sociedade anônima de responsabilidade limitada, que protegia os investidores dos riscos financeiros para além do investimento original. Law logo começou a satisfazer seu desejo por apostas com especulações no mercado de ações. Ele também criou planos para uma revolução financeira que almejava "transformar papel em ouro" ao criar um banco público que superaria o modelo do Wisselbank de Amsterdã e emitiria suas próprias cédulas.

Ele finalmente teve sua oportunidade, graças à espiral de dívidas do rei Luís XIV da França. Em 1716, Law recebeu aprovação para criar o Banque Générale, em Paris, que em pouco tempo começou a emitir cédulas para pagar a dívida governamental. Law deu seu lance seguinte em 1717, fundando a Compagnie d'Occident, que recebeu o monopólio do comércio na colônia francesa da Louisiana, um território que cobria quase um quarto do que hoje são os Estados Unidos.

MANTENDO AS MÁQUINAS SOB CONTROLE 181

Foi aí que os problemas começaram. Como os fanfarrões empreendedores tecnológicos de hoje ao promoverem seu último produto, Law ofereceu ações com a promessa de que a Louisiana seria um abundante Jardim do Éden que enriqueceria a empresa e seus acionistas (incluindo ele mesmo). O Banque Générale foi renomeado Banque Royale e passou a conceder empréstimos para que as pessoas pudessem comprar ações, alimentando especulações febris e uma grande bolha de ativos. Alguns desconfiaram. "Todo mundo enlouqueceu em Paris?", perguntou Voltaire. "Não consigo entender esse caos." Outros fizeram fortuna, e nessa época foi cunhada a palavra *milionário*. Em 1720, entretanto, estava dolorosamente claro que a Louisiana era um fim de mundo pantanoso e infestado de insetos, com pouco potencial econômico. Os investidores começaram a vender suas ações.

Law percebeu que criara um monstro incontrolável, assim como, hoje, muitas pessoas começam a reconhecer que a IA poderia ir além das intenções originais de seus criadores. Ele tentou desesperadamente acalmar os mercados financeiros, mas foi incapaz de vencer a mentalidade de rebanho. Então emitiu novos tipos de ações a fim de atrair investidores, mas sem sucesso. Para evitar que as pessoas levassem suas economias para os metais de cunhagem, muito mais seguros, ele ajustou o preço oficial do ouro e da prata dezenas de vezes, mas nem assim conseguiu desacelerar a queda. Law instruiu o Banque Royale a comprar ações, mas o consequente excesso de papel-moeda fez a inflação disparar. Em resposta, ele desvalorizou as cédulas, mas isso levou ao ultraje público e à total perda de confiança no sistema financeiro. Nada podia deter a maré.

O resultado foi o primeiro grande colapso financeiro do mundo, conhecido como bolha do Mississippi. Milhares de pessoas perderam tudo, a economia francesa ficou em ruínas e John Law foi forçado a fugir do país. Ícaro caíra.[8]

John Law é visto por alguns como gênio imperfeito; por outros, como maçã podre. No entanto, a bolha do Mississippi não aconteceu só por causa de John Law. Ela representa o que acontece quando sistemas criados pelo homem adquirem vida própria e saem de controle. Law pode ter sido o catalisador do frenesi financeiro inicial, mas, no fim das contas, não foi capaz de evitar toda a confusão, por mais que tentasse. Esse padrão de bolha especulativa e colapso seria repetido inúmeras vezes, da bolha dos Mares do Sul e do pânico de 1825 à Quinta-Feira Negra e à crise financeira global de 2008, na qual 4 milhões de norte-americanos perderam as casas.

Desde suas origens na Amsterdã do século XVII, o capitalismo financeiro global se tornou um supersistema de rede tão grande, poderoso e interconectado, com milhões de transações internacionais ocorrendo em nanossegundos, que os governos acham efetivamente impossível regulá-lo e restringi-lo. Na época da crise de 2008, o fluxo financeiro internacional estava tão integrado, que o colapso de um banco americano como o Lehman Brothers teve devastadores efeitos-contágio em todo o mundo.[9] O historiador Fernand Braudel reconheceu essa possibilidade há meio século, observando que a preocupação do capitalismo com o ganho financeiro "libera forças que, em seguida, jamais podem ser adequadamente controladas".[10] O gênio inevitavelmente escapa da garrafa.

Vamos refletir por um momento. Que luz a história do capitalismo financeiro lança sobre os desafios atuais em relação à IA? Em que partes, exatamente, estão os paralelos e contrastes? Em três áreas: complexidade dos sistemas, risco de contágio e design intencional.

Primeiramente, a IA se parece com o capitalismo financeiro no sentido de que está se transformando em um vasto e complexo supersistema que a tornará tão difícil de controlar e regular como as finanças globais.[11] A principal diferença é que ela cresce em velocidade muito superior. Em apenas alguns anos, a IA nos atraiu, como uma aranha, para sua intrincada rede eletrônica. Onde quer que encontre informação digital, você agora encontra IA, de ferramentas de busca a sistemas de vigilância, de assistentes inteligentes a bots que jogam xadrez. Cinco dias após ser lançado em 2022, o ChatGPT já tinha mais de 1 milhão de usuários; em seis meses, esse número chegou a 100 milhões.

Uma característica especial da IA que acelera sua disseminação e seu emprego é aquilo que o filósofo social Daniel Schmachtenberger chama de natureza "omnimodal", que significa que ela pode ser efetivamente combinada a muitas outras tecnologias e empregada, por exemplo, para aprimorar a análise de dados na pesquisa de terapias genéticas, melhorar as previsões climáticas baseadas em satélites, ajudar petrolíferas a encontrarem novos depósitos ou planejar rotas aéreas. Isso a transforma em um tipo de supertecnologia em um mundo já dependente da tecnologia. O capitalismo tem elementos omnimodais semelhantes e que permitiram seu crescimento, como os mercados, os quais podem ser usados para comprar e vender quase qualquer mercadoria ou serviço, de maçãs no supermercado a ações na bolsa de valores.

MANTENDO AS MÁQUINAS SOB CONTROLE

Schmachtenberger também indica que as ferramentas de IA se disseminam tão rapidamente porque se tornam "obrigatórias": se seu concorrente as tem, você também precisa tê-las para se manter no jogo.[12] Assim, se um partido político usa IA para selecionar anúncios online direcionados a seus eleitores, outros partidos provavelmente farão o mesmo. Ou considere a maneira como, assim que a Microsoft apoiou o ChatGPT da OpenAI com tanto sucesso, o Google teve que acelerar o lançamento do rival, Bard. Ninguém quer ficar para trás. Essa é maneira como funciona um supersistema com o potencial de sair do controle, em um eco da mentalidade de rebanho que conduziu os mercados financeiros por mais de três séculos.

Um segundo paralelo com o capitalismo financeiro está relacionado ao risco de contágio ou o que é frequentemente conhecido como risco sistêmico. Em sistemas muito grandes e interconectados, há crescente probabilidade de que qualquer problema em uma área vaze e infecte todas as outras. Em um sistema financeiro, o maior risco é o de que uma espiral descendente saia do controle e resulte em colapso geral, como no caso da bolha do Mississippi e da Quinta-Feira Negra. No caso da IA, a perda de controle se mostra de outra maneira: é improvável que a IA "quebre" como um sistema financeiro. Mesmo assim, ela ameaça todo o sistema.

Um potencial risco sistêmico está relacionado à disseminação exponencial de informações falsas. Hoje existem IAs que podem ouvir somente três segundos de voz humana e replicá-la quase perfeitamente: imagine receber uma mensagem de voz de seu parceiro dizendo que esqueceu a senha da conta conjunta — mas, na verdade, não é ele, e sim um golpe. Tal roubo de identidade já acontece rotineiramente, e pode gerar sérias ameaças aos sistemas de segurança nacional, em escala global. O especialista em ética tecnológica Tristan Harris teme um mundo no qual "tudo será falso", com tecnologias de IA sendo usadas para criar uma avalanche de falsas identidades, falsos discursos políticos, falsos relatórios de ações e mesmo falsas e automatizadas religiões.[13] Os impactos sociais de tamanho colapso da verdade e da confiança são difíceis de discernir, mas poderiam ser colossais. A democracia pode funcionar com efetividade em um mundo digital? A própria realidade se tornou vulnerável à IA.

Como se não bastasse, outro risco de contágio é o desemprego tecnológico em massa. Está claro que a IA ameaçará empregos em alguns setores, como

184 HISTÓRIA PARA O AMANHÃ

TI, marketing, administração, direito e finanças. No entanto, conforme a tecnologia se desenvolve e se dissemina de indústria em indústria, alguns estudos sugerem que, nos Estados Unidos e na Europa, ela poderia resultar em níveis de desemprego de até 25%.[14] Podemos terminar em uma situação parecida com a da Grande Depressão da década de 1930, na qual o desemprego chegou similarmente a 25% nos Estados Unidos e teve vários efeitos em cadeia, como a extrema instabilidade política — incluindo a ascensão do fascismo em alguns países.

Os riscos sistêmicos também se estendem às aplicações militares da inteligência artificial. A IA tende a modificar a guerra com a criação de sistemas autônomos de armas — de robôs assassinos programados para atingir objetivos militares sem muita preocupação com a morte de civis a drones inteligentes que funcionam como veículos de entrega para armas químicas e biológicas. Sem que ninguém tenha necessariamente pretendido ou previsto, isso poderia facilmente levar a uma corrida armamentista, em que as nações seriam obrigadas a superar as capacidades das rivais. Esse tipo de risco é amplificado pela estrutura de propriedade da indústria de IA, dominada por corporações gigantescas como Google, IBM e Meta. Essas empresas, impulsionadas primariamente por objetivos financeiros, tendem a considerar os danos colaterais aceitáveis. Sem surpresa, elas já estão fechando contratos militares lucrativos: em 2022, Google, Microsoft, Amazon e Oracle compartilharam um contrato de 9 bilhões de dólares na Joint Warfighter Cloud Capability, que fornecerá análise de dados para as operações militares das Forças Armadas norte-americanas, como análise das imagens de drones.[15]

Uma semelhança final entre a IA e o capitalismo financeiro, que quase pode ser vista como óbvia, está relacionada ao design intencional: ambas são criações humanas não sencientes. Esse é obviamente o caso do sistema financeiro, mas é um ponto muitas vezes ignorado nas discussões públicas sobre os riscos da IA, quase sempre dominadas pelo medo em relação à IAG — o medo de que, em breve, nos tornemos fantoches nas mãos de máquinas conscientes que tomarão suas próprias decisões. A despeito da falta de evidências de que esse salto para a superinteligência consciente possa ocorrer (devido, por exemplo, às dificuldades de modelar computacionalmente a consciência humana, que permanece pouco entendida), isso não impediu os líderes tecnológicos de alimentarem o temor de que a IAG possa sair do controle e consignar o *Homo sapiens* à história.[16] Como disse o CEO da OpenAI, Sam Altman, "uma IAG

MANTENDO AS MÁQUINAS SOB CONTROLE

superinteligente e mal-alinhada poderia causar graves danos ao mundo" e se tornar "um risco existencial" para a humanidade.[17]

Na prática, tais declarações distraem a atenção pública dos perigos menos extremos, mas muito mais reais, da IA estreita avidamente desenvolvida pelo setor, incluindo o viés racial em algoritmos, o uso da IA na vigilância estatal e em operações militares, o fato de que o ChatGPT pode ensinar qualquer um a criar patógenos em casa e os monopólios superlucrativos que as empresas tecnológicas começam a se tornar. De acordo com Meredith Whittaker, especialista em IA e presidente do serviço de mensagens sem fins lucrativos Signal, "uma fantástica e empolgante história de fantasmas está sendo usada para distrair a atenção dos problemas que a regulamentação precisa solucionar".[18] Como um carro que sai derrapando se os freios falharem, a IA não precisa ser senciente para sair do controle e causar danos. Assim, vamos esquecer as histórias assustadoras e focar os problemas da realidade.

A despeito dos imensos riscos apresentados pela IA, há alguma esperança no fato de que, assim como o sistema financeiro surgido em Amsterdã no século XVII, nós a projetamos. Talvez possamos reprojetá-la — ou ao menos alguns de seus aspectos — antes que suas crescentes qualidades de supersistema a tornem praticamente incontrolável. Fazer isso requer abrir o capô e analisar mais de perto o funcionamento da IA já existente — suas bases materiais e humanas e as estruturas de poder por trás delas. Gradualmente, ficará claro que não se trata apenas de uma analogia entre a IA e a variante financeira do capitalismo. Ela é e precisa ser entendida como parte intrínseca do próprio sistema capitalista, representando três de suas outras formas históricas: industrial, colonial e de consumo. Quando essas conexões forem feitas, será possível visualizar um futuro diferente e menos perigoso para o relacionamento da humanidade com a IA.

CAPTURA CAPITALISTA: A IA COMO TECNOLOGIA DE EXTRAÇÃO

O capitalismo pode ser definido, de modo geral, como um modo de organização econômica que busca maximizar os retornos para os donos da riqueza e cuja operação é baseada na propriedade privada, no trabalho assalariado e nos mecanismos de mercado.[19] Para capturar a essência de sua forma industrial, que se tornou predominante no século XVIII, olhe com atenção para a cédula inglesa de 20 libras. Adam Smith contempla impassivelmente os operários de uma fábrica, ao lado da frase "A divisão do trabalho na fabricação de alfinetes (e o grande aumento na quantidade de trabalho resultante)". Em *A riqueza das nações* (1776), Smith explicou que há dezoito estágios na produção de um alfinete e que o trabalhador que tenta realizar todos eles "raramente, talvez com bastante trabalho, produz um alfinete por dia". No entanto, com o milagre econômico da divisão do trabalho — uma das bases do capitalismo industrial —, em que cada trabalhador faz uma ou duas tarefas apenas, eles podem produzir, em média, 5 mil alfinetes por dia. Smith foi o primeiro a admitir que o resultado era não só uma renda nacional mais alta, mas trabalhos repetitivos e tediosos que geravam "torpor da mente".

A IA promete que ninguém mais precisará enfrentar o torpor de uma fábrica de alfinetes. Máquinas inteligentes farão todo o trabalho tedioso, deixando os trabalhadores livres para utilizarem seu tempo com atividades prazerosas. Em vez da fumaça e da sujeira do sistema industrial, haverá um mundo de elegantes dispositivos portáteis e dados flutuando em uma nuvem imaculada.

Cédula britânica de 20 libras mostrando Adam Smith e a fábrica de alfinetes com a divisão do trabalho.

MANTENDO AS MÁQUINAS SOB CONTROLE

Contudo, a realidade está muito mais próxima da fábrica de alfinetes de Smith do que poderíamos imaginar. A Amazon, por exemplo, é líder mundial no desenvolvimento e no uso de sistemas de IA. Os trabalhadores da cédula de 20 libras parecem minúsculos robôs integrados à própria maquinaria produtora de alfinetes: visite um depósito da Amazon e você verá uma cena similar. Os funcionários são escaneados e monitorados exatamente como os pacotes que manuseiam, com softwares de logística rastreando seus movimentos a fim de aumentar sua eficiência. Os relógios estão por toda parte. Enquanto lidam com os itens que o sistema de recomendações pode ter convencido o cliente a comprar, os funcionários só podem fazer uma pausa de quinze minutos a cada turno de dez horas, com meia hora não remunerada para o almoço. Eles realizam tarefas que os robôs alaranjados Kiva não conseguem realizar, como empacotar itens com formatos estranhos, sempre tentando manter a rapidez.[20] Eles fazem parte de um algoritmo de eficiência, meras engrenagens na máquina, assim como Charlie Chaplin em *Tempos modernos* (1936), trabalhando cada vez mais rapidamente conforme a linha de montagem acelera.

Também há uma vasta força de trabalho por trás do Amazon Mechanical Turk, nomeado em homenagem a um jogador de xadrez mecânico que usava turbante, inventado em 1770 e secretamente operado por um homem escondido em seu interior. A versão da Amazon é uma plataforma de *crowdsourcing* que conecta empresas a milhares de trabalhadores mal pagos em todo o mundo. Estes competem entre si para realizar microtarefas ainda impossíveis para a IA, como detectar páginas de produto duplicadas no website da Amazon ou legendar fotografias com descrições de emoções para os softwares de reconhecimento facial. O pagamento padrão é de 1 centavo de dólar por tarefa. Na prática, os seres humanos estão aprimorando os sistemas de IA e seus processos algorítmicos.[21]

A IA com certeza não é uma tecnologia "artificial" e sem vida. Ela é humana, muito humana. É um sistema ciborgue, um híbrido de trabalho humano e inteligência de máquina (muito parecida com os primeiros "computadores" das décadas de 1940 e 1950, nos quais pessoas muito reais — tipicamente mulheres — realizavam complexos cálculos matemáticos para apoiar a tecnologia na engenharia, nas viagens espaciais e em outros campos).[22] A despeito da ameaça de desemprego tecnológico, a IA continua dependente de um componente essencial do capitalismo: trabalhadores mal pagos em empregos instáveis. Nesse sentido, é uma atualização do antigo sistema fabril: os trabalhadores ainda são "um apêndice da máquina", como descreveu Karl Marx em *O manifesto comunista* (1848).

Marx também apontou que a lógica do capitalismo vai muito além das fronteiras nacionais: "Ele deve aninhar-se em toda parte, estabelecer-se em toda parte, criar conexões em toda parte."[23] Esse impulso expansionista deu origem ao capitalismo colonial, um cúmplice do capitalismo industrial cuja premissa era a extração de matéria-prima barata e exploração do trabalho em países pobres na periferia da economia mundial, a fim de beneficiar as nações ricas no centro.[24] Um de seus locais de nascimento foi a cidade mineira de Potosí, na Bolívia, ao pé de um grande depósito de prata conhecido como *cerro rico* ou "montanha rica". Foi ali que os conquistadores espanhóis abriram as veias da América Latina no século XVII. Em 1650, Potosí tinha uma população de 160 mil pessoas, com 22 represas movimentando 140 moinhos por onde a prata passava. Embora imensas riquezas fluíssem para a Espanha, o custo humano era inimaginável. As minas dependiam do trabalho forçado de indígenas e africanos escravizados: até 8 milhões deles morreram. Como escreveu Eduardo Galeano, seria possível construir uma ponte de prata entre Potosí e Madri com o minério extraído, bem como outra no sentido inverso, com os ossos dos que morreram para extraí-lo.[25]

Há algumas lembranças do capitalismo colonial na indústria de IA. Não muito longe de Potosí, no sudoeste da Bolívia, fica o salar de Uyuni, a mais rica fonte de lítio do mundo. Esse "ouro cinzento" é o ingrediente secreto das baterias recarregáveis e um recurso vital para a futura expansão da IA. Pense em uma empresa como a Tesla, cujos carros elétricos empregam esse tipo de tecnologia nos sistemas de eficiência energética, nos mecanismos de monitoramento de segurança e no GPS. Essa dependência aumentará ainda mais quando eles se tornarem autônomos. Contudo, a bateria de cada um desses veículos também requer mais de 60 quilos de lítio. Sem ele, toda a IA de alta tecnologia da Tesla deixa de existir. Atualmente, grande parte do lítio é fornecida por China, Austrália e Chile, mas as *big techs* agora estão de olho nos frágeis desertos do salar de Uyuni.[26] A menos que o governo boliviano consiga manter o controle sobre esse precioso recurso, a situação pode se assemelhar à da República Democrática do Congo — fonte de 60% de todo o cobalto do

MANTENDO AS MÁQUINAS SOB CONTROLE 189

mundo, também usado para produzir baterias —, onde a mineração é amplamente controlada por corporações multinacionais como a Glencore.

Esses relacionamentos econômicos coloniais tendem a ser replicados em todo o mundo, graças ao fato de que os produtos baseados em IA, como celulares e carros elétricos, dependem de matérias-primas encontradas principalmente em países subdesenvolvidos. Um iPhone contém dois terços dos elementos da tabela periódica e tem uma vida média de somente dois anos, e a vasta maioria desses elementos é jogada no lixo, em vez de reciclada. A fome da indústria de IA (e, de modo geral, de todo o setor tecnológico) por lítio, cobalto e outros metais se torna tão insaciável quanto a fome dos conquistadores por ouro e prata.[27]

A natureza do capitalismo colonial também está se transformando, dando origem a uma nova era do que a especialista em tecnologia Abeba Birhane chama de "colonização algorítmica".[28] Em vez de apenas extrair matéria-prima para seus produtos, a indústria tecnológica começou a usar IA para extrair valor do sul global. Os exemplos são abundantes. O Facebook ofereceu acesso gratuito à internet em países de baixa renda por meio do Free Basics, uma droga de entrada que efetivamente prende dezenas de milhões de usuários em seus algoritmos de publicidade, com a receita fluindo para o Vale do Silício (a Índia foi um dos poucos países a proibi-lo).[29] Esquemas de microcrédito, frequentemente celebrados por suas credenciais antipobreza ao concederem pequenos empréstimos a juros baixos, também fazem parte dessa dinâmica de conquista, analisando históricos de navegação para determinar o score de crédito. Embora o governo queniano possua 35% da Safaricom — que opera a M-Pesa, a principal plataforma de microcréditos da África —, 40% são da Vodafone, e grande parte do remanescente pertence a investidores abastados do norte global. O economista Milford Bateman oferece o contexto histórico: "Como as mineradoras da era colonial, que exploraram a riqueza mineral africana, a indústria de microcrédito na África existe somente para extrair valor das comunidades mais pobres."[30]

Os esquemas de classificação dos softwares de reconhecimento facial refletem uma mentalidade colonialista parecida. O UTKFace, um dos mais conhecidos bancos de dados para treinamento de IA — com milhares de imagens faciais —, classifica as pessoas pela cor da pele, em categorias redutivas como brancos, negros, asiáticos, indianos e outros. É inequívoca a similaridade com a Lei do Passe durante o apartheid na África do Sul, na década de 1950, pela qual as pessoas eram classificadas como brancas, bantus (africanas negras), asiáticas ou de cor. Na verdade, a IA inclui em seus algoritmos as categorias raciais do colonialismo. O impacto de tais esquemas de classificação é muito real. Os sistemas de vigilância por câmeras usados no policiamento demonstraram alta imprecisão e identificaram (erroneamente) como criminosos um número desproporcional de membros das minorias étnicas. Um estudo da União Americana de Liberdades Civis, usando o software de reconhecimento facial da Amazon, Rekognition (empregado pelas agências da lei americanas), mostrou que ele identificou 28 membros do Congresso como criminosos, onze dos quais eram pessoas não brancas.[31] As mulheres também são vítimas dessas estruturas de dominação: os algoritmos das redes sociais mostram a elas anúncios de empregos com salários menores que os exibidos para homens.[32]

Uma variante final e mais recente do capitalismo — o de consumo — oferece ainda mais insights sobre a IA. Aqui, uma ferramenta útil é o conceito marxista de "mais-valia", que descreve o valor produzido pelo trabalho acima e além do salário pago ao trabalhador que é retido pelo dono do capital na forma de lucro. O equivalente da IA é a "mais-valia comportamental", um termo cunhado pela psicóloga social Shoshana Zuboff.[33] Como ela funciona?

A IA rastreia a todo tempo nossas experiências pessoais: os produtos que compramos, os filmes a que assistimos, as notícias que lemos, por onde dirigimos. Alguns desses dados são usados para melhorar a qualidade de serviços ou aplicativos, mas o remanescente — a mais-valia comportamental — é vendido para anunciantes, que o usam para prever nosso comportamento de consumo e oferecer produtos selecionados. Esse roubo digital de nossas informações pessoais geralmente ocorre sem nosso conhecimento ou consentimento (com algumas exceções, como as permissões concedidas pela Regulamentação Geral de Proteção de Dados da União Europeia).

De acordo com Zuboff, os celulares são na verdade cavalos de Troia usados para extrair nossos valiosos dados: é parcialmente por isso que são tão baratos. Em um notório caso ocorrido em 2012, um pai de Minnesota descobriu anúncios de roupas de bebê sendo enviados a sua filha adolescente, que negou estar grávida. O algoritmo de IA previu a gravidez antes mesmo de ela saber, porque ela passou a comprar hidratante corporal sem perfume, uma preferência estatisticamente associada ao segundo trimestre de gestação.[34]

Esse foco no consumidor como fonte de ganho financeiro mostra como a IA representa uma profunda continuidade na história do capitalismo. Nos séculos XVIII e XIX, o capitalismo industrial maximizava os lucros mantendo os salários baixos. Isso se tornou cada vez mais difícil com o crescente poder dos sindicatos, levando ao desenvolvimento do capitalismo de consumo no início do século XX. Os lucros passaram a ser gerados pela criação de novos desejos por meio de anúncios, fazendo com que as pessoas comprassem coisas das quais não precisavam. As indústrias de relações públicas e marketing que explodiram após a Primeira Guerra Mundial atraíram todo mundo para o universo dos prazeres de consumo: fumar, encher o armário de roupas para todas as ocasiões e comprar anéis de diamante e um segundo carro para a família. A mais-valia comportamental é um modelo parecido com base em anúncios que conduz o consumidor inconscientemente na direção de produtos que ele não sabia que queria. O Google não é um motor de busca, mas uma empresa de anúncios: cerca de 90% de sua receita vêm deles. A taxa de cliques é suprema. O livre--arbítrio é a vítima.

"A história não se repete, mas na maioria das vezes rima", escreveu Mark Twain. Esse com certeza é o caso da IA. Como observa a especialista digital Kate Crawford, a IA "é uma tecnologia de extração" e inclui traços fundamentais do capitalismo industrial, colonial e de consumo.[35] Está na hora de deixar a ficção científica de lado. Em uma análise mais atenta, a IA é mais bem entendida não como superinteligência miraculosa, mas como algo muito mais familiar: um componente de um supersistema gigantesco do próprio capitalismo. E logo se torna o veículo principal de uma nova forma, o "capitalismo de informação", baseado no acúmulo de dados, e não de capital. A informação se tornou o recurso de extrema importância no âmago da economia global, e a IA é empregada para extrair recompensas financeiras, pouco a pouco, byte a byte.

Nada disso teria surpreendido Karl Marx, que entendeu que a pergunta-chave a ser feita a qualquer sistema econômico é: a quem pertencem os meios de produção? Quando se trata da IA, a resposta é clara. Embora parte dela seja desenvolvida por governos, a maioria é gestada no útero corporativo norte-americano: menos de dez empresas em todo o mundo — entre elas a Meta, a Microsoft, o Google e a Palantir — possuem os imensos recursos necessários para desenvolver e operar IA em grande escala. Apesar de toda sua visão e inovação tecnológica, essas *big techs* são guiadas pelo antigo algoritmo de maximizar tanto o retorno sobre o investimento quanto o valor para os acionistas, um algoritmo que tem raízes no nascimento do capitalismo no século XVII.

Até esse ponto, a história do capitalismo serviu para revelar alertas sobre a IA. Onde podemos encontrar alguma esperança? Será que o passado tem alguma dica para mitigar as desvantagens do emergente supersistema de IA e tentar preservar sua imensa promessa? Se um problema subjacente do setor é ter o capitalismo incluído em seu código operacional, então o melhor lugar para descobrir soluções seria em uma alternativa ao capitalismo. Isso pode soar desafiador. Como diz o filósofo Slavoj Žižek, "é mais fácil imaginar o fim do mundo que o fim do capitalismo".[36] Contudo, como estamos prestes a descobrir, imaginar uma economia pós-capitalista capaz de mitigar alguns dos perigos da IA pode ser mais fácil do que pensamos, desde que procuremos nos lugares certos.

POSSE DISTRIBUÍDA: DO VALE DO SILÍCIO AO VALE DAS COOPERATIVAS

Uma tecnologia tão poderosa e potencialmente perigosa como a IA deveria ser deixada na mão de corporações cuja motivação principal é o ganho financeiro, e não o bem-estar das pessoas e do planeta? A indústria tecnológica pede que confiemos nela, argumentando ter as boas intenções e o conhecimento necessário para desenvolver IA com sabedoria, apenas com uma leve regulamentação governamental. No entanto, não é preciso ler Marx para perceber que isso seria arriscado. Basta escutar alguém como Elon Musk, o qual, ao mesmo tempo que jura que haverá democracia direta em suas futuras colônias em Marte, obstrui a organização sindical nas fábricas da Tesla. Quem sabe o que mais ele poderia fazer com sua empresa de inteligência artificial, a xAI? Há ainda o Google, que em 2018 abandonou o projeto militar de drones pilotados por IA devido às preocupações éticas de seus funcionários, mas, alguns anos depois, fechou contrato com o De-

MANTENDO AS MÁQUINAS SOB CONTROLE   193

partamento de Defesa. Considere também a OpenAI — desenvolvedora do ChatGPT —, que foi fundada em 2015 como organização de código aberto e sem fins lucrativos, mas quebrou todas as suas promessas idealistas ao se tornar mais uma empresa tecnológica de código fechado, motivada pelo lucro, com acordos bilionários com a Microsoft.[37]

Então o que pode ser feito? Uma opção seria estatizar as principais empresas de IA, para que fossem operadas pelo "Estado empreendedor", disposto a promover inovações, mas impondo limites éticos (ver capítulo 7). Foi isso que muitos países fizeram ao estatizar ferrovias e indústrias essenciais como a de carvão no século XX. Entretanto, soluções baseadas no Estado trazem seus próprios perigos, evidenciados no uso, por parte de Vladimir Putin, das capacidades de IA da Rússia para interferir nas eleições ocidentais ou no emprego da tecnologia de reconhecimento facial pelo governo chinês para vigiar seus cidadãos.

A história, porém, oferece uma alternativa, que por mais de um século forneceu uma opção vibrante e viável tanto ao controle estatal quanto ao capitalismo corporativo, podendo fornecer um modelo inspirador para as empresas que desenvolvem e empregam IA. Hoje, nós o chamamos de "posse distribuída", uma forma de democracia econômica na qual os donos das empresas não são acionistas e investidores, mas sim um conjunto mais amplo de membros interessados da comunidade.

Sua origem está em uma das maiores inovações sociais do século XIX: o movimento cooperativista. Cooperativas, como a Dairy Farmers of America, nos Estados Unidos, a Rabobank, nos Países Baixos, e a federação Mondragón, na Espanha, são negócios possuídos e dirigidos por funcionários e clientes e cujos estatutos tipicamente incorporam objetivos sociais, para além dos financeiros. Em uma estrutura relacionada, conhecida como *steward ownership*, a empresa é colocada nas mãos de um fundo, que tem o dever fiduciário de agir para benefício dos funcionários, dos consumidores e do próprio planeta. Exemplos incluem grandes nomes, como a loja de departamentos britânica John Lewis, a produtora alemã de produtos eletrônicos Bosch, a fabricante de roupas esportivas Patagonia e o provedor de internet Mozilla.

Na maioria dos países, esses modelos de posse distribuída representam somente um pequeno segmento da economia, mas, em alguns, são um dos maiores e mais dinâmicos setores. Para vê-los em ação, faça uma viagem entre o Vale do Silício e o vale das cooperativas, na região italiana de Emília-Romagna, que tem uma das economias cooperativas mais densas do mundo.

Com uma população próxima dos 5 milhões de pessoas e centrada na antiga capital de Bolonha, cerca de um terço do PIB da região é gerado por negócios cooperados, que, juntos, empregam quase 30% da força de trabalho.[38] Um residente típico pode trabalhar em uma empresa de alta tecnologia cujos donos são os funcionários, almoçar em um café cooperado por perto, visitar o pai em uma casa de repouso de gestão cooperativa à noite e, no caminho de casa, fazer compras na COOP, uma das maiores redes de supermercados do país, cuja posse coletiva é dos clientes. Em algum momento, também pode ir ao bar de seu bairro para tomar uma taça de vinho cooperativamente produzido. Ande pelas ruas de paralelepípedos de Bolonha e você dificilmente perceberá que está vivendo uma utopia: há tantos negócios cooperados que eles nem sequer anunciam o fato, com algumas exceções, como o supermercado.

De que maneira isso aconteceu? As origens da economia cooperativa da Emília-Romagna se dão nas instituições comunais e no espírito cívico que emergiu na região durante a Idade Média. No século XII, seus mercadores, artesãos e profissionais estabeleceram uma forma de governo comunal autônomo que lutou para se tornar independente de papas e príncipes (com variados graus de sucesso). Seus trabalhadores se organizaram em guildas cujos membros faziam juramentos de assistência mútua. As associações religiosas e de bairro floresceram, ao passo que a Universidade de Bolonha, fundada em 1088, foi dirigida por estudantes durante os três primeiros séculos. Embora as oligarquias locais permanecessem poderosas, Bolonha era a indiscutível "capital da Itália comunal".[39]

Essas redes de comunidade cívica deixaram um poderoso legado de solidariedade coletiva que perdurou por centenas de anos. O cientista político Robert Putnam diz que as sociedades de ajuda mútua entre trabalhadores que surgiram na Emília-Romagna no século XIX, projetadas para apoiar seus membros durante doenças e idade avançada, eram descendentes históricas "claramente traçáveis" das organizações comunais da Idade Média. "As tradições medievais de colaboração persistiram, mesmo entre os camponeses", escreveu ele.[40] O movimento cooperativo da região surgiu dessas associações de auxílio mútuo (conhecidas, em alguns países, como "sociedades de amigos") no fim da década de 1800. Um exemplo típico é o Banco Cooperativo de Imola, uma cooperativa de crédito que concedia empréstimos a trabalhadores rurais e fabris. Após seu primeiro ano de lucro em 1904, os membros decidiram não dividir tais lucros entre si, mas considerá-los "reservas indivisíveis" a serem futuramente reinvestidas. Eis aqui um modelo econômico baseado na gestão de longo prazo, e não no ganho financeiro, descrito por alguns como "mutualidade intergeracional".[41]

Estudantes da Universidade de Bolonha — ouvindo atentamente uma palestra do rei Henrique da Alemanha no início do século XIII — formavam guildas para administrar a universidade e até mesmo demitiam professores cujas aulas não atendiam às suas expectativas.[42]

O movimento das cooperativas se expandiu rapidamente nas décadas seguintes, promovido tanto pelas organizações socialistas quanto pela Igreja católica. Seus membros foram perseguidos durante o fascismo entreguerras, mas o movimento ressurgiu no pós-guerra, parcialmente por ser defendido pelo Partido Comunista, que não demorou a dominar a política eleitoral na região. Também floresceu por causa da Constituição italiana de 1948, que dava às cooperativas status legal como setor econômico essencial voltado para os benefícios econômicos, e não para a maximização do lucro.[43] Isso permitiu que elas recebessem isenções fiscais e outras formas de fomento. O requerimento legal de transformar parte dos lucros anuais em reservas indivisíveis garantiu que fundos estivessem disponíveis para investimentos internos, assim como para sobreviver às retrações econômicas e incentivar a formação de novas cooperativas.

O resultado final foi que as cooperativas da Emília-Romagna prosperaram como em nenhum outro lugar da Europa, formando uma rede diversificada que hoje inclui mais de 4 mil negócios, cuja posse distribuída garante que ela seja uma das regiões mais igualitárias do continente, ao mesmo tempo que exibe uma das menores taxas de desemprego e maior renda *per capita*.[44] Os benefícios de um sistema cooperado com pilares na pré-distribuição, e não na redistribuição de riqueza, são claros. Em nossa era neoliberal, na qual parece quase impossível imaginar algo diferente de uma economia dominada por grandes negócios nas mãos de acionistas e investidores privados, a Emília-Romagna mostra outra possibilidade.

À luz dessa excursão histórica, retornemos à inteligência artificial. Os riscos e desafios apresentados pela IA são reconhecidamente vastos, indo de controlar suas perigosas capacidades militares a encontrar maneiras de impedir que carros autônomos atropelem pessoas. Não pretendo oferecer panaceias universais, porém é válido considerarmos se um modelo de posse distribuída, nas linhas encontradas na Emília-Romagna, poderia trazer mais ética e responsabilidade na emergente economia de IA.

A princípio, isso pode soar fabulosamente utópico. Alguém poderia pensar, por exemplo, que uma nação individualista como os Estados Unidos simplesmente não tem tradições de organização compartilhada sobre as quais construir empresas de IA baseadas no cooperativismo. No entanto, há convincentes evidências de que o auxílio mútuo floresceu no país, do mesmo modo que no norte da Itália, especialmente em épocas de crise econômica. Durante a Grande Depressão da década de 1930, quando os investidores privados se mostraram relutantes em criar empresas de eletrificação nas áreas rurais devido à falta de lucratividade, os fazendeiros locais formaram centenas de cooperativas para ligar comunidades isoladas à rede elétrica, com a ajuda de empréstimos governamentais a juros baixos proporcionados pelo New Deal. Notavelmente, elas ainda existem, mas fora do radar, fornecendo energia a 42 milhões de pessoas. "Se queremos uma economia tecnológica mais inclusiva, o legado do New Deal é um bom começo", escreve o especialista em cooperativismo Nathan Schneider, que também acredita que devemos aprender com o modelo de Emília-Romagna.[45] E isso está começando a acontecer. Negócios cooperados estão decolando no setor tecnológico, sobretudo as "plataformas cooperativas". Trata-se de empresas digitais, cada vez mais dependentes da análise de dados por IA, nas quais a posse está basicamente nas mãos de funcionários e usuários.

Entre elas está a Drivers Cooperative, um serviço de táxi da cidade de Nova York fundado em 2020. Hoje em dia, ele conta com aproximados 10 mil motoristas, os quais podem ser chamados por um aplicativo que usa IA para agendar e coordenar corridas com a máxima eficiência. Projetado para pôr fim à exploração enfrentada pelos motoristas contratados, muitos dos quais são imigrantes com pouco poder aquisitivo, o serviço cobra uma comissão menor que competidores como Uber e Lyft. Além disso, por serem coproprietários, os motoristas podem votar em decisões comerciais e recebem uma parcela dos lucros. Como no caso da maioria das plataformas cooperativas, a maior dificuldade foi encontrar financiamento para lançar o negócio: as empresas baseadas em tecnologia tipicamente experimentam perdas iniciais devido ao grande custo de lançamento, tornando-se dependentes de venture capital, que espera retornos maiores no futuro. Graças ao financiamento de uma organização de investimentos comunitários chamada Shared Capital Cooperative, a Drivers Cooperative foi capaz de decolar. Agora, além de fornecer a seus funcionários perspectivas financeiras melhores que as das concorrentes, ela separa 10% dos lucros para projetos de desenvolvimento comunitário.[46]

O modelo cooperativo está se disseminando também nas redes sociais, um dos domínios fundamentais dos algoritmos de IA. Quando Elon Musk assumiu o Twitter em 2022 e o transformou em X, muitos usuários decidiram buscar uma alternativa mais ética — e a encontraram na Mastodon, uma rede descentralizada e sem fins lucrativos que utiliza softwares gratuitos e de código aberto. Em um mês, sua base de usuários passou de 300 mil para cerca de 3 milhões. Entre os servidores nos quais ela opera está a social.coop, descrita como "Twitter de propriedade dos usuários". Com o tempo, tais

grupos poderiam se transformar em uma federação de servidores cooperados, apoiados por tecnologias descentralizadas de blockchain (usadas para
tarefas como administrar votações eletrônicas à prova de fraude).[47]

E não pense que a Emília-Romagna está sendo excluída da discussão.
A região, além de ser um dos centros de inovação em IA da Europa, com
empresas desenvolvendo novas tecnologias e aplicações, tem um número
crescente de plataformas cooperativas, cujo surgimento é apoiado pelos
governos municipais.[48] Se você está procurando uma alternativa às práticas
extrativistas do Airbnb, cada vez mais criticado por elevar os aluguéis e esvaziar as cidades de habitantes locais, tente o Fairbnb, uma cooperativa que
devolve 50% das taxas às comunidades e cuja sede está no centro histórico
da cultura cooperativa, Bolonha.

A crítica mais óbvia ao movimento de plataformas cooperativas é o fato
de a maioria das pessoas jamais ter ouvido falar dele. Ele representa apenas
uma fração das empresas digitais e, com poucas exceções, as plataformas são
tão pequenas, que mal conseguem competir com as *big techs*. No entanto,
isso pode ser menos problemático do que parece.

Uma das maneiras mais eficazes de manter a IA sob controle e em segurança — e uma de nossas opções genuínas enquanto ela continua sua
rápida disseminação omnimodal — é nutrir um ecossistema diversificado
de cooperativas e empresas de *steward ownership* no setor tecnológico, que
contribua para a descentralização e dispersão das tecnologias entre um
número maior de interessados. Isso ajudará a minimizar um dos perigos
centrais da economia de IA (e do capitalismo, de modo geral): a concentração de posse e poder.

Essa estratégia se parece com aquela que os bons jogadores de xadrez
frequentemente utilizam quando estão perdendo ou estão sob pressão: eles
colocam todas as peças em jogo e complicam o tabuleiro, o que impede que
as peças poderosas do oponente dominem a partida, ajuda a prolongá-la e
talvez — somente talvez — forneça oportunidades inesperadas de vitória
se o jogador conseguir fazer com que suas peças trabalhem juntas. Quando se
trata de manter a indústria de IA sob controle, a diversidade é uma virtude.

Contudo, esse ecossistema diversificado tem pouca probabilidade de
evoluir sem a presença de três elementos de apoio. Primeiro, os governos
precisam fornecer financiamento para tirar as cooperativas de IA do papel,

atualmente o maior problema. Segundo, é necessária uma regulamentação mais rígida. É essencial nivelar o campo de jogo: é improvável que gigantes do setor, como o Google ou a Microsoft, transformem-se em cooperativas ou empresas de *steward ownership*, então pode ser necessário usar leis antimonopólio para dividi-las em empresas menores (ver capítulo 4). Os defensores de tal estratégia vão do especialista em tecnologia Douglas Rushkoff ao ex-secretário do Trabalho norte-americano Robert Reich.[49] A União Europeia propôs uma Lei de Inteligência Artificial (2023) que pode entrar em vigor em 2025 e proibir o uso de imagens da internet para criar bancos de dados de reconhecimento facial.[50] Todavia, muitos analistas sugerem que garantias mais substanciais precisam ser implementadas. De acordo com Tristan Harris, os riscos sistêmicos associados à IA justificam uma regulamentação que desacelere e limite o emprego público dos grandes modelos de linguagem mais poderosos até que sua segurança seja garantida, similarmente à maneira como a proibição de testes nucleares dificultou a proliferação de armas nucleares após a Segunda Guerra Mundial.[51]

O terceiro elemento é uma onda de campanhas públicas que pressionem os governos a agirem. Precisamos de uma nova geração de movimentos sociais — equivalentes a Fridays for Future e Extinction Rebellion — a fim de obrigar as maiores corporações a serem responsáveis e de criar espaço para modelos inovadores como as plataformas cooperativas. A boa notícia é que essa solidariedade digital está começando a aparecer em organizações como o Centro para a Tecnologia Humana, a Liga da Justiça Algorítmica e a coalizão global Stop Killer Robots, que faz campanha para evitar o uso de IA em sistemas autônomos de armas.

Nada disso será fácil, até porque a indústria não quer discutir nada tão fundamental quanto a posse. Embora seus líderes tenham o hábito de discutir os perigos de perder o controle sobre a IA, são as próprias corporações tecnológicas que atuam como agentes fora de controle, estabelecendo o lucro como objetivo. A IA nunca será de fato segura até que essas empresas sejam controladas por regulamentação rígida ou deixadas de lado por modelos de negócios mais benignos.

A história da Emília-Romagna prova um ponto crucial: as cooperativas podem ser a espinha dorsal de uma economia dinâmica, inovadora e competitiva, baseada também nos princípios da justiça e da equidade. Então por que não aplicar tudo isso à indústria da IA? Devido aos deveres sociais e ambientais incluídos em seus estatutos, as cooperativas apresentam menor probabilidade de explorar funcionários com salários baixos e condições precárias de trabalho, vender para a indústria armamentista, cometer crimes ecológicos e capturar dados pessoais sem consentimento. Além disso, elas podem fornecer uma diversidade econômica essencial para dispersar o poder corporativo.

Distribuir a posse da IA entre um grande número de interessados não é uma cura milagrosa para suas inúmeras ameaças, mas ela certamente representará uma ameaça menor se for colocada nas mãos de trabalhadores, clientes e fundos administrativos, em vez de ser entregue aos acionistas e investidores que estão por trás da história do capitalismo desde John Law e das instituições financeiras do século XVII em Amsterdã. Pense nisso como mercados sem capitalismo.

Era precisamente isso que o industrialista Leland Stanford tinha em mente quando fundou a icônica universidade do Vale do Silício em 1885. Ele era um defensor tão passional das cooperativas de trabalhadores, que o fundo criado estipulava que os estudantes de Stanford deveriam aprender "a correção e as vantagens da associação e da cooperação".[52] Seu desejo foi rapidamente esquecido. É irônico que os alunos da universidade tenham criado tantas gigantes corporativas, de Google e Yahoo a PayPal e Instagram, que representam a antítese da visão de seu fundador. Imagine se, em vez disso, Leland Stanford tivesse fundado sua universidade no vale italiano das cooperativas.

10

EVITANDO O COLAPSO CIVILIZACIONAL

Como nações e impérios sobreviveram a crises e mudanças

Sem a energia do Sol, não haveria vida na Terra. Sem a energia fornecida por trabalho humano, animais de carga, rodas-d'água e forjas a lenha, nenhuma cidade ou civilização teria surgido. A capacidade de controlar a energia tem sido o motor central da história humana pelos últimos 10 mil anos.[1] No entanto, eis um segredinho: o extraordinário desenvolvimento econômico e social de nossa espécie desde o século XIX foi baseado em uma bonança única de energia fóssil, durante a qual queimamos um estoque limitado de petróleo, gás e carvão, em uma taxa milhões de vezes mais rápida que o ritmo de criação de natureza. E isso não pode continuar. Como disse o economista ecológico e ex-trader de Wall Street Nate Hagens:

> Um bando de macacos relativamente inteligentes e bastante sociais conseguiu colocar a mão num pote de biscoitos de energia fóssil e vem dando uma festa pelos últimos 150 anos. As condições da festa são incompatíveis com a realidade biofísica do planeta. A festa está quase acabando e, quando a manhã chegar, mudanças radicais em nosso modo de vida serão impostas.[2]

Enfrentamos a perspectiva do que Hagens chama de Grande Simplificação. A preparação para a festa começou na era pré-industrial, quando as necessidades energéticas das sociedades agrícolas, como água corrente e cavalos, eram relativamente limitadas e sustentáveis. A festa começou a sair do controle durante a Revolução Industrial, quando passamos a usar hidrocarbonetos concentrados para impulsionar a nova era das máquinas, de motores a vapor a automóveis. Aos poucos, ficamos cada vez mais dependentes do crédito dos mercados financeiros para extrair recursos energéticos e financiar o consumo em massa, e a festa continuou, embora passando por reajustes ocasionais, como a Quinta-Feira Negra e a crise econômica de 2008.

De acordo com Hagens, porém, estamos nos aproximando rapidamente de um ponto de inflexão no qual esse sistema se tornará insustentável. O impulso único de carbono sobre o qual construímos nossas sociedades terá nos empurrado para além de muitos limites ecológicos, entre eles a emissão de CO_2 e a perda de biodiversidade. A lacuna entre o dinheiro se acumulando no sistema financeiro e os recursos físicos que o planeta pode oferecer de modo sustentável se tornará grande demais. Isso produzirá uma ruptura na qual a festa vai chegar ao fim e todos terão de ficar sóbrios. Essa é a Grande Simplificação, uma antecipada fase de enormes ajustes durante a qual nossas sociedades serão forçadas a operar com níveis de energia muito menores e mais sustentáveis, fornecidos por recursos renováveis, e durante a qual o PIB global — já não impulsionado pela energia barata e suja da era industrial — diminuirá drasticamente.[3]

A pergunta com a qual Hagens nos deixa é a seguinte: iremos "mudar ou quebrar" durante a Grande Simplificação?[4] Em outras palavras, será um colapso traumático da sociedade ou uma transformação mais gradual durante a qual mudaremos de atitude e estabeleceremos uma nova e ecológica civilização?

Atualmente, o cenário de quebra é o mais provável. Os países ricos do mundo continuam adiando o acerto de contas e, nessa procrastinação, seguem extraindo combustíveis fósseis, degradando terras e poluindo oceanos, sempre em busca do crescimento infinito e torcendo para que a tecnologia lide com o que deixam para trás. Essa atitude nega o fato de que o crescimento do PIB e os danos ambientais permanecem inextricavelmente ligados em todo o planeta.[5] Copiosas crises já são visíveis: incêndios florestais desenfreados, rápido declínio dos polinizadores, extremismo de direita, instabilidade geopolítica, custo de vida cada vez mais alto, ameaça de pandemias, riscos da IA e do ciberterrorismo. Somos uma civilização à beira do abismo.[6]

EVITANDO O COLAPSO CIVILIZACIONAL   203

Será que a história pode nos ajudar a mudar, em vez de quebrar? A pergunta nos leva ao campo da "colapsologia", que estuda o passado em busca de dicas sobre o que faz civilizações prosperarem ou desaparecerem, morrerem ou sobreviverem. O valor da história aplicada é óbvio para os acadêmicos. "Só marcharemos para o colapso se avançarmos cegamente; só estaremos condenados se não estivermos dispostos a ouvir o passado", escreve o pesquisador de riscos globais Luke Kemp.[7] É melhor começarmos a ouvir.

Nenhuma civilização é eterna: impérios e dinastias nascem, florescem e morrem, às vezes é uma morte abrupta, mas, de modo geral, acontece ao longo de décadas ou séculos (tornando "decomposição" um termo mais apropriado que "colapso"). Alguns colapsologistas tentam descobrir explicações ligadas a pontos de inflexão definidos, como a teoria de que a sociedade da ilha de Páscoa foi extinta devido à derrubada de árvores, em um trágico caso de excesso ecológico. Outros desenvolvem complexas estruturas enfatizando dezenas de fatores responsáveis pelo colapso: um estudo identificou 210 causas para o declínio do Império Romano, de invasões bárbaras a envenenamento da água por chumbo.[8]

Se esperamos mudar, em vez de quebrar ao passarmos pela Grande Simplificação, precisamos focar menos na catalogação das causas específicas da decomposição histórica e mais o que torna as civilizações resilientes e capazes de sobreviver por longos períodos. Ou seja, o que lhes dá a capacidade de lidar com crises e mudanças? Pense nisso como saúde preventiva ou como a preparação para uma grande expedição pelas montanhas na qual existe a possibilidade de haver um clima perigoso e imprevisível, mas na escala de uma sociedade inteira. Adotar essa perspectiva revela três características amplas que provavelmente dão a uma sociedade a habilidade de se adaptar e se transformar ao longo do tempo: *assabia, biofilia* e *resposta à crise*. Embora alguns desses termos possam ser pouco familiares, fazem parte de um vocabulário essencial em nosso turbulento século.

ASSABIA E O PODER DA SOLIDARIEDADE COLETIVA

Em 1375, o erudito árabe Ibn Khaldun retirou-se para um castelo remoto no oeste da Argélia a fim de escrever sua obra-prima, *Muqaddimah*, um tratado de história descrito pelo historiador Arnold Toynbee como "indubitavelmente a maior obra de sua espécie já criada pela mente humana, em qualquer época ou lugar".[9] Assim como Edward Gibbon foi inspirado a escrever *Declínio e queda do Império Romano* ao ver as colunas despedaçadas da antiga Roma em 1764, Khaldun foi motivado pelas ruínas de cidades norte-africanas outrora gloriosas e que haviam sido devastadas pela guerra, pelos conflitos internos e pela peste bubônica (durante a qual seus pais haviam morrido). O que explicava, perguntou ele, seu crescimento e então declínio? E que lições podiam ser aprendidas para o futuro?[10]

Khaldun ressurgiu quatro anos depois com o livro completo e retornou a sua tempestuosa carreira política. Embora fosse um célebre erudito, também fora juiz e conselheiro de uma sucessão de governantes dinásticos na Espanha muçulmana e nos reinos islâmicos da África do Norte, mas repetidamente ignorado e até mesmo preso por mudar de lado. Em 1384, conseguiu uma nova posição como juiz no Cairo. Então, em 1401, foi pego no cerco de Damasco pelo conquistador turco-mongol Timur (ou Tamerlão). Ouvindo que o renomado historiador era cativo na cidade, Timur fez com que ele fosse baixado pelo muro em uma cesta amarrada a uma corda, a fim de passar um mês no acampamento, explicando ao infame tirano o que descobrira sobre a ascensão e queda de Estados e impérios.[11]

Khaldun descreveu avidamente sua tese central, que girava em torno do conceito de assabia, do árabe *asabiya,* que significa "solidariedade coletiva" ou "sentimento de grupo" e que aparece mais de quinhentas vezes no *Muqaddimah*. Khaldun acreditava que os Estados mais bem-sucedidos e longevos eram aqueles que tinham forte assabia. As tribos berberes da região do Magrebe haviam sido capazes de criar poderosos reinos na África do Norte devido a seu altamente desenvolvido assabia — a dureza da vida no deserto exigia cooperação e lealdade grupal para a sobrevivência. Os exércitos muçulmanos do século VII haviam derrotado seus inimigos a despeito de terem menos soldados porque a fervente crença religiosa gerava assabia e disposição para sacrificar a vida por Deus. Khaldun também enfatizou que as desigualdades de riqueza podiam enfraquecer o assabia: a maioria das dinastias declinava porque seus governantes sucumbiam ao desejo por riquezas e luxo, o que minava suas finanças, causava dissensão interna e fazia com que fossem vítimas de inimigos externos, como as tribos nômades na periferia. Esse fora o destino da dinastia Omíada na Espanha islâmica no século XI. Como Aristóteles e Políbio, antes dele, Khaldun tinha uma teoria cíclica da história: a dinastia típica, argumentou ele, durava entre três e quatro gerações ou 120 anos, com o assabia diminuindo a cada geração.[12]

EVITANDO O COLAPSO CIVILIZACIONAL

Khaldun declarou que seu livro oferecia "uma ciência inteiramente original" que era "nova, extraordinária e altamente útil".[13] Sua genialidade foi ir além das meras crônicas factuais do passado ou de narrativas sobre figuras heroicas, fornecendo talvez a primeira teoria sociológica de mudança histórica do mundo. Hoje, seu modelo cíclico é considerado empiricamente falho — a Casa de Habsburgo e o Império Otomano, assim como muitas dinastias chinesas, duraram muito mais que 120 anos —, e sua teoria não analisa as causas ambientais do declínio civilizacional, um foco das pesquisas atuais. No entanto, suas ideias sobre a importância da coesão social e da solidariedade grupal ainda ressoam.

Como assim? Com base no estudo do declínio de 87 civilizações antigas, Luke Kemp conclui que "a desigualdade política e de riqueza pode ser o motor principal da desintegração social", pois "mina a solidariedade coletiva, e a turbulência política se segue".[14] Jared Diamond cita o exemplo dos reis maias e dos chefes nórdicos da Groenlândia para sugerir que as civilizações comumente entram em colapso devido a desigualdades, conforme as elites governantes usam riqueza e privilégio para se isolar dos graves problemas sociais e ambientais que elas mesmas criaram. Em seu livro pioneiro, *A Paradise Built in Hell* [Um paraíso desenvolvido no inferno], Rebecca Solnit mostra como, na história, a solidariedade e a cooperação coletivas tendem a emergir em tempos de desastres em massa, dando às sociedades a resiliência necessária para lidar com a crise. Após o terremoto de São Francisco em 1906, por exemplo, os habitantes locais criaram cozinhas comunitárias improvisadas que alimentaram milhares de famílias desabrigadas. Como escreve ela, "após um terremoto, um bombardeio, uma grande tempestade, a maioria das pessoas é altruísta, engajando-se no cuidado de si mesmas e daqueles em a sua volta, tanto estranhos e vizinhos quanto amigos e entes queridos".[15] Tais exemplos teriam feito total sentido para Khaldun: o assabia une as sociedades, permitindo que sobrevivam ao trauma e à turbulência, e elas tendem a não durar muito sem ele.

Entre os maiores admiradores contemporâneos de Khaldun está o historiador Peter Turchin, fundador da cliodinâmica, que usa dados quantitativos para estudar processos históricos de longo prazo. Turchin argumenta que Khaldun estava certo ao enfatizar a importância do assabia na ascensão e queda dos impérios, mas enfatiza muito mais um fator específico que o gera: a ameaça de um inimigo externo.

É incrível, comenta Turchin, que os seres humanos tenham deixado de viver em pequenas comunidades com centenas de pessoas e passado a viver em grandes impérios e Estados-nações com dezenas de milhões de cidadãos, com um senso de solidariedade comunitária que se estende para além dos vizinhos imediatos e inclui estranhos no interior da mesma entidade política. O fator mais crucial para isso é a invasão de forças externas, que leva as pessoas a deixarem suas diferenças de lado e fazerem sacrifícios pelo bem comum. Foi o que transformou Esparta em uma força tão formidável, com soldados prontos e dispostos a morrer para manter os inimigos à distância. Também foi o que compeliu uma geração de jovens patriotas britânicos a se voluntariarem durante a Primeira Guerra Mundial e motivou famílias rurais a acolherem 1 milhão de crianças evacuadas das cidades durante a Segunda Guerra. Hoje, é o que leva os ucranianos a se unirem em defesa de sua nação contra a invasão russa. Construímos nossas sociedades sobre as bases dessa solidariedade de grupo, que gerou a visão coletiva de implementar tudo, de sistemas de saúde pública a instituições nacionais de educação. O assabia prospera na competição entre Estados. A ameaça de violência, paradoxalmente, foi essencial para a evolução da socialidade de larga escala. Ou, como diz Turchin, "10 mil anos de guerra transformaram os seres humanos nos maiores colaboradores do mundo".[16]

A solidariedade coletiva do assabia: uma cozinha comunitária improvisada na rua, após o terremoto de São Francisco em 1906.

Se Turchin estava certo, estamos em apuros. A emergência climática e ecológica requer que a humanidade coopere em escala global. É uma questão intrinsecamente transfronteiriça: políticas ambientais positivas em uma nação podem ser facilmente negadas por ações danosas em outra, e as emissões de gás carbono dos países ricos têm impactos devastadores nos países pobres. Se queremos mudar, em vez de quebrar durante a Grande Simplificação, precisamos criar acordos internacionais com peso legal para reduzir a emissão de CO_2 e outros perigosos gases de efeito estufa. Os países ricos em petróleo devem renunciar a seu interesse imediato e manter o recurso nas profundezas da Terra. Além disso, precisamos que os poluentes químicos e o desmatamento sejam banidos ou severamente restritos não somente em um país, mas em muitos. A inconveniente verdade é que esse tipo de cooperação global tem estado quase inteiramente ausente (com raras exceções, como o Protocolo de Montreal de 1987, que proibiu o uso de clorofluorcarbonetos prejudiciais para a camada de ozônio).

A teoria de Turchin, expandindo a de Ibn Khaldun, explica por que isso é um imenso desafio: não existe nenhum inimigo externo criando o assabia de nível planetário do qual precisamos para agir em solidariedade. As mudanças climáticas não se parecem com uma invasão militar — o tipo de ameaça que fez com que os Aliados se unissem contra a Alemanha nazista a despeito de suas extremas diferenças políticas e ideológicas. Seus impactos são mais lentos e menos perceptíveis ou violentos em curto prazo. Não existe um único ator por trás de tudo, e os efeitos — como enchentes ou secas — são difíceis de atribuir diretamente a causas específicas. Não é de admirar que a maioria das nações não queira se unir, sacrificar ganhos econômicos de curto prazo ou abrir mão de sua soberania, assim como a maioria dos indivíduos não quer fazer sacrifícios como abrir mão da carne vermelha e limitar a frequência com que viajam de avião.

Entretanto, como argumenta Turchin, sacrifício é justamente do que precisamos: "A capacidade de sacrificar o interesse próprio pelo bem comum é a condição necessária para a cooperação. Sem ela, a ação coletiva é impossível."[17] Na verdade, "sacrifício" se tornou um palavrão, e a maioria dos governos busca uma solução para a crise ecológica em que todos sejam beneficiados, como os ganhos econômicos provenientes do desenvolvimento dos setores de energia renovável. No fim das contas, entretanto, teremos que abrir mão de algumas coisas em nome do bem comum, especialmente de conveniências e luxos com alta pegada de carbono e da intensiva cultura de consumo. Essa é a dura realidade da Grande Simplificação.

Talvez somente uma invasão alienígena seja suficiente para levar à cooperação em nível global (e mesmo isso é improvável, caso ocorra como no filme *A chegada*, de 2016). Então o que fazer? Se não há inimigo externo, talvez precisemos criar vilões internos para nos unir. Os candidatos mais óbvios são as empresas de combustíveis fósseis que passaram décadas minimizando a seriedade da crise climática enquanto acumulavam lucros astronômicos com o aprofundamento da crise energética global. De fato, elas são cada vez mais vilanizadas pela imprensa, pelos ativistas e por filmes como *How to Blow Up a Pipeline* [Como explodir um oleoduto], de 2022. Outros criminosos climáticos potenciais aos quais podemos direcionar nossa atenção incluem o crescente número de milionários e bilionários que usam aviões particulares e se bronzeiam em superiates que, sozinhos, consumirão 72% do orçamento remanescente de gás carbônico para permanecermos abaixo do 1,5 grau de elevação da temperatura.[18] Ou que tal grandes países produtores de combustíveis fósseis, como Arábia Saudita, Rússia e mesmo Noruega, que é um dos maiores exportadores de gás e petróleo do mundo, a despeito de sua imagem de amiga do clima?

Alguns podem argumentar que é possível forjar consciência e cooperação em nível global sem nos voltarmos contra grupos específicos, apenas promovendo um senso geral e inclusivo de solidariedade humana. Eu gostaria que isso fosse verdade. A União Europeia, por exemplo, conseguiu deixar de lado as diferenças nacionais em sua agenda Green Deal de políticas de redução da pegada de carbono. No entanto, a longa história de esforços colaborativos da UE nessa e em outras áreas políticas nasceu das cinzas da Segunda Guerra Mundial e do reconhecimento de que a cooperação transfronteiriça é vital para evitar a emergência de outro conflito pan-europeu. Além disso, a ameaça da beligerante Rússia ajuda a impulsionar políticas coletivas entre os Estados-membros, da independência energética à defesa. No fim, como demonstra a pesquisa de Turchin, a cooperação em massa está comumente associada à mentalidade de ter um inimigo se aproximando. Se o assabia é o objetivo, talvez tenhamos que aceitar que uma das estratégias mais garantidas é buscar adversários internos em defesa de um futuro habitável.

BIOFILIA E RECONCILIAÇÃO COM O MUNDO VIVO

Como uma criança que crescia no subúrbio de Sydney na década de 1970, eu não entendia bem a história e a cultura dos indígenas australianos (então chamados "aborígenes"). A escola que eu frequentava, os parques onde brincava, as ruas nas quais andava de bicicleta estavam — sem que eu soubesse — em terras roubadas dos povos darug e guringai. Minha mente começou a se abrir quando eu tinha 8 anos e meu avô me apresentou a seu amigo, o artista nativo Goobalathaldin (também conhecido como Dick Roughsey), que me deu um exemplar de seu livro infantil *The Rainbow Serpent* [A serpente arco-íris], de 1975. Ele conta a história da criação da Goorialla, uma cobra gigantesca que modelou a terra ao retorcer seu corpo, ensinou as pessoas a dançar e então transformou muitas delas em plantas, pássaros, insetos e animais. "As pessoas remanescentes tiveram que cuidar dos animais, de todas as coisas vivas que eram homens e mulheres no início", termina a história.

The Rainbow Serpent fala de uma intimidade e interdependência entre a humanidade, a terra e o mundo vivo que está presente em muitas culturas indígenas, mas ausente nas sociedades ocidentais. Nelas, aquilo que chamamos de "cultura" é visto primariamente como recurso, não como membro da família. Uma visão de mundo baseada em interconexões tão profundas é uma fundação crucial para a sobrevivência e a renovação das civilizações. Uma grande quantidade de estudos demonstra que a principal causa do colapso civilizacional é a exploração excessiva dos recursos ambientais nos quais o progresso é baseado, como ocorreu com o Império Acádio (*c.* 2350-2150 a.C.), que degradou suas ricas terras agrícolas.[19] Inversamente, numerosos estudos revelam como as práticas indígenas de gestão da terra, do mar e da floresta permitiram que eles vivessem de modo sustentável durante centenas ou milhares de anos sem degradar as frágeis ecologias das quais dependiam, dos inuítes da Groenlândia aos caçadores-coletores australianos.[20] Como observa a bióloga ambiental Robin Wall Kimmerer, "a biodiversidade está declinando de maneira perigosa em todo o planeta, mas as taxas de perda são drasticamente menores em áreas sob controle indígena". Ela sugere que, conforme continuamos a devastar nossos ecossistemas, há urgente necessidade de aplicar a sabedoria indígena, perguntando não o que mais podemos tirar da Terra, mas o que a Terra pede de nós. Devemos deixar o mundo "tão rico para a sétima geração quanto é para nós hoje", escreve ela.[21]

Adotar essa filosofia de gestão ambiental, que trata a Terra como presente a ser repassado às futuras gerações, nos leva para além das teorias de Ibn Khaldun. Se esperamos vencer as provas da Grande Simplificação e criar resiliência civilizacional, não basta nutrir o assabia entre a humanidade, também é necessário aumentar o alcance para incluir toda a rede da vida. Chamo essa ideia de biofilia, um termo popularizado pelo biólogo evolutivo Edward Wilson, que descreve uma sensação de conexão inata com o mundo vivo e um profundo reconhecimento de que os seres humanos são parte inseparável dele — e de que as árvores são nossos pulmões externos, fornecendo o oxigênio que respiramos; de que ouvir o canto dos pássaros pode fortalecer nossa saúde mental; e de que nossa prosperidade depende de mantermos a integridade e o equilíbrio da fina biosfera que contém toda a vida da Terra.[22] A biofilia é a mentalidade da qual precisamos para criar economias e sociedades regenerativas que operem dentro dos limites ecológicos do planeta e tenham mais chances de mudar do que de que quebrar.

A filosofia e a ciência indígenas são guias essenciais para o desenvolvimento da consciência sobre a biofilia, mas também podemos aprender muito mais do que esperamos com os remanescentes da conexão com a natureza que permanecem ocultos na mente ocidental. É uma história que se encontra profundamente dentro de nós, se nos dermos ao trabalho de procurar por ela.

Isso pode parecer altamente improvável. Por mais de meio milênio, nós — os povos do mundo ocidental rico — sujeitamos a natureza a uma *Blitzkrieg* ecológica. Destruímos florestas para praticar agricultura e construir navios, escavamos minerais e hidrocarbonetos para impulsionar o capitalismo industrial, caçamos as baleias até a extinção e tratamos os rios como esgotos — tudo justificado pelo "progresso". A tecnologia e o comércio, apoiados pela doutrina cristã do domínio, segundo a qual os frutos da terra existem para servir à humanidade, causaram caos por centenas de anos. Pode não haver símbolo mais revelador dessa trindade profana que as trinta cópias da Bíblia que Johannes Gutenberg imprimiu em velino, em 1456, exigindo a pele de 5 mil vitelos. No século XIX, o primeiro-ministro britânico William Gladstone era famoso pelo hobby de derrubar carvalhos e recebeu de pre-

EVITANDO O COLAPSO CIVILIZACIONAL

211

sente dezenas de machados de todo o mundo.[23] Desde então, empunhamos nossos machados com cada vez mais força, cometendo incontáveis crimes ecológicos. E, ao caminharmos na direção da sexta extinção, causada pelo homem, Goorialla deve estar se retorcendo de agonia.

Ainda assim, é curioso o quanto nosso instinto biofílico permanece forte, a despeito dessa sórdida história. Por que até mesmo na Grã-Bretanha, o lar da Revolução Industrial, a Sociedade Real de Proteção aos Pássaros tem mais de 1,2 milhão de membros, muito mais que qualquer partido político? Por que há mais de 20 milhões de jardineiros ativos, em todo o espectro social, que adoram sujar as mãos de terra e observar as plantas crescerem?[24] Por que a série documental *Planeta Azul II*, lançada por David Attenborough em 2017, foi assistida por mais de 14 milhões de pessoas? Por que milhares de outras passam o fim de semana no campo, procurando jacintos, bosques de faias e a empolgação de ver um veado selvagem? Talvez não estejamos tão alienados da natureza quanto nos dizem, e isso precisa ser explicado.

Uma "profunda mudança de sensibilidade" ocorreu na Grã-Bretanha entre os séculos XVI e XVIII e até hoje vemos consequências dela, diz o historiador Keith Thomas.[25] Esse foi, de um lado, o período no qual ganhou proeminência a ideia de que o progresso civilizacional exigia domar e explorar a natureza. De outro, no entanto, desenvolveu-se uma doutrina contrária que desafiava o direito dos seres humanos de explorarem plantas e animais para sua própria vantagem.

Um ponto de inflexão foi a publicação do livro de John Evelyn, *Sylva*, em 1664, defendendo o reflorestamento do cada vez mais desnudo cenário britânico e dando origem a um frenesi de plantação de árvores em todo o país. Os aristocratas plantaram centenas de milhares de mudas em suas propriedades, não apenas para ter a valiosa madeira, mas por prazer estético também. Após séculos de dizimação, ocorreu plantação em massa nas Florestas Reais, ao passo que as faculdades de Oxford e Cambridge começaram a criar caminhos ornamentais com árvores. Entre os mais vociferantes apoiadores dessa nova veneração pelas árvores estava o mercador e vegetariano Thomas Tryon, que, em 1691, declarou que "as árvores sentem dor quando as cortamos, assim como as feras e os animais sentem dor quando são mortos".[26] Ao mesmo tempo, surgiu a jardinagem recreativa. Uma explosão de manuais de jardinagem incentivava a plantação de canteiros de rosas e cravos, e as variedades se expandiam devido à importação das colônias. O movimento romântico levou tais sensibilidades um passo além nos séculos XVIII e XIX, transformando a natureza em objeto de espanto e admiração e fazendo com que os Poetas de Lake escrevessem versos líricos em homenagem às montanhas, aos riachos e às árvores.[27]

Uma mudança de atitude parecida aconteceu em relação à vida animal. Antigamente os animais eram considerados sob a perspectiva utilitária, como fontes de comida e trabalho, mas o século XVII viu o crescimento exponencial de uma categoria muito diferente: os animais de estimação. Os reis Stuart eram obcecados por cães; Charles II era conhecido por brincar com seu cachorro durante as reuniões do Conselho Privado. Os aristocratas, particularmente, adoravam seus cães de caça, que comiam melhor que os criados e apareciam nos retratos ao lado dos donos. Ao longo do tempo, os animais de estimação se espalharam para outras classes sociais, e o buldogue inglês, originalmente usado no esporte sangrento *bull-baiting*, uma rinha entre cães e touros, tornou-se um emblema nacional de coragem e tenacidade. Demorou mais para que os gatos adquirissem o status de animais de estimação — foi somente no século XVIII que passaram a ser considerados objetos de afeto, em vez de caçadores úteis de camundongos e ratos. A essa altura, estava claro o que distinguia os animais de estimação dos outros: eles podiam entrar em casa, recebiam nomes individuais e nunca eram comidos.[28]

Essa reconexão paulatina com o mundo natural foi em parte uma reação à urbanização e à industrialização. Havia o crescente desejo de redescobrir antigas tradições da vida rural que desapareciam rapidamente conforme fábricas e moinhos cuspiam fumaça, evidente na popularidade de *Natural History of Selborne* [História natural de Selborne], escrito por Gilbert White em 1789, cujas páginas celebravam tudo, das flores e dos musgos selvagens a humildes criaturas como minhocas e aranhas. Contudo, também foi uma resposta aos avanços científicos na botânica e na teoria da evolução, que questionavam cada vez mais a suposta superioridade e distância dos seres humanos em relação a outras formas de vida e refutavam a ideia de que a natureza era simplesmente um recurso a ser usado em nosso benefício. Quando Carl Linnaeus publicou seu novo sistema de classificação botânica na década de 1730, as plantas já não eram categorizadas de acordo com sua utilidade (como medicamentos, por exemplo), mas de acordo com suas estruturas físicas inatas. Charles Darwin então revelou que éramos apenas um ramo de uma grande história evolutiva e, chocantemente, que os chimpanzés estavam entre nossos parentes mais próximos.[29]

Esses desenvolvimentos científicos se combinaram aos remanescentes das tradições pagãs de adoração da natureza, que haviam sobrevivido ao fim da Idade Média. Da Grã-Bretanha à Bulgária, as comunidades rurais continuaram a realizar rituais em homenagem à Mãe do Milho, fazendo bonecas com as espigas na época da colheita, assim como faziam os povos maias da América Central há milhares de anos. Vilarejos e cidades da Europa, como Munique e Uppsala, também comemoravam antigos festivais populares, incluindo o Dia de Maio, quando as pessoas se enrolavam em folhas, a fim de se transformarem em Homens Verdes, e dançavam para celebrar a primavera.[30] Os primeiros relatos sobre o Dia de Maio em Oxford, que data de 1598, descrevem que "homens vestidos de mulheres levaram à cidade uma mulher enfeitada com flores e guirlandas e a chamaram de Rainha de Maio" e que também havia "danças e outros esportes desordeiros e inapropriados".[31] Tais práticas persistem: no Dia de Maio, todos os anos, eu me visto de verde, coloco um chapéu de folhas na cabeça e me uno a milhares de pessoas nas ruas de Oxford para ver os dançarinos de Morris.

Certamente não estou alegando que a sociedade ocidental retém com o mundo vivo uma conexão comparável à dos povos indígenas: posso ter lido meu antigo exemplar de *The Rainbow Serpent* para meus gêmeos, mas Goorialla não faz parte da cultura deles. Antes, desejo desafiar a simplista e disseminada ideia de que fomos completamente separados da natureza pela busca do progresso e pela modernidade. Como escreve Keith Thomas, "a aceitação explícita da visão de que o mundo não existe somente para o homem é uma das grandes revoluções do pensamento ocidental moderno, embora os historiadores raramente lhe façam justiça".[32] Ao longo de muitos séculos, fomos nos reconectando aos animais e às plantas aos poucos. Reconhecidamente, isso ocorreu de forma limitada, branda e muito controlada — queremos jardins organizados por suas delícias estéticas e animais de estimação comportados pelo prazer de sua companhia. Entretanto, ao fazermos isso, conseguimos manter e nutrir ao menos parte de nosso "eu" biofílico.

O Dia de Maio ainda é celebrado em Oxford após mais de quatrocentos anos, com dançarinos de Morris e Homens Verdes. Fotografia cortesia da Universidade de Oxford.

Essa história tem profundas implicações na maneira como enfrentamos as ameaças ambientais sistêmicas do século XXI. Ela nos diz que temos fundações surpreendentemente fortes para darmos o salto para a consciência biofílica, necessária para administrar a Terra para os cidadãos do amanhã. Embora os britânicos passem muito tempo fazendo compras e assistindo à televisão, milhões de jardineiros e outros amantes da natureza formam uma força ecológica e revolucionária ainda não empregada. Alguns deles já estão nas ruas, incentivados por figuras públicas como o naturalista radical Chris Packham. Outros estão deixando de se afiliar a organizações tradicionais de preservação e passando a apoiar abordagens mais transformadoras, como a renaturalização, que busca retornar aos cenários selvagens do passado ao permitir que a natureza encontre seu próprio caminho em ecossistemas danificados. Muitos pressionam as escolas a educarem seus filhos nos bosques, buscando inspiração nas escolas florestais tão populares em países como Dinamarca e Alemanha.[33] Esse é somente o início de um movimento de reconciliação com a natureza que tem o poder de despertar o instinto biofílico existente em todos nós.

RESPOSTA À CRISE: COMO AS CRISES PODEM IMPULSIONAR MUDANÇAS TRANSFORMADORAS

Assabia e biofilia são dois pilares sobre os quais construir a resiliência que pode nos ajudar a mudar, em vez de quebrar durante a Grande Simplificação. Eles envolvem a humanidade na solidariedade intra e interespécies, permitindo que criemos sociedades estáveis e unificadas que respeitam os não negociáveis limites biofísicos do planeta. Contudo, forjá-los em grande escala é um processo lento que exige inculcar novos valores e visões de mundo ao longo de anos e mesmo gerações. Da mesma forma, precisamos desenvolver a capacidade de responder rapidamente a uma crise ambiental sem precedentes e que já começa a causar convulsões globais. David Attenborough revelou a urgência de nossa situação em termos muito claros: "Parece assustador, mas as evidências científicas mostram que, se não tomarmos medidas drásticas na próxima década, poderemos enfrentar danos irreversíveis ao mundo natural e o colapso de nossas sociedades."[34]

Como podemos agir com a necessária velocidade para enfrentar essa crise e — idealmente — usá-la como oportunidade para embarcar em um caminho radicalmente novo na direção de uma civilização ecológica? Uma resposta está em pensarmos historicamente sobre o significado da própria "crise" e entendermos as condições nas quais as sociedades conseguem passar por supertransformações.

Existe o mito popular — com origem frequentemente atribuída a um discurso de John F. Kennedy — de que a palavra chinesa para "crise" (*wēijī*, 危机) é composta de dois caracteres que significam "perigo" e "oportunidade". Isso não é verdade. O segundo caractere, *jī* (机), tem um significado mais próximo de "ponto de mudança" ou "conjuntura crítica".[35] Isso o torna mais parecido com a palavra "crise", que deriva do grego antigo *krisis*, cuja forma verbal, *krino*, significava "escolher" ou "decidir" em um momento crítico. No contexto legal, o termo *krisis* descrevia o momento crucial no qual alguém podia ser julgado inocente ou culpado. Na esfera médica, era o ponto de inflexão em uma doença aguda, no qual o paciente podia viver ou morrer. Novas camadas de sentido foram acrescentadas ao longo do tempo. Para Thomas Paine no século XVIII, uma crise não era somente um momento limítrofe no qual toda uma ordem política podia ser derrubada, mas era também uma decisão moral fundamental, como apoiar a guerra pela independência norte-americana. No século XIX, Karl Marx argumentou que o capitalismo experimentava crises inevitáveis que podiam levar à ruptura econômica e política.[36] Mais recentemente, Malcolm Gladwell popularizou a ideia de "ponto de virada", que representa um momento de rápida transformação ou contágio no qual um sistema passa por uma mudança. Na linguagem cotidiana, usamos o termo "crise" para falar de um período de intenso perigo ou dificuldade que implica o imperativo de agir — um crise no casamento ou a própria crise climática.

Usando esse legado de sentidos, podemos pensar na crise como situação emergencial que requer decisões ousadas para ir em uma ou outra direção. Juntamente com o assabia e a biofilia, a capacidade de reagir efetivamente a uma crise — o que chamo de "resposta à crise" — constitui o terceiro pilar do que torna uma civilização resiliente e capaz de evitar o colapso cataclísmico. Em que condições, porém, os governos tendem a iniciar respostas efetivas à crise, gerando rápidas mudanças políticas? Se olharmos para a história, tais respostas ágeis usualmente ocorreram em quatro contextos: guerra, desastre, revolução e disrupção.

O contexto mais comum é a guerra. Lembre-se da sísmica reestruturação da economia norte-americana após o bombardeio de Pearl Harbor pelos japoneses em dezembro de 1941, quando o país entrou na Segunda Guerra Mundial. A despeito da feroz oposição da indústria, o governo proibiu a fabricação de carros particulares e racionou a gasolina a 11 litros por semana. As fábricas de automóveis foram instruídas a produzir tanques e aviões, e os cidadãos foram encorajados a "participar de um clube de compartilhamento de veículos HOJE" a fim de ajudar a derrotar Hitler. Para apoiar o esforço de guerra, Roosevelt implementou o primeiro imposto federal sobre a renda, com a alíquota superior chegando a 94% em 1944. O governo também tomou muito dinheiro emprestado, gastando mais entre 1942 e 1945 que nos 150 anos anteriores.[37] E tudo isso aconteceu em uma das economias mais supercapitalistas e de mercado livre da história humana. Ao mesmo tempo, os Estados Unidos tomaram a decisão de entrar em uma aliança militar com

EVITANDO O COLAPSO CIVILIZACIONAL

seu arqui-inimigo, a URSS. Em face da crise, o manual de regras políticas foi jogado pela janela.

Os governos também tomam decisões radicais logo após desastres. Depois das devastadoras enchentes de 1953, que mataram mais de 2 mil pessoas, o governo holandês iniciou o projeto Delta Works para construir novas defesas e proteger o país de futuras inundações. Foi um dos mais ambiciosos projetos de infraestrutura do século XX, a um custo gigantesco, de mais de 20% do PIB na época. Nenhum governo atual investe tanto para lidar com a crise climática — nem mesmo nos Países Baixos, que, no próximo século, enfrentarão um aumento do nível do mar que nem mesmo o Delta Works será capaz de conter.[38] A pandemia de Covid-19 é um exemplo mais recente. Em face dessa emergência de saúde pública, o governo britânico de centro-direita conseguiu fechar fronteiras, escolas e empresas, proibir eventos esportivos e viagens aéreas, investir bilhões em programas de vacinação e pagar os salários de milhões de pessoas por mais de um ano. Foi algo extraordinário por se tratar de um governo que criticava a intervenção estatal na economia havia anos. E o mundo não acabou.

Uma terceira categoria de mudança rápida são as revoluções, que produzem reviravoltas capazes de criar aberturas dramáticas no sistema político. Durante a guerra civil chinesa no fim da década de 1940 e imediatamente após a revolução de 1949, o Partido Comunista chinês introduziu programas radicais de reforma agrária, os quais redistribuíram as fazendas dos proprietários ricos entre os camponeses pobres.

Outro exemplo é a Campanha Nacional de Alfabetização de Cuba, uma das principais iniciativas políticas de Fidel Castro quando as forças revolucionárias tomaram o poder em 1959, com o objetivo de vencer o analfabetismo em massa. No início de 1961, o governo iniciou um dos mais abrangentes e efetivos programas de educação que o mundo já viu: mais de 250 mil voluntários foram recrutados — 100 mil deles com menos de 18 anos e mais da metade mulheres — para ensinar 700 mil cubanos a ler e escrever. As escolas ficaram fechadas por nove meses para que os *brigadistas* adolescentes das cidades pudessem viver entre as famílias rurais pobres, trabalhando nos campos durante o dia e ensinando à noite, sob a luz de lampiões. O trabalho era árduo e, às vezes, perigoso: a invasão da baía dos

Porcos, apoiada pela CIA, ocorreu logo depois que o programa foi iniciado, e os insurgentes contrários a Castro mataram vários professores-estudantes. Contudo, ao fim do ano, a campanha reduzira o alfabetismo nacional de 24% para somente 4%. Embora o material de ensino fosse criticado por conter propaganda revolucionária, a campanha foi apoiada pela maioria da população, grande parte da qual ainda se lembra dos meses que passou ensinando como um momento transformador de sua vida. O que quer que você pense sobre a Cuba de Castro, não há dúvidas de que revoluções geram mudanças radicais.[39]

O grande desafio da atual emergência climática é o fato de ela ser o tipo errado de crise, não se enquadrando em nenhuma dessas três categorias. Ela não se parece com uma guerra contra um inimigo claro, não ocorre após um momento revolucionário que poderia inspirar ação transformadora, e nem sequer está claro que desastres, como as enchentes holandesas de 1953, forneçam um modelo apropriado. O governo holandês só agiu *após* as enchentes, tendo ignorado anos de avisos dos engenheiros hidráulicos. O ideal seria as nações agirem *antes* que novos desastres ecológicos ocorram e cheguemos a pontos de virada irreversíveis. De modo geral, os governos têm um bom histórico de resposta a desastres ou emergências públicas depois que ocorrem, mas um histórico muito pior de ação preventiva, como revelado pela ausência de planejamento para pandemias na maioria dos países durante a pandemia de Covid-19. No entanto, quando se trata da saúde planetária, a única opção segura é a prevenção.

Isso nos coloca em um dilema: o que seria necessário para que os governos tratassem a crise ecológica com a urgência e a seriedade que ela merece, permitindo que mudássemos, em vez de quebrar, nas décadas à frente? Felizmente, há um quarto contexto de crise que pode gerar mudança política radical: a disrupção. Com isso, quero dizer um momento de instabilidade do sistema que fornece oportunidades para rápida transformação, criado por uma combinação ou nexo entre três fatores: primeiro, algum tipo de crise (embora não usualmente algo tão extremo quanto uma guerra, uma revolução ou um desastre cataclísmico), combinada a movimentos sociais disruptivos e ideias visionárias.[40] Eles se unem em um modelo que chamei de nexo da disrupção. Eis como funciona:

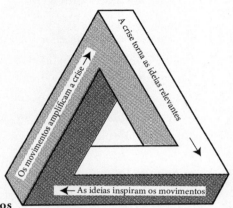

Crise
Ruptura política, econômica, tecnológica ou ecológica que desestabiliza o sistema

Movimentos
disruptivos e ativismo que desafiam quem está no poder

Ideias
Novas ideias, visões de mundo e políticas que remodelam a sociedade

Nexo da disrupção
Uma mudança rápida e transformativa é mais provável quando uma Crise acontece em conjunção a um Movimento disruptivo e novas Ideias visionárias estão em circulação na sociedade. Nenhum deles sozinho é suficiente.

Comecemos com a ponta superior do diagrama triangular: a crise. O modelo é baseado no reconhecimento de que a maioria das crises — um colapso financeiro como o de 2008 ou uma calamidade ecológica como os incêndios florestais na Califórnia em 2022 — raramente é suficiente para gerar mudanças políticas rápidas e significativas (ao contrário de uma guerra). Eu costumava achar que, se tivéssemos suficientes desastres climáticos, como aquela semana na qual furacões atingiram Xangai — e Nova York e Londres enfrentaram enchentes —, o mundo acordaria para a emergência climática. Acredito que estava errado: há razões demais para que os governos não ajam, do lobby da indústria de combustíveis fósseis ao dominante imperativo de buscar crescimento econômico. A crise provavelmente só criará mudanças rápidas e transformadoras se dois outros elementos-chave estiverem presentes ao mesmo tempo: movimentos e ideias.

220 HISTÓRIA PARA O AMANHÃ

Um dos temas recorrentes deste livro é o poder dos movimentos sociais em grandes mudanças. Eles geralmente amplificam crises que estão fervilhando silenciosamente sob a superfície ou sendo ignoradas pelos atores dominantes da sociedade. Como indica Naomi Klein:

> A escravidão não era uma crise para as elites britânicas e norte-americanas até que o abolicionismo a transformou em uma. A discriminação racial não era uma crise até que o movimento pelos direitos civis a transformou em uma. A discriminação sexual não era uma crise até que o feminismo a transformou em uma. O apartheid não era uma crise até que movimento anti-apartheid o transformou em uma.

Na opinião dela, o movimento ecológico global precisa fazer exatamente a mesma coisa, a fim de que a classe política reconheça que "a mudança climática é uma crise digna de níveis de resposta como o plano Marshall".[41]

Os registros históricos confirmam o relacionamento entre movimentos disruptivos e crises. Os movimentos de flanco radical, como a rebelião de escravizados na Jamaica em 1831, ajudaram a gerar uma grande crise política que deixou o governo em pânico, levando à Lei de Abolição da Escravatura em 1833 (capítulo 1). De modo parecido, as mulheres finlandesas foram às ruas durante a greve geral de 1905, exacerbando a crise e usando-a para defender a causa do voto feminino (capítulo 8). Mais recentemente, em novembro de 1989, os protestos populares em Berlim amplificaram a crise política que vinha crescendo havia meses, graças à agitação no governo da Alemanha Oriental e aos desestabilizadores protestos pró-democracia que ocorriam em todo o bloco oriental, parcialmente impulsionados pelas reformas do líder soviético Mikhail Gorbatchov. Suas ações entraram para a história: em 9 de novembro, o muro foi finalmente derrubado, e o sistema colapsou.[42]

Em todos esses casos, porém, um terceiro elemento foi necessário para causar mudança: a presença de novas ideias. O famoso economista Milton Friedman disse que, embora seja uma oportunidade de mudança, "quando a crise ocorre, as ações dependem das ideias subjacentes".[43] Nos casos mencionados, novas ideias sobre igualdade racial, direitos das mulheres e liberdades democráticas foram a inspiração vital para o sucesso dos movi-

EVITANDO O COLAPSO CIVILIZACIONAL 221

mentos transformadores. A crise financeira de 2008 revela o que acontece na ausência de novas ideias. Duas pontas do triângulo estavam presentes: a crise em si e o Movimento Occupy exigindo mudança. Entretanto, não havia novas ideias e modelos econômicos para desafiar o sistema falho (algo bem resumido pelo slogan do Occupy: "Ocupem tudo, nada exijam"). Como resultado, os detentores tradicionais do poder nos bancos de investimento foram resgatados, e o antigo sistema financeiro continuou no lugar. As chances de isso acontecer hoje em dia seriam menores, pois outros modelos, como a economia pós-crescimento e a teoria monetária moderna, ganharam mais proeminência.

Assim como Friedman, a filósofa alemã Hannah Arendt, em uma série de textos escritos no pós-guerra sobre a natureza da crise política, argumentou que a crise é um momento frutífero para questionar ortodoxias e ideias estabelecidas. Ela traz "a ruína de nossas categorias de pensamento e padrões de julgamento", e as "verdades tradicionais parecem já não se aplicar".[44] As ideias dominantes estão em estado de fluxo e incerteza, e novas ideias estão potencialmente prontas para assumir seu lugar. Embora a crise possa fazer com que as forças sombrias do totalitarismo cheguem ao poder (como ocorreu na Alemanha na década de 1930, quando o desemprego em massa da Depressão permitiu a ascensão de Hitler), ela oferece igualmente a chance de seguir ideias que rompem com os modelos tradicionais de governança política e organização social.

Esse modelo dinâmico e tripartite de mudança do sistema — no qual os movimentos amplificam a crise, a crise torna as ideias relevantes e as ideias inspiram os movimentos — tem a virtude de consignar um papel substancial à ação humana coletiva. Em tempos de guerra, líderes políticos e militares tipicamente assumem o controle. Em contraste, o nexo da disrupção oferece oportunidades para que os cidadãos comuns se organizem e iniciem ações que podem levar os governos a um ponto crucial de decisão — uma *krisis*, no antigo sentido grego — no qual se sentem forçados a responder a uma situação cada vez mais turbulenta com medidas políticas radicais. A interação desses três elementos cria uma onda de vontade política, esse elusivo ingrediente da mudança.

Aí jaz nossa maior esperança pelo tipo de Plano Marshall verde exigido pela emergência planetária. Essa não é a hora de reformas mornas, de respostas "proporcionais", da chama baixa do gradualismo. Se queremos mudar, em vez de quebrar na Grande Simplificação, precisamos de movimentos rebeldes e ideias transformadoras que se integrem à crise ambiental e gerem uma Grande Disrupção capaz de redirecionar a humanidade para uma civilização ecológica.

Estaremos à altura do desafio? Os seres humanos são uma espécie extremamente adaptável: conseguimos ocupar quase todo nicho ambiental do planeta e expandir nossa população a níveis extraordinários. No entanto, como aponta o historiador Peter Frankopan, "grande parte da história humana trata do fracasso em entender ou se adaptar a novas circunstâncias no mundo físico e natural".[45] Foi por isso que as grandes civilizações da Mesopotâmia e da península de Iucatã desapareceram. Além disso, desde o surgimento da agricultura, nunca encontramos uma mudança ambiental tão rápida quanto a de hoje, com consequências tão catastróficas e em escala tão global. A grande incerteza de nosso tempo é se conseguiremos ou não dar uma resposta bem-sucedida a essa crise.

Os conhecimentos adquiridos com a história sugerem o lugar para iniciarmos a imensa tarefa de renovação planetária. O assabia oferece a solidariedade coletiva de que precisamos para navegar um futuro tumultuado: é necessário nutrir a empatia e a cooperação social tanto no interior de nossas comunidades quanto além das fronteiras nacionais, assim como enfrentar as extremas desigualdades que dividem sociedades. A biofilia fornece uma mentalidade de profunda conexão ecológica, gestão fiduciária e resiliência por meio das quais podemos criar economias regenerativas que não ultrapassem os limites biofísicos do planeta.[46] Finalmente, a história nos diz que uma crise, quando amplificada por movimentos sociais inspirados por novas e poderosas ideias, pode gerar as mudanças políticas rápidas e transformadoras de que precisamos tão urgentemente. Sabemos o que é necessário para mudarmos, em vez de quebrarmos. E isso é um começo.

Conclusão

CINCO RAZÕES PARA
A ESPERANÇA RADICAL

Se o presente parece um irrevogável fato da natureza, o passado
é mais útil como maneira de sugerir possibilidades que, de outro modo, poderíamos jamais considerar; ele pode tanto avisar
quanto inspirar.

— HOWARD ZINN, "HISTORIAN AS CITIZEN", 1966[1]

Até que ponto da história nossa imaginação é capaz de nos fazer retroceder?
Essa é uma habilidade crucial para escaparmos das realidades atuais. No
entanto, parecemos estar sofrendo de algo parecido com o que os ecologistas chamam de "síndrome de deslocamento da linha de base". Esse é um
fenômeno no qual o estado atual do mundo vivo — sejam cardumes, seja a
cobertura florestal — é mensurado por uma linha de referência que tipicamente corresponde ao que era considerado "normal" no início da carreira
ou na infância do pesquisador. Ao longo do tempo, cada geração sucessiva
redefine o estado de normalidade, e as condições anteriores — em geral mais
abundantes — são esquecidas. Quando linhas de base recentes são usadas, o
resultado pode ser a séria subestimação do declínio de longo prazo: ninguém
se lembra dos abundantes cardumes de cavalas ou do enorme tamanho dos
bacalhaus nas costas britânicas do século XVIII, antes do início da pesca
de arrasto oceânica em grande escala. De fato, a extensão do esgotamento
é mascarada. A síndrome de deslocamento da linha de base é um tipo de
perda de memória que pode levar à devastação ecológica.

Acredito que essa síndrome também ocorra no domínio dos assuntos
humanos: o que consideramos normal ou mesmo possível costuma ser

limitado pelo que encontramos durante nossa vida. A maioria das pessoas tem dificuldades de imaginar qualquer forma de democracia que não a representativa com a qual crescemos ou qualquer meio de conduzir a economia que não sejam os mercados neoliberais. A cada geração, nós nos afastamos das variadas maneiras pelas quais nossos antepassados organizavam suas sociedades. Como consequência, a humanidade sofre de um fracasso coletivo da imaginação histórica (especialmente aqueles que vivem no norte global).

Este livro pretende ser uma solução. A variedade de exemplos históricos apresentados — e resumidos na tabela a seguir — foi uma tentativa de romper com a falsa linha de base de nossas próprias memórias. Esses exemplos nos reconectam à vasta riqueza e variedade de possibilidades que surgiram ao longo do último milênio e lançam luz sobre os mais urgentes desafios enfrentados pela humanidade no século XXI.

Qual é a mensagem dessa jornada pela história? Ela certamente não fornece "lições" nem fórmulas definitivas para o futuro. Não há leis férreas na história, não há padrões fixos que cruzem as fronteira Mídias geografmídias do tempo. Procurá-los é um exercício em vão. No fim das contas, nada na história é inevitável até acontecer.

No entanto, quando abrimos a cabeça para o cenário do passado, há muito que ainda reverbera hoje. De um lado, há alertas, episódios como o colonialismo europeu ou o fascismo do entreguerras, que devemos ter cuidado para não repetir. Contudo, a história também está repleta de inspiração para enfrentarmos as diferentes crises de nosso tempo. É essencial nos lembrarmos do que deu certo, tanto quanto do que deu errado.

Isso não quer dizer que a história humana seja causa de otimismo para o futuro: foram guerras e genocídios demais, opressão e cobiça demais, brigas internas e imediatismo míope demais, para acreditarmos que venceremos desafios como a emergência climática ou os riscos da inteligência artificial com grande facilidade. Ainda assim, há razão para o que descrevi neste livro como "esperança radical". Ao contrário de visões otimistas, que insistem que tudo ficará bem, a esperança radical reconhece que as chances são poucas e as probabilidades ruins, mas nossos valores e visões mesmo assim nos levam a agir. Como escreveu o historiador Howard Zinn, devemos aspirar a uma orientação coletiva de "como se": agirmos sempre como se a mudança fosse possível.[2] Porque pode ser. E será que queremos mesmo viver com o arrependimento de não termos tentado?

Desafios

Exemplos selecionados dos últimos mil anos

Desafios	1000 d.C.	1500	1700	1900	2000 d.C.
Combustíveis fósseis			Revoltas de escravizados no Caribe	Levante do capitão Swing	Movimento pelos direitos civis
Tolerância		Reino islâmico de Al-Andaluz		Imigração chinesa nos EUA	Construção da nação em Gana
Consumismo			Vida simples dos Quakers	Economia circular em Edo, Japão	Racionamento durante a Segunda Guerra Mundial
Mídias sociais		Revolução da impressão	Reforma protestante; Cultura georgiana dos cafés	Desenvolvimento das mídias de massa	
Água		Governança chinesa da água	Tribunal das Águas de Valência	Governança ibo, Nigéria	Guerra dos Seis Dias no Oriente Médio
Democracia		Djenné-Djeno, Mali; Cidades-Estados italianas	Estado Livre da Récia, Suíça		
Engenharia genética		Alquimia medieval	Cercamento de terras na Grã-Bretanha	Movimento eugenista	Campanha de vacinação contra a poliomielite
Desigualdade		Peste negra na Europa		Movimentos das mulheres em Querala, Índia	Estado de bem-estar social na Finlândia
Inteligência artificial		Colonialismo espanhol	Capitalismo financeiro holandês	Revolução Industrial	Cooperativas da Emília-Romagna
Colapso civilizacional		Colapso dinástico na África do Norte	Relações pré-industriais com a natureza	Intensificação da energia baseada em carbono	Campanha cubana de alfabetização

226 HISTÓRIA PARA O AMANHÃ

Assim, ofereço aqui cinco razões para a esperança radical, retiradas da história explorada neste livro, que podem inspirar a ação transformadora da qual precisamos para atravessar uma era de turbulência.

1. Movimentos disruptivos podem modificar o sistema

A disrupção funciona. Mais de uma vez, os seres humanos se uniram solidariamente para exigir mudanças — de rebeliões de escravizados no Caribe do século XIX aos movimentos contra a opressão das castas na Índia e às organizações de mulheres que lutaram por direitos iguais na Grã-Bretanha e na Finlândia. Um dos segredos do sucesso tem sido o papel desempenhado pelos movimentos de flanco radical, cujas táticas militantes, e às vezes ilegais, ajudaram a modificar os termos do debate público e ampliaram as crises existentes até que aqueles no poder se sentiram compelidos a responder. Conforme a humanidade prossegue em uma rota de suicídio ecológico, na qual a janela para a mudança fica cada vez mais estreita, seria irresponsável empregarmos a chama baixa do gradualismo. Em vez dela, precisamos da faísca da disrupção coletiva.

2. O "nós" pode prevalecer sobre o "eu"

A história confirma a narrativa evolutiva de que os *Homo sapiens* não são motivados simplesmente por objetivos individualistas; são animais sociais com extraordinária capacidade de cooperação, empatia e auxílio mútuo. Nas condições certas, o "nós" prevalece sobre o "eu". Pense no antigo Tribunal das Águas de Valência, cujos princípios comuns ainda permitem o compartilhamento de seu mais precioso recurso. Pense também nas cidades que incentivaram a tolerância cultural no reino medieval de Al-Andaluz, nas conversas entre estranhos que floresceram nos cafés da Londres georgiana ou nas cozinhas comunitárias que surgiram após o terremoto em São Francisco. O ideal de assabia de Ibn Khaldun — "sentimento de grupo" — é um fio invisível que percorre a história humana, costurando-nos uns aos outros. A pergunta que permanece não é somente se podemos mantê-lo em face de pressões como insegurança econômica e crescente migração, mas se podemos estender tal solidariedade às futuras gerações e ao restante do mundo.

CONCLUSÃO 227

3. Há alternativas ao capitalismo

O capitalismo é a causa de diversas crises contemporâneas, desde a industrialização e o consumismo movidos por combustíveis fósseis que levam nosso planeta para o abismo até as corporações focadas em finanças que impulsionam as revoluções de IA e biotecnologia sem pensar nos riscos extremos. Mesmo assim, falhamos perturbadoramente em imaginar uma alternativa viável e recuamos para o capitalismo adjetivado, tentando torná-lo "consciente", "sustentável", "inclusivo" ou "verde". A história nos encoraja a considerar alternativas viáveis e vibrantes. A economia do Japão no século XVIII era impulsionada por uma economia regenerativa com base nos princípios da circularidade radical e do uso sustentável de recursos, e não pelo imperativo capitalista de crescimento infinito. A economia cooperativa profundamente enraizada na Emília-Romanha é um modelo de posse distribuída que contrasta com o capitalismo de acionistas, promovendo justiça social e gestão fiduciária intergeracional. O "Estado empreendedor" demonstra a capacidade dos governos de não somente fornecerem serviços públicos essenciais, mas também inovarem em áreas como pesquisa médica e tecnologia digital, sem dependerem de incentivos comerciais. Existem possibilidades econômicas para além do capitalismo.

4. Os seres humanos são inovadores sociais

As civilizações são movidas por muitos outros fatores além da inovação tecnológica; alguns dos maiores avanços da humanidade foram no domínio social. Nossos antepassados foram pioneiros em inúmeras maneiras de se organizar para sobreviver a crises, lidar com injustiças e viver em paz. Eles inventaram movimentos sociais, descobriram de que forma gerir comunitariamente recursos como florestas e cardumes e construíram cidades nas quais morar, trabalhar e brincar. Suas inovações incluíram a esfera pública — um espaço para a discussão política aberta e para o fomento da cidadania — e a ideia do bem comum, que inspirou ações como a campanha para erradicar a poliomielite. Então não vamos apenas esperar que tecnologia, grandes líderes ou deuses poderosos venham em nosso resgate. Vamos olhar uns para os outros, para a engenhosa habilidade das pessoas de trabalharem juntas a fim de solucionar problemas, inspiradas por valores coletivos.

5. Outros futuros são possíveis

Em uma era que cada vez mais parece apocalíptica, na qual nossas instituições políticas e sistemas econômicos falham em face de um grupo de crises, a história nos permite ampliar nossos horizontes. Ela nos dá novas possibilidades por onde seguir. Se nossos ancestrais aprenderam a fazer as coisas de outra maneira no passado, talvez também possamos. Isso é razão suficiente para a esperança radical. Um excelente exemplo é a democracia representativa, que, além de não conseguir lidar com a crise ecológica, peca em várias outras questões, da crescente desigualdade ao populismo de extrema direita. Embora possa parecer difícil pensar em uma alternativa melhor, a história é rica em possibilidades. Podemos buscar inspiração nas grandes democracias comunitárias do passado — Atenas clássica, a cidade de Djenné-Djeno e o Estado Livre da Récia, na Suíça —, que ofereceram a seus cidadãos uma forma muito mais participativa de política que nossas ocasionais visitas às urnas. A história permite que nos livremos da camisa de força do presente, a fim de podermos imaginar uma pluralidade de futuros.

***

Então para onde vamos? O renomado ambientalista canadense David Suzuki avisa sobre os perigos da esperança sem ação [*"hopium", hope without action*].[3] Ele está certo. No nível pessoal, a história pode fazer muito mais do que nos ajudar a perceber que há esperança na mudança: também pode nos convencer a sermos agentes da mudança. Seja em nossas comunidades, locais de trabalho ou onde quer que queiramos fazer diferença, podemos olhar para o passado como fonte de possibilidades. Desde nos afiliarmos a um movimento de protesto até participarmos de uma assembleia de cidadãos, a história nos lembra de que somos parte de grandes e antigas tradições de cidadania ativa.

Minha esperança é que possamos reconhecer o valor da história aplicada. Já há cursos universitários dedicados a ela, mas imagine se os alunos do ensino médio também tivessem aulas de história focadas em explorar como os tópicos ensinados são fontes de conhecimento e possibilidades sobre os desafios do presente.[4] Imagine se você pudesse visitar um museu de

CONCLUSÃO

história aplicada cujos itens em exibição fossem questões contemporâneas vistas pelas lentes do passado, revelando tanto avisos quanto inspiração, e sem sucumbir à nostalgia. Imagine se políticos, ativistas e agentes de mudança de forma geral incluíssem em suas discussões as vozes de nossos ancestrais, de diferentes épocas, países e culturas — talvez lhes concedendo um assento real, como o das futuras gerações em muitos gabinetes municipais de Quebec.[5] Que conselhos eles poderiam oferecer? Que sabedoria poderiam compartilhar?

A humanidade precisa olhar para o passado a fim de seguir para o futuro. A história tem o poder de ampliar a linha de base da nossa imaginação, abrindo nossa mente para as inspiradoras possibilidades do passado que jazem enterradas como um tesouro perdido. Há boas razões para temermos os desafios de nosso tempo: podemos responder às crises tarde demais ou sucumbir aos riscos de tecnologias fora de controle, mas, como aponta a história, também há boas razões para acreditar que podemos criar uma civilização capaz de mudar frente à turbulência do século XXI. Está na hora de criar a história para o amanhã e transformar a esperança radical em ação.

Agradecimentos

Em um livro sobre o poder da solidariedade humana através da história, parece adequado enfatizar como sua criação foi uma empreitada coletiva.

Minha maior dívida é para com as centenas de historiadores e outros especialistas cujas pesquisas empreguei, de especialistas em bruxaria na Alemanha do século XVI a estudiosos da gestão da água durante a dinastia Qing na China. Sem todo esse conhecimento, escrever este livro seria impossível.

Também sou imensamente grato aos vários acadêmicos, legisladores, amigos e colegas que comentaram o manuscrito, incluindo aqueles que compareceram a uma série de "seminários na cozinha" em minha casa, nos quais discutimos e debatemos cada capítulo. Nenhum deles é responsável pelo conteúdo final, mas todos fizeram contribuições valiosas. Eles incluem: Judith Herrin, Michael Wood, Anthony Barnett, Sarah Knott, Hélène Neveu Kringelbach, Emily Jones, Kevin Watkins, Rebecca Fox, Al-hassan Adam, Kate Sahan, Erinch Sahan, Sophia Swithern, Dianali Rodríguez Fernández, George Marshall, Liz Goold, Caspar Henderson, Annalise Moser, Phil Mann, Rebecca Abrams, Mariana Zahar Ribeiro, Peter David Pedersen, Geoff Baker, Xander Cansell, Luciano de Castro Silva e Sasha Abramsky. Também recebi ajuda e conselhos de: George Monbiot, Morten Kringelbach, Tom Chatfield, Gijs van Hensbergen, Jerrilynn Dodds, Shoukei Matsumoto, David Kelly, Lucy Forman, Daan Roovers, Jan Rosenow, Tim Davies e Dirk Holemans e Graham Smith. Meus encontros regulares em cafés com Ken Palmer foram uma parte especialmente importante do processo de escrita.

Eu me sinto incrivelmente afortunado por ter uma editora maravilhosa na Ebury (Penguin Random House do Reino Unido), Suzanne Connelly, que (mais uma vez) forneceu a perfeita combinação entre excelentes conselhos estruturais, conhecimentos intelectuais e apoio pessoal durante os três anos em que trabalhei neste livro. Gostaria de agradecer a toda a equipe da Ebury, que ajudou a colocar este livro no mundo, incluindo Jamie Joseph e Jessica Patel (editorial), Laura Nicol (publicidade), Howard Watson (copidesque), Ben Murphy (índice), Ross Jamieson (revisão) e todo mundo na equipe de direitos internacionais. Sophia Blackwell aprimorou o texto com excelentes sugestões editoriais. Dan Mogford criou o brilhante design da capa original e Ruurd Priester criou os elegantes gráficos.

Minha agente Maggie Hanbury esteve presente, como sempre, oferecendo sábias orientações do início ao fim. Um agradecimento especial a Alicia Carey e ao Hawkwood Centre for Future Thinking, por me oferecerem um muito necessário espaço de escrita em um belíssimo ambiente.

Minha parceira, Kate Raworth, foi uma companheira constante durante a jornada de escrita deste livro, ajudando a refinar ideias, esculpir palavras e reencontrar o rumo quando eu me perdia. Nossos filhos, Siri e Cas, também estiveram presentes, tendo chegado à maioridade como conselheiros editoriais de mentes e olhos aguçados.

Finalmente, uma dedicatória à minha madrasta, Anna Maria Njiradi Krznaric, que morreu quando este livro era somente uma ideia. Eu espero que *História para o amanhã* honre sua crença de que a história não é simplesmente uma maneira de entender o passado, mas também uma forma de reimaginar nosso relacionamento com o futuro.

> A história é a testemunha do tempo, a luz da verdade, a essência da memória, a professora da vida, a mensageira de tempos passados.
> — *Marco Túlio Cícero*

Notas

Introdução: Olhando para trás a fim de encontrar o caminho adiante

1. Para uma visão geral do campo, ver Harm Kaal e Jelle van Lottum, "Applied History: Past, Present, and Future", *Journal of Applied History*, v. 3, n. 1-2, dez. 2021, DOI: https://doi.org/10.1163/25895893-bja10018; Pamela Cox, "The Future Uses of History", *History Workshop Journal*, v. 75, n. 1, 2013, DOI: https://doi.org/10.1093/ hwj/dbs007; John Tosh, "In Defence of Applied History", *History and Policy*, fev. 2006. Proeminentes acadêmicos contemporâneos que tiraram lições do passado para o mundo de hoje incluem Timothy Snyder, Angela Davis, Ha-Joon Chang, Ibram X. Kendi e Jared Diamond. Um defensor em particular da história aplicada é Niall Ferguson, que escreveu um *Manifesto de História Aplicada* com Graham Allison: https://www.belfercenter.org/publication/applied-history-manifesto.

2. Citação original de Goethe, *West-Eastern Diwan* (1819), livro 5, seção XV. A tradução inglesa aqui citada pode ser encontrada em Charles Needham, "Finding the Ethical Standard of Medical Science in the Age of Sciences", *Journal of Evaluation in Clinical Practice*, v. 5, n. 1, 1999, DOI: https://doi.org/10.1046/j.1365-2753.1999.00166.x.

3. Robert Kennedy, *Thirteen Days*: *A Memoir of the Cuban Missile Crisis* (Signet, 1969), p. 127 [Edição brasileira: *Treze dias que abalaram o mundo* (Citadel, 2023)].

4. Margaret MacMillan, *The Uses and Abuses of History* (Profile, 2010), p. 161. [Edição brasileira: *Usos e abusos da história* (Record, 2010), p. 197]; Richard Neustadt e Ernest May, *Thinking in Time: The Uses of History for Decision Makers* (The Free Press, 1986), p. 7-16, 44; Serhii Plokhy, *Nuclear Folly: A New History of the Cuban Missile Crisis* (Penguin, 2021), p. 103, 147-8, 178, 185; Andre Pagliarini, "The Book That Stopped the Outbreak of War", *The New Republic*, 16 abr. 2021, https://newrepublic.com/article/162058/book-stopped-outbreak-nuclear-war. Vale notar que as explicações de Tuchman

234 HISTÓRIA PARA O AMANHÃ

para o início da Primeira Guerra Mundial agora são contestadas. Mesmo assim, sua interpretação teve grande impacto sobre o presidente Kennedy.

5. https://www.gutenberg.org/files/15000/15000-h/15000-h.htm.

6. Howard Zinn, *A People's History of the United States* (Harper Perennial, 1995), p. 622. Ver também os ensaios de Howard Zinn, *On History* (Seven Stories Press, 2011).

7. Explorei modelos conceituais de mudança histórica em Roman Krznaric, "How Change Happens: Interdisciplinary Perspectives for Human Development" (Oxfam GB, 2007).

8. Fontes importantes sobre colapso civilizacional e risco global incluem Joseph Tainter, *The Collapse of Complex Societies* (Cambridge University Press, 1988); Jared Diamond, *Collapse: How Societies Choose or Fail to Survive* (Penguin, 2011) [Edição brasileira: *Colapso: como as sociedades escolhem o fracasso ou o sucesso* (Record, 2020)]; Hugo Bardi, *The Seneca Effect: Why Growth is Slow but Collapse is Rapid* (Springer, 2017); Sandrine Dixson-Declève *et al.*, *Earth for All: A Survival Guide for Humanity* (New Society Publishers, 2022); Graeme Cumming e Gary Peterson, "Unifying Research on Social-Ecological Resilience and Collapse", *Trends in Ecology and Evolution*, v. 32, n. 9, 2017; Tim Lenton *et al.*, "Operationalising positive tipping points towards global sustainability", *Global Sustainability*, v. 5, (2022), https://doi.org/10.1017/sus.2021.30; Brian Fagan e Nadia Durrani, *Climate Chaos: Lessons on Survival from Our Ancestors* (Public Affairs, 2021); Toby Ord, *The Precipice: Existential Risk and the Future of Humanity* (Bloomsbury, 2020). Essa pesquisa foi verificada com outros dados, como o *Global Risks Report*, publicado anualmente pelo Fórum Econômico Mundial, que entrevista diversos especialistas sobre riscos futuros e tendências globais.

9. Meu livro mais diretamente histórico, *The Wonderbox: Curious Histories of How to Live* (Profile, 2011), explora as inspirações que o passado pode fornecer para os problemas da vida cotidiana, do trabalho e do tempo ao amor e à morte. Grande parte de minha perspectiva sobre a história foi influenciada pelo historiador cultural Theodore Zeldin, com quem trabalhei durante vários anos e que me ajudou a entender o quanto o que somos hoje — nossas ambições, paixões e medos — foi influenciado pelo passado.

10. MacMillan, *The Uses and Abuses of History* (Profile, 2010), p. 86-8.

11. Metodologicamente, uso as três abordagens comuns entre os historiadores para aprender com o passado. Primeiro, a *genealogia*, que pergunta ao fenômeno contemporâneo em questão (como estilos de vida dependentes de combustíveis fósseis e os riscos da inteligência artificial): qual é a his-

NOTAS   235

tória por trás desses acontecimentos, décadas ou séculos atrás? Segundo, a *analogia*, que explora o que é similar ou diferente de outros momentos do passado. Terceiro, o *padrão*, que usa insights de sistemas de pensamento e pergunta: isso exibe os mesmos padrões sistemáticos, como feedback loops, ciclos ou pontos de inflexão? Para discussões, ver Neustadt e May, *Thinking in Time*, p. 196-211, 232-46; John Tosh, *Why History Matters* (Palgrave, 2008), p. 46-8, 61-77; MacMillan, *Uses and Abuses of History*, p. 15-16, 155-64; Eric Hobsbawm, *On History* (Abacus, 1998), p. 41. [Edição brasileira: *Sobre história* (Companhia das Letras, 2013)]; Donella Meadows, *Thinking in Systems: A Primer* (Earthscan, 2009) [Edição brasileira: *Pensando em sistemas: como o pensamento sistêmico pode ajudar a resolver os grandes problemas globais* (Sextante, 2022)]; Will Durant e Ariel Durant, *The Lessons of History* (Simon & Schuster, 2010) [Edição brasileira: *12 lições da história: para entender o mundo* (Faro Editorial, 2018)].

12. Uma conferência de história aplicada na Universidade de Stanford em 2018 foi criticada por ter trinta homens brancos — e nenhuma mulher — como palestrantes: https://www.nytimes.com/2018/03/17/us/stanford-conference-white-males.html. Também existe a forte tendência, entre os historiadores aplicados, de focar a busca de conhecimentos da história para as políticas públicas, especialmente relações internacionais e diplomacia. Existe enorme potencial para incluir outros domínios, como as estratégias dos movimentos sociais.

13. Abeba Birhane, "Algorithmic Colonization of Africa", *SCRIPT-ed, v.* 17, n. 2, ago. 2020, https://script-ed.org/article/algorithmic-colonization-of-africa/; Kehinde Andrews, *The New Age of Empire: How Racism and Colonialism Still Rule the World* (Allen Lane, 2021) [Edição brasileira: *A nova era do império: como o racismo e o colonialismo ainda dominam o mundo* (Companhia das Letras, 2023).]

1. Superando a dependência dos combustíveis fósseis

1. Michael Taylor, *The Interest: How the British Establishment Resisted the Abolition of Slavery* (Vintage, 2021), p. 59.

2. Adam Hochschild, *Bury the Chains: The British Struggle to Abolish Slavery* (Pan Books, 2005), p. 324. [Edição brasileira: *Enterrem as correntes: profetas e rebeldes na luta pela libertação dos escravos* (Record, 2007).]

3. Taylor, *The Interest*, p. 63, 104, 133; "The Correspondence Between John Gladstone and James Cropper" (West India Association, 1824), p. 19-20, https://westindiacommittee.org/historyheritageculture/wp-content/

236   HISTÓRIA PARA O AMANHÃ

uploads/2021/12/The-correspondence-between-John-Gladstone-and-James-Cropper.pdf.

4. Kehinde Andrews, *The New Age of Empire*, p. 56.

5. Anônimo, "An Attempt to Strip Negro Emancipation of Its Difficulties as Well as Its Terrors" (impresso por J. M. Richardson *et al.*, 1824); ver também Taylor, *The Interest*, p. 118.

6. Os comentários de Van Beurden durante a conferência TED 2021 podem ser encontrados em: https:// www.ted.com/talks/countdown_summit_decarbonizing_fossil_fuels.

7. O sucessor de Van Beurden, Wael Sawan, apresentou argumentos similares: https://www. bbc.co.uk/news/business-66108553.

8. Para uma discussão das complexas semelhanças e diferenças entre a escravidão e a economia do carbono, ver Jean-François Mouhot, "Past Connections and Present Similarities in Slave Ownership and Fossil Fuel Usage", *Climate Change*, n. 105 (2011), https://doi.org/10.1007/s10584-010-9982-7; Eric Beinhocker, "I Am a Carbon Abolitionist", *Democracy*, 24 jun. 2019; Chris Hayes, "The New Abolitionism", *Nation*, 22 abr. 2014.

9. https://www.statista.com/statistics/264699/worldwide-co2-emissions/.

10. https://ourworldindata.org/renewable-energy.

11. Lenton *et al.*, "Operationalising positive tipping points", p. 1; https://www.unep.org/news-and-stories/press-release/cut-global-emissions-76-per-cent-every-year-next-decade-meet-15degc. Alguns estudos fornecem um número mais alto, de cerca de 15%, para o declínio anual requerido nas emissões de gases de efeito estufa: https://www.carbonbrief.org/unep-1-5c-climate-target-slipping-out-of-reach. Sobre a redução das emissões durante a pandemia de Covid-19, ver https://www.nature.com/articles/d41586-021-00090-3.

12. https://www.statista.com/chart/23046/carbon-neutrality-in-china/.

13. Vaclav Smil, *Energy and Civilization: A History* (MIT Press, 2018), p. 395 [Edição brasileira: *Energia e civilização: uma história* (Bookman, 2024)]; Clay McShane e Joe Tarr, *The Horse in the City: Living Machines in the Nineteenth Century* (Johns Hopkins University Press, 2007), p. 166.

14. Segundo o especialista em eficiência energética Jan Rosenow, "após trinta anos de apoio público e uma infinidade de projetos-piloto, o CCS tem pouco a mostrar". Jan Rosenow e Richard Lowes, "Will blue hydrogen lock us into fossil fuels forever?", *One Earth*, v. 4, n. 11, 2021, p. 1.527-9.

15. Há muito, essa é a posição de Wilberforce. Ver Taylor, *The Interest*, p. 24-6, 189.

NOTAS 237

16. David Olusoga, *Black and British: A Forgotten History* (Macmillan, 2016), p. 229. Ver também Taylor, *The Interest*, p. 197.
17. Taylor, *The Interest*, p. 203. David Olusoga tem uma vissão ligeiramente diferente da de Taylor, enfatizando as origens da revolta na greve, e não uma rebelião planejada. Ver Olusoga, *Black and British*, p. 228.
18. Hochschild, *Bury the Chains*, p. 341.
19. https://www.youtube.com/watch?v=7CSRN_qO2jM.
20. Hochschild, *Bury the Chains*, p. 344; Taylor, *The Interest*, p. 230, 250-4, 274; Christopher Brown, "Later, Not Now", *London Review of Books*, v. 43, n. 14, 15 jul. 2021.
21. Andrews, *The New Age of Empire*, p. 58, 82.
22. Hochschild, *Bury the Chains*, p. 351. Tom Zoellner argumenta de forma parecida que "a história da revolução jamaicana sugere que métodos de calculada ação revolucionária transcendem os períodos históricos", https://www.zocalopublicsquare.org/2020/05/28/jamaican-uprising-samuel-sharpe-rebellion-christmas-uprising-great-jamaican-slave-revolt/ideas/essay/.
23. Toke Aidt e Raphaël Franck, "Democratization Under the Threat of Revolution: Evidence from the Great Reform Act of 1832", *Econometrica*, v. 83, n. 2, 2015, p. 507, 514.
24. Eric Hobsbawm e George Rudé, *Captain Swing* (Verso, 2014), p. 139-41, 281-97 [Edição brasileira: *Capitão Swing* (Editora Francisco Alves, 1982)].
25. Daron Acemoglu e James A. Robinson, *Economic Origins of Dictatorship and Democracy* (Oxford University Press, 2006), p. 26.
26. Aidt e Franck, "Democratization Under the Threat of Revolution", p. 542.
27. Taylor, *The Interest*, p. 253, 274; Hochschild, *Bury the Chains*, p. 343.
28. Herbert Haines, "Radical Flank Effects", em David A. Snow *et al.* (org.), *Wiley Blackwell Encyclopedia of Social and Political Movements*, v. 2 (John Wiley & Sons, 2013), p. 1.048-50; Todd Schifeling e Andrew J. Hoffman, "Bill McKibben's Influence on USA Climate Change Discourse: Shifting Field-Level Debates Through Radical Flank Effects", *Organization and Environment*, v. 32. n. 3, 2019, p. 216, https://doi.org/10.1177/1086026617744278.
29. Ver, por exemplo, Malcolm X e Alex Haley, *The Autobiography of Malcolm X* (Grove Press, 1965) [Edição brasileira: *Autobiografia de Malcolm X* (Record, 1979)]; e Angela Davis, *An Autobiography* (Random House, 1974) [Edição brasileira: *Angela Davis: uma autobiografia* (Boitempo, 2019)].
30. Herbert Haines, *Black Radicals and the Civil Rights Mainstream, 1954-1970* (University of Tennessee Press, 1988), p. 159-64.
31. https://open.library.okstate.edu/introphilosophy/chapter/letter-from-the-birmingham-city-jail/.

32. Andreas Malm, *How to Blow Up a Pipeline* (Verso, 2021), p. 48-9.
33. Citado em Diane Atkinson, *Rise Up, Women! The Remarkable Lives of the Suffragettes* (Bloomsbury, 2018), p. 362.
34. June Purvis, "Did Militancy Help or Hinder the Granting of Women's Suffrage in Britain?", *Women's History Review* 28/7 (2019), https://doi.org/10.1080/09612025.201 9.1654638.
35. Andreas Malm, *How to Blow Up a Pipeline*, p. 50-9. Organizações de flanco radical surgem em todo o espectro político e sobre múltiplas questões, incluindo na política de extrema direita e no movimento pró-escolha nos Estados Unidos.
36. Erica Chenoweth e Maria Stephan, *Why Civil Resistance Works: The Strategic Logic of Nonviolent Campaigns* (Columbia University Press, 2011), p. 43; Herbert Haines, "Radical Flank Effects", p. 1.048.
37. Erica Chenoweth e Kurt Schock, "Do Contemporaneous Armed Challenges Affect the Outcomes of Mass Nonviolent Campaigns?", *Mobilization: An International Quarterly*, v. 20, n. 4, p. 443, 2015. Disponível em: https://doi.org/10.17813/1086-671x-20-4-427; https://web.archive.org/web/20150320024433/http://anc.org.za.
38. Chenoweth e Stephan, *Why Civil Resistance Works*, p. 7; Erica Chenoweth, "The Success of Non-Violent Resistance", *TEDx Boulder*, 2013, https://www.youtube. com/watch?v=YJSehRlU34w.
39. O aparente fracasso dos movimentos de flanco radical é discutido mais explicitamente em Chenoweth e Schock, "Do Contemporaneous Armed Challenges Affect the Outcomes of Mass Nonviolent Campaigns?", p. 428-30, mas note que sua análise foca especialmente os impactos negativos da resistência armada, e não movimentos não armados de ação direta, como Extinction Rebellion ou Just Stop Oil.
40. Sobre a disseminada influência do livro de Chenoweth e Stephan, ver https://www. bbc.com/future/article/20190513-it-only-takes-35-of-people-to-change-the-world.
41. Em um artigo recente, a própria Erica Chenoweth reconheceu a debilidade dessa comparação e questionou a relevância do limite de 3,5%: "Mas há várias limitações em aplicar a regra dos 3,5% especificamente ao movimento climático. Primeiro, a regra foi criada para procurar casos históricos nos quais as pessoas tentavam derrubar seus próprios governos. Essas pessoas não estavam necessariamente buscando reforma política, muito menos tentando coordenar uma mudança internacional durável." Erica Chenoweth, "People Power", em Greta Thunberg (org.), *The Climate Book* (Allen Lane, 2022), p. 366. Em contraste com a defesa, por Chenoweth e Stephan, de

movimentos pacíficos, também há crescente literatura argumentando que "a violência coletiva não armada" (incluindo danos à propriedade privada) tem impactos positivos nos resultados dos movimentos sociais. Ver, por exemplo, Mohammad Ali Kadivar e Neil Ketchley, "Sticks, Stones and Molotov Cocktails: Unarmed Collective Violence and Democratization", *Socius* 4 (2018), https://doi. org/10.1177%2F2378023118773614.

42. Para um resumo dos estudos recentes sobre os benefícios do flanco radical, incluindo os impactos positivos de organizações como Extinction Rebellion e Just Stop Oil, ver Brett Simpson, Robb Willer e Matthew Feinberg, "Radical Flanks of Social Movements Can Increase Support for Moderate Factions", *PNAS Nexus,* v. 1, n. 3 (2022), https://doi.org/10.1093/pnasnexus/pgac110; James Ozden e Sam Glover, "Protest Movements: How Effective Are They?", *Social Change Lab* (2022); https://earth.org/grassroots-campaigns-can-in-fluence-climate-policy-extinction-rebellion/.

43. James Ozden e Sam Glover, "Protest Movements: How Effective Are They?", *Social Change Lab* (2022), p. 9-10, https://commonslibrary.org/protest-movements-how-effective-are-they/.

44. https://nltimes.nl/2023/10/10/mp-majority-favor-potential-phase-fossil--fuel-subsidies.

45. O posicionamento da Extinction Rebellion como organização de flanco radical foi alvo de alguma discussão. De acordo com uma de suas principais figuras, Rupert Read, ela foi "fundada como flanco radical do movimento ambiental já existente, a fim de levar o debate na direção em que precisava ser levado". Em abril de 2023, entretanto, ela experimentou uma estratégia mais moderada de mobilização em massa em seu protesto The Big One em Londres, que enfatizou a construção de uma ampla coalizão com sindicatos, defensores da justiça racial e grupos ambientais convencionais, como Friends of the Earth, em vez de estratégias mais clássicas do flanco radical, como fazer com que um grande número de pessoas fosse preso por ações disruptivas. No momento em que escrevo, não está claro se ela continuará a usar essa abordagem mais moderada. Aos olhos da mídia de massa, a XR ainda é identificada como organização disruptiva de flanco radical, como a Just Stop Oil. Ver "Radical Flank or Moderate Flank: Roger Hallam and Rupert Read Dialogue on Movement Strategy", https://www. youtube.com/watch?v=eVhpcpJcNkQ.

46. https://forum.effectivealtruism.org/posts/YDtsGHmDJMsAWB7Wt/disruptive-climate-protests-in-the-uk-didn-t-lead-to-a-loss#Likelihood_of_Engaging_in_Activism; Ozden e Glover, "Protest Movements".

47. https://www.tiktok.com/@greenpeaceuk/video/7237112736449088794; https://www.theguardian.com/sport/2023/jul/06/lewis-hamilton-backs--peaceful-just-stop-oil-protest-at-british-grand-prix; https://www.ft.com/content/4a0ab6f3-83fc-4e89-b6a2-c05c85f3791b.
48. Abbie Hoffman, *The Autobiography of Abbie Hoffman* (Four Walls Eight Windows, 2000), p. 64.
49. Chenoweth e Stephan, *Why Civil Resistance Works*, p. 13.
50. https://www.theguardian.com/environment/2022/mar/18/tyre-extinguishers-deflating-suv-tyres-as-a-form-of-climate-action. A Tyre Extinguishers pode ter sido inspirada por uma organização anterior na Suécia — ver Andreas Malm, *How to Blow Up a Pipeline*, p. 79-80. O número de 12 mil pneus esvaziados é baseado em uma comunicação pessoal com os ativistas.
51. Zinn, *On History*, p. 39.
52. https://www.un.org/press/en/2022/sgsm21228.doc.htm; https://media.un.org/en/asset/k1x/k1xcijxjhp.
53. Jay Griffiths, *Why Rebel* (Penguin, 2021), p. 4.

2. Cultivando a tolerância

1. Felicita Tramontana, "Five Lessons History Can Teach Us About Migration", Warwick Knowledge Centre, 14 ago. 2018, https://warwick.ac.uk/newsandevents/knowledgecentre/arts/history/migration.
2. Hein de Haas, Stephen Castles e Mark Miller, *The Age of Migration: International Population Movements in the Modern World* (Guilford, 2019), p. 7; https://www.un.org/en/development/desa/population/migration/data/estimates2/estimates19.asp; https://www.unhcr.org/uk/admin/hcspeeches/48873def4/people-move-challenges-displacement-21st-century-international-rescue-committee.html; https://publications.iom.int/system/files/pdf/wmr_2020.pdf; https://www.unhcr.org/uk/about-unhcr/who-we-are/figures-glance.
3. https://reliefweb.int/report/world/climate-migrants-might-reach-one-billion-2050; https://www.pnas.org/content/117/21/11350; Gaia Vince, *Nomad Century: How to Survive the Climate Upheaval* (Allen Lane, 2022), p. xi, xvi.
4. Leo Lucassen e Felicita Tramontana, "Migration in Historical Perspective", *OpenDemocracy*, 11 ago. 2017, https://www.opendemocracy.net/en/can-europe-make-it/migration-in-historical-perspective/.
5. Parag Khanna, *Move: How Mass Migration Will Reshape the World — and What It Means for You* (Weidenfeld & Nicolson, 2021), p. 29-45.

NOTAS 241

6. Afroditi-Maria Koulaxi, "Convivial reflexivity in the changing city — a tale of hospitality or hostility?", *International Journal of Cultural Studies*, v. 25, n. 2 (2021), p. 5, https://doi.org/10.1177/13678779211055490.

7. Theodore Zeldin, *An Intimate History of Humanity* (Harper Perennial, 1995), p. 272.

8. https://www.smithsonianmag.com/blogs/smithsonian-center-folklife--cultural-heritage/2021/04/20/chinese-poetry-angel-island-immigration--station/.

9. http://www.cetel.org/1854_hall.html.

10. Sven Lindqvist, *The Skull Measurer's Mistake — and Other Portraits of Men and Women Who Spoke Out Against Racism* (The New Press, 1997), p. 72-3. Ver também a excelente série de documentários de Bill Moyers, *Becoming American — The Chinese Experience* (2003), https://www.youtube.com/watch?v=1IkDn08i-A4.

11. Andrew Gyory, *Closing the Gate: Race, Politics, and the Chinese Exclusion Act* (University of North Carolina, 1998); Robert Chang, "The Dark History of the Chinese Exclusion Act", TED-Ed (2021), https://www.youtube.com/watch?v=2K88pWCimZg; Gary Okihiro, *The Columbia Guide to Asian American History* (Columbia University Press, 2001), capítulo 4.

12. John Kuo Wei Tchen e Dylan Yeats, *Yellow Peril! An Archive of Anti-Asian Fear* (Verso, 2014), p. 7-16; Lindqvist, *Skull Measurer's Mistake*, p. 114-15; https://www.gutenberg.org/files/173/173-h/173-h.htm.

13. Kevin Scott Wong, *Americans First: Chinese Americans and the Second World War* (Harvard University Press, 2005), p. 70.

14. Lisa Kiang *et al.*, "Moving Beyond the Model Minority", *Asian American Journal of Psychology*, v. 8, n. 1 (2017), p. 3. Sobre as complexas relações entre asiático-americanos e afro-americanos, ver Saemyi Park, "Asian Americans' Perception of Intergroup Commonality with Blacks and Latinos: The Roles of Group Consciousness, Ethnic Identity, and Intergroup Contact", *Social Sciences*, v. 10, n. 11 (2021), p. 441, https:// doi.org/10.3390/socsci10110441.

15. https://www.searac.org/wp-content/uploads/2020/02/SEARAC_NationalSnapshot_PrinterFriendly.pdf; https://www.nbcnews.com/news/asian--america/chinese-migrants-are-coming-us-foot-officials-say-rcna77244.

16. https://www.bbc.co.uk/news/world-us-canada-56218684.

17. Robert S. Chang, "Whitewashing Precedent: From the Chinese Exclusion Case to Korematsu to the Muslim Travel Ban", *Case Western Reserve Law Review*, v. 68, n. 4 (2018), https://scholarlycommons.law.case.edu/caselrev/vol68/iss4/8/.

18. https://www.washingtonpost.com/news/fact-checker/wp/2015/07/08/donald-trumps-false-comments-connecting-mexican-immigrants-and-crime/; https://time.com/4386240/donald-trump-immigration-arguments/; https://www.theatlantic.com/entertainment/archive/2019/08/trump-immigrant-invasion-language-origins/595579/.

19. Vogt J. Isaksen, "The impact of the financial crisis on European attitudes toward immigration", *CMS* 7 (2019).

20. https://www.oxfordeconomics.com/resource/the-fiscal-impact-of-immigration-on-the-uk; Haas, Castles e Miller, *The Age of Migration*, p. 38.

21. Marco Tabellini, "Gifts of the Immigrants, Woes of the Natives: Lessons from the Age of Mass Migration", Escola de Negócios de Harvard, workin paper 19-005 (2019), https://www.hbs.edu/ris/Publication%20Files/19-005_a4261e39-175c-4b3f-969a-8e1ce818a3d8.pdf; Haas, Castles e Miller *The Age of Migration*, p. 39; Gaia Vince, *Nomad Century*, p. 72-3.

22. Edward Gibbon, *The Decline and Fall of the Roman Empire*, v. 6 (Methuen, 1898), p. 28-9.

23. María Rosa Menocal, "Culture in the Time of Tolerance: Al-Andalus as a Model for Our Own Time", *Yale Law School Occasional Papers* (2000): 11, https://openyls.law.yale.edu/bitstream/handle/20.500.13051/17668/Menocal_paper.pdf.

24. María Rosa Menocal, *The Ornament of the World: How Muslims, Jews and Christians Created a Culture of Tolerance in Medieval Spain* (Back Bay, 2002), p. 72-4.

25. J. H. Elliott, "A Question of Coexistence", *New York Review of Books*, 13 ago. 2009, https://www.nybooks.com/articles/2009/08/13/a-question-of-coexistence/.

26. Brian Catlos, *Kingdoms of Faith: A New History of Islamic Spain* (Hurst, 2018), p. 145, 157, 167, 202, 320, 428-9; Brian Catlos, *Muslims in Medieval Latin Christendom* (Cambridge University Press, 2014), p. 469-77, 509, 524; Robert Hillenbrand, "'The Ornament of the World': Medieval Córdoba as a Cultural Centre", em Salma Khadra Jayussi (org.), *The Legacy of Muslim Spain*, v. 1 (Brill, 2012); Elliott, "A Question of Coexistence."

27. Brian Catlos, *Kingdoms of Faith*, p. 202.

28. María Rosa Menocal, "Culture in the Time of Tolerance", p. 66.

29. *Ibid.*

30. R. C. H. Davis, *The Normans and Their Myth* (Thames & Hudson, 1976), p. 8-9, 71, 75; https://www.bl.uk/collection-items/the-harley-trilingual-psalter.

NOTAS 243

31. María Rosa Menocal, "Culture in the Time of Tolerance", p. 101-9. Para outros exemplos de tal fusão em um contexto histórico mais amplo, ver Felicita Tramontana, "Five Lessons History Can Teach Us".

32. Ver, por exemplo, Kenneth Baxter Wolf, "Convivencia and 'The Ornament of the World'", em Connie Scarborough (org.), *Revisiting Convivencia in Medieval and Early Modern Iberia* (Juan de la Cuesta, 2014); Dario Fernández-Morera, *The Myth of the Andalusian Paradise* (ISI, 2014); Mark Abate (org.), *Convivencia and Medieval Spain: Essays in Honour of Thomas F. Glick* (Palgrave Macmillan, 2018); David Nirenberg, *Communities of Violence: Persecution of Minorities in the Middle Ages* (Princeton, 1996), p. 33, 237, 245-9.

33. Até mesmo os acadêmicos que focam a violência tendem a reconhecer a profundidade da *convivência* cotidiana. Por exemplo, no excelente estudo de David Nirenberg sobre a violência comunitária no reino cristão de Aragão, ele indica que "as relações entre cristãos e não cristãos na medieval Coroa de Aragão eram amplamente não violentas". Nirenberg, *Communities of Violence*, p. 38.

34. Brian Catlos, "Islamic Spain Ended in the 15th Century and We Still Can't Agree if It Was a Paradise or Hell?", History News Network, 6 out. 2018, https://www.historynewsnetwork.org/article/islamic-spain-ended-in-the--15th-century-and-we-sti.

35. Entrevista para a série da PBS *The Ornament of the World* (2019), https://www.youtube.com/watch?v=aoMs783m624.

36. Nirenberg, *Communities of Violence*, p. 38-9.

37. https://onlinelibrary.wiley.com/doi/abs/10.1111/juaf.12141; https://www.bloomberg.com/news/articles/2015-05-29/a-new-study-tries-to-determine-what-a-tolerant-city-looks-like.

38. Thomas Pettigrew e Linda R. Tropp, "A Meta-Analytic Test of Intergroup Contact Theory", *Journal of Personality and Social Psychology* 90/5 (2006), https:// doi.org/10.1037/0022-3514.90.5.751.

39. Brian Catlos, "Islamic Spain Ended in the 15th Century".

40. https://www.un.org/development/desa/en/news/population/2018-revision--of-world-urbanization-prospects.html#.

41. David Birmingham, *Kwame Nkrumah: The Father of African Nationalism* (Ohio University Press, 1998), p. 51; Kofi Takyi Asante, "Individualistic and Collectivistic Orientations: Examining the Relationship Between Ethnicity and National Attachment in Ghana", *Studies in Ethnicity and Nationalism*, v. 20, n. 1, abr. 2020), p. 2-24, https://doi.org/10.1111/sena.12313. Nkrumah

244   HISTÓRIA PARA O AMANHÃ

foi influenciado pelo contato com socialistas negros nos Estados Unidos e na Grã-Bretanha, o que o incentivou a ver a política em termos de classe, e não de luta étnica.

42. Note que Nkrumah também adotava uma ideologia de pan-africanismo, ao lado do nacionalismo ganense: Harcourt Fuller, *Building the Ghanaian Nation-State: Kwame Nkrumah's Symbolic Nationalism* (Palgrave Macmillan, 2014), p. 4; David Birmingham, *Kwame Nkrumah*, p. 30-1, 49.

43. Paul Kwame Asamoah, "Ethnic Conflict: A Threat to Ghana's Internal Stability — A Case Study of the Nkonya-Alavanyo Conflict in the Volta Region", dissertação de mestrado, Universidade de Oslo, 2014, p. 2, https://www.core.ac.uk/download/pdf/30903716.pdf; David Birmingham, *Kwame Nkrumah*, p. 59.

44. Embora seja importante notar que Gana também está em uma das posições mais baixas na África no quesito de tolerância a diferentes identidades e orientações sexuais. https://www.afrobarometer.org/wp-content/uploads/migrated/files/publications/Dispatches/ab_r7_dispatchno362_pap17_tolerance_in_africa_2.pdf.

45. Jeffrey Paller, *Democracy in Ghana: Everyday Politics in Urban Africa* (Cambridge University Press, 2019), p. 212-13; Konadu Adam, Frederick Mensah-Bonsu e Dorcas Amedorme, "Fostering Religious Tolerance and Harmonization in Ghana: A Discussion on Efforts Made by Various Stakeholders", *E-Journal of Humanities, Arts and Social Sciences (EHASS)*, v. 3, n. 5, maio 2022, p. 185. Disponível em: https://doi.org/10.38159/ehass.2022352.

46. https://www.nas.gov.sg/archivesonline/data/pdfdoc/lky19650809b.pdf.

47. Selina Lim *et al.*, "Reconfiguring the Singapore Identity Space", *International Journal of Intercultural Relations*, v. 43 (2014), https://doi.org/10.1016/j.ijintrel.2014.08.011.

48. Amanda Wise e Selvaraj Velayutham, "Conviviality in Everyday Multiculturalism: Some Brief Comparisons Between Singapore and Sydney", *European Journal of Cultural Studies*, v. 17, n. 4, (2014), p. 411, https://doi.org/10.1177/ 1367549413510419.

49. Hong Liu e Lingli Huang, "Paradox of Superdiversity: Contesting Racism and 'Chinese Privilege' in Singapore", *Journal of Chinese Overseas*, v. 18, n. 2, (2022), https://doi.org/10.1163/17932548-12341468.

50. Gaia Vince, *Nomad Century*, p. 134; Claudia Finotelli e Sebastian Rinken, "A Pragmatic Bet: The Evolution of Spain's Immigration System", *Migration Policy Institute*, 18 abr. 2023, https://www.migrationpolicy.org/article/spain-immigration-system-evolution.

NOTAS

51. Tilmann Heil, "Are Neighbours Alike? Practices of Conviviality in Catalonia and Casamance", *European Journal of Cultural Studies*, v. 17, n. 4, 2014, p. 454, 547, 463, 466, https://doi.org/10.1177/1367549413510420.

3. Abandonando o hábito do consumo

1. Victor Lebow, "Price Competition in 1955", *Journal of Retailing*, 1955.
2. O Bon Marché era originalmente uma pequena loja da margem esquerda de Paris, fundada em 1838 e assumida por Boucicaut em 1863. Contudo, foi somente após a inauguração da loja principal em 1872 que o Bon Marché se tornou uma referência do varejo. Para uma excelente história, ver Michael B. Miller, *The Bon Marché: Bourgeois Culture and the Department Store, 1869-1920* (George Allen & Unwin, 1981).
3. Keith Thomas, *The Ends of Life: Roads to Fulfilment in Early Modern England* (Oxford University Press, 2011), p. 142. Ver também o capítulo 6 de meu livro *The Wonderbox* para uma discussão sobre as origens históricas da cultura de consumo.
4. Stuart Ewen, *PR! A Social History of Spin* (Basic Books, 1996), p. 3-4.
5. Sobre a icônica campanha "Just Do It", da Nike, ver Naomi Klein, *No Logo* (Flamingo, 2001), p. 365-79 [Edição brasileira: *Sem logo* (Record, 2002)].
6. Juliet Schor, "Towards a New Politics of Consumption", em Juliet Schor e Douglas Holt (orgs.), *The Consumer Society Reader* (The New Press, 2000), p. 449.
7. Jason Hickel, *Less Is More: How Degrowth Will Save the Planet* (Windmill, 2021), p. 102, 109.
8. Kenneth Boulding, "The Economics of the Coming Spaceship Earth", em H. Jarrett (org.), *Environmental Quality in a Growing Economy* (Resources for the Future/Johns Hopkins University Press, 1966), p. 3-14.
9. Kate Raworth, *Doughnut Economics: Seven Ways to Think Like a 21st-Century Economist* (Random House Business Books, 2017), p. 206-42 [Edição brasileira: *Economia donut: uma alternativa ao crescimento a qualquer custo* (Zahar, 2019)].
10. David E. Shi, *The Simple Life: Plain Living and High Thinking in American Culture* (Oxford University Press, 1985), p. 39.
11. Duane Elgin, "Voluntary Simplicity and the New Global Challenge", em Juliet Schor e Douglas Holt (orgs.), *The Consumer Society Reader* (The New Press, 2000), p. 397-413.
12. James Wallman, *Stuffocation: Living More with Less* (Penguin Books, 2013), p. 7-9.

246 HISTÓRIA PARA O AMANHÃ

13. https://www.theguardian.com/environment/2021/nov/07/few-willing-to--change-lifestyle-climate-survey.

14. https://yougov.co.uk/topics/society/articles-reports/2022/12/29/how--many-britons-will-attempt-vegan-diet-and-lifes.

15. https://www.statista.com/statistics/298322/chicken-broiler-slaughterings--in-the-united-kingdom-uk-by-breed/; George Monbiot, *Regenesis: Feeding the World without Devouring the Planet* (Allen Lane, 2022), p. 39-41; https://www.monbiot. com/2015/11/19/pregnant-silence/.

16. Citado em Nana Supriatna, "Confronting Consumerism as a New Imperialism", *Journal of Social Studies Education*, v. 6 (2017).

17. https://edoflourishing.blogspot.com/2014/01/recycling-and-reuse.html; Eisuke Ishikawa, *Japan in the Edo Period — An Ecologically Conscious Society* (Kodansha, 2000).

18. Azby Brown, *Just Enough: Lessons in Living Green from Traditional Japan* (Kodansha Internacional, 2010); Azby Brown, "Building a Circular Economy: Lessons from Edo Japan", TEDx (2001), https://www.youtube.com/watch?v=zKkQ2PIjAas; Duncan Baker-Brown, *The Re-Use Atlas: A Designer's Guide Towards the Circular Economy* (RIBA, 2017); Susan Hanley, "Urban Sanitation in Preindustrial Japan", *Journal of Interdisciplinary History,* v. 18, n. 1 (1987), p. 1-26.

19. Conrad Totman, *The Green Archipelago: Forestry in Pre-Industrial Japan* (Ohio University Press, 1998), p. 171. Note que discuto brevemente a política de madeira e silvicultura dos Tokugawa em meu livro *The Good Ancestor: How to Think Long Term in a Short-Term World* (WH Allen, 2020), p. 104-6.

20. Conrad Totman, *The Green Archipelago*, p. 85-9, 115; Conrad Totman, *Early Modern Japan* (University of California Press, 1993), p. 245-7. Sobre os sucessos do racionamento de madeira, ver também Osamu Saito, "Forest History and the Great Divergence: China, Japan and the West", Institute of Economic Research, Hitotsubashi University, 2008, https://warwick.ac.uk/fac/soc/economics/seminars/seminars/conferences/econchange/programme/saito_-_venice.pdf, p. 20. Leis suntuárias ligadas ao status social também limitavam o uso de roupas de seda, folhas de ouro em edifícios e decorações elaboradas de cerimônias de casamentos, embora elas fossem, na maioria das vezes, difíceis de impor. O primeiro xogum Tokugawa, Ieyasu, era especialmente conhecido por defender a frugalidade material. Ver Donald H. Shively, "Sumptuary Regulation and Status in Early Tokugawa Japan", *Harvard Journal of Asiatic Studies*, v. 25 (1964), https://doi.org/10.2307/2718340.

NOTAS

21. Conrad Totman, *The Green Archipelago*, p. 114-5, 136, 163; Conrad Totman, "Land-Use Patterns and Afforestation in the Edo Period", *Monumenta Nipponica*, v. 39, n. 1 (1984), p. 4-5, https://doi.org/10.2307/2384477; Junichi Iwamoto, "The Development of Japanese Forestry", em Yorshiya Iwai (org.), *Forestry and Forest Industry in Japan* (University of British Columbia Press, 2002), p. 5. Para mais detalhes sobre a economia de Edo, ver também Roman Krznaric, "Food Coupons and Bald Mountains: What the History of Resource Scarcity Can Teach Us About Tackling Climate Change", *Human Development Report Office Occasional Paper 2007/63*, United Nations Development Programme (2007).

22. O designer de sustentabilidade Isao Kitabayashi cunhou o termo "edonomia". Ver https://zenbird.media/circular-edonomy-japans-original-circular-economy-model/. A "edonomia" não era, de modo algum, um sistema perfeito. As regras de racionamento eram frequentemente desobedecidas, e as grandes populações urbanas do país não podiam ser facilmente mantidas sem a exploração excessiva dos cardumes, sobretudo na região fronteiriça do norte; Tessa Morris-Suzuki, "Sustainability and ecological colonialism in Edo period Japan", *Japanese Studies*, v. 15, n. 1 (1995), https://doi.org/10.1080/10371399508571520.

23. Eiichiro Ochiai, "Japan in the Edo Period: Global Implications for a Model of Sustainability", *Asia Pacific Journal*, v. 5, n. 2 (2007), p. 2.

24. Eisuke Ishikawa, "Japan in the Edo Period", p. 11; Azby Brown, *Just Enough*; Azby Brown, "Building a Circular Economy".

25. A ideia de "edição da escolha" foi criada pela Sustainable Consumption Roundtable do Reino Unido em seu relatório de 2006, "Looking Forward, Looking Back: Lessons in Choice Editing for Sustainability".

26. Brown, "Building a Circular Economy".

27. https://www.fairphone.com/en/impact/fair-materials.

28. William McDonough e Michael Braungart, *The Upcycle: Beyond Sustainability — Designing for Abundance* (North Point Press, 2013), p. 11.

29. Jo Williams, "Circular Cities: Planning for Circular Development in European Cities", *European Planning Studies*, v. 31, n. 1 (2022), https://doi.org/10.1080/09654313.2022.2060707; https://www.amsterdam.nl/en/policy/sustainability/circular-economy/.

30. "The Circularity Gap Report 2023", *Circle Economy*, Amsterdã, 2023, https://www.circularity-gap.world/2023#download.

31. Jason Hickel, *Less Is More*, p. 158-9.

32. Kate Raworth, "Towards 1.5°C Lifestyles", em Greta Thunberg (org.), *The Climate Book* (Allen Lane, 2022), p. 334 [Edição brasileira: *O livro do clima* (Companhia das Letras, 2023)].

33. https://www.nature.com/articles/s41586-021-03821-8.

34. Ina Zweiniger-Bargielowska, *Austerity in Britain: Rationing, Controls and Consumption, 1939-1955* (Oxford University Press, 2000), p. 31; John Kenneth Galbraith, *A Life in Our Times* (André Deutsch, 1981), p. 127; Meg Jacobs, "How About Some Meat? The Office of Price Administration, Consumption Politics, and State Building from the Bottom Up, 1941-46", *Journal of American History* (dez. 1997), p. 911, 921, https://doi.org/10.2307/2953088; Geoffrey Mills e Hugh Rockoff, "Compliance with Price Controls in the United States and the United Kingdom During World War II", *Journal of American History*, v. 47, n. 1 (1987), https://www.jstor.org/stable/2121945, p. 209.

35. Paul M. O'Leary, "Wartime Rationing and Governmental Organization", *American Political Science Review*, v. 39, n. 6 (dez. 1945), p. 1.103, https://doi.org/10.2307/1949657.

36. Thomas Piketty, *A Brief History of Equality* (Belknap Press, 2022), p. 25-6 [Edição brasileira: *Uma breve história da igualdade* (Intrínseca, 2022)].

37. Lewis Akenji *et al.*, "1.5 Degree Lifestyles: Towards a Fair Consumption Space for All" (Hot or Cool Institute, 2021), p. 94-102; https://ecocore.org/lahti-25-reduction-carbon-footprint/; Fuso F. Nerini *et al.*, "Personal carbon allowances revisited", *Nature Sustainability*, v. 4, (2012), https://doi.org/10.1038/s41893-021-00756-w; Judith Deutsch, "Lessons for the Climate Emergency: Rationing, Moratoriums, Ending War", *Bullet*, 27 jun. 2019.

38. https://takethejump.org/.

4. Domando as redes sociais

1. Marshall McLuhan, *The Gutenberg Galaxy* (University of Toronto Press, 1962), p. 1 1962 [Edição brasileira: *A galáxia de Gutenberg.* (Companhia Editora Nacional, 1965)].

2. Tom Standage, *Writing on the Wall: Social Media, the First 2,000 Years* (Bloomsbury, 2013), p. 22. O livro de Standage é um exemplo de história aplicada e uma importante fonte de inspiração para este capítulo.

3. Stanley Stowers, *Letter Writing in Greco-Roman Antiquity* (John Knox Press, 1989); Marcus Tullius Cicero, *The Letters of Cicero: The Whole Extant Correspondence in Chronological Order*, editado por Evelyn Shirley Shuckburgh (Legare Street Press, 2022).

NOTAS   249

4. Tom Standage, *Writing on the Wall*, p. 21-47; Robert Morstein-Marx, "Political Graffiti in the Late Roman Republic: 'Hidden Transcripts' e 'Common Knowledge'", em Cristina Kuhn (org.), *Politische Kommunikation und öffentliche Meinung in der antiken Welt* (Franz Steiner Verlag, 2012), p. 191-217.

5. Marshall McLuhan, *Understanding Media* (Abacus, 1973), p. 15.

6. Elizabeth Eisenstein, *The Printing Revolution in Early Modern Europe* (Cambridge University Press, 2005), p. 176. A impressão com blocos de madeira emergira muito antes, na China, durante o século IX. A genialidade de Gutenberg foi combinar três tecnologias: letras de metal individuais, tinta a óleo durável e prensa de parafuso modificada.

7. Friedrich Myconius, citado em A. Skevington Wood, *Captive to the Word — Martinho Lutero: Doctor of Sacred Scripture* (Paternoster Press, 1969), p. 65.

8. Tom Standage, *Writing on the Wall*, p. 51-60; Elizabeth Eisenstein, *The Printing Revolution*, p. 171, 187; Mark Edwards, *Printing, Propaganda and Martin Luther* (University of California Press, 1994), p. 14-40.

9. Elizabeth Eisenstein, *The Printing Revolution*, p. 165.

10. *Ibid.*, p. 176; Neil Postman, *Technopoly: The Surrender of Culture to Technology* (Vintage, 1993), p. 15.

11. Natalie Grace, "Vermin and Devil-Worshippers: Exploring Witch Identities in Popular Print in Early Modern Germany and England", *Midlands Historical Review*, v. 5 (2021), p. 2-6.

12. Lyndal Roper, *Witch Craze: Terror and Fantasy in Baroque Germany* (Yale University Press, 2006); Abaigéal Warfield, "Witchcraft Illustrated: The Crime of Witchcraft in Early Modern German News Broadsheets", em Andrew Pettegree (ed.), *Broadsheets: Single-Sheet Publishing in the First Age of Print* (Brill, 2017), p. 459; Keith Thomas, *Religion and the Decline of Magic* (Penguin, 1973), p. 521-3, 612.

13. https://pursuit.unimelb.edu.au/articles/bewitched-and-beguiled-by-art. Ver também Charles Zika, *The Appearance of Witchcraft: Print and Visual Culture in Sixteenth-Century Europe* (Routledge, 2007), p. 2-4; Wolfgang Behringer, "Witchcraft and the Media", em Marjorie Elizabeth Plummer (org.), *Ideas and Cultural Margins in Early Modern Germany* (Routledge, 2009), p. 218-19.

14. Charles Zika, *The Appearance of Witchcraft*, p. 182-3; Wolfgang Behringer, "Witchcraft and the Media", p. 220-3; Abaigéal Warfield, "Witchcraft Illustrated", p. 461, 464; http://www.geschichte-schiltach.de/themen/aufsaetze/der-teufel-von-schiltach/der-teufel-von-schiltach.html.

15. Natalie Grace, "Vermin and Devil-Worshippers", p. 11; Abaigéal Warfield, "Witchcraft Illustrated", p. 484; Charles Zika, *The Appearance of Witchcraft*, p. 179; Keith Thomas, *Religion and the Decline of Magic*, p. 561.

16. Alguns estudiosos indicam exemplos anteriores de fake news na história da impressão, como os sangrentos contos sobre o conde Drácula, da Transilvânia, publicados no fim do século XV: Brian Winston e Matthew Winston, *The Roots of Fake News: Objecting to Objective Journalism* (Routledge, 2021).

17. Wolfgang Behringer, "Witchcraft and the Media", p. 219-20; Abaigéal Warfield, "Witchcraft Illustrated", p. 460; Zoey Strzelecki, "Printing Witchcraft", *Manchester Historian*, 12 nov. 2014; Jon Crabb, "Woodcuts and Witches", *Public Domain Review*, 4 maio 2017.

18. Acusações de bruxaria permanecem comuns em alguns países e continuam a resultar em abusos dos direitos humanos — por exemplo, contra pessoas albinas em várias nações africanas —, levando a Comissão de Direitos Humanos da ONU a aprovar uma resolução especial sobre a questão em julho de 2021, https://jogh.org/wp-content/uploads/2022/06/jogh-12-03029.pdf.

19. Charles Zika, *The Appearance of Witchcraft*, p. 9.

20. Paul Mason, *Why It's Still Kicking Off Everywhere: The New Global Revolutions* (Verso, 2013).

21. S. Schumann *et al.*, "Social Media Use and Support for Populist Radical Right Parties: Assessing Exposure and Selection Effects in a Two-wave Panel Study", *Information, Communication and Society*, v. 24, n. 7 (2019), https://doi.org/10.1080/1369118X.2019.1668455; Paolo Gerbaudo, "Social Media and Populism: An elective affinity?", *Media, Culture and Society*, v. 40, n. 5 (2018), https://doi.org/10.1177/0163443718772192.

22. Paul Barrett, Justin Hendrix e J. Grant Sims, "Fuelling the Fire: How Social Media Intensifies USA Political Polarization — And What Can Be Done About It" (Stern Center for Business and Human Rights, New York University, 2021).

23. https://scrapsfromtheloft.com/movies/the-social-dilemma-movie-transcript/.

24. Elizabeth Eisenstein, *The Printing Revolution*, p. 48.

25. Steve Pincus, "'Coffee Politicians Does Create': Coffeehouses and Restoration Political Culture", *Journal of Modern History*, v. 67, n. 4 (1995), p. 813, 819, https://www.jstor.org/stable/2124756; https://www.bl.uk/restoration-18th-century-literature/articles/newspapers-gossip-and-coffee-house-culture; https://www.newstatesman. com/culture/2023/01/social-media-culture-coffeehouse-history.

NOTAS 251

26. Tom Standage, *Writing on the Wall*, p. 107, 109.
27. Citado em Pincus, "'Coffee Politicians Does Create'", p. 821; Thomas Brennan, "Coffeehouses and Cafes", em Alan Charles Kors (org.), *Encyclopedia of the Enlightenment* (Oxford University Press, 2002).
28. https://www.spectator.co.uk/article/1711-and-all-that-the-untold-story--of-the-spectator/.
29. Jürgen Habermas, *The Structural Transformation of the Public Sphere: An Inquiry into a Category of Bourgeois Society* (Polity Press, 1992), p. 57-60 [Edição brasileira: *Mudança estrutural na esfera pública: Investigações sobre uma categoria da sociedade burguesa* (Editora Unesp, 2014)].
30. Citado em Pincus, "'Coffee Politicians Does Create'", p. 815. Ver também Richard Sennett, *The Fall of Public Man* (Faber and Faber, 1986), p. 80-2.
31. John Barrell, "Coffee-House Politicians", *Journal of British Studies*, v. 43, n. 2, 2004. p. 206-10, https://doi.org/10.1086/380950; John Keane, *Tom Paine: A Political Life* (Bloomsbury, 2009), p. 321, 336.
32. James Curran e Jean Seaton, *Power without Responsibility: Press, Broadcasting and the Internet in Britain* (Routledge, 2018), p. 10-14; Jürgen Habermas, "The Public Sphere: An Encyclopedia Article", *New German Critique*, n. 3, (1974), p. 54, https://doi. org/10.2307/487737.
33. https://www.theatlantic.com/technology/archive/2018/05/when-did-tv--watching-peak/561464/. Para uma discussão mais ampla sobre o surgimento e o impacto da televisão, ver meu livro *Carpe Diem Regained: The Vanishing Art of Seizing the Day* (Unbound, 2017), p. 60-7 [Edição brasileira: *Carpe diem: resgatando a arte de aproveitar a vida* (Zahar, 2018)].
34. Para ter uma noção dessa visão utópica da internet e de seu potencial liberador, ver a declaração de John Perry Barlow em 1996, "Declaration of the Independence of Cyberspace", https://www.eff.org/cyberspace-independence. Para um excelente antídoto, ler Evgeny Morozov, *The Net Delusion: How Not to Liberate the World* (Allen Lane, 2011), especialmente o capítulo 7.
35. Jürgen Habermas, "Reflections and Hypotheses on a Further Structural Transformation of the Political Public Sphere", *Theory, Culture & Society*. v. 39, n. 4 (2022), p. 66, https://doi.org/10.1177/02632764221112341.
36. Defensores incluem Lizzie O'Shea, *Future Histories: What Ada Lovelace, Tom Paine and the Paris Commune Can Teach Us About Digital Technology* (Verso, 2019), p. 168.
37. https://medium.com/@teamwarren/heres-how-we-can-break-up-big-tech-9ad9e0da324c.

38. Azeem Azhar, *Exponential: How Accelerating Technology Is Leaving Us Behind and What to Do About It* (Random House Business, 2021), p. 120-2.

39. Rishab Nithyanand, Brian Schaffner e Phillipa Gill, "Online Political Discourse in the Trump Era", arXiv (2017), https://doi.org/10.48550/arXiv.1711.05303, p. 1, 2, 5; https://www.newscientist.com/article/2154743-politics-chat-on-reddit-reads-like-it-was-written-by-6-year-year-olds/.

40. https://www.metafilter.com/guidelines.mefi.

41. https://www.statista.com/statistics/978010/coffee-shop-numbers-united-kingdom-uk/.

42. As conversas durante refeições que organizamos na fundação Oxford Muse foram perfiladas em um documentário da rádio BBC chamado *The Art of Conversation* (2005), produzido por Eka Morgan: https://www.bbc.co.uk/sounds/play/p03cgdhb.

43. http://news.bbc.co.uk/1/hi/world/middle_east/6948034.stm.

44. https://www.timesofisrael.com/education-ministry-bars-israeli-palestinian-bereavement-group-from-schools/.

45. Theodore Zeldin, *Conversation* (Harvill Press, 1998), p. 14.

46. Marshall McLuhan, *Understanding Media*, p. 26.

47. David Dunér e Christer Ahlberger (org.), *Cognitive History: Mind, Space, and Time* (De Gruyter Oldenbourg, 2019).

48. Marshall McLuhan e Quentin Fiore, *The Medium Is the Massage* (Penguin Books, 2008), p. 44-50 [Edição brasileira: *O meio é a massagem* (São Paulo: Ubu)]; Walter Ong, *Orality and Literacy: The Technologizing of the World* (Routledge, 1982), p. 121 [Edição brasileira: *Oralidade e cultura escrita* (Papirus, 1998)].

49. Neil Postman, *Technopoly*, p. 65; Elizabeth Eisenstein, *The Printing Revolution*, p. 105-7.

50. Ong, *Orality and Literacy*, p. 123-5; Elizabeth Eisenstein, *The Printing Revolution*, p. 71-81.

51. Marshall McLuhan McLuhan, *Understanding Media*, p. 189.

52. Marshall McLuhan, *Gutenberg Galaxy*, p. 22-7, 72, 125, 151, 175. A invenção do relógio mecânico também contribuiu para o desenvolvimento do pensamento linear, um tópico que discuto em meu livro *The Good Ancestor*, p. 40-4.

53. John Naughton, *From Gutenberg to Zuckerberg: What You Really Need to Know About the Internet* (Quercus, 2012), p. 25-6.

NOTAS   253

5. Garantindo água para todos

1. William Ligtvoet *et al.*, *The Geography of Future Water Challenges* (PBL Netherlands Environmental Assessment Agency, 2018), p. 14, 39.
2. Vandana Shiva, *World Water Wars* (Sound End Press, 2002), p. 1; https://www.wri.org/insights/17-countries-home-one-quarter-worlds-population-face-extremely-high-water-stress; https://www.bbc.co.uk/news/world-42982959; https://www.rd.com/list/water-shortages-cities/.
3. https://www.wri.org/insights/ranking-worlds-most-water-stressed-countries-2040.
4. Ligtvoet *et al.*, *Geography of Future Water Challenges*, p. 10.
5. O caractere chinês *zhì* 治 surge em termos modernos como 政治 (*zhèngzhì*: política), 治理 (*zhìlǐ*: governança) e 法治 (*fǎzhì*: estado de direito). Obrigado ao sinólogo David Kelly por me aconselhar sobre essa questão. Ver também https://languagelog.ldc.upenn.edu/nll/?p=19251.
6. Steven Solomon, *Water: The Epic Struggle for Wealth, Power, and Civilization* (Harper Perennial, 2011), capítulo 5; Brian Fagan, *Elixir: A Human History of Water* (Bloomsbury, 2011), capítulo 12; Mark Elvin, *The Retreat of the Elephants: An Environmental History of China* (Yale University Press, 2004), p. 117-19, questiona o quanto a gestão chinesa da água era "inflexivelmente alicerçada no despotismo", indicando importantes variações regionais.
7. William Rowe, *Saving the World: Chen Hongmou and Elite Consciousness in Eighteenth-Century China* (Stanford University Press, 2001), p. 1-10, 24-44, 222-31, 453; Fagan, *Elixir*, p. 235-8.
8. Mike Davis, *Late Victorian Holocausts: El Niño Famines and the Making of the Third World* (Verso, 2002), p. 81.
9. *Ibid.*, p. 67-86, 187-98. A venda de seres humanos e o consumo de carne humana durante os períodos de fome na China também foram documentados em Mark Elvin, *Retreat of the Elephants*, p. 193-4, 443-4.
10. Thomas Glick, *Irrigation and Society in Medieval Valencia* (Harvard University Press, 1970), p. 65-8; Julia Hudson-Richards e Cynthia Gonzales, "Water as a Collective Responsibility: The Tribunal de las Aguas and the Valencian Community", *Bulletin for Spanish and Portuguese Historical Studies*, v. 38, n. 1 (2013), https://asphs.net/wp-content/uploads/2020/02/Water-as-a-Collective-Responsibility.pdf.
11. Note que as formas tradicionais de gestão da água estão sob ameaça em algumas regiões da Espanha: https://www.bbc.com/future/article/20221011-the-moorish-invention-that-tamed-spains-mountains.

12. Elinor Ostrom, *Governing the Commons: The Evolution of Institutions of Collective Action* (Cambridge University Press, 2015), p. 69-76.
13. https://research.com/scientists-rankings/political-science.
14. https://wiki.p2pfoundation.net/Water_Cooperatives.
15. David Bollier, *Think Like a Commoner: A Short Introduction to the Life of the Commons* (New Society Publishers, 2014), p. 26-33.
16. Stephen Lansing, *Perfect Order: Recognizing Complexity in Bali* (Princeton University Press, 2006).
17. *Crafting Institutions for Self-Governing Irrigation Systems* (1992), https://www.canr.msu.edu/resources/video-crafting-institutions-for-self-governing-irrigation-systems.
18. https://www.newyorker.com/magazine/2002/04/08/leasing-the-rain; ver também o documentário *Blue Gold: World Water Wars* (2008).
19. A respeito dos conflitos sobre a privatização da água, ver https://www.opendemocracy.net/en/tc-lagos-water-privatisation/; https://ourworld.unu.edu/en/water-privatisation-a-worldwide-failure. Múltiplos estudos revelam que a privatização tende a elevar o preço da água. Ver, por exemplo, Naren Prasad, "Privatisation of Water: A Historical Perspective", *Law, Environment and Development*, v. 3, n. 2 (2007), p. 231-3, https://lead-journal.org/content/07217.pdf.
20. Ariel Sharon, *Warrior: An Autobiography* (Simon & Schuster, 2001).
21. Ofira Seliktar, "Turning Water into Fire: The Jordan River as the Hidden Factor in the Six-Day War", *Middle East Review of International Affairs*, v. 9, n. 2 (jun. 2005); Brahma Chellaney, *Water, Peace, and War: Confronting the Global Water Crisis* (Rowman and Littlefield, 2015).
22. https://www.btselem.org/sites/default/files/publications/202305_parched_eng.pdf, p. 7; https://www.amnesty.org/en/latest/campaigns/2017/11/the-occupation-of-water/; https://reliefweb.int/report/occupied-palestinian-territory/allocation-water-resources-occupied-palestinian-territory; Programa de Desenvolvimento das Nações Unidas, *Human Development Report 2006: Beyond Scarcity* (New York, 2006), p. 216.
23. Brahma Chellaney, *Water, Peace, and War*, capítulo 1.
24. Citado em Brahma Chellaney, *Water, Peace, and War*, p. 7.
25. https://www.wri.org/insights/how-solve-water-related-conflicts.
26. Peter Gleick, Charles Iceland e Ayushi Trivedi, *Ending Conflicts Over Water: Solutions to Water and Security Challenges* (World Resources Institute, 2020), https://pacinst.org/wp-content/uploads/2020/09/Ending-Conflicts-Over-Water-Pacific-Institute-Sept-2020.pdf.

NOTAS   255

27. Programa de Desenvolvimento das Nações Unidas, *Human Development Report 2006*, capítulo 6; https://www.independent.co.uk/climate-change/news/syria-drought-climate-change-civil-war-isis-b1947711.html; "Global Water Wars" (2017), episódio da série da National Geographic *Parched*, https://www.youtube.com/ watch?v=A0yu7nP50rM.

28. https://www.youtube.com/watch?v=B1gPCwErTr4&t=613s.

29. https://hispagua.cedex.es/en/documentacion/noticia/82752.

30. https://ecopeaceme.org/wp-content/uploads/2021/03/A-Green-Blue--Deal-for-the-Middle-East-EcoPeace.pdf; https://www.usip.org/publications/2022/12/water-can-be-rare-win-win-israelis-palestinians-and-region; https://www.jpost.com/ middle-east/article-714896.

31. Vincent Ostrom, *The Meaning of American Federalism: Constituting a Self-Governing Society* (ICS Books, 1991); Elinor Ostrom, "A Polycentric Approach for Coping with Climate Change", World Bank Policy Research, working paper n. 5.095 (out. 2009).

32. https://www.icpdr.org/sites/default/files/nodes/documents/lessons-from--the-danube-a-world-leader-in-transboundary-river-basin-management.pdf.

33. Jeremy Rifkin, *The Age of Resilience: Reimagining Existence on a Rewilding Earth* (Swift, 2022), p. 201-2 [Edição brasileira: *A era da resiliência: repensando a existência da nosssa espécie para nos adaptarmos a um planeta Terra imprevisível e restaurado* (Cultrix, 2024)].

34. Tarek Majzoub e Fabienne Quilleré Majzoub, "The Time Has Come for a Universal Water Tribunal", *Pace Environmental Law Review*, v. 36, n. 1 (2018), https://doi.org/10.58948/0738-6206.1822.

35. https://tragua.org/.

36. https://theconversation.com/zero-day-for-california-water-not-yet-but--unprecedented-water-restrictions-send-a-sharp-warning-173479.

37. Petri Juuti, Tapio Katko e Heikki Vuorinen, *Environmental History of Water: Global Views on Community Water Supply and Sanitation* (IWA Publishing, 2007), p. 241; Colin Ward, *Reflected in Water: A Crisis of Social Responsibility* (Cassel, 1997), capítulos 1 e 8.

6. Revivendo a fé na democracia

1. Citado em Roderick McIntosh, *Ancient Middle Niger: Urbanism and the Self-Organizing Landscape* (Cambridge University Press, 2005), p. 9.

2. https://www.worldhistory.org/Djenne-Djenno/.

3. Ver a palestra de Roderick McIntosh em Yale, "Why Study African Cities?", de 5 de julho de 2016, https://www.youtube.com/watch?app=desktop&v=0IJJIVEkk7A. Nessa palestra, ele indica que, "de certa maneira, é incrível que os arqueólogos do início do período colonial não tenham ido a essa enorme planície aluvial [...] Eles não imaginavam que os montes que viam, cobertos de fragmentos de cerâmica, também eram cidades". Em outro texto, ele argumentou que a sociedade ocidental tem "uma visão profundamente enraizada da cidade não ocidental como despótica, depravada e escravagista". Ver Roderick McIntosh, "Western Representations of Urbanism and Invisible African Towns", em Susan Keech McIntosh (org.), *Beyond Chiefdoms: Pathways to Complexity in Africa* (Cambridge University Press, 1999), p. 56.

4. Damola Adejumo-Ayibiowu, "Western style 'democracy' in Africa is just a way of pushing the neoliberal agenda", OpenDemocracy, 6 nov. 2019, www.opendemocracy.net/en/oureconomy/western-style-democracy-in--africa-is-just-a-way-of-pushing-the-neoliberal-agenda/.

5. Roderick McIntosh, *Ancient Middle Niger*, p. 5, 10-14, 36-7, 42-3, 187-9. Djenné-Djeno não é o único exemplo de cidade antiga que não exibe sinais de política hierárquica. Outros incluem Teotihuacan, na Mesoamérica, e o assentamento neolítico de Talianki, na Ucrânia. Como argumentam David Graeber e David Wengrow, "um número surpreendente das primeiras cidades do mundo era organizado em linhas robustamente igualitárias, sem necessidade de governantes autoritários, políticos-guerreiros ambiciosos ou mesmo administradores mandões", *The Dawn of Everything: A New History of Humanity* (Penguin, 2022), p. 4, 292, 330-2 [Edição brasileira: *O despertar de tudo: uma nova história da humanidade* (Companhia das Letras, 2022)].

6. Kwasi Wiredu, "Democracy and Consensus in African Traditional Politics: A Plea for a Non-Party Polity", *Centennial Review*, v. 39, n. 1 (1995): 53, https://www.jstor.org/stable/23739547. Para uma discussão clássica da história da democracia africana e das "sociedades sem chefes", ver Chancellor Williams, *The Destruction of Black Civilization: Great Issues of a Race From 4500 bc to 2000 ad* (Third World Press, 1971), p. 172-6.

7. Jan Vansina, *How Societies Are Born: Governance in Central West Africa Before 1600* (University of Virginia Press, 2005), p. 209, 216, 224-37, 248, 255-9; https://www.vaguelyinteresting.co.uk/what-a-palaver/.

8. Ikpechukwuka E. Ibenekwu, "Igbo Traditional Political System and the Crisis of Governance in Nigeria", *Ikoro Journal of the Institute of African*

NOTAS

257

Studies UNN, v. 9, n. 1-2 (2015); Susan Keech McIntosh, "Pathways to Complexity: An African Perspective", em Susan Keech McIntosh (ed.), *Beyond Chiefdoms: Pathways to Complexity in Africa* (Cambridge University Press, 1999), p. 9.

9. Elizabeth Isichei, *Igbo Worlds*: *An Anthology of Oral Histories and Historical Descriptions* (Institute for the Study of Human Issues, 1978), p. 71-5.

10. David Van Reybrouck, *Against Elections: The Case for Democracy* (Seven Stories Press, 2018), p. 1-16.

11. https://www.v-dem.net/documents/19/dr_2022_ipyOpLP.pdf, p. 6, 14.

12. David Graeber, "There Never Was a West: Or, Democracy Emerges from the Spaces in Between", *Possibilities: Essays on Hierarchy, Rebellion, and Desire* (AK Press, 2007), p. 331.

13. James Madison, *The Federalist Papers, Number 10* (1787).

14. Francis Dupuis-Déri, "The Political Power of Words: The Birth of Pro-democratic Discourse in the Nineteenth Century in the United States and France", *Political Studies*, v. 52, n. 1, (2004), https://doi.org/10.1111/j.1467-9248.2004.00467.x. Ver também Bernard Manin, *The Principles of Representative Government* (Cambridge University Press, 1997), p. 1-7; David Van Reybrouck, *Against Elections*, p. 62-3; Hélène Landemore, *Open Democracy: Reinventing Popular Rule for the Twenty-First Century* (Princeton University Press, 2020), p. 3-4.

15. Jean-Jacques Rousseau, *The Social Contract* (1762), livro 3, seção 15.

16. Citado em Philip Kotler, *Democracy in Decline: Rebuilding Its Future* (Sage, 2016), p. 17.

17. David Van Reybrouck, *Against Elections*, p. 62-9; Murray Bookchin, *From Urbanization to Cities: Toward a New Politics of Citizenship* (Cassell, 1995), p. 74-5; Murray Bookchin, *The Ecology of Freedom* (AK Press, 2005), p. 204-5; Graeber e Wengrow, *Dawn of Everything*, p. 306. A participação no *Boule* não era obrigatória para os selecionados: os cidadãos mais pobres frequentemente escolhiam não participar; https://www.britannica.com/topic/boule-ancient-Greek-council.

18. Aristóteles, *The Politics* (Cambridge University Press, 1988), livro 4, parte 9; livro 6, parte 2 [Edição brasileira: *Política* (Madamu, 2021)].

19. Piero Gualtieri, "Institutional Practices of the Florentine Republic: From the Regime del Popolo to the Electoral Reform 1282-1328", *Revue Française de Science Politique*, v. 64, n. 6 (2014), p. 1.109-21. Embora seja difícil traçar precisamente o impacto da democracia ateniense nas cidades-Estados italianas, há evidências de que as tradições democráticas dos antigos

258   HISTÓRIA PARA O AMANHÃ

gregos ajudaram a justificar e legitimizar práticas como o sorteio na Itália renascentista; https://jamesk508.medium.com/is-democracy-western-the--case-of-sortition-1f0bbfaa78e8; Murray Bookchin, *From Urbanization to Cities*, p. 100-5.

20. Citado em David Van Reybrouck, *Against Elections*, p. 74. Note que o sorteio também era usado para a seleção de funcionários públicos na China imperial, e há muito é praticado pelas comunidades adivasis nas florestas remotas do leste da Índia; Alpa Shah, "What if We Selected Our Leaders by Lottery? Democracy by Sortition, Liberal Elections and Communist Revolutionaries", *Development and Change*, v. 52, n. 4 (2021), https://doi.org/10.1111/dech.12651.

21. Benjamin Barber, *The Death of Communal Liberty: A History of Freedom in a Swiss Mountain Canton* (Princeton University Press, 1974), p. 49, 172-82, 193; Randolph Head, *Early Modern Democracy in the Grisons: Social Order and Political Language in a Swiss Mountain Canton, 1470-1620* (Cambridge University Press, 1995), p. 74-109.

22. Barber, *Death of Communal Liberty*, p. 171-2.

23. Barber, *Death of Communal Liberty*, p. 170.

24. Peter Kropotkin, *Mutual Aid: A Factor of Evolution* (Freedom Press, 1987), Chapter 7; Murray Bookchin, *From Urbanization to Cities*, p. 87-116; Peter Marshall, *Demanding the Impossible: A History of Anarchism* (Fontana Press, 1993), p. 462-3.

25. Não sou a primeira pessoa a usar a expressão "democracia comunitária". Ver, por exemplo, Daniel J. Elazar, "Communal Democracy and Liberal Democracy: An Outside Friend's Look at the Swiss Political Tradition", *Publius*, v. 23, n. 2 (1993), p. 3-18, http:// www.jstor.org/stable/3330856. Note também que há muitos exemplos históricos de práticas democráticas comunitárias que não discuti, como a criação de uma confederação descentralizada de seis nações pelo povo Haudenosaunee (outrora conhecidos como iroqueses), governada por um grande conselho de cinquenta chefes em tempos de paz: https://www.onondaganation.org/government/chiefs/. Um exemplo mais recente pode ser encontrado nas comunidades zapatistas no sul do México.

26. Murray Bookchin, *From Urbanization to Cities*, p. 118.

27. Murray Bookchin, *From Urbanization to Cities*, p. 8. Note que *From Urbanization to Cities* também foi publicado sob outro título, *Urbanization without Cities*. Para uma análise detalhada da influência das ideias de Bookchin sobre Öcalan e a luta curda pela liberação, ver Damian Gerber

NOTAS

e Shannon Brincat, "When Öcalan Met Bookchin: The Kurdish Freedom Movement and the Political Theory of Democratic Confederalism", *Geopolitics*, v. 26, n. 4 (2018), https://doi.org/10.1080/14650045.2018.1508016; Debbie Bookchin, "How My Father's Ideas Helped the Kurds Create a New Democracy", *The New York Review*, 15 jun. 2018; https://theanarchistlibrary.org/library/various-authors-bookchin-ocalan-correspondence. O comunalismo de Bookchin, às vezes chamado de "municipalismo libertário", tem similaridades com o modelo de "governança policêntrica" de Elinor Ostrom (ver Capítulo 5).

28. https://www.versobooks.com/blogs/2368-murray-bookchin-and-the-ocalan-connection-the-new-york-times-profiles-the-students-of-pkk-rojava. Note que a carta que Bookchin recebeu de Öcalan foi escrita por um intermediário.

29. http://new-compass.net/articles/bookchin-%C3%B6calan-and-dialectics-democracy.

30. Öcalan chamou o modelo político de "confederalismo democrático" ou "democracia sem Estado". Ver Abdullah Öcalan, *Democratic Confederalism* (Transmedia Publishing, 2011) [Edição brasileira: *Confederalismo democrático* (Rizoma Editorial, 2016)]; https://www.bakonline.org/wp-content/uploads/2018/12/NWA-Reader-5.pdf.

31. https://www.ft.com/content/50102294-77fd-11e5-a95a-27d368e1ddf7.

32. https://www.resilience.org/stories/2019-07-01/making-rojava-green-again/.

33. https://www.nytimes.com/2015/09/30/opinion/the-kurds-democratic-experiment.html.

34. Para críticas à democracia comunal, ver Hélène Landemore, *Open Democracy*, p. 212. Sobre Taiwan, ver a palestra TEDx de 2019 de Audrey Tang, o ministro digital de Taiwan: https://www.ted.com/talks/audrey_tang_digital_social_innovation_to_empower_democracy.

35. George Monbiot, "Feeling the urge to take back control from power-mad governments? Here's an idea", *Guardian*, 13 jul. 2022, https://www.theguardian.com/commentisfree/2022/jul/13/take-back-control-governments.

36. O título do livro de Öcalan, *The Sociology of Freedom*, é uma homenagem ao livro de Bookchin, *The Ecology of Freedom*. Öcalan também foi influenciado por outros escritores históricos, como Fernand Braudel e Immanuel Wallerstein; Abdullah Öcalan, *The Sociology of Freedom: Manifesto of the Democratic Civilization*, v. 3 (PM Press, 2020), p. 10, 387.

37. Hélène Landemore, *Open Democracy*, p. 13.

38. Fontes: https://www.oecd.org/gov/open-government/innovative-citizen--participation-new-democratic-institutions-catching-the-deliberative-wave-highlights.pdf, p. 20; https://involve.org.uk/citizens-assembly-tracker; Jean-Benoit Pilet *et al.*, "The POLITICIZE Dataset: an inventory of Deliberative Mini-Publics (DMPs) in Europe", *European Political Science*, v. 20 (2022), https://doi.org/10.1057/s41304-020-00284-9; Nabila Abbas e Yves Sintomer, "Three Contemporary Imaginaries of Sortition: Deliberative, Antipolitical, or Radically Democratic?", *Raisons Politiques*, v. 82, n. 2 (2021), p. 33-54.
39. David Van Reybrouk, *Against Elections*, p. 148.
40. Para detalhes sobre o processo de seleção, ver https://www.citizensassembly.ie/recruitment/; baseado também em comunicação direta com o presidente da assembleia, dr. Aoibhinn Ní Shúilleabháin, 28 jul. 2023.
41. A palestra, baseada em ideias de meu livro *The Good Ancestor*, está disponível aqui: https://www.youtube.com/watch?v=2pXjLg3dhVg.
42. Uma assembleia de crianças e jovens sobre a Perda da Biodiversidade ocorreu em paralelo, envolvendo jovens entre 7 e 17 anos. Suas recomendações foram enviadas à assembleia principal; https://cyp-biodiversity.ie.
43. https://globalassembly.org/resources/downloads/GlobalAssembly-2021-FullReport.pdf.
44. Para análises críticas da Convenção dos Cidadãos Franceses sobre o Clima, ver Graham Smith, "Placing the Convention: An Outlier Amongst Climate Assemblies?", documento preparado para a edição especial sobre as assembleias climáticas do jornal *Participations*, editado por Jean-Michel Fourniau e Hélène Landemore (2022), p. 3; Charles Girard, "Lessons from the French Citizens' Climate Convention: On the role and legitimacy of citizens' assemblies", *VerfBlog*, 28 de julho de 2021, https://verfassungsblog.de/lessons-from-the-french-citizens-climate-convention/.
45. A Convenção de Cidadãos sobre o Clima da França (2019-2020) e a Assembleia de Cidadãos sobre o Clima da Espanha (2022) propuseram transformar o ecocídio em crime, assim como a Assembleia Global sobre o Clima e a Crise Ecológica (2021).
46. Para uma discussão dos esforços para institucionalizar as assembleias de cidadãos, ver Graham Smith, *Can Democracy Safeguard the Future?* (Polity, 2021), p. 104-12.
47. Propostas para substituir a Câmara dos Lordes por uma câmara baseada em sorteio têm origem no livro inovador de Anthony Barnett e Peter Carty, *The Athenian Option: Radical Reform for the House of Lords* (Imprint Aca-

NOTAS

demic, 1998). Sobre assembleias de cidadãos em Gdansk, ver https://www. resilience.org/stories/2017-11-22/solutions-how-the-poles-are-making-democracy-work-again-in-gdansk/. Sobre o potencial radical das assembleias de cidadãos, ver Abbas e Sintomer, "Three Contemporary Imaginaries of Sortition"; e a entrevista de Yves Sintomer no Equality By Lot, de 21 de junho de 2019, https://equalitybylot.com/2019/06/21/interview-with-yves--sintomer-part-2-of-2-with-sortition-the-scale-is-immaterial/.

48. A expressão "fundamentalismo eleitoral" vem do estudioso da democracia belga David Van Reybrouck (*Against Elections*, p. 39).

7. Administrando a revolução genética

1. Lawrence Principe, *The Secrets of Alchemy* (University of Chicago Press, 2013), p. 51.
2. *Ibid.*, p. 129. Ver também Keith Thomas, *Religion and the Decline of Magic*, p. 321, e Carl Jung, *The Psychology of the Transference* (Ark Paperbacks, 1983).
3. Paracelsus, *Of the Nature of Things* (1537). Alguns acadêmicos acreditam que esse tratado tenha sido escrito por um de seus seguidores.
4. Annette Burfoot, "Life Light: Explorations in Alchemy and the Magic of Enlightenment", *Public*, n. 18 (1999), p. 108, https://public.journals.yorku. ca/index.php/ public/article/view/30303.
5. https://www.focusonreproduction.eu/article/ESHRE-News-COP23_ adamson; https://www.hfea.gov.uk/treatments/embryo-testing-and-treat-ments-for-disease/pre-implantation-genetic-testing-for-monogenic-disor-ders-pgt-m-and-pre-implantation-genetic-testing-for-chromosomal-struc-tural-rearrangements-pgt-sr/.
6. Sobre a importância e desenvolvimento do CRISPR (repetições palin-drômicas curtas, agrupadas e regularmente interespaçadas), ver Jamie Metzl, *Hacking Darwin: Genetic Engineering and the Future of Humanity* (Sourcebooks, 2019), capítulo 5 [Edição brasileira: *Hackeando Darwin* (São Paulo, 2020)].
7. https://www.zetafertility.com/profiling.
8. O espaço legal está atualmente em estado de fluxo. Embora a testagem de embriões seja legal nos Estados Unidos, no Reino Unido só é legal escolher o sexo do bebê se você tiver uma condição genética séria que possa ser passada a seus filhos e que afete somente um dos dois sexos. A testagem de doenças genéticas agora é permitida na maioria dos países, mas, de modo geral, ainda é ilegal editar geneticamente um embrião humano para

propósitos que não a pesquisa. Em 2018, o cientista chinês He Jiankui anunciou que havia editado geneticamente os embriões de duas gêmeas a fim de lhes dar imunidade ao HIV. Suas ações foram condenadas pela comunidade científica internacional, e ele foi sentenciado a três anos de prisão pelo governo chinês. Também há debate sobre a ética da edição da linha germinal, que é repassada intergeneracionalmente, em contraste com a edição somática, que não é transmitida para a geração seguinte. A edição da linha germinal é categoricamente proibida em ao menos setenta países. Ver Françoise Baylis *et al.*, "Human Germline and Heritable Genome Editing: The Global Policy Landscape", *CRISPR Journal*, v. 3, n. 5 (2020), http://doi.org/10.1089/crispr.2020.0082; Jamie Metzl, *Hacking Darwin*, p. 216-17.

9. De acordo com Alexandra Minna Stern, "ao excluir as crianças afro-americanas, as competições reforçavam padrões de segregação" e "promoviam a ideia de que somente os bebês brancos podiam chegar à perfeição". As competições, escreve ela, "eram segregadas na prática, não no papel"; Alexandra Minna Stern, "Making Better Babies: Public Health and Race Betterment in Indiana, 1920-35", em Osagie Obasogie e Marcy Darnovsky (orgs.), *Beyond Bioethics: Toward a New Biopolitics* (University of California Press, 2018), p. 41, 50.

10. Citado em Adam Rutherford, *Control: The Dark History and Troubling Present of Eugenics* (Weidenfeld & Nicolson, 2022), p. 48.

11. *Ibid.*, p. 66; https://scholarworks.iupui.edu/communities/4e5f76bf-5f6c--4328-82c6-d6327848d4d1.

12. https://www.johnlocke.org/two-quotes-from-obamas-new-heroe-teddy--roosevelt/.

13. Philip R. Reilly, "Eugenics and Involuntary Sterilization: 1907-2015", *Annual Review of Genomics and Human Genetics*, v. 16 (2015), https://doi.org/10.1146/annurev-genom-090314-024930. A esterilização forçada também se tornou comum em outros países, como a Suécia, entre 1906 e 1975, e a Índia, na década de 1970.

14. Edwin Black, "Eugenics and the Nazis: The California Connection", em Osagie Obasogie e Marcy Darnovsky (orgs.), *Beyond Bioethics: Toward a New Biopolitics* (University of California Press, 2018), p. 52-9; Jeremy Rifkin, *The Biotech Century: Harnessing the Gene and Remaking the World* (Tarcher/Putnam, 1999), p. 26-7 [Edição brasileira: *O século da biotecnologia* (Makron Books, 1999)]; James Whitman, "Why the Nazis Studied American Race Laws for Inspiration", *Aeon*, dez. 2016, https://aeon.co/ideas/why-the-nazis-studied-american-race-laws-for-inspiration.

NOTAS

15. Lia Weintraub, "The Link Between the Rockefeller Foundation and Racial Hygiene in Nazi Germany", dissertação, Tufts University, 2013, http://hdl.handle. net/10427/77753.
16. Adam Rutherford, *Control*, p. 135.
17. Transcrição do documentário *Human Nature* (2019), https://www.imdb.com/title/tt9612680/.
18. *Ibid.*
19. https://bioedge.org/enhancement/eugenics/more-protests-over-eugenics-this-time-at-michigan-state/; https://statenews.com/article/2020/06/michigan-state-geu-calls-to-remove-vp-research-administrator-stephen-hsu?ct=content_open&cv=cbox_ featured.
20. Tom Shakespeare, "Inheritance after genetics", https://farmerofthoughts.co.uk/collected_pieces/inheritance-after-genetics/. Ver também o excelente ensaio de Harriet McBryde Johnson, "Unspeakable Conversations", *The New York Times*, 16 fev. 2003, no qual a autora questiona o argumento do filósofo Peter Singer de que a deficiência necessariamente deixa uma pessoa "em piores condições" e que seu "sofrimento" pode tornar a vida insuportável.
21. Para a discussão sobre alguns desses problemas com o que foi chamado de "modelo de serviços pessoais" de intervenção genética, ver Allen Buchanan *et al.*, *From Chance to Choice: Genetics and Justice* (Cambridge University Press, 2000), p. 13, 51.
22. Adam Rutherford, *Control*, p. 177; https://www.newscientist.com/article/mg24032041-900-exclusive-a-new-test-can-predict-ivf-embryos-risk-of-having-a-low-iq/. Também há filósofos, como Julian Savulescu, que defendem o "aprimoramento moral": segundo eles, temos a obrigação genética de aprimorar nossa espécie a fim de aprimorar a moralidade. Dado o estado atual do conhecimento genético sobre como nos tornar bons — que é próximo do zero e provavelmente permanecerá assim —, tais discussões permanecem amplamente teóricas. Ver Julian Savulescu e Ingmar Persson, "Moral Enhancement", *Philosophy Now* 91 (2012), https://philosophynow.org/issues/91/Moral_Enhancement. Para críticas a Savulescu, ver Michael Sandel, *The Case Against Perfection: Ethics in the Age of Genetic Engineering* (Belknap Press, 2009), p. 47-9; Michael Parker, "The Best Possible Child", *Journal of Medical Ethics*, v. 33, n. 5 (2007), https://doi.org/10.1136/jme.2006.018176.
23. Nathaniel Comfort, "Can We Cure Genetic Diseases without Slipping into Eugenics?", em Osagie Obasogie e Marcy Darnovsky (orgs.), *Beyond Bioethics: Toward a New Biopolitics* (University of California Press, 2018), p. 184-5.

24. Lee Silver, *Remaking Eden: How Genetic Engineering and Cloning Will Remake the American Family* (Harper Perennial, 2007). Ver também Yuval Harari, *Homo Deus: A Brief History of Tomorrow* (Vintage, 2016), p. 403-8 [Edição brasileira: *Homo Deus: uma breve história do amanhã* (Companhia das Letras, 2016)].

25. https://www.openaccessgovernment.org/covid-19-vaccines-genetic-modification/112020/.

26. Amitai Etzioni, *The Common Good* (Polity, 2004), p. 3. Ver também M. Jaede, "The Concept of the Common Good", *PSRP*, working paper n. 8 (2017), Global Justice Academy, Universidade de Edimburgo.

27. Sugeriu-se recentemente que ele pode ter sofrido de uma doença diferente, mas relacionada.

28. David Oshinsky, *Polio: An American Story* (Oxford University Press, 2005), p. 53-5.

29. *Ibid.*, p. 211.

30. https://www.history.com/news/salk-polio-vaccine-shortages-problems.

31. Jonas Salk, "Are We Being Good Ancestors?", *World Affairs: The Journal of International Issues*, v. 1, n. (1992), https://www.jstor.org/stable/45064193.

32. Citado em James Boyle, "The Second Enclosure Movement and the Construction of the Public Domain", *Law and Contemporary Problems*, v. 66, n. 1 (2003), p. 33, https://scholarship.law.duke.edu/lcp/vol66/iss1/2/.

33. Sobre a história dos cercamentos, ver Ellen Meiksins Wood, *The Origin of Capitalism: A Longer View* (Verso, 2002), p. 108-15 [Edição brasileira: *A origem do capitalismo* (Zahar, 2001)]; Edward Thompson, *The Making of the English Working Class* (Pelican, 1968), p. 237-43; https://www.parliament.uk/about/living-heritage/transformingsociety/towncountry/landscape/overview/enclosingland/.

34. Karl Polanyi, *The Great Transformation: The Political and Economic Origins of Our Time* (Beacon Press, 2001), p. 37 [Edição brasileira: *A grande transformação: as origens da nossa época* (Campus, 2001)].

35. Tom Athanasiou e Marcy Darnovsky, "The Genome as Commons", em Osagie Obasogie e Marcy Darnovsky (orgs.), *Beyond Bioethics: Toward a New Biopolitics* (University of California Press, 2018), p. 157-62; Boyle, "Second Enclosure Movement", p. 33; Stephen Scharper e Hilary Cunningham, "The Genetic Commons: Resisting the Neoliberal Enclosure of Life", *Social Analysis: The International Journal of Anthropology*, v. 50, n. 3, 2006. Disponível em: https://www.jstor.org/stable/23182119.

36. Há muitos outros perigos associados à engenharia genética que não discuto neste capítulo, mas que merecem consideração, como o uso da tecnologia

NOTAS   265

genética para criar armas biológicas e a perspectiva de que a edição CRISPR tenha efeitos colaterais imprevistos, como a criação de cânceres.

37. https://www.fiercepharma.com/pharma/situation-untenable-bluebird-will-wind-down-its-operations-broken-europe; https://investor.bluebirdbio.com/news-releases/news-release-details/bluebird-bio-licenses-lentiviral--vector-patent-rights; Fyodor Urnov, "Imagine CRISPR Cures", palestra TEDx Berkeley, 2022, https://www.youtube.com/watch?v=eql8XUxM6Ss.

38. https://www.reuters.com/business/healthcare-pharmaceuticals/breakthrough-gene-editing-technology-belongs-harvard-mit-us-tribunal-2022-03-01/.

39. Katharina Pistor, *The Code of Capital: How the Law Creates Wealth and Inequality* (Princeton University Press, 2019), p. 114, 131.

40. https://www.precisionmedicineonline.com/cancer/23andme-gets-50m--payment-gsk-extends-companies-drug-discovery-alliance.

41. Katharina Pistor, *The Code of Capital*, p. 112, 127; Osagie Obasogie, "Your Body, Their Property", em Osagie Obasogie e Marcy Darnovsky (orgs.), *Beyond Bioethics: Toward a New Biopolitics* (University of California Press, 2018), p. 212.

42. Mariana Mazzucato, *The Entrepreneurial State: Debunking Public vs Private Sector Myths* (Anthem Press, 2013), capítulo 5 [Edição brasileira: *O estado empreendedor: desmascarando o mito do setor público vs. setor privado* (Portfolio-Penguin, 2014)]; Mariana Mazzucato, *The Value of Everything: Making and Taking in the Global Economy* (Allen Lane, 2018), p. 194-9 [Edição brasileira: *O valor de tudo: produção e apropriação na economia global* (Portfolio-Penguin, 2020)].

43. https://gh.bmj.com/content/6/12/e007321; Mariana Mazzucato, *Entrepreneurial State*, p. 67-71.

44. https://www.genomicsengland.co.uk/patients-participants/participant--panel; "A public dialogue on genomic medicine: time for a new social contract?", *Ipsos*, 25 abr. 2019, https://www.ipsos.com/en-uk/public-dialogue-genomic-medicine-time-new-social-contract-report.

45. https://www.euractiv.com/section/coronavirus/news/german-government-takes-a-stake-in-vaccine-developer-curevac/.

46. No presente, esses modelos alternativos ainda são raros na indústria biotecnológica, em parte por causa dos altos custos de lançamento, que geralmente requerem financiamento de investidores externos. Há, entretanto, um número crescente de corporações no setor; https://www.forbes.com/sites/christophermarquis/2021/04/19/why-are-so-few-life-sciences-companies-certified-b-corps/.

47. Jeremy Rifkin, *Biotech Century*, p. 9.
48. Simon Singh, *Fermat's Last Theorem* (Harper Perennial, 2011), p. 48-9 [Edição brasileira: *O último teorema de Fermat* (Best Bolso, 2014); Alberto Manguel, *The Library at Night* (Yale University Press, 2008), p. 24-6 [Edição brasileira: *A biblioteca à noite* (Companhia das Letras, 2006)].

8. Reduzindo a lacuna de desigualdade

1. Thomas Piketty, *Brief History of Equality*, p. 2.
2. Michael Wood, *The Story of England* (Penguin, 2011), capítulo 10.
3. Rodney Howard Hilton, "Kibworth Harcourt: A Merton College Manor in the Thirteenth and Fourteenth Centuries", *Transactions of the Leicestershire Archaeological Society*, v. 24, 1949, p. 38-40.
4. Michael Wood, *Story of England*, capítulo 13.
5. Walter Scheidel, *The Great Leveler: Violence and the History of Inequality from the Stone Age to the Twenty-First Century* (Princeton University Press, 2017), p. 463.
6. Thomas Piketty, *Brief History of Equality*, p. 185.
7. Walter Scheidel, *Great Leveler*, p. 9, 165, 434-6.
8. Richard Wilkinson e Kate Pickett, *The Spirit Level: Why Equality Is Better for Everyone* (Penguin, 2010), p. 19-20; Dixson-Declève *et al.*, *Earth for All*, capítulo 4.
9. https://www.brookings.edu/articles/the-black-white-wealth-gap-left-black--households-more-vulnerable/.
10. Timothy Snyder, *On Tyranny: Twenty Lessons from the Twentieth Century* (Bodley Head, 2017), p. 12 [Edição brasileira: *Sobre a tirania: vinte lições do século XX para o presente* (Companhia das Letras, 2017)]; Tony Judt, *Ill Fares the Land* (Penguin, 2011), p. 235; Luke Kemp *et al.*, "Climate Endgame: Exploring Catastrophic Climate Change Scenarios", *PNAS* 119 (2022), p. 6, https://doi.org/10.1073/pnas.2108146119; Jared Diamond, *Collapse*, p. 430, 519–20; https://www-cdn.oxfam.org/s3fs-public/file_attachments/bp172-no-accident-resilience-inequality-of-risk-210513-en_1_0.pdf.
11. Aristóteles, *Politics*, 1296a,16-17.
12. https://www.weforum.org/agenda/2021/12/global-income-inequality-gap-p-report-rich-poor/.
13. Querala é o estado indiano com maior pontuação no Índice de Desenvolvimento Humano da ONU: https://globaldatalab.org/shdi/table/shdi/IND/?levels=1+4&years=2019&extrapolation=0. Para o desempenho de Querala em indicadores como coeficiente Gini, empoderamento das mulheres, matrícula escolar e investimento em saúde pública *per capita*, ver

NOTAS

Aviral Pandey e Richa Gautam, "Regional Inequality in India: A State Level Analysis", MRPA Paper n. 101980 (2020), https://mpra.ub.uni-muenchen. de/101980/. Para outros dados, ver https://www.bbc.co.uk/news/world-a-sia-india-62951951.

14. Jean Dreze e Amartya Sen (orgs.), *Indian Development: Selected Regional Perspectives* (United Nations University, 1999), p. 15-18; Barbara H. Chasin e Richard W. Franke, "The Kerala Difference", com resposta de Amartya Sen, *New York Review of Books*, 24 out. 1991; https://www.rbi.org.in/Scripts/PublicationsView. aspx?id=20675.

15. Robin Jeffrey, *Politics, Women and Well-Being: How Kerala Became a 'Model'* (Oxford University Press, 2001), p. 1-2; Manali Desai, *State Formation and Radical Democracy in India* (Routledge, 2007).

16. Rajan Gurukkal e Raghava Varier, *History of Kerala: Prehistoric to the Present* (Orient BlackSwan, 2018), p. 250-1, 258-9; Eliza Kent, *Converting Women: Gender and Protestant Christianity in Colonial South India* (Oxford University Press, 2004), p. 204-10; K. D. Binu e Manosh Manoharan, "Absence in Presence: Dalit Women's Agency, Channar Lahala, and Kerala Renaissance", *Journal of International Women's Studies* 22/10 (2021): 24, https://vc.bridgew.edu/jiws/vol22/iss10/3.

17. Robin Jeffrey, *Politics, Women and Well-Being*, p. xxvii, 35, 55-6; Robin Jeffrey, "Legacies of Matriliny: The Place of Women and the 'Kerala Model'", *Pacific Affairs*, v. 77, n. 4 (2004), p. 648-9, 655, http://www.jstor.org/stable/40023536; V. K. Ramachandran, "On Kerala's Development Achievements", em Jean Dreze e Amartya Sen (orgs.), *Indian Development: Selected Regional Perspectives* (United Nations University, 1999), p. 265-80, 305-8; Manali Desai, *State Formation*, p. 51; Udaya Kumar, "Subjects of New Lives: Reform, Self-Making and the Discourse of Autobiography in Kerala", em Bharati Ray (org.), *Different Types of History* (Pearson Education India, 2009), p. 329.

18. Manali Desai, *State Formation*, p. 35; Benny Kuruvilla, "Kerala's Web of Cooperatives: Advancing the Solidarity Economy", em Lavinia Steinfort e Satoko Kishimoto (org.), *Public Finance for the Future We Want* (Transnational Institute, 2019); Robin Jeffrey, "Legacies of Matriliny", p. 663-4; Jos Chathukulam e Joseph Tharamangalam, "The Kerala Model in the Time of COVID 19: Rethinking State, Society and Democracy", *World Development*, v. 137 (2020), https://doi.org/10.1016/j.worlddev.2020.105207.

19. V. K. Ramachandran, "On Kerala's Development Achievements", p. 317-18.

20. Robin Jeffrey, *Politics, Women and Well-Being*, p. 124-5; Gurukkal e Varier, *History of Kerala*, p. 298.

21. https://countercurrents.org/2021/09/what-made-keralas-women-achievers-of-the-last-century/.

22. Robin Jeffrey, *Politics, Women and Well-Being*, p. 83-9; V. K. Ramachandran, "On Kerala's Development Achievements", p. 207, 292; Manali Desai, *State Formation*, p. 85-7; V. Bijukumar, "Radicalised Civil Society and Protracted Political Actions in Kerala (India): A Socio-Political Narrative", *Asian Ethnicity*, v. 20, n. 4 (2019), https://doi.org/10.1080/1463136 9.2019.1601005. A minúscula República de San Marino teve um governo comunista eleito antes de Querala, mas Querala foi o primeiro exemplo com uma população substancial.

23. Bill McKibben, *Hope, Human and Wild: True Stories of Living Lightly on Earth* (Milkweed Editions, 2007), p. 145; V. K. Ramachandran, "On Kerala's Development Achievements", p. 294-300; G. K. Lieten, "Human Development in Kerala: Structure and Agency in History", *Economic and Political Weekly*, v. 37, n. 16 (2002), p. 1542, https://www.jstor.org/stable/4412015.

24. https://thewire.in/agriculture/keralas-women-farmers-rise-above-the--flood; https://kudumbashree.org; Benny Kuruvilla, "Kerala's Web of Cooperatives", p. 83-5; Glyn Williams *et al.*, "Performing Participatory Citizenship — Politics and Power in Kerala's Kudumbashree Programme", *Journal of Development Studies*, v. 47, n. 8 (2011), https://doi.org/10.1080/ 00220388.2010.527949.

25. Jesha Mohammedali Mundodan, Lamiya K. K. e Sheela P. Haveri, "Prevalence of spousal violence among married women in a rural area in North Kerala", *Journal of Family Medicine and Primary Care*, v. 10, n. 8 (2021), https://doi.org/10.4103/jfmpc.jfmpc_2313_20; https://english.mathrubhumi.com/news/kerala/domestic-violence-in-kerala-data-shows-calls-to-women-helpline-almost-doubled-in-2021-1.7398704.

26. Robin Jeffrey, *Politics, Women and Well-Being*, p. xxvi.

27. https://twitter.com/TNiskakangas/status/1203729511658995713?ref_src=twsrc%5Etfw.

28. Danny Dorling e Annika Koljonen, *Finntopia: What We Can Learn from the World's Happiest Country* (Agenda, 2020), p. xvi, 249-55.

29. https://harvardpolitics.com/nordic-racism/.

30. Danny Dorling e Annika Koljonen, *Finntopia*.

31. https://www.youtube.com/watch?v=jQwosjKbhH0&t=37s.

32. Aura Korppi-Tommola, "Fighting Together for Freedom: Nationalism, Socialism, Feminism, and Women's Suffrage in Finland 1906", *Scandinavian Journal of History*, v. 15, n. 1-2 (1990), p. 181-3, https://doi.

NOTAS 269

org/10.1080/03468759008579196; Riitta Jallinoja, "The Women's Liberation Movement in Finland: The Social and Political Mobilisation of Women in Finland, 1880-1910", *Scandinavian Journal of History*, v. 5, n. 1-4 (1980), p. 40-2, https://doi.org/10.1080/03468758008578965.

33. Eric Blanc, "Finland 1906: The Revolutionary Roots of Women's Suffrage", março de 2015, https://johnriddell.com/2015/03/04/finland-1906-the-revolutionary-roots-of-womens-suffrage-an-international-womens-day-tribute/. Ver também Eric Blanc, *Revolutionary Social Democracy: Working-Class Politics Across the Russian Empire (1882-1917)* (Brill, 2021); Aura Korppi-Tommola, "Fighting Together", p. 188.

34. Aura Korppi-Tommola, "A Long Tradition of Equality: Women's Suffrage in Finland", em Blanca Rodriguez Ruiz e Ruth Rubio Marín (ed.), *The Struggle for Female Suffrage in Europe* (Brill, 2012), p. 56.

35. https://encyclopedia.1914-1918-online.net/article/finnish_civil_war_1918.

36. Pauli Kettunen, "Wars, Nation, and the Welfare State in Finland", em Herbert Obinger *et al.* (org.), *Warfare and Welfare: Military Conflict and Welfare State Development in Western Countries* (Oxford University Press, 2018), p. 277-8; Anne Ollila, "Women's Voluntary Associations in Finland during the 1920s and 1930s", *Scandinavian Journal of History*, v. 20, n. 2 (1995), https://doi.org/10.1080/03468759508579297; Maria Lahteenmaki, "To the Margins and Back? The Role of Women in the Finnish Labour Movement in the Twentieth Century", *Scandinavian Journal of History*, v. 23, n. 3-4 (1998), https://doi.org/10.1080/03468759850115909.

37. Danny Dorling e Annika Koljonen, *Finntopia*, p. 100; Ilkka Taipale (org.), *100 Social Innovations from Finland* (Finnish Literature Society, 2013), p. 101-3.

38. Martti Siisiäinen, "Social Movements, Voluntary Associations and Cycles of Protest in Finland 1905-91", *Scandinavian Political Studies*, v. 15, n. 1 (1992), p. 23-4; Jaakko Kiander, Pekka Sauramo e Hannu Tanninen, "The Finnish Incomes Policy as Corporatist Political Exchange: Development of Social Capital and Social Wage", Palkansaajien Tutkimuslaitos, Labour Institute for Economic Research, working paper n. 256 (2009).

39. Tapio Bergholm, "Decade of Equality: Employment, Pay and Gender in Finland in the 1970s", *Moving the Social: Journal of Social History and the History of Social Movements*, v. 48 (2012), p. 85, https://doi.org/10.13154/mts.48.2012.73-88.

40. Danny Dorling e Annika Koljonen, *Finntopia*, p. 81-91; https://www.thetimes.co.uk/article/private-schools-row-what-can-we-learn-from-o-

270 HISTÓRIA PARA O AMANHÃ

ther-countries-jkj9xbc2g; https://factual.afp.com/en-finlandia-no-esta-
-prohibida-la-educacion-privada. Note que a Finlândia tem um pequeno
número de escolas pagas, como as internacionais.

41. Citado em Danny Dorling e Annika Koljonen, *Finntopia*, p. 136.

42. https://fra.europa.eu/sites/default/files/fra_uploads/fra-2019-being-black-
-in-the-eu-summary_en.pdf.

43. Dados da OCDE disponíveis em: https://ec.europa.eu/eurostat/statisti-
cs-explained/SEPDF/cache/36609.pdf. Dados sobre pegada material do
Índice de Desenvolvimento Sustentável: https://www.sustainabledevelo-
pmentindex.org/time-series.

44. Jason Hickel, *Less Is More*, p. 185-6.

45. https://oxfamilibrary.openrepository.com/bitstream/hand-
le/10546/621341/bp-inequality-kills-170122-en.pdf, p. 2, 13.

46. Thomas Piketty, *Brief History of Equality*, p. 2, 155; https://www.nytimes.
com/interactive/2022/04/03/magazine/thomas-piketty-interview.html.

47. Angela Davis, *Freedom Is a Constant Struggle: Ferguson, Palestine and the
Foundations of a Movement* (Haymarket Books, 2016) [Edição brasileira:
A liberdade é uma luta constante (Boitempo, 2018)].

9. Mantendo as máquinas sob controle

1. https://www.gatesnotes.com/The-Age-of-AI-Has-Begun.

2. https://liveblog.digitalimages.sky/lc-images-sky/lcimg-89e9134e-cd-
33-435b-8b03-1c8d42146c14.png.

3. Como experimento, pedi que o ChatGPT reduzisse um esboço inicial deste
capítulo a quinhentas palavras, mantendo o conteúdo e o estilo. A prosa
resultante foi tão genérica e sem vida, que abandonei rapidamente a ideia
de usar um editor de IA.

4. Os seres humanos criaram outros sistemas de larga escala que acharam
difícil controlar. Por exemplo, desenvolvemos Estados — gigantescas
máquinas burocráticas para administrar grandes territórios e guerrear
contra seus inimigos — e religiões organizadas, que dirigiram a vida de
milhões de pessoas em redes globais de comunidades e instituições. Como
este capítulo revela, nenhum desses exemplos se parece tanto com a IA
quanto o capitalismo financeiro.

5. Kate Crawford, *Atlas of AI: Power, Politics, and the Planetary Costs of
Artificial Intelligence* (Yale University Press, 2021), p. 8.

6. Niall Ferguson, *The Ascent of Money: A Financial History of the World*
(Penguin, 2009), p. 133 [Edição brasileira: *A ascensão do dinheiro: a história
financeira do mundo* (Planeta, 2020)].

NOTAS

7. Simon Schama, *The Embarrassment of Riches: An Interpretation of Dutch Culture in the Golden Age* (Fontana Press, 1988), p. 323.

8. Niall Ferguson, *The Ascent of Money*, capítulo 3; David Graeber, *Debt: The First 5,000 Years* (Melville House, 2021), p. 341-2; John Kenneth Galbraith, *The Age of Uncertainty* (BBC, 1997), capítulo 6. Crises financeiras ocorreram antes da bolha do Mississippi, como o colapso das tulipas nos Países Baixos em 1637, mas nenhuma teve uma escala tão ampla e consequências tão abrangentes.

9. Isso foi efetivamente ilustrado na análise do sistema financeiro global do ex-economista-chefe do Banco da Inglaterra, Andy Haldane: https://www.businessinsider.com/these-two-charts-show-how-the-worlds-banking-system-exploded-in-size-before-the-2008-crash-2015-3.

10. Fernand Braudel, *Civilization and Capitalism*, vol. I (Collins/Fontana, 1981), p. 437.

11. Dominic Leggett, "Feeding the Beast: Superintelligence, Corporate Capitalism and the End of Humanity", *Proceedings of the 2021 AAAI/ACM Conference on AI, Ethics, and Society* (julho de 2021), https://doi.org/10.1145/3461702.3462581; George Dyson, *Analogia: The Entangled Destinies of Nature, Human Beings and Machines* (Allen Lane, 2020), p. 251; Max Tegmark, *Life 3.0: Being Human in the Age of Artificial Intelligence* (Penguin, 2017), p. 86-91 [Edição brasileira: *Vida 3.0: o ser humano na era da inteligência artificial* (Benvirá, 2020)].

12. Ver Daniel Schmachtenberger em conversa com Nate Hagens no podcast *The Great Simplification*, episódio 71, 17 de maio de 2023, https://www.thegreatsimplification.com/episode/71-daniel-schmachtenberger.

13. Tristan Harris e Aza Raskin, "The A.I. Dilemma", 2023, https://www.youtube.com/watch?v=xoVJKj8lcNQ; https://www.washingtonpost.com/technology/2023/03/05/ai-voice-scam/.

14. https://www.ansa.it/documents/1680080409454_ert.pdf.

15. https://fortune.com/2022/12/08/pentagon-cloud-contract-to-be-shared--by-google-amazon-microsoft-and-oracle-in-9-billion-deal/; https://www.thegamer.com/microsoft-proxy-statement-investigations-military-contracts/; https://www.nytimes.com/2018/10/26/us/politics/ai-microsoft-pentagon.html; https://www.defenseone.com/technology/2022/06/new-google-division-will-take-aim-pentagon-battle-network-contracts/368691/.

16. https://theconversation.com/why-a-computer-will-never-be-truly-conscious-120644#.

17. https://www.lesswrong.com/posts/zRn6aQyD8uhAN7qCc/sam-altman-planning-for-agi-and-beyond; https://www.telegraph.co.uk/busi-

ness/2023/05/23/chatgpt-sam-altman-ai-regulation-risk-fears/. Ver também a carta aberta sobre IA assinada por dezenas de CEOs de empresas de tecnologia: https://www.safe.ai/statement-on-ai-risk#open-letter.

18. https://www.theatlantic.com/technology/archive/2023/06/ai-regulation--sam-altman-bill-gates/674278/.

19. Para uma definição abrangente do capitalismo, na qual a minha é baseada, ver a do economista Kate Raworth, apresentada na obra de Nancy Fraser, Marjorie Kelly e Katharina Pistor: https://twitter.com/KateRaworth/status/1632661786426998784. A distinção que faço entre capitalismo financeiro, industrial, colonial e de consumo espelha, em linhas gerais, a do sociólogo James Fulcher em *Capitalism: A Very Short Introduction* (Oxford University Press, 2004), p. 1-13. Em vez de usar a expressão "capitalismo colonial", ele se refere ao modo pré-industrial como "capitalismo mercantil".

20. Kate Crawford, *Atlas of AI*, p. 53; https://www.huckmag.com/article/speaking-to-amazon-uk-workers-on-the-picket-lines-in-coventry-2023.

21. Kate Crawford, *Atlas of AI*, p. 68.

22. https://www.smithsonianmag.com/science-nature/history-human-computers-180972202/.

23. https://www.marxists.org/archive/marx/works/1848/communist-manifesto/ch01.htm.

24. Esse relacionamento colonialista entre centro e periferia é fundamental para a "teoria da dependência", que está tendo um retorno intelectual após ser popularizada na década de 1970 por pensadores como Immanuel Wallerstein e Andre Gunder Frank.

25. Eduardo Galeano, *The Open Veins of Latin America* (Latin America Bureau, 1997), p. 20-37 [Edição brasileira: *As veias abertas da América Latina* (L&PM, 2010)]; https://www.theguardian.com/cities/2016/mar/21/story-of-cities-6-potosi-bolivia-peru-inca-first-city-capitalism.

26. https://www.theguardian.com/world/2023/jan/25/bolivia-lithium-mining-salt-flats.

27. A IA faz uso intensivo de recursos e energia: em 2040, o setor tecnológico responderá por 14% das emissões globais de gases de efeito estufa (Kate Crawford, *Atlas of AI*, p. 42). Para uma excelente análise da corrida por recursos minerais no sul global para alimentar a indústria tecnológica, ver Olivia Lazard, "The Blind Spots of the Global Energy Transition", TED Countdown New York Session, jun. 2022, https://www.ted.com/talks/olivia_lazard_the_blind_spots_of_the_green_energy_transition?language=en.

NOTAS 273

28. Abeba Birhane, "Algorithmic Colonization of Africa".
29. Michael Kwet, "Digital Colonialism: USA Empire and the New Imperialism in the Global South", *Race & Class* 60/4 (2019), https://doi.org/10.1177/0306396818823172. Em 2020, o Facebook lançou um produto similar ao Free Basics, chamado Discover, que possui muitas das mesmas qualidades extrativas: https://restofworld.org/2021/facebook-connectivity-discover/.
30. Milford Bateman, "The Problem with Microcredit in Africa", *Africa Is a Country*, 9 de outubro de 2019, https://africasacountry.com/2019/09/a-fatal-embrace.
31. https://www.aclu.org/blog/privacy-technology/surveillance-technologies/amazons-face-recognition-falsely-matched-28; https://www.washingtonpost.com/technology/2019/12/19/federal-study-confirms-racial-bias-many-facial-recognition-systems-casts-doubt-their-expanding-use/. Ver também o documentário *Coded Bias* (2020).
32. Kate Crawford, *Atlas of AI*, p. 128.
33. Shoshana Zuboff, *The Age of Surveillance Capitalism* (Profile, 2019), capítulo 3 [Edição brasileira: *A era do capitalismo de vigilância* (Intrínseca, 2021)]; https://www.cigionline.org/articles/shoshana-zuboff-undetectable-indecipherable-world-surveillance-capitalism/.
34. https://www.forbes.com/sites/kashmirhill/2012/02/16/how-target-figured-out-a-teen-girl-was-pregnant-before-her-father-did.
35. Crawford, *Atlas of AI*; https://www.youtube.com/watch?v=UCxPMF2htEs; https://www.facebook.com/watch/?v=530638791417727.
36. Citado em Mark Fisher, *Capitalist Realism: Is There No Alternative?* (Zero Books, 2009), p. 2 [Edição brasileira: *Realismo capitalista: é mais fácil imaginar o fim do mundo do que o fim do capitalismo?* (Autonomia Literária, 2020)].
37. https://www.vice.com/en/article/5d3naz/openai-is-now-everything-it-promised-not-to-be-corporate-closed-source-and-for-profit; https://www.wired.com/story/you-yes-you-would-be-a-better-owner-for-twitter-than-elon-musk/; https://www.nytimes.com/2023/03/31/business/tesla-union-musk-twitter.html; https://www.reuters.com/technology/pentagon-awards-9-bln-cloud-contracts-each-google-amazon-oracle-microsoft-2022-12-07/.
38. https://www.yesmagazine.org/economy/2016/07/05/the-italian-place-where-co-ops-drive-the-economy-and-most-people-are-members; https://core.ac.uk/download/pdf/58774993.pdf; Colin Ward, *Welcome, Thinner*

City (Bedford Square Press, 1989), p. 90-5. A rede de cooperativas em Emília-Romagna é mais extensa que a celebrada federação de cooperativas Mondragon, na Espanha, empregando quase três vezes mais pessoas.

39. Robert Putnam, *Making Democracy Work: Civic Traditions in Modern Italy* (Princeton University Press, 1993), p. 126.

40. Robert Putnam, *Making Democracy Work*, p. 121, 139, 142, 161. Para uma análise crítica das visões de Putnam sobre a história da Emília-Romagna, ver Sarah Blanshei, *Politics and Justice in Late Medieval Bologna* (Brill, 2010).

41. Margaret Lund e Matt Hancock, "Stewards of Enterprise: Lessons in Economic Democracy from Northern Italy", International Centre for Cooperative Management, St Mary's University, Canadá, working paper n. 2020/01 (2020), p. 15-16; Matt Hancock, "The Cooperative District of Imola: Forging the High Road to Globalization", Universidade de Bolonha, 2004, p. 21, https://base.socioeco.org/docs/imola_0.pdf; Stefano Zamagni e Vera Zamagni, *Cooperative Enterprise: Facing the Challenge of Globalization* (Edward Elgar, 2010), p. 46-8.

42. https://historyofeducation.org.uk/puncta-for-professors-the-university-of-bologna-and-its-fining-system/.

43. Matt Hancock, "The Communist Party in the Land of Cooperation", Universidade de Bolonha, 2005, https://institute.coop/resources/communist-party-land-cooperation.

44. Margaret Lund e Matt Hancock, "Stewards of Enterprise", p. 4, 16-17; Vera Zamagni, "Why We Need Cooperatives to Make the Business World More People-Centred", artigo apresentado à Força-Tarefa Interagências da ONU na Conferência Internacional de Economia Social e Solidária, Genebra, 25 e 26 de junho de 2019, p. 7-8; https://www. lowimpact.org/posts/why-is-the-co-operative-movement-so-successful-in-emilia-romagna-with-matt-hancock-no-not-that-one.

45. https://www.technologyreview.com/2020/06/17/1003316/what-the-1930s-can-teach-us-about-dealing-with-big-tech-today/; https://www.america-magazine.org/politics-society/2017/09/07/how-communists-and-catholics-built-commonwealth; Nathan Schneider, "An Internet of Ownership: Democratic Design for the Online Economy", *Sociological Review*, v. 66, n. 2 (2018), https://doi.org/10.1177/0038026118758533; https://www.electric.coop/electric-cooperative-fact-sheet.

46. https://www.fastcompany.com/90651242/how-the-drivers-cooperative-built-a-worker-owned-alternative-to-uber-and-lyft; https://nextcity.org/

NOTAS 275

urbanist-news/new-yorks-driver-owned-ride-hailing-app-is-putting-its-
-foot-on-the-accelera.

47. Connor Spelliscy *et al.*, "Toward Equitable Ownership and Governance in the Digital Public Sphere", Belfer Center for Science and International Affairs, Universidade de Harvard, 2023, p. 18.

48. https://platform.coop/blog/is-bologna-on-the-verge-of-becoming-the-i-talian-co-op-valley/; https://www.ifabfoundation.org.

49. https://www.project-syndicate.org/magazine/break-up-big-tech-compa-nies-by-robert-b-reich-2020-04.

50. https://www.europarl.europa.eu/news/en/press-room/20231206IPR15699/artificial-intelligence-act-deal-on-comprehensive-rules-for-trustworthy--ai.

51. Tristan Harris e Aza Raskin, "The A. I. Dilemma".

52. Coralie Koonce, *Thinking Toward Survival* (iUniverse, 2010), p. 337.

10. Evitando o colapso civilizacional

1. Vaclav Smil, *Energy and Civilization*, p. 1-2.

2. Nate Hagens, "Economics for the Future — Beyond the Superorganism", *Ecological Economics*, v. 169 (2020), p. 14, https://doi.org/10.1016/j.ecolecon.2019.106520.

3. Nate Hagens, "Economics for the Future". Ver também o vídeo *The Great Simplification* (2022), https://www.youtube.com/watch?v=-xr9rI-Qxwj4. A teoria de Hagens tem algumas semelhanças com a pesquisa de Joseph Tainter sobre o fato de o colapso civilizacional emergir dos "retornos decrescentes da complexidade", que podem ser resolvidos por meio da "simplificação" imposta, como ocorrido no Império Romano do Oriente. Ver Joseph Tainter, "Problem Solving: Complexity, History, Sustainability", *Population and Environment*, v. 22 (2000), https://doi.org/10.1023/A:1006632214612.

4. Nate Hagens, "Economics for the Future", p. 13.

5. Jefim Vogel e Jason Hickel, "Is Green Growth Happening? An Empirical Analysis of Achieved Versus Paris-Compliant CO_2-GDP Decoupling in High-Income Countries", *Lancet Planetary Health*, v. 7, n. 9 (2023), https://doi.org/10.1016/S2542-5196(23)00174-2.

6. As evidências de que estamos no caminho do colapso ecológico catastrófico aumentam todos os dias. Ver, por exemplo: Luke Kemp *et al.*, "Climate Endgame"; Will Steffen *et al.*, "Trajectories of the Earth System in the Anthropocene", *PNAS*, v. 115, n. 33 (2019), p. 35-44, https://doi.org/10.1073/pnas.1810141115; Gaya Herrington, "Update to Limits to Growth: Compa-

ring the World3 model with Empirical Data", *Journal of Industrial Ecology*, v. 25, n. 3 (2020), https://doi.org/10.1111/jiec.13084.

7. Luke Kemp, "Are we on the road to civilisation collapse?", *BBC Future*, 19 de setembro de 2019, https://www.bbc.com/future/article/20190218-a-re-we-on-the- road-to-civilisation-collapse.

8. Peter Turchin, *Ultrasociety: How 10,000 Years of War Made Humans the Greatest Cooperators on Earth* (Beresta Books, 2016), p. 28. Entre as tentativas mais bem-sucedidas de criar uma estrutura integrativa para entender o colapso e quais desafios a "teoria única" aborda, está a de Cumming e Peterson, "Unifying Research on Social-Ecological Resilience and Collapse".

9. Arnold Toynbee, *A Study of History*, v. 3 (Oxford University Press, 1935), p. 322.

10. Os textos de Khaldun estão imbuídos da ideia de retirar lições da história, especialmente avisos do passado. Seu último trabalho histórico, conhecido como *Kitāb al-'Ibar* (uma expansão do *Muqaddimah*), foi traduzido para o inglês sob os títulos *The Book of Lessons* e *The Book of Warning and Collection of New Things and Historical Information*.

11. Robert Irwin, *Ibn Khaldun: An Intellectual Biography* (Princeton University Press, 2018), p. x, 3-9, 24-38, 96-100; Albert Hourani, *A History of the Arab Peoples* (Faber and Faber, 1991), p. 1-4 [Edição brasileira: *Uma história dos povos árabes* (Companhia das Letras, 2006)].

12. Ibn Khaldun, *The Muqaddimah: An Introduction to History* (Princeton University Press, 2015), p. 45-6, 97-137; Robert Irwin, *Ibn Khaldun*, p. 19, 45-9, 53-5, 89-90; Sohail Inayatullah, "Ibn Khaldun: The Strengthening and Weakening of Asabiya", *Periodica Islamica*, v. 6, n. 3, 1996, p. 3-11.

13. Ibn Khaldun, *Muqaddimah*, p. 39.

14. Luke Kemp, "Are we on the road to civilisation collapse?". Ver também Luke Kemp, "Diminishing Returns on Extraction: How Inequality and Extractive Hierarchy Create Fragility", em Miguel Centeno *et al.* (org.), *How Worlds Collapse* (Routledge, 2023), p. 37-60. Para uma discussão mais aprofundada sobre a maneira pela qual a coesão social pode mediar e diminuir os impactos da crise ambiental e outras crises que ameaçam causar colapso civilizacional, ver Daniel Hoyer, "Navigating Polycrisis: Long-Run Socio--Cultural Factors Shape Response to Changing Climate", *Philosophical Transactions B: Climate Change Adaptation Need a Science of Culture* (março de 2023), https://doi.org/10.31235/osf.io/h6kma.

15. Rebecca Solnit, *A Paradise Built in Hell: The Extraordinary Communities*

NOTAS 277

that Arise in Disaster (Penguin, 2010), p. 2, 14; Jared Diamond, *Collapse*, p. 430-1; Putnam, *Making Democracy Work*, p. 121-62.

16. Peter Turchin, *Ultrasociety*, p. i.

17. Peter Turchin, *War and Peace and War: The Rise and Fall of Empires* (Plume, 2007), p. 108.

18. Stefan Gössling e Andreas Hume, "Millionaire Spending Incompatible with 1.5°C Ambitions", *Cleaner Production Letters*, v. 4 (2023), https://doi.org/10.1016/j. clpl.2022.100027.

19. Ronald Wright, *A Short History of Progress* (Canongate, 2004), p. 8, 78-9 [Edição brasileira: *Uma breve história do progresso* (Record, 2007)]; Graeme Cumming e Gay Petersen, "Unifying Research on Social-Ecological Resilience and Collapse", p. 702-6.

20. Jared Diamond, *Collapse*, p. 306-7; Stephen Lansing, *Perfect Order*.

21. Robin Wall Kimmerer, "Mending Our Relationship with the Earth", em Greta Thunberg (org.), *The Climate Book* (Allen Lane, 2022), p. 415-20; https://www.yesmagazine.org/issue/good-health/2015/11/26/the-honorable-harvest-lessons-from-an-indigenous-tradition-of-giving-thanks.

22. Stephen Kellert e Edward O. Wilson, *The Biophilia Hypothesis* (Island Press, 1993); https://www.nature.com/articles/s41598-022-20207-6; Jeremy Rifkin, *The Age of Resilience*, p. 224, 233, 239.

23. Keith Thomas, *Man and the Natural World: Changing Attitudes in England 1500-1800* (Penguin, 1984), p. 25, 197 [Edição brasileira: *O homem e o mundo natural: mudanças de atitude em relação às plantas e aos animais, 1500-1800* (Companhia das Letras, 2010)]; Lynn White Jr, "The Historical Roots of our Ecological Crisis", *Science*, v. 155, n. 3.767 (1967), https://doi.org/10.1126/science.155.3767.1203; Richard Tawney, *Religion and the Rise of Capitalism* (Penguin, 1980).

24. Masashi Soga *et al.*, "Gardening Is Beneficial for Health: A Meta-Analysis", *Preventative Medicine Reports*, v. 5 (2017), https://doi.org/10.1016/j.pmedr.2016.11.007.

25. Keith Thomas, *Man and the Natural World*, p. 15.

26. Citado em Keith Thomas, *Man and the Natural World*, p. 221.

27. Martin Hoyles, *Gardeners Delight: Gardening Books from 1560-1960* (Pluto Press, 1994, 2 v.); Laura Rival (org.). *The Social Lives of Trees: Anthropological Perspectives on Tree Symbolism* (Berg, 1998); Simon Schama, *Landscape and Memory* (Fontana, 1996), p. 159-68 [Edição brasileira: *Paisagem e memória* (Companhia das Letras, 1996)].

28. Keith Thomas, *Man and the Natural World*, p. 102-12.

29. *Ibid.*, p. 65-6, 130, 141, 247.

278   HISTÓRIA PARA O AMANHÃ

30. James George Frazer, *The Illustrated Golden Bough* (Macmillan, 1978), p. 58-64, 73-7, 144-52 [Edição brasileira: *O ramo de ouro* (Zahar, 1982)].
31. Teri Frances Brewer, "May Morning in Oxford: History and Social Change in an Urban Tradition", dissertação de pós-doutoramento, Universidade da Califórnia, Los Angeles, 1995, p. 76-7.
32. Thomas, *Man and the Natural World*, p. 166.
33. Jeremy Rifkin, *The Age of Resilience*, p. 240.
34. https://www.bbc.co.uk/news/science-environment-47976184.
35. https://pinyin.info/chinese/crisis.html.
36. Reinhart Koselleck, "Crisis", *Journal of the History of Ideas*, v. 67, n. 2 (2006), https://www.jstor.org/stable/30141882.
37. Meg Jacobs, "How About Some Meat?"; Paul M. O'Leary, "Wartime Rationing"; https://www.monbiot.com/2021/10/24/miracle-of-reduction/. Discuto mais profundamente a política de racionamento dos Estados Unidos em "Food Coupons and Bald Mountains", p. 8-12.
38. Rutger Bregman, "This Is What Climate Change Means if Your Country Is Below Sea Level", *The Correspondent*, 24 de setembro de 2020, https://thecorrespondent.com/685/this-is-what-climate-change-means-if-your--country-is-below-sea-level.
39. Ruth Supko, "Perspectives on the Cuban National Literacy Campaign", artigo apresentado à Associação de Estudos Latino-Americanos, Chicago, 24 a 26 de setembro de 1998; Arlo Kempf, "The Cuban Literacy Campaign at 50: Formal and Tacit Learning in Revolutionary Education", *Critical Education*, v. 5, n. 4 (2014), https://doi.org/10.14288/ce.v5i4.183269; Catherine Murphy, *Maestra* (documentário, 2012); Illona Otto *et al.*, "Social Tipping Dynamics for Stabilizing Earth's Climate by 2050", *PNAS*, v. 117, n. 5 (2020), p. 2361, https://doi.org/10.1073/pnas.1900577117.
40. Note que os três primeiros contextos de crise — guerra, desastre e revolução — que apresento têm algumas sobreposições com os "quatro cavaleiros do nivelamento" descritos por Walter Scheidel, que, historicamente, resultaram em grandes erosões da desigualdade de riqueza: guerra de mobilização em massa, revolução transformadora, falha do Estado e pandemia (ver capítulo 8). Não há nada parecido com minha categoria de "disrupção" no modelo de Scheidel, que exibe pouca fé nos movimentos sociais disruptivos para criar mudanças radicais. Essa é uma área fundamental de diferença.
41. Naomi Klein, *This Changes Everything: Capitalism vs the Climate* (Allen Lane, 2014), p. 14.

NOTAS

42. Mary Elise Sarotte, *The Collapse: The Accidental Opening of the Berlin Wall* (Basic Books, 2015), p. 85-103.
43. Em seu prefácio de 1982 ao livro de Milton Friedman *Capitalism and Freedom* (Chicago University Press, 2002), p. xiv [Edição brasileira: *Capitalismo e liberdade* (Intrínseca, 2023)].
44. Steven DeCaroli, "Arendt's Krisis", *Ethics and Education*, v. 15, n. 2 (2020), https://doi.org/10.1080/17449642.2020.1732121, p. 175, 177; Jeff Jurgens, "Arendt on Crisis", The Hannah Arendt Center (2018), https://medium.com/quote-of-the-week/arendt-on-crisis-e24ab8225289; Hannah Arendt, "Understanding Politics", *Partisan Review*, v. 20, n. 4 (1953); Hannah Arendt, "The Crisis in Culture: Its Social and Political Significance", em *Between Past and Future: Eight Exercises in Political Thought* (Penguin, 2006), p. 194-223.
45. Peter Frankopan, *The Earth Transformed: An Untold Story* (Bloomsbury, 2023), p. 654; Fagan e Durrani, *Climate Chaos*, p. 59-62, 239.
46. Note que a biofilia e o assabia são consistentes com o modelo de economia donut desenvolvido pela economista Kate Raworth e discutido em meu livro anterior, *The Good Ancestor*. A biofilia provê a base para o teto ecológico do modelo donut, ao passo que o assabia sustenta a fundação social.

Conclusão: Cinco razões para a esperança radical

1. Howard Zinn, *On History*, p. 44.
2. *Ibid.*, p. 45. Etmologicamente, a origem da palavra "radical" deriva do latim *radic*, que significa "raiz". É por isso que falo de esperança *radical*, a esperança baseada nos nossos valores fundamentais.
3. https://halifax.citynews.ca/2023/04/07/hanging-in-david-suzuki-shares-insights-as-he-retires-from-the-nature-of-things/.
4. Muitos cursos universitários de História Aplicada têm escopo relativamente reduzido, visando a ensinar com a história dos assuntos internacionais e da diplomacia, como o curso oferecido na Universidade de Harvard: https://www.hks.harvard.edu/courses/reasoning-past-applied-history-and-decision-making.
5. https://remolino.qc.ca/2023/10/11/une-chaise-des-generations-pour-lassemblee-nationale/.

Lista de ilustrações

Gráficos das páginas 219 e 225 de Ruurd Priester
Página 22: SJArt / Alamy Stock Photo
Página 25: Wikimedia Commons / The Trustees of the British Museum
Página 34: Mural de Soham De, cortesia do Museu Rumble
Página 38: Arquivo pessoal de Roman Krznaric
Página 43: CPA Media Pte Ltd / Alamy Stock Photo
Página 48 (acima): Wikimedia Commons / Biblioteca San Lorenzo de El Escorial
Página 48 (abaixo): Wikimedia Commons / Biblioteca San Lorenzo de El Escorial
Página 59: History and Art Collection / Alamy Stock Photo
Página 66: Wikimedia Commons
Página 67: Cortesia da Coleção Trey Trahan
Página 74: Hi-Story / Alamy Stock Photo
Página 82: Sueddeutsche Zeitung Photo / Alamy Stock Photo
Página 84: Wikimedia Commons / Biblioteca Central de Zurique
Página 89: The Print Collector / Alamy Stock Photo
Página 100: World Resources Institute
Página 104: Chronicle / Alamy Stock Photo
Página 106: Wikimedia Commons / UNESCO
Página 112: World Resources Institute
Página 120: Torsten Pursche / Alamy Stock Photo
Página 128: FreeImages
Página 132: Fotografia de Janet Biehl
Página 140: The History Collection / Alamy Stock Photo
Página 142: Arquivos do Estado de Indiana
Página 150: Associated Press / Alamy Stock Photo
Página 167: Cortesia de Benny Kuruvilla
Página 170: Wikimedia Commons / Ministério das Relações Exteriores da Finlândia

Página 172: Associated Press / Alamy Stock Photo
Página 180: BTEU/RKMLGE / Alamy Stock Photo
Página 186: Malcolm Haines / Alamy Stock Photo
Página 195: Wikimedia Commons / Kupferstichkabinett
Página 206: Gado Images / Alamy Stock Photo
Página 214: Cortesia da Oxford University Morris

Bibliografia

ABATE, Mark (org.). *Convivencia and Medieval Spain*: Essays in Honour of Thomas F. Glick. Reino Unido: Palgrave Macmillan, 2018.

ABBAS, Nabila; SINTOMER, Yves. Three Contemporary Imaginaries of Sortition: Deliberative, Antipolitical, or Radically Democratic? *Raisons Politiques*, v. 82, n. 2, 2021.

ACEMOGLU, Daron; ROBINSON, James A. *Economic Origins of Dictatorship and Democracy*. Oxford: Oxford University Press, 2006.

ADAM, Konadu; MENSAH-BONSU, Frederick; AMEDORME, Dorcas. Fostering Religious Tolerance and Harmonization in Ghana: A Discussion on Efforts Made by Various Stakeholders. *E-Journal of Humanities, Arts and Social Sciences (EHASS)*, v. 3, n. 5, maio 2022. Disponível em: https://doi.org/10.38159/ehass.2022352.

AIDT, Toke; FRANCK, Raphaël. Democratization Under the Threat of Revolution: Evidence from the Great Reform Act of 1832. *Econometrica*, v. 83, n. 2, 2015.

AKENJI, Lewis *et al.* *1.5 Degree Lifestyles*: Towards a Fair Consumption Space for All. Berlim: Hot or Cool Institute, 2021.

ANDREWS, Kehinde. *The New Age of Empire*: How Racism and Colonialism Still Rule the World. Nova York: *Bold Type Books*, 2021 [Edição brasileira: *A nova era do império*: como o racismo e o colonialismo ainda dominam o mundo. São Paulo: Companhia das Letras, 2023].

ARENDT, Hannah. The Crisis in Culture: Its Social and Political Significance. *In*: *Between Past and Future*: Eight Exercises in Political Thought. Estados Unidos: Penguin, 2006.

ARENDT, Hannah. Understanding Politics. *Partisan Review*, v. 20, n. 4, 1953.

ARISTÓTELES. *The Politics*. Cambridge: Cambridge University Press, 1988. [Edição brasileira: *Política*. São Paulo: Madamu, 2021.]

ASAMOAH, Paul Kwame. *Ethnic Conflict*: A Threat to Ghana's Internal Stability — A Case Study of the Nkonya-Alavanyo Conflict in the Volta Region.

2014. Dissertação (Mestrado em Estudos de Paz e Conflitos) – Faculdade de Ciência Política, Universidade de Oslo, 2014. Disponível em: https://www.core.ac.uk/download/pdf/30903716.pdf.

ASANTE, Kofi Takyi. Individualistic and Collectivistic Orientations: Examining the Relationship Between Ethnicity and National Attachment in Ghana, *Studies in Ethnicity and Nationalism*, v. 20, n. 1, abr. 2020. Disponível em: https://doi.org/10.1111/sena.12313.

ATHANASIOU, Tom; DARNOVSKY, Marcy, "The Genome as Commons". *In*: OBASOGIE, Osagie; DARNOVSKY, Marcy (orgs.). *Beyond Bioethics*: Toward a New Biopolitics. Estados Unidos: University of California Press, 2018. p. 153-62.

ATKINSON, Diane. *Rise Up, Women!* The Remarkable Lives of the Suffragettes. Londres: Bloomsbury, 2018.

AZHAR, Azeem. *Exponential:* How Accelerating Technology Is Leaving Us Behind and What to Do About It. Reino Unido: Random House Business, 2021.

BAKER-BROWN, Duncan. *The Re-Use Atlas*: A Designer's Guide Towards the Circular Economy. Londres: RIBA, 2017.

BARBER, Benjamin. *The Death of Communal Liberty*: A History of Freedom in a Swiss Mountain Canton. Princeton: Princeton University Press, 1974.

BARDI, Hugo. *The Seneca Effect:* Why Growth is Slow but Collapse is Rapid. Cham, Suíça: Springer, 2017.

BARNETT, Anthony; CARTY, Peter. *The Athenian Option*: Radical Reform for the House of Lords. Reino Unido: Imprint Academic, 1998.

BARRELL, John. Coffee-House Politicians. *Journal of British Studies*, v. 43, n. 2, 2004. Disponível em: https://doi.org/10.1086/380950.

BARRETT, Paul; HENDRIX, Justin; SIMS, J. Grant. *Fuelling the Fire*: How Social Media Intensifies USA Political Polarization — And What Can Be Done About It. Estados Unidos: Stern Center for Business and Human Rights, Universidade de Nova York, 2021.

BATEMAN, Milford. The Problem with Microcredit in Africa. *Africa Is a Country.* 9 out. 2019. Disponível em: https://africasacountry.com/2019/09/a--fatal-embrace.

BAYLIS, Françoise *et al.* "Human Germline and Heritable Genome Editing: The Global Policy Landscape", *CRISPR Journal*, v. 3. n. 5 (2020), http://doi.org/10.1089/crispr.2020.0082.

BEHRINGER, Wolfgang. Witchcraft and the Media. *In*: PLUMMER, Marjorie Elizabeth (org.). *Ideas and Cultural Margins in Early Modern Germany.* Reino Unido: Routledge, 2009.

BEINHOCKER, Eric. I Am a Carbon Abolitionist. *Democracy*, 24 jun. 2019. Disponível em: https://democracyjournal.org/arguments/i-am-a-carbon--abolitionist/.

BERGHOLM, Tapio. Decade of Equality: Employment, Pay and Gender in Finland in the 1970s. *Moving the Social: Journal of Social History and the History of Social Movements*, v. 48, 2012. Disponível em: https://doi.org/10.13154/mts.48.2012.73-88.

BIJUKUMAR, V. Radicalised Civil Society and Protracted Political Actions in Kerala (India): A Socio-Political Narrative. *Asian Ethnicity*, v. 20, n. 4, 2019. Disponível em: https://doi.org/10.1080/14631369.2019.1601005.

BINU, K. D.; MANOHARAN, Manosh. "Absence in Presence: Dalit Women's Agency, Channar Lahala, and Kerala Renaissance", *Journal of International Women's Studies*, v. 22, n. 10, 2021. Disponível em: https://vc.bridgew.edu/jiws/vol22/iss10/3.

BIRHANE, Abeba. Algorithmic Colonization of Africa. *SCRIPT-ed*, v. 17, n. 2, ago. 2020. Disponível em: https://script-ed.org/article/algorithmic-colonization-of-africa/.

BIRMINGHAM, David. *Kwame Nkrumah*: The Father of African Nationalism. Alden: Ohio University Press, 1998.

BLACK, Edwin. Eugenics and the Nazis: The California Connection. *In*: OBASOGIE, Osagie; Darnovsky, MARCY (orgs.). *Beyond Bioethics:* Toward a New Biopolitics. Estados Unidos: University of California Press, 2018. p. 52-9.

BLANC, Eric. Finland 1906: The Revolutionary Roots of Women's Suffrage. *John Riddell.* 4 mar. 2015. Disponível em: https://johnriddell.com/2015/03/04/finland-1906-the-revolutionary-roots-of-womens-suffrage-an-international-womens-day-tribute/.

BLANC, Eric. *Revolutionary Social Democracy*: Working-Class Politics Across the Russian Empire (1882-1917). Leiden: Brill, 2021.

BLANSHEI, Sarah. *Politics and Justice in Late Medieval Bologna*. Leiden: Brill, 2010.

BOLLIER, David. *Think Like a Commoner*: A Short Introduction to the Life of the Commons. Canadá: New Society Publishers, 2014.

BOOKCHIN, Debbie. How My Father's Ideas Helped the Kurds Create a New Democracy, *The New York Review*, 15 jun. 2018.

BOOKCHIN, Murray. *The Ecology of Freedom*. Estados Unidos: AK Press, 2005.

BOOKCHIN, Murray. *From Urbanization to Cities*: Toward a New Politics of Citizenship. Reino Unido: Cassell, 1995.

BOULDING, Kenneth. The Economics of the Coming Spaceship Earth. *In*: JARRETT, H. (org.). *Environmental Quality in a Growing Economy*. Estados Unidos: Resources for the Future/Johns Hopkins University Press, 1966.

BOYLE, James. The Second Enclosure Movement and the Construction of the Public Domain. *Law and Contemporary Problems*, v. 66, n. 1, 2003. Disponível em: https://scholarship.law.duke.edu/lcp/vol66/iss1/2/.

BRAUDEL, Fernand. *Civilization and Capitalism*.Reino Unido: Collins/Fontana, 1981. v. 1.

BRENNAN, Thomas. Coffeehouses and Cafes. *In*: Alan Charles Kors (org.). *Encyclopedia of the Enlightenment*. Oxford: Oxford University Press, 2002.

BREWER, Teri Frances. *May Morning in Oxford*: History and Social Change in an Urban Tradition. 1995. Dissertação (Pós-doutorado), Universidade da Califórnia, Los Angeles, 1995.

BROWN, Azby. *Just Enough*: Lessons in Living Green from Traditional Japan. Estados Unidos: Kodansha Internacional, 2010.

BUCHANAN, Allen *et al. From Chance to Choice: Genetics and Justice*. Cambridge: Cambridge University Press, 2000.

BURFOOT, Annette. "Life Light: Explorations in Alchemy and the Magic of Enlightenment', *Public*, n. 18, 1999. Disponível em: https://public.journals. yorku.ca/index.php/public/article/view/30303.

BUTZER, Karl. Collapse, Environment, and Society. *PNAS*, 2012. Disponível em: https://doi.org/10.1073/pnas.1114845109.

CATLOS, Brian. Islamic Spain Ended in the 15th Century and We Still Can't Agree if It Was a Paradise or Hell?, *History News Network*, 6 out. 2018. Disponível em: https://www.historynewsnetwork.org/article/islamic-spain--ended-in-the-15th-century-and-we-sti.

CATLOS, Brian. *Kingdoms of Faith*: A New History of Islamic Spain. Londres: Hurst, 2018.

CATLOS, Brian. *Muslims in Medieval Latin Christendom*. Cambridge: Cambridge University Press, 2014.

CHASIN, Barbara H.; FRANKE, Richard W. The Kerala Difference. *New York Review of Books*, 24 out. 1991.

CHATHUKULAM, Jos; THARAMANGALAM, Joseph. The Kerala Model in the Time of COVID 19: Rethinking State, Society and Democracy. *World Development*, v. 137, 2020. Disponível em: https://doi.org/10.1016/j.worlddev.2020.105207.

CHELLANEY, Brahma. *Water, Peace, and War*: Confronting the Global Water Crisis. Estados Unidos: Rowman and Littlefield, 2015.

CHENOWETH, Erica. People Power. *In*: Greta Thunberg (org.). *The Climate Book*. Nova York: Allen Lane, 2022.

BIBLIOGRAFIA 287

CHENOWETH, Erica; SCHOCK, Kurt. Do Contemporaneous Armed Challenges Affect the Outcomes of Mass Nonviolent Campaigns? *Mobilization: An International Quarterly*, v. 20, n. 4, 2015. Disponível em: https://doi.org/10.17813/1086-671x-20-4-427.

CHENOWETH, Erica; STEPHAN, Maria. *Why Civil Resistance Works:* The Strategic Logic of Nonviolent Campaigns. Nova York: Columbia University Press, 2011.

CICERO, Marcus Tullius; SHUCKBURGH, Evelyn Shirley (ed.). *The Letters of Cicero*: The Whole Extant Correspondence in Chronological Order. Estados Unidos: Legare Street Press, 2022.

COMFORT, Nathaniel. Can We Cure Genetic Diseases without Slipping into Eugenics? *In*: OBASOGIE, Osagie; DARNOVSKY, Marcy (orgs.). *Beyond Bioethics*: Toward a New Biopolitics. Estados Unidos: University of California Press, 2018. p. 184-5.

COX, Pamela. The Future Uses of History. *History Workshop Journal*, v. 75, n. 1, 2013. Disponível em: https://doi.org/10.1093/hwj/dbs007.

CRABB, Jon. Woodcuts and Witches. *Public Domain Review*, 4 maio 2017.

CRAWFORD, Kate. *Atlas of AI*: Power, Politics, and the Planetary Costs of Artificial Intelligence. Estados Unidos: Yale University Press, 2021.

CUMMING, Graeme; PETERSON, Gary. Unifying Research on Social-Ecological Resilience and Collapse, *Trends in Ecology and Evolution*, v. 32, n. 9, jul. 2017. Disponível em: https://www.cell.com/trends/ecology-evolution/abstract/S0169-5347(17)30162-3.

CURRAN, James; SEATON, Jean. *Power without Responsibility*: Press, Broadcasting and the Internet in Britain. Oxford: Routledge, 2018.

DAVIS, Angela. *Freedom Is a Constant Struggle*: Ferguson, Palestine and the Foundations of a Movement. Chicago: Haymarket Books, 2016 [Edição brasileira: *A liberdade é uma luta constante*. São Paulo: Boitempo, 2018.]

DAVIS, Mike. *Late Victorian Holocausts*: El Niño Famines and the Making of the Third World. Nova York: Verso, 2002 [Edição brasileira: *Holocaustos coloniais*: clima, fome e imperialismo na formação do Terceiro Mundo. Rio de Janeiro: Record, 2002].

DAVIS, R. C. H. *The Normans and Their Myth*. Londres: Thames & Hudson, 1976.

DECAROLI, Steven. Arendt's Krisis. *Ethics and Education*, v. 15, n. 2, 2020. Disponível em: https://doi.org/10.1080/17449642.2020.1732121.

DESAI, Manali. *State Formation and Radical Democracy in India*. Oxford: Routledge, 2007.

DEUTSCH, Judith. Lessons for the Climate Emergency: Rationing, Moratoriums, Ending War. *Bullet*, 27 jun. 2019.

DIAMOND, Jared. *Collapse*: How Societies Choose or Fail to Survive. Nova York: Penguin, 2011 [Edição brasileira: *Colapso*: como as sociedades escolhem o fracasso ou o sucesso. Rio de Janeiro: Record, 2020].

DIXSON-DECLÈVE, Sandrine *et al. Earth for All*: A Survival Guide for Humanity. Canadá: New Society Publishers, 2022.

DORLING, Danny; KOLJONEN, Annika. *Finntopia*: What We Can Learn from the World's Happiest Country. Reino Unido: Agenda, 2020.

DREZE, Jean; SEN, Amartya (orgs.). *Indian Development*: Selected Regional Perspectives. Tóquio: United Nations University, 1999.

DUNÉR, David; AHLBERGER, Christer (org.). *Cognitive History*: Mind, Space, and Time. Berlim: De Gruyter Oldenbourg, 2019.

DUPUIS-DERÍ, Francis. The Political Power of Words: The Birth of Pro-democratic Discourse in the Nineteenth Century in the United States and France. *Political Studies*, v. 52, n. 1, 2004. Disponível em: https://doi.org/10.1111/j.1467-9248.2004.00467.x.

DURANT, Will; DURANT, Ariel. *The Lessons of History*. Nova York: Simon & Schuster, 2010. [Edição brasileira: *12 lições da história*: para entender o mundo. São Paulo: Faro Editorial, 2018.]

DYSON, George. *Analogia*: The Entangled Destinies of Nature, Human Beings and Machines. Nova York: Allen Lane, 2020.

EDWARDS, Mark. *Printing, Propaganda and Martin Luther*. Berkeley: University of California Press, 1994.

EISENSTEIN, Elizabeth. *The Printing Revolution in Early Modern Europe*. Cambridge: Cambridge University Press, 2005.

ELAZAR, Daniel J. Communal Democracy and Liberal Democracy: An Outside Friend's Look at the Swiss Political Tradition. *Publius*, v. 23, n. 2, 1993. Disponível em: http://www.jstor.org/stable/3330856.

ELGIN, Duane. Voluntary Simplicity and the New Global Challenge. *In*: SCHOR, Juliet; HOLT, Douglas (org.). *The Consumer Society Reader*. Nova York: The New Press, 2000.

ELVIN, Mark. *The Retreat of the Elephants*: An Environmental History of China. Estados Unidos: Yale University Press, 2004.

ETZIONI, Amitai. *The Common Good*. Reino Unido: Polity, 2004.

EWEN, Stuart. *PR! A Social History of Spin*. Nova York: Basic Books, 1996.

FAGAN, Brian. *Elixir*: A Human History of Water. Reino Unido: Bloomsbury, 2011.

FAGAN, Brian; DURRANI, Nadia. *Climate Chaos*: Lessons on Survival from Our Ancestors. Nova York: Public Affairs, 2021.

BIBLIOGRAFIA

FERGUSON, Niall. *The Ascent of Money*: A Financial History of the World. Estados Unidos: Penguin, 2009 [Edição brasileira: *A ascensão do dinheiro*: a história financeira do mundo. São Paulo: Planeta, 2020].

FERNÁNDEZ-MORERA, Dario. *The Myth of the Andalusian Paradise*. Delaware: ISI, 2014.

FINOTELLI, Claudia; RINKEN, Sebastian. A Pragmatic Bet: The Evolution of Spain's Immigration System, *Migration Policy Institute*, 18 abr. 2023. Disponível em: https://www.migrationpolicy.org/article/spain-immigration-system-evolution.

FISHER, Mark. *Capitalist Realism*: Is There No Alternative? Reino Unido: Zero Books, 2009 [Edição brasileira: *Realismo capitalista*: é mais fácil imaginar o fim do mundo do que o fim do capitalismo? São Paulo: Autonomia Literária, 2020].

FRANKOPAN, Peter. *The Earth Transformed*: An Untold Story. Reino Unido: Bloomsbury, 2023.

FRAZER, James George. *The Illustrated Golden Bough*. Reino Unido: Macmillan, 1978 [Edição brasileira: *O ramo de ouro*. Rio de Janeiro: Zahar, 1982].

FRIEDMAN, Milton. *Capitalism and Freedom*. Chicago: Chicago University Press, 2002 [Edição brasileira: *Capitalismo e liberdade*. Rio de Janeiro: Intrínseca, 2023].

FULCHER, James. *Capitalism*: A Very Short Introduction. Oxford: Oxford University Press, 2004.

FULLER, Harcourt. *Building the Ghanaian Nation-State*: Kwame Nkrumah's Symbolic Nationalism. Reino Unido: Palgrave Macmillan, 2014.

GALBRAITH, John Kenneth. *The Age of Uncertainty*. Reino Unido: BBC, 1997.

GALBRAITH, John Kenneth. *A Life in Our Times*. Londres: André Deutsch, 1981.

GALEANO, Eduardo. *The Open Veins of Latin America*. Reino Unido: Latin America Bureau, 1997 [Edição brasileira: *As veias abertas da América Latina*. Porto Alegre: L&PM 2010].

GERBAUDO, Paolo. Social Media and Populism: An elective affinity? *Media, Culture and Society*, v. 40, n. 5, 2018. Disponível em: https://doi.org/10.1177/0163443718772192.

GERBER, Damian; BRINCAT, Shannon. When Öcalan Met Bookchin: The Kurdish Freedom Movement and the Political Theory of Democratic Confederalism. *Geopolitics*, v. 26, n. 4, 2018. Disponível em: https://doi.org/10.1080/14650045.2018.1508016.

GIBBON, Edward. *The Decline and Fall of the Roman Empire*. Londres: Methuen, 1898. v. 6.

GIRARD, Charles. Lessons from the French Citizens' Climate Convention: On the role and legitimacy of citizens' assemblies, *VerfBlog,* 28 jul. 2021. Disponível em: https://verfassungsblog.de/lessons-from-the-french-citizens-climate-convention/.

GLEICK, Peter; ICELAND, Charles; TRIVEDI, Ayushi. *Ending Conflicts Over Water*: Solutions to Water and Security Challenges. Estados Unidos: World Resources Institute, 2020. Disponível em: https://pacinst.org/wp-content/uploads/2020/09/Ending-Conflicts-Over-Water-Pacific-Institute-Sept-2020.pdf.

GLICK, Thomas. *Irrigation and Society in Medieval Valencia.* Cambridge: Harvard University Press, 1970.

GÖSSLING, Stefan; HUME, Andreas. Millionaire Spending Incompatible with 1.5°C Ambitions. *Cleaner Production Letters*, n. 4, 2023. Disponível em: https://doi.org/10.1016/j.clpl.2022.100027.

GRACE, Natalie. Vermin and Devil-Worshippers: Exploring Witch Identities in Popular Print in Early Modern Germany and England, *Midlands Historical Review*, v. 5, 2021.

GRAEBER, David. *Debt*: The First 5,000 Years. Estados Unidos: Melville House, 2021.

GRAEBER, David. There Never Was a West: Or, Democracy Emerges from the Spaces in Between. *In: Possibilities: Essays on Hierarchy, Rebellion, and Desire.* Estados Unidos: AK Press, 2007.

GRAEBER, David; WENGROW, David. *The Dawn of Everything*: A New History of Humanity. Reino Unido: Penguin, 2022 [Edição brasileira: *O despertar de tudo*: uma nova história da humanidade. São Paulo: Companhia das Letras, 2022].

GRIFFITHS, Jay. *Why Rebel.* Reino Unido: Penguin, 2021.

GUALTIERI, Piero. Institutional Practices of the Florentine Republic: From the Regime del Popolo to the Electoral Reform 1282-1328. *Revue Française de Science Politique*, v. 64, n. 6, 2014.

GURUKKAL, Rajan; VARIER, Raghava. *History of Kerala*: Prehistoric to the Present. Índia: Orient BlackSwan, 2018.

GYORY, Andrew. *Closing the Gate:* Race, Politics, and the Chinese Exclusion Act. Estados Unidos: University of North Carolina, 1998.

HAAS, Hein de; CASTLES, Stephen; MILLER, Mark. *The Age of Migration: International Population Movements in the Modern World.* Nova York: Guilford, 2019.

HABERMAS, Jürgen. The Public Sphere: An Encyclopedia Article. *New German Critique*, n. 3, 1974. Disponível em: https://doi.org/10.2307/487737.

BIBLIOGRAFIA 291

HABERMAS, Jürgen. Reflections and Hypotheses on a Further Structural Transformation of the Political Public Sphere, *Theory, Culture & Society*, v. 39, n. 4, 2022. Disponível em: https://doi.org/10.1177/02632764221112341.

HABERMAS, Jürgen. *The Structural Transformation of the Public Sphere*: An Inquiry into a Category of Bourgeois Society. Cambridge: Polity Press, 1992 [Edição brasileira: *Mudança estrutural na esfera pública*: investigações sobre uma categoria da sociedade burguesa. São Paulo: Editora Unesp, 2014].

HAGENS, Nate. Economics for the Future — Beyond the Superorganism. *Ecological Economics*, v. 169, 2020. Disponível em: https://doi.org/10.1016/j.ecolecon.2019.106520.

HAINES, Herbert. *Black Radicals and the Civil Rights Mainstream, 1954-1970*. Tennessee: University of Tennessee Press, 1988.

HAINES, Herbert. Radical Flank Effects. *In*: DAVID, A. Snow *et al.* (org.). *Wiley Blackwell Encyclopedia of Social and Political Movements*. Estados Unidos: John Wiley & Sons, 2013. v. 2.

HANCOCK, Matt. *The Communist Party in the Land of Cooperation*. Universidade de Bolonha, Bolonha, 2005. Disponível em: https://institute.coop/resources/communist-party-land-cooperation.

HANCOCK, Matt. *The Cooperative District of Imola*: Forging the High Road to Globalization. Universidade de Bolonha, Bolonha, 2004. Disponível em: https://base.socioeco.org/docs/imola_0.pdf.

HANLEY, Susan. Urban Sanitation in Preindustrial Japan. *Journal of Interdisciplinary History*, v. 18, n. 1, 1987.

HARARI, Yuval. *Homo Deus*: A Brief History of Tomorrow. Reino Unido: Vintage, 2016 [Edição brasileira: *Homo Deus*: uma breve história do amanhã. São Paulo: Companhia das Letras, 2016].

HEAD, Randolph. *Early Modern Democracy in the Grisons*: Social Order and Political Language in a Swiss Mountain Canton, 1470-1620. Cambridge: Cambridge University Press, 1995.

HEIL, Tilmann. Are Neighbours Alike? Practices of Conviviality in Catalonia and Casamance. *European Journal of Cultural Studies*, v. 17, n. 4, 2014. Disponível em: https://doi.org/10.1177/1367549413510420.

HERRINGTON, Gaya. Update to Limits to Growth: Comparing the World3 Model with Empirical Data. *Journal of Industrial Ecology*, v. 25, n. 3, 2020. Disponível em: https://doi.org/10.1111/jiec.13084.

HICKEL, Jason. *Less Is More*: How Degrowth Will Save the Planet. Reino Unido: Windmill, 2021.

HILLENBRAND, Robert. "The Ornament of the World": Medieval Córdoba as a Cultural Centre. *In:* JAYUSSI, Salma Khadra (org.). *The Legacy of Muslim Spain*. Leiden: Brill, 2012. v. 1.

HILTON, Rodney Howard. Kibworth Harcourt: A Merton College Manor in the Thirteenth and Fourteenth Centuries. *Transactions of the Leicestershire Archaeological Society*, v. 24, 1949.

HOBBES, Thomas. *The English Works of Thomas Hobbes of Malmesbury — Volume 8, Thucydides, The History of the Grecian War*. Londres: [s. n.], 1843.

HOBSBAWM, Eric. *On History*. Londres: Abacus, 1998 [Edição brasileira: *Sobre história*. São Paulo: Companhia das Letras, 2013].

HOBSBAWM, Eric; RUDÉ, George. *Captain Swing*. Nova York: Verso, 2014 [Edição brasileira: *Capitão Swing*. Rio de Janeiro. Editora Francisco Alves, 1982].

HOCHSCHILD, Adam. *Bury the Chains:* The British Struggle to Abolish Slavery. Londres: Pan Books, 2005 [Edição brasileira: *Enterrem as correntes*: profetas e rebeldes na luta pela libertação dos escravos. Rio de Janeiro: Record, 2007].

HOFFMAN, Abbie. *The Autobiography of Abbie Hoffman*. Estados Unidos: Four Walls Eight Windows, 2000.

HOURANI, Albert. *A History of the Arab Peoples*. Reino Unido: Faber and Faber, 1991 [Edição brasileira: *Uma história dos povos árabes*. São Paulo: Companhia das Letras, 2006].

HOYER, Daniel *et al.* Navigating Polycrisis: Long-Run Socio-Cultural Factors Shape Response to Changing Climate. *Philosophical Transactions B*: Climate Change Adaptation Need a Science of Culture, mar. 2023. Disponível em: https://doi.org/10.31235/osf.io/h6kma.

HOYLES, Martin. *Gardeners Delight*: Gardening Books from 1560-1960. Londres: Pluto Press, 1994. 2 v.

HUDSON-RICHARDS, Julia; GONZALES, Cynthia. Water as a Collective Responsibility: The Tribunal de las Aguas and the Valencian Community, *Bulletin for Spanish and Portuguese Historical Studies*, v. 38, n. 1, 2013. Disponível em: https://asphs.net/wp-content/uploads/2020/02/Water-as--a-Collective-Responsibility.pdf.

IBENEKWU, Ikpechukwuka E. Igbo Traditional Political System and the Crisis of Governance in Nigeria, *Ikoro Journal of the Institute of African Studies UNN*, v. 9, n. 1-2, 2015.

INAYATULLAH, Sohail. Ibn Khaldun: The Strengthening and Weakening of Asabiya. *Periodica Islamica*, v. 6, n. 3, 1996, p. 3-11.

IRWIN, Robert. *Ibn Khaldun*: An Intellectual Biography. Princeton: Princeton University Press, 2018.

ISAKSEN, Vogt J. The impact of the financial crisis on European attitudes toward immigration. *CMS, v.* 7. n. 1, 2019. Disponível em: https://ntnuopen.ntnu.no/ntnu-xmlui/handle/11250/2623045.

BIBLIOGRAFIA

ISHIKAWA, Eisuke. *Japan in the Edo Period* — An Ecologically Conscious Society. Tóquio: Kodansha, 2000.

ISICHEI, Elizabeth. *Igbo Worlds*: An Anthology of Oral Histories and Historical Descriptions. Bélgica: Institute for the Study of Human Issues, 1978.

IWAMOTO, Junichi. The Development of Japanese Forestry. *In*: IWAY, Yorshiya (org.). *Forestry and Forest Industry in Japan*. Vancouver: University of British Columbia Press, 2002.

JACOBS, Meg. How About Some Meat? The Office of Price Administration, Consumption Politics, and State Building from the Bottom Up, 1941-46, *Journal of American History*, dez. 1997. Disponível em: https://doi.org/10.2307/2953088.

JAEDE, M. *The Concept of the Common Good*. Global Justice Academy, Universidade de Edimburgo, 2017. PSRP Working Paper n. 8.

JALLINOJA, Riitta. The Women's Liberation Movement in Finland: The Social and Political Mobilisation of Women in Finland, 1880-1910, *Scandinavian Journal of History*, v. 5, n. 1-4, 1980. Disponível em: https://doi.org/10.1080/03468758008578965.

JEFFREY, Robin. "Legacies of Matriliny: The Place of Women and the 'Kerala Model'". *Pacific Affairs*, v. 77, n. 4, 2004. Disponível em: http://www.jstor.org/stable/40023536.

JEFFREY, Robin. *Politics, Women and Well-Being*: How Kerala Became a 'Model'. Oxford: Oxford University Press, 2001.

JUDT, Tony. *Ill Fares the Land*. Estados Unidos: Penguin, 2011.

JUNG, Carl. *The Psychology of the Transference*. Reino Unido: Ark Paperbacks, 1983.

JURGENS, Jeff. Arendt on Crisis. *The Hannah Arendt Center*. 2018. Disponível em: https://medium.com/quote-of-the-week/arendt-on-crisis-e24ab8225289.

JUUTI, Petri; KATKO, Tapio; VUORINEN, Heikki. *Environmental History of Water*: Global Views on Community Water Supply and Sanitation. Reino Unido: IWA Publishing, 2007.

KAAL, Harm; VAN LOTTUM, Jelle. Applied History: Past, Present, and Future. *Journal of Applied History*, v. 3, n. 1-2, dez. 2021. Disponível em: https://doi.org/10.1163/25895893-bja10018.

KADIVAR, Mohammad Ali; KETCHLEY, Neil. Sticks, Stones and Molotov Cocktails: Unarmed Collective Violence and Democratization, *Socius* 4, 2018. Disponível em: https://doi.org/10.1177%2F2378023118773614.

KEANE, John. *Tom Paine*: A Political Life. Reino Unido: Bloomsbury, 2009.

KELLERT, Stephen; WILSON, Edward O. *The Biophilia Hypothesis*. Chicago: Island Press, 1993.

KEMP, Luke. Are we on the road to civilisation collapse? *BBC Future*, 19 set. 2019. Disponível em: https://www.bbc.com/future/article/20190218-are-we--on-the-road-to-civilisation-collapse.

KEMP, Luke. Diminishing Returns on Extraction: How Inequality and Extractive Hierarchy Create Fragility. *In*: CENTENO, Miguel *et al.* (org.). *How Worlds Collapse*. Oxford: Routledge, 2023.

KEMP, Luke *et al.* Climate Endgame: Exploring Catastrophic Climate Change Scenarios. *PNAS* 119, v. 119, n. 34, 2022. Disponível em: https://doi.org/10.1073/pnas.2108146119.

KEMPF, Arlo. The Cuban Literacy Campaign at 50: Formal and Tacit Learning in Revolutionary Education. *Critical Education*, v. 5, n. 4, 2014. Disponível em: https://doi.org/10.14288/ce.v5i4.183269.

KENNEDY, Robert. *Thirteen Days*: A Memoir of the Cuban Missile Crisis. Cham, Suíça: Signet, 1969, p. 127 [Edição brasileira: *Treze dias que abalaram o mundo*. Porto Alegre, RS: Citadel, 2023]. KENT, Eliza. *Converting Women*: Gender and Protestant Christianity in Colonial South India. Oxford University Press, 2004.

KETTUNEN, Pauli. Wars, Nation, and the Welfare State in Finland. *In*: OBINGER, Herbert *et al.* (org.). *Warfare and Welfare*: Military Conflict and Welfare State Development in Western Countries. Oxford: Oxford University Press, 2018.

KHALDUN, Ibn. *The Muqaddimah*: An Introduction to History. Princeton: Princeton University Press, 2015.

KHANNA, Parag. *Move:* How Mass Migration Will Reshape the World — and What It Means for You. Nova York: Weidenfeld & Nicolson, 2021.

KIANDER, Jaakko; SAURAMO, Pekka; TANNINEN, Hannu. *The Finnish Incomes Policy as Corporatist Political Exchange: Development of Social Capital and Social Wage*. Palkansaajien Tutkimuslaitos, Labour Institute for Economic Research, 2009. Working paper n. 256.

KIANG, Lisa *et al.* "Moving Beyond the Model Minority", *Asian American Journal of Psychology*, v. 8, n. 1, 2017. Disponível em: https://psycnet.apa.org/fulltext/2017-12983-001.html.

KIMMERER, Robin Wall. Mending Our Relationship with the Earth. *In*: Greta Thunberg (org.). *The Climate Book*. Nova York: Allen Lane, 2022.

KLEIN, Naomi. *This Changes Everything*: Capitalism vs the Climate. Nova York: Allen Lane, 2014.

KLEIN, Naomi. *No Logo*. Nova York Flamingo, 2001. [Edição brasileira: *Sem logo*. Rio de Janeiro: Record, 2002].

BIBLIOGRAFIA

KOONCE, Coralie. *Thinking Toward Survival*. Estados Unidos: iUniverse, 2010.

KORPPI-TOMMOLA, Aura. Fighting Together for Freedom: Nationalism, Socialism, Feminism, and Women's Suffrage in Finland 1906. *Scandinavian Journal of History* v. 15, n. 1-2, 1990. Disponível em: https://doi.org/10.1080/03468759008579196.

KORPPI-TOMMOLA, Aura. A Long Tradition of Equality: Women's Suffrage in Finland. *In*: RUIZ, Blanca Rodriguez; MARÍN, Ruth Rubio (orgs.). *The Struggle for Female Suffrage in Europe*. Leiden: Brill, 2012.

KOSELLECK, Reinhart, Crisis. *Journal of the History of Ideas*, v. 67, n. 2, 2006. Disponível em: https://www.jstor.org/stable/30141882.

KOTLER, Philip. *Democracy in Decline*: Rebuilding Its Future. Estados Unidos: Sage, 2016.

KOULAXI, Afroditi-Maria. "Convivial reflexivity in the changing city — a tale of hospitality or hostility?", *International Journal of Cultural Studies*, v. 25, n. 2, 2021. Disponível em: https://doi.org/10.1177/13678779211055490.

KROPOTKIN, Peter. Mutual Aid: A Factor of Evolution. Londres: Freedom Press, 1987.

KRZNARIC, Roman. *Carpe Diem Regained*: The Vanishing Art of Seizing the Day. Unbound, 2017 [Edição brasileira: *Carpe diem*: resgatando a arte de aproveitar a vida. Rio de Janeiro: Zahar, 2018].

KRZNARIC, Roman. Food Coupons and Bald Mountains: What the History of Resource Scarcity Can Teach Us About Tackling Climate Change, *Human Development Report Office Occasional Paper 2007/63*, United Nations Development Programme, 2007.

KRZNARIC, Roman. *The Good Ancestor*: How to Think Long Term in a Short-Term World. Reino Unido: WH Allen, 2020.

KRZNARIC, Roman. *How Change Happens*: Interdisciplinary Perspectives for Human Development. [*S. l.*]: Oxfam GB, 2007

KRZNARIC, Roman. *The Wonderbox*: Curious Histories of How to Live. Londres: Profile, 2011.

KUMAR, Udaya. Subjects of New Lives: Reform, Self-Making and the Discourse of Autobiography in Kerala. *In*: RAY, Bharati (org.). *Different Types of History*. Índia: Pearson Education India, 2009.

KURUVILLA, Benny. Kerala's Web of Cooperatives: Advancing the Solidarity Economy. *In*: STEINFORT, Lavinia; KISHIMOTO, Satoko (org.). *Public Finance for the Future We Want*. Amsterdã: Transnational Institute, 2019.

KWET, Michael. Digital Colonialism: USA Empire and the New Imperialism in the Global South. *Race & Class*, v. 60, n. 4, 2019. Disponível em: https://doi.org/10.1177/0306396818823172.

LAHTEENMAKI, Maria. To the Margins and Back? The Role of Women in the Finnish Labour Movement in the Twentieth Century. *Scandinavian Journal of History*, v. 23, n. 3-4, 1998. Disponível em: https://doi.org/10.1080/03468759850115909.

LANDEMORE, Hélène. *Open Democracy*: Reinventing Popular Rule for the Twenty-First Century. Princeton: Princeton University Press, 2020.

LANSING, Stephen. *Perfect Order*: Recognizing Complexity in Bali. Princeton: Princeton University Press, 2006.

LEBOW, Victor. Price Competition in 1955. *Journal of Retailing*, 1955.

LEGGETT, Dominic. Feeding the Beast: Superintelligence, Corporate Capitalism and the End of Humanity. *Proceedings of the 2021 AAAI/ACM Conference on AI, Ethics, and Society*, 30 jul. 2021. Disponível em: https://doi.org/10.1145/3461702.3462581.

LENTON, Tim *et al.* Operationalising positive tipping points towards global sustainability, *Global Sustainability*, v. 5, 2022. Disponível em: https://doi.org/10.1017/sus.2021.30.

Lieten, G. K. Human Development in Kerala: Structure and Agency in History. *Economic and Political Weekly*, v. 37, n. 16, 2002. Disponível em: https://www.jstor.org/stable/4412015.

LIGTVOET, Willem *et al. The Geography of Future Water Challenges*. Países Baixos: PBL Netherlands Environmental Assessment Agency, 2018.

LIM, Selina *et al.* Reconfiguring the Singapore Identity Space. *International Journal of Intercultural Relations*, v. 43, 2014. Disponível em: https://doi.org/10.1016/j.ijintrel.2014.08.011.

LINDQVIST, Sven. *The Skull Measurer's Mistake* — and Other Portraits of Men and Women Who Spoke Out Against Racism. Nova York: The New Press, 1997.

LIU, Hong; LINGLI Huang. Paradox of Superdiversity: Contesting Racism and "Chinese Privilege" in Singapore. *Journal of Chinese Overseas*, v. 18, n. 2, 2022. Disponível em: https://doi.org/10.1163/17932548-12341468.

LUND, Margaret; HANCOCK, Matt. *Stewards of Enterprise*: Lessons in Economic Democracy from Northern Italy. International Centre for Cooperative Management, Universidade St Mary's, Canadá, 2020. Working paper n. 2020/01.

MACMILLAN, Margaret. *The Uses and Abuses of History*. Londres: Profile Books, 2010, p. 161 [Edição brasileira: *Usos e abusos da história*. Rio de Janeiro: Record, 2010, p. 197].

MADISON, James. *The Federalist Papers, Number 10* (1787).

BIBLIOGRAFIA

MAJZOUB, Tarek; QUILLERÉ MAJZOUB, Fabienne. The Time Has Come for a Universal Water Tribunal, *Pace Environmental Law Review*, v. 36, n. 1, 2018. Disponível em: https://doi.org/10.58948/0738-6206.1822.

MALM, Andreas. *How to Blow Up a Pipeline*. Nova York: Verso, 2021.

MANGUEL, Alberto. *The Library at Night*. Estados Unidos: Yale University Press, 2008 [Edição brasileira: *A biblioteca à noite*. São Paulo: Companhia das Letras, 2006].

MANIN, Bernard. *The Principles of Representative Government*. Cambridge: Cambridge University Press, 1997.

MARSHALL, Peter. *Demanding the Impossible*: A History of Anarchism. Estados Unidos: Fontana Press, 1993.

MASON, Paul. *Why It's Still Kicking Off Everywhere*: The New Global Revolutions. Nova York: Verso, 2013.

MAZZUCATO, Mariana. *The Entrepreneurial State*: Debunking Public vs Private Sector Myths. Reino Unido: Anthem Press, 2013 [Edição brasileira: *O estado empreendedor*: desmascarando o mito do setor público vs. setor privado. 1. ed. São Paulo: Portfolio-Penguin, 2014].

MAZZUCATO, Mariana. *The Value of Everything*: Making and Taking in the Global Economy. Nova York: Allen Lane, 2018 [Edição brasileira: *O valor de tudo*: produção e apropriação na economia global. São Paulo: Portfolio--Penguin, 2020].

MCDONOUGH, William; BRAUNGART, Michael. *The Upcycle: Beyond Sustainability* — Designing for Abundance. Nova York: North Point Press, 2013.

MCINTOSH, Roderick. *Ancient Middle Niger*: Urbanism and the Self-Organizing Landscape. Cambridge: Cambridge University Press, 2005.

MCINTOSH, Roderick. Western Representations of Urbanism and Invisible African Towns. *In*: MCINTOSH, Susan Keech (org.). *Beyond Chiefdoms*: Pathways to Complexity in Africa. Cambridge: Cambridge University Press, 1999.

MCINTOSH, Susan Keech. Pathways to Complexity: An African Perspective. *In*: Susan Keech McIntosh (org.). *Beyond Chiefdoms*: Pathways to Complexity in Africa. Cambridge: Cambridge University Press, 1999.

MCKIBBEN, Bill. *Hope, Human and Wild*: True Stories of Living Lightly on Earth. Estados Unidos: Milkweed Editions, 2007.

MCLUHAN, Marshall. *The Gutenberg Galaxy*. Toronto: University of Toronto Press, 1962 [Edição brasileira: *A galáxia de Gutenberg*. São Paulo: Companhia Editora Nacional, 1965].

MCLUHAN, Marshall. *Understanding Media*. Londres: Abacus, 1973.

MCLUHAN, Marshall; FIORE, Quentin. *The Medium Is the Massage*. Reino Unido: Penguin Books, 2008 [Edição brasileira: *O meio é a massagem*. São Paulo: Ubu, 2018].

MCSHANE, Clay; TARR, Joe. *The Horse in the City*: Living Machines in the Nineteenth Century. Baltimore: Johns Hopkins University Press, 2007.

MEADOWS, Donella. *Thinking in Systems:* A Primer. Londres: Earthscan, 2009 [Edição brasileira: *Pensando em sistemas:* como o pensamento sistêmico pode ajudar a resolver os grandes problemas globais. Rio de Janeiro: Sextante, 2022].

MENOCAL, María Rosa. Culture in the Time of Tolerance: Al-Andalus as a Model for Our Own Time. *Yale Law School Occasional Papers*, 2000. Disponível em: https://openyls.law.yale.edu/bitstream/handle/20.500.13051/17668/Menocal_paper.pdf.

MENOCAL, María Rosa. *The Ornament of the World*: How Muslims, Jews and Christians Created a Culture of Tolerance in Medieval Spain. Estados Unidos: Back Bay, 2002.

METZL, Jamie. *Hacking Darwin*: Genetic Engineering and the Future of Humanity. Estados Unidos: Sourcebooks, 2019 [Edição brasileira: *Hackeando Darwin*. São Paulo: Faro Editorial, 2020].

MILLER, Michael B. *The Bon Marché*: Bourgeois Culture and the Department Store, 1869-1920. Reino Unido: George Allen & Unwin, 1981.

MILLS, Geoffrey; ROCKOFF, Hugh. Compliance with Price Controls in the United States and the United Kingdom During World War II. *Journal of American History*, v. 47, n. 1, 1987. Disponível em: https://www.jstor.org/stable/2121945.

MONBIOT, George. *Regenesis*: Feeding the World without Devouring the Planet. Nova York: Allen Lane, 2022.

MOROZOV, Evgeny. *The Net Delusion*: How Not to Liberate the World. Nova York: Allen Lane, 2011.

MORRIS-SUZUKI, Tessa. Sustainability and ecological colonialism in Edo period Japan. *Japanese Studies*, v. 15, n. 1, 1995. Disponível em: https://doi.org/10.1080/10371399508571520.

MORSTEIN-MARX, Robert. Political Graffiti in the Late Roman Republic: "Hidden Transcripts" and "Common Knowledge". *In*: Cristina Kuhn (org.). *Politische Kommunikation und öffentliche Meinung in der antiken Welt*. Stuttgart: Franz Steiner Verlag, 2012.

MOUHOT, Jean-François. Past Connections and Present Similarities in Slave Ownership and Fossil Fuel Usage. *Climate Change*, n. 105, 2011. Disponível em: https://doi.org/10.1007/s10584-010-9982-7.

MUNDODAN, Jesha Mohammedali; K. K., Lamiya; HAVERI, Sheela P. Prevalence of spousal violence among married women in a rural area in North Kerala. *Journal of Family Medicine and Primary Care*, v. 10, n. 8, 2021. Disponível em: https://doi.org/10.4103/jfmpc.jfmpc_2313_20.

NAUGHTON, John. *From Gutenberg to Zuckerberg*: What You Really Need to Know About the Internet. Londres: Quercus, 2012.

NEEDHAM, Charles. Finding the Ethical Standard of Medical Science in the Age of Sciences. *Journal of Evaluation in Clinical Practice*, v. 5, n. 1, 1999. Disponível em: https://doi.org/10.1046/j.1365-2753.1999.00166.x.

NERINI, Fuso F. *et al*. Personal carbon allowances revisited. *Nature Sustainability*, v. 4, 2012. Disponível em: https://doi.org/10.1038/s41893-021-00756-w.

NEUSTADT, Richard; MAY, Ernest. *Thinking in Time:* The Uses of History for Decision Makers. Nova York: The Free Press, 1986.

NIRENBERG, David. *Communities of Violence*: Persecution of Minorities in the Middle Ages. Princeton: Princeton University Press, 1996.

NITHYANAND, Rishab; SCHAFFNER, Brian; GILL, Phillipa. Online Political Discourse in the Trump Era. *arXiv*, 2017. Disponível em: https://doi.org/10.48550/arXiv.1711.05303.

OBASOGIE, Osagie. Your Body, Their Property. *In*: OBASOGIE, Osagie; DARNOVSKY, Marcy (orgs.). *Beyond Bioethics*: Toward a New Biopolitics. Estados Unidos: University of California Press, 2018.

OBASOGIE, Osagie; DARNOVSKY, Marcy (org.). *Beyond Bioethics*: Toward a New Biopolitics. Estados Unidos: University of California Press, 2018.

ÖCALAN, Abdullah. *Democratic Confederalism*. Estados Unidos: Transmedia Publishing, 2011 [Edição brasileira: *Confederalismo democrático*. Rio de Janeiro: Rizoma Editorial, 2016].

ÖCALAN, Abdullah. *The Sociology of Freedom*: Manifesto of the Democratic Civilization. Estados Unidos: PM Press, 2020. v. 3.

OCHIAI, Eiichiro. "Japan in the Edo Period: Global Implications for a Model of Sustainability". *Asia Pacific Journal*, v. 5, n. 2, 2007.

OKIHIRO, Gary. *The Columbia Guide to Asian American History*. Nova York: Columbia University Press, 2001.

O'LEARY, Paul M. Wartime Rationing and Governmental Organization. *American Political Science Review*, v. 39, n. 6, dez. 1945. Disponível em: https://doi.org/10.2307/1949657.

OLLILA, Anne. Women's Voluntary Associations in Finland during the 1920s and 1930s. *Scandinavian Journal of History*, v. 20, n. 2, 1995. Disponível em: https://doi.org/10.1080/03468759508579297.

OLUSOGA, David. *Black and British:* A Forgotten History. Reino Unido: Macmillan, 2016.

ONG, Walter. *Orality and Literacy*: The Technologizing of the World. Londres: Routledge, 1982 [Edição brasileira: *Oralidade e cultura escrita*. Campinas: Papirus, 1998].

ORD, Toby. *The Precipice*: Existential Risk and the Future of Humanity. Londres: Bloomsbury, 2020.

O'SHEA, Lizzie. *Future Histories*: What Ada Lovelace, Tom Paine and the Paris Commune Can Teach Us About Digital Technology. Nova York: Verso, 2019.

OSHINSKY, David. *Polio*: An American Story. Oxford: Oxford University Press, 2005.

OSTROM, Elinor. *A Polycentric Approach for Coping with Climate Change*. World Bank Policy Research, out. 2009. Working Paper n. 5.095.

OSTROM, Elinor. *Governing the Commons*: The Evolution of Institutions of Collective Action: Cambridge: Cambridge University Press, 2015.

OSTROM, Vincent. *The Meaning of American Federalism*: Constituting a Self-Governing Society. Estados Unidos: ICS Books, 1991.

OTTO, Illona *et al.* Social Tipping Dynamics for Stabilizing Earth's Climate by 2050. *PNAS*, v. 117, n. 5, 2020. Disponível em: https://doi.org/10.1073/pnas.1900577117.

OZDEN, James; GLOVER, Sam. Protest Movements: How Effective Are They? *Social Change Lab*, 2022. Disponível em: https://commonslibrary.org/protest-movements-how-effective-are-they/.

PALLER, Jeffrey. *Democracy in Ghana*: Everyday Politics in Urban Africa. Cambridge: Cambridge University Press, 2019.

PANDEY, Aviral; GAUTAM, Richa. Regional Inequality in India: A State Level Analysis. *MRPA Paper*, n. 101980, 2020. Disponível em: https://mpra.ub.uni-muenchen.de/101980/.

PARACELSUS. *Of the Nature of Things*. [*S. l.: s. n.*], 1537.

PARK, Saemyi. Asian Americans' Perception of Intergroup Commonality with Blacks and Latinos: The Roles of Group Consciousness, Ethnic Identity, and Intergroup Contact. *Social Sciences*, v. 10, n. 11 (2021). Disponível em: https://doi.org/10.3390/socsci10110441.

PARKER, Michael. The Best Possible Child. *Journal of Medical Ethics*, v. 33, n. 5, 2007. Disponível em: https://doi.org/10.1136/jme.2006.018176.

PETTIGREW, Thomas; TROPP, Linda R. A Meta-Analytic Test of Intergroup Contact Theory. *Journal of Personality and Social Psychology*, v. 90, n. 5, 2006. Disponível em: https://doi.org/10.1037/0022-3514.90.5.751.

PIKETTY, Thomas. *A Brief History of Equality*. Londres: Belknap Press, 2022 [Edição brasileira: *Uma breve história da igualdade*. Rio de Janeiro: Intrínseca, 2022].

BIBLIOGRAFIA

PILET, Jean-Benoit *et al*. The POLITICIZE dataset: an inventory of Deliberative Mini-Publics (DMPs) in Europe. *European Political Science*, v. 20, p. 521-542, 2021. Disponível em: https://doi.org/10.1057/s41304-020-00284-9.

PINCUS, Steve. "Coffee Politicians Does Create": Coffeehouses and Restoration Political Culture. *Journal of Modern History*, v. 67, n. 4, 1995. Disponível em: https://www.jstor.org/stable/2124756.

PISTOR, Katharina. *The Code of Capital*: How the Law Creates Wealth and Inequality. Princeton: Princeton University Press, 2019.

PLOKHY, Serhii. *Nuclear Folly*: A New History of the Cuban Missile Crisis. Suffolk: Penguin, 2021.

POLANYI, Karl. *The Great Transformation*: The Political and Economic Origins of Our Time. Boston: Beacon Press, 2001 [Edição brasileira: *A grande transformação*: as origens da nossa época. 2. ed. Rio de Janeiro: Campus, 2001.]

POSTMAN, Neil. *Technopoly*: The Surrender of Culture to Technology. Estados Unidos: Vintage, 1993.

PRASAD, Naren. Privatisation of Water: A Historical Perspective. *Law, Environment and Development*, v. 3, n. 2, 2007. Disponível em: https://lead-journal.org/content/07217.pdf.

PRINCIPE, Lawrence. *The Secrets of Alchemy*. Chicago: University of Chicago Press, 2013.

PURVIS, June. Did Militancy Help or Hinder the Granting of Women's suffrage in Britain? *Women's History Review*, v. 28, n. 7, 2019. Disponível em: https://doi.org/10.1080/09612025.2019.1654638.

PUTNAM, Robert. *Making Democracy Work*: Civic Traditions in Modern Italy. Princeton: Princeton University Press, 1993.

RAMACHANDRAN, V. K. On Kerala's Development Achievements. *In*: DREZE, Jean; SEN, Amartya (orgs.). *Indian Development*: Selected Regional Perspectives. Tóquio: United Nations University, 1999.

RAWORTH, Kate. *Doughnut Economics:* Seven Ways to Think Like a 21st-Century Economist. Reino Unido: Random House Business Books, 2017 [Edição brasileira: *Economia donut*: uma alternativa ao crescimento a qualquer custo. Rio de Janeiro: Zahar, 2019].

RAWORTH, Kate. Towards 1.5°C Lifestyles. *In*: Greta Thunberg (org.). *The Climate Book*. Nova York: Alllen Lane, 2022 [Edição brasileira: *O livro do clima*. São Paulo: Companhia das Letras, 2023].

REILLY, Philip R. Eugenics and Involuntary Sterilization: 1907-2015. *Annual Review of Genomics and Human Genetics*, v. 16, 2015. Disponível em: https://doi.org/10.1146/annurev-genom-090314-024930.

RIFKIN, Jeremy. *The Age of Resilience*: Reimagining Existence on a Rewilding Earth. Nova York: Swift, 2022 [Edição brasileira: *A era da resiliência*: repensando a existência da nossa espécie para nos adaptarmos a um planeta Terra imprevisível e restaurado. São Paulo: Cultrix, 2024].

RIFKIN, Jeremy. *The Biotech Century*: Harnessing the Gene and Remaking the World. Nova York: Tarcher/Putnam, 1999 [Edição brasileira: *O século da biotecnologia*. São Paulo: Makron Books, 1999].

RIVAL, Laura (org.). *The Social Lives of Trees*: Anthropological Perspectives on Tree Symbolism. Oxford: Berg, 1998.

ROPER, Lyndal. *Witch Craze*: Terror and Fantasy in Baroque Germany. Estados Unidos: Yale University Press, 2006.

ROSENOW, Jan; LOWES, Richard. Will blue hydrogen lock us into fossil fuels forever? *One Earth*, n. 4, v. 11, 2021. Disponível em: https://www.sciencedirect.com/science/article/pii/S2590332221006047.

ROUSSEAU, Jean-Jacques. *The Social Contract*. [*S. l.: s. n.*], 1762.

ROWE, William. *Saving the World*: Chen Hongmou and Elite Consciousness in Eighteenth-Century China. Estados Unidos: Stanford University Press, 2001.

RUTHERFORD, Adam. *Control*: The Dark History and Troubling Present of Eugenics. Reino Unido: Weidenfeld & Nicolson, 2022.

SAITO, Osamu. Forest History and the Great Divergence: China, Japan and the West. *Institute of Economic Research*. Tóquio: Hitotsubashi University, 2008. Disponível em: https://warwick.ac.uk/fac/soc/economics/seminars/seminars/conferences/econchange/programme/saito_-_venice.pdf.

SALK, Jonas. Are We Being Good Ancestors? *World Affairs: The Journal of International Issues*, v. 1, n. 2, 1992. Disponível em: https://www.jstor.org/stable/45064193.

SANDEL, Michael. *The Case Against Perfection*: Ethics in the Age of Genetic Engineering. Estados Unidos: Belknap Press, 2009.

SAROTTE, Mary Elise. *The Collapse*: The Accidental Opening of the Berlin Wall. Nova York: Basic Books, 2015.

SAVULESCU, Julian; PERSSON, Ingmar. Moral Enhancement. *Philosophy Now*, v. 91, 2012. Disponível em: https://philosophynow.org/issues/91/Moral_Enhancement.

SCHAMA, Simon. *The Embarrassment of Riches*: An Interpretation of Dutch Culture in the Golden Age. Estados Unidos: Fontana Press, 1988.

SCHAMA, Simon. *Landscape and Memory*. Estados Unidos: Fontana, 1996. [Edição brasileira: *Paisagem e memória*. São Paulo: Companhia das Letras, 1996].

SCHARPER, Stephen; CUNNINGHAM, Hilary. The Genetic Commons: Resisting the Neoliberal Enclosure of Life. *Social Analysis: The International Journal of Anthropology*, v. 50, n. 3, 2006. Disponível em: https://www.jstor.org/stable/23182119.

SCHEIDEL, Walter. *The Great Leveler*: Violence and the History of Inequality from the Stone Age to the Twenty-First Century. Princeton: Princeton University Press, 2017.

SCHIFELING, Todd; HOFFMAN, Andrew J. Bill McKibben's Influence on USA Climate Change Discourse: Shifting Field-Level Debates Through Radical Flank Effects. *Organization and Environment*, v. 32, n. 3, 2019. Disponível em: https://doi.org/10.1177/1086026617744278.

SCHNEIDER, Nathan. An Internet of Ownership: Democratic Design for the Online Economy. *Sociological Review*, v. 66, n. 2, 2018. Disponível em: https://doi.org/10.1177/0038026118758533.

SCHOR, Juliet. Towards a New Politics of Consumption. *In*: SCHOR, Juliet; HOLT, Douglas (org.). *The Consumer Society Reader*. Nova York: The New Press, 2000.

SCHUMANN, S. *et al.* Social Media Use and Support for Populist Radical Right Parties: Assessing Exposure and Selection Effects in a Two-wave Panel Study. *Information, Communication and Society*, v. 24, n. 7, 2019. Disponível em: https://doi.org/10.1080/1369118X. 2019.1668455.

SELIKTAR, Ofira. Turning Water into Fire: The Jordan River as the Hidden Factor in the Six-Day War, *Middle East Review of International Affairs*, v. 9, n. 2, jun. 2005.

SENNETT, Richard. *The Fall of Public Man*. Reino Unido: Faber and Faber, 1986.

SHAH, Alpa. What if We Selected Our Leaders by Lottery? Democracy by Sortition, Liberal Elections and Communist Revolutionaries. *Development and Change*, v. 52, n. 4, 2021. Disponível em: https://doi.org/10.1111/dech.12651.

SHARON, Ariel. *Warrior*: An Autobiography. Estados Unidos: Simon & Schuster, 2001.

SHI, David E. *The Simple Life*: Plain Living and High Thinking in American Culture. Oxford: Oxford University Press, 1985.

SHIVA, Vandana. *World Water Wars*. Cambridge: Sound End Press, 2002.

SHIVELY, Donald H. Sumptuary Regulation and Status in Early Tokugawa Japan. *Harvard Journal of Asiatic Studies*, v. 25, 1964. Disponível em: https://doi.org/10.2307/2718340.

SIISIÄINEN, Martti. Social Movements, Voluntary Associations and Cycles of Protest in Finland 1905-91. *Scandinavian Political Studies*, v. 15, n. 1, 1992.

SILVER, Lee. *Remaking Eden*: How Genetic Engineering and Cloning Will Remake the American Family. Nova York: Harper Perennial, 2007.

SIMPSON, Brett; WILLER, Robb; FEINBERG, Matthew. Radical Flanks of Social Movements Can Increase Support for Moderate Factions. *PNAS Nexus*, v. 1, n. 3, 2022. Disponível em: https://doi.org/10.1093/pnasnexus/pgac110.

SINGH, Simon. *Fermat's Last Theorem*. Nova York: Harper Perennial, 2011 [Edição brasileira: *O último teorema de Fermat*. Rio de Janeiro: BestBolso, 2014].

SKEVINGTON WOOD, A. *Captive to the Word* — Martin Luther: Doctor of Sacred Scripture. Reino Unido: Paternoster Press, 1969.

SMIL, Vaclav. *Energy and Civilization:* A History. Cambridge: MIT Press, 2018 [Edição brasileira: *Energia e civilização*: uma história. Porto Alegre: Bookman, 2024].

SMITH, Graham. Placing the Convention: An Outlier Amongst Climate Assemblies? *Participations*, 2022.

SMITH, Graham. *Can Democracy Safeguard the Future?* Reino Unido: Polity, 2021.

SNYDER, Timothy. *On Tyranny*: Twenty Lessons from the Twentieth Century. Reino Unido: Bodley Head, 2017 [Edição brasileira: *Sobre a tirania*: vinte lições do século XX para o presente. São Paulo: Companhia das Letras, 2017].

SOGA, Masashi *et al.* Gardening Is Beneficial for Health: A Meta-Analysis. *Preventative Medicine Reports*, v. 5, 2017. Disponível em: https://doi.org/10.1016/j.pmedr.2016.11.007.

SOLNIT, Rebecca. *A Paradise Built in Hell*: The Extraordinary Communities that Arise in Disaster. Estados Unidos: Penguin, 2010.

SOLOMON, Steven. *Water*: The Epic Struggle for Wealth, Power, and Civilization. Nova York: Harper Perennial, 2011.

SPELLISCY, Connor *et al. Toward Equitable Ownership and Governance in the Digital Public Sphere.* Cambridge: Belfer Center for Science and International Affairs, Harvard University, 2023.

STANDAGE, Tom. *Writing on the Wall*: Social Media, the First 2,000 Years. Nova York: Bloomsbury, 2013.

STEFFEN, Will *et al.* Trajectories of the Earth System in the Anthropocene. *PNAS*, v. 115, n. 33, 2019. Disponível em: https://doi.org/10.1073/pnas.1810141115.

STERN, Alexandra Minna. Making Better Babies: Public Health and Race Betterment in Indiana, 1920-35. *In*: OBASOGIE, Osagie; DARNOVSKY, Marcy (orgs.). *Beyond Bioethics:* Toward a New Biopolitics. Estados Unidos: University of California Press, 2018.

STOWERS, Stanley. *Letter Writing in Greco-Roman Antiquity.* Estados Unidos: John Knox Press, 1989.

STRZELECKI, Zoey. Printing Witchcraft. *Manchester Historian*, 12 nov. 2014.

SUPKO, Ruth. *Perspectives on the Cuban National Literacy Campaign.* Encontro da Associação de Estudos Latino-Americanos, Chicago, 24 a 26 de setembro de 1998.

BIBLIOGRAFIA 305

SUPRIATNA, Nana. Confronting Consumerism as a New Imperialism. *Journal of Social Studies Education*, v. 6, n. 2017.

TAINTER, Joseph. Problem Solving: Complexity, History, Sustainability. *Population and Environment*, v. 22, 2000. Disponível em: https://doí.org/10.1023/A:1006632214612.

TAINTER, Joseph. *The Collapse of Complex Societies*. Cambridge: Cambridge University Press, 1988.

TAIPALE, Ilkka (org.). *100 Social Innovations from Finland*. Finlândia: Finnish Literature Society, 2013.

TAWNEY, Richard. *Religion and the Rise of Capitalism*. Nova York: Penguin, 1980.

TAYLOR, Michael. *The Interest*: How the British Establishment Resisted the Abolition of Slavery. Reino Unido: Vintage, 2021.

TCHEN, John Kuo Wei; YEATS, Dylan. *Yellow Peril! An Archive of Anti-Asian Fear*. Nova York: Verso, 2014.

TEGMARK, Max. *Life 3.0*: Being Human in the Age of Artificial Intelligence. Nova York: Penguin, 2017 [Edição brasileira: *Vida 3.0*: o ser humano na era da inteligência artificial. São Paulo: Benvirá, 2020].

THOMAS, Keith. *The Ends of Life*: Roads to Fulfilment in Early Modern England. Oxford: Oxford University Press, 2011.

THOMAS, Keith. *Man and the Natural World*: Changing Attitudes in England 1500-1800. Reino Unido: Penguin, 1984 [Edição brasileira: *O homem e o mundo natural*: mudanças de atitude em relação às plantas e aos animais, 1500-1800. São Paulo: Companhia das Letras, 2010].

THOMAS, Keith. *Religion and the Decline of Magic*. Reino Unido: Penguin, 1973.

THOMPSON, Edward. *The Making of the English Working Class*. Estados Unidos: Pelican, 1968.

TOSH, John. In Defence of Applied History. *History and Policy*, fev. 2006. Disponível em: https://www.historyandpolicy.org/policy-papers/papers/in-defence-of-applied-history-the-history-and-policy-website.

TOSH, John. *Why History Matters*. Reino Unido: Palgrave, 2008.

TOTMAN, Conrad. Land-Use Patterns and Afforestation in the Edo Period, *Monumenta Nipponica*, v. 39, n. 1, 1984. Disponível em: https://doi.org/10.2307/2384477.

TOTMAN, Conrad. *Early Modern Japan*. Oakland, CA: University of California Press, 1993.

TOTMAN, Conrad. *The Green Archipelago*: Forestry in Pre-Industrial Japan. Athens, Ohio: Ohio University Press, 1998.

TOYNBEE, Arnold. *A Study of History*. Oxford: Oxford University Press, 1935. v. 3.

TRAMONTANA, Felicita. Five Lessons History Can Teach Us About Migration. *Warwick Knowledge Centre*, 14 ago. 2018. Disponível em: https://warwick.ac.uk/newsandevents/knowledgecentre/arts/history/migration.

TURCHIN, Peter. *Ultrasociety*: How 10,000 Years of War Made Humans the Greatest Cooperators on Earth. Estados Unidos: Beresta Books, 2016.

TURCHIN, Peter. *War and Peace and War*: The Rise and Fall of Empires. Estados Unidos: Plume, 2007.

PROGRAMA DE DESENVOLVIMENTO DAS NAÇÕES UNIDAS. *Human Development Report 2006*: Beyond Scarcity. Nova York: Palgrave Macmillan, 2006.

VAN REYBROUCK, David. *Against Elections*: The Case for Democracy. Estados Unidos: Seven Stories Press, 2018.

VANSINA, Jan. *How Societies Are Born*: Governance in Central West Africa Before 1600. Estados Unidos: University of Virginia Press, 2005.

VINCE, Gaia. *Nomad Century*: How to Survive the Climate Upheaval. Nova York: Allen Lane, 2022.

VOGEL, Jefim; HICKEL, Jason. Is Green Growth Happening? An Empirical Analysis of Achieved Versus Paris-Compliant CO_2-GDP Decoupling in High-Income Countries. *Lancet Planetary Health*, v. 7, n. 9, 2023. Disponível em: https://doi.org/10.1016/S2542-5196(23)00174-2.

WAHLSTRÖM, Mattias *et al*. Surveys of Participants in Fridays For Future Climate Protests on 20-28 September, 2019, in 19 Cities around the World, *OSF*, 18 ago. 2021. Disponível em: https://doi.org/10.17605/OSF.IO/ASRUW.

WALLMAN, James. *Stuffocation:* Living More with Less. Reino Unido: Penguin Books, 2013.

WARD, Colin. *Reflected in Water*: A Crisis of Social Responsibility. Reino Unido: Cassel, 1997.

WARD, Colin. *Welcome, Thinner City*. Reino Unido: Bedford Square Press, 1989.

WARFIELD, Abaigéal. Witchcraft Illustrated: The Crime of Witchcraft in Early Modern German News Broadsheets. *In*: Andrew Pettegree (org.). *Broadsheets*: Single-Sheet Publishing in the First Age of Print. Leiden: Brill, 2017.

WEINTRAUB, Lia. *The Link Between the Rockefeller Foundation and Racial Hygiene in Nazi Germany*. Dissertação – Universidade Tufts, Boston, 2013. Disponível em: http://hdl.handle.net/10427/77753.

WHITE, Lynn Jr. The Historical Roots of our Ecological Crisis. *Science*, v. 155, n. 3.767, 1967. Disponível em: https://doi.org/10.1126/science.155.3767.1203.

WILKINSON, Richard; PICKETT, Kate. *The Spirit Level*: Why Equality Is Better for Everyone. Reino Unido: Penguin, 2010.

BIBLIOGRAFIA

WILLIAMS, Chancellor. *The Destruction of Black Civilization*: Great Issues of a Race From 4500 BC to 2000 AD. Chicago: Third World Press, 1971.

WILLIAMS, Glyn *et al.* Performing Participatory Citizenship — Politics and Power in Kerala's Kudumbashree Programme. *Journal of Development Studies*, v. 47, n. 8, 2011. Disponível em: https://doi.org/10.1080/00220388.2010.527949.

WILLIAMS, Jo. "Circular Cities: Planning for Circular Development in European Cities', *European Planning Studies*, v. 31, n. 1, 2022. Disponível em: https://doi.org/10.1080/09654313.2022.2060707.

WINSTON, Brian; WINSTON, Matthew. *The Roots of Fake News*: Objecting to Objective Journalism. Oxford: Routledge, 2021.

WIREDU, Kwasi. Democracy and Consensus in African Traditional Politics: A Plea for a Non-Party Polity, *Centennial Review*, v. 39, n. 1, 1995. Disponível em: https://www.jstor.org/stable/ 23739547.

WISE, Amanda; VELAYUTHAM, Selvaraj. Conviviality in Everyday Multiculturalism: Some Brief Comparisons Between Singapore and Sydney. *European Journal of Cultural Studies*, v. 17, n. 4, 2014. Disponível em: https://doi.org/10.1177/1367549413510419.

WOLF, Kenneth Baxter. Convivencia and "The Ornament of the World". *In*: Connie Scarborough (org.). *Revisiting Convivencia in Medieval and Early Modern Iberia*. Estados Unidos: Juan de la Cuesta, 2014.

WONG, Kevin Scott. *Americans First*: Chinese Americans and the Second World War. Cambridge: Harvard University Press, 2005.

WOOD, Ellen Meiksins. *The Origin of Capitalism:* A Longer View. Nova York: Verso, 2002 [Edição brasileira: *A origem do capitalismo*. Rio de Janeiro: Zahar, 2001].

WOOD, Michael. *The Story of England*. Reino Unido: Penguin, 2011.

WRIGHT, Ronald. *A Short History of Progress*. Reino Unido: Canongate, 2004 [Edição brasileira: *Uma breve história do progresso*. Rio de Janeiro: Record, 2007].

ZAMAGNI, Stefano; ZAMAGNI, Vera. *Cooperative Enterprise*: Facing the Challenge of Globalization. Reino Unido: Edward Elgar, 2010.

ZAMAGNI, Vera. Why We Need Cooperatives to Make the Business World More People-Centred. *In*: Conferência Internacional de Economia Social e Solidária, 25 e 26 de junho de 2019, Genebra. Genebra: Força-Tarefa Interagências da ONU.

ZELDIN, Theodore. *Conversation*. Londres: Harvill Press, 1998.

ZELDIN, Theodore. *An Intimate History of Humanity*. Nova York: Harper Perennial, Minerva, 1995.

ZIKA, Charles. *The Appearance of Witchcraft*: Print and Visual Culture in Sixteenth-Century Europe. Oxford: Routledge, 2007.

ZINN, Howard. *On History.* Nova York: Seven Stories Press, 2011.

ZINN, Howard. *A People's History of the United States.* Nova York: Harper Perennial, 1995.

ZUBOFF, Shoshana. *The Age of Surveillance Capitalism.* Londres: Profile, 2019 [Edição brasileira: *A era do capitalismo de vigilância.* Rio de Janeiro: Intrínseca, 2021].

ZWEINIGER-BARGIELOWSKA, Ina. *Austerity in Britain*: Rationing, Controls and Consumption, 1939-1955. Oxford: Oxford University Press, 2000.

Índice

Números em itálico indicam imagens.

A People's History of the United States, 11
Abingdon, Lord, 25
aborto, 134, 136
Abulafia, Samuel Halevi, 49
ação direta, 30, 32
acondroplasia, 145
Acta Diurna ("Atos Diários"), 79
adoração da natureza, 213
África do Sul, apartheid na, 190, 220
afro-americanos, 28, 42, 44, 143, 162
Agência de Projetos Avançados de Pesquisa (DARPA), 155
agricultura, 67
   cercamento e *ver* cercamento
   colapso civilizacional e, 209, 211
   cooperativas e, 193, 194, 197
   escassez de água e, 99, 102, 105, 106, 109, 111, 114
   Grande Simplificação e, 201
   indústria da carne e, 64
   Industrial, 99
   levantes do capitão Swing e, 25, *25*, 26, 28, 36, *225*

propriedade agrícola redistribuída, 217
   Querala e, 165, 166, 167
   Rojava e, 132-3
   surgimento, 141, 222
água, 12, 15, 92, 99-117
   agricultura industrial e, 99
   aquacídio, 99, 116
   aquíferos, 99, 108, 110, 111, 116
   cidades que provavelmente enfrentarão escassez, 99, *100*
   civilização hídrica, 102, 105
   civilização hídrica da China, 101-5, *104*
   comuns e, 107-9, 115, 116, 117
   Convenção da Água da ONU, 115
   cooperativas e, 108-9
   crescimento populacional e, 99
   cria e destrói civilizações, 101-5, *104*
   deidades, 100
   diplomacia, 113-6
   guerras, 101, 109-13, *112*
   monopólios e, 116

310   HISTÓRIA PARA O AMANHÃ

mudanças climáticas e, 99, 103, 104, 109, 112

"ouro azul", 113

Países Baixos e, 104, 217

países que enfrentarão escassez severa em 2040, 100, *100*

posse pública da, 117

privatização e, 108, 110

represas e, 102, 103, 104, 109, 113, 116, 188

reverência pela, 100

tecnologia de dessalinização, 116

tendência a conflitos domésticos e internacionais sobre a, 112-3, *112*

Tribunal de les Aigües (Tribunal das Águas), Valência, 105-8, *106*, 113, 115, *225*, 226

Tribunal Universal da Água, 116

Airbnb, 198

Al-Andaluz, 46, 47, 49, 50, 51, 55, 56, *225*, 226

alfabetização, 87, 96, 163, 217-8, *225*

algoritmos

assembleias de cidadãos e, 135

colonização algorítmica, 189

compras online, 59

inteligência artificial, 9, 177, 184, 187, 189, 190, 191, 192, 196

rede social e, 85, 86, 87, 177, 189, 190, 197

viés racial, 185, 190

alquimia, 138-40, *140*

Altman, Sam, 184

Amazon, 64, 174, 177

funcionários, 187

Joint Warfighter Cloud Capability e, 184

Mechanical Turk, 187

software de reconhecimento facial Rekognition, 190

amianto, 72

Amsterdã, 72, 179-80, *180*, 182, 185, 200

Andrews, Kehinde, 15, 18, 24

Annan, Kofi, 112

anúncios, 58, 59-60, *59*, 64, 73, 88, *89*, 90, 91, 154, 183, 189, 190, 191, Apple 60, 64, 72, 155, 189

aquacídio, 99, 116

aquíferos, 99, 108, 110, 111, 116

árabe, 47-9, 138, 203-4

Arendt, Hannah, 221

aristocracia, 25, 74, 119, 211, 212

Aristóteles, 125, 148, 162, 204

assabia ("solidariedade coletiva" ou "sentimento de grupo"), 203-8, *206*, 210

Asamoah, Paul Kwame, 52

Assembleia do Povo (*Ekklesia*), 125

assembleias comunitárias, 127, 133

assembleias de cidadãos, 134-7, 228

Associação das Mulheres Finlandesas, 170

associações de alocamento, 129

AstraZeneca, 147, 155

Attenborough, David, 211, 215

aumento do nível dos mares, 174

Auschwitz, 39, 142, 144

ÍNDICE

australianos, indígenas, 209-11, 213
Autoridade Palestina da Água, 114
Azhar, Azeem, 92

Baby Box, 171, 172, *172*, 174
bacia do rio Danúbio, 115
bacia Ganges-Brahmaputra-Meghna, 113
baía dos Porcos (1961), 217-8
Bali, sistema *subak* em, 109
Banco Cooperativo de Imola, 195
Banco Mundial, 110
Bangladesh, 54, 113
Banque Générale, 180-1
Banque Royale, 181
Barbados, 21
Barber, Benjamin, 127
Barlow, Maude, 113
Bashō, 69
Bateman, Milford, 189
Bechtel, 110
Bélgica germanófona, 136
bem comum, conceito de (*bonum commune*), 12, 117, 138, 141, 148, *150*, 151-2, 156-7, 206-7, 227
berberes, 47, 49, 204
Bergholm, Tapio, 172
Berlim, tumultos populares em (1989), 220
Bernays, Edward, 59
Beurden, Ben van, 18, 19
Biden, Joe, 86
big techs, 91-2, 188, 192, 198
biodados, 154
biofilia, 203, 210, 215-6, 222

"biografia dos grandes homens", história como, 11
biologia sintética, 9, 153
biopatentes, 153
Birhane, Abeba, 15, 189
Black Power, 28, 29
Blackwood's Edinburgh Magazine, 18
Bluebird Bio, 153
bolha do Mississippi, 181, 183
Bolívia, 110, 116, 188
    Lei dos Direitos da Mãe Terra (2010), 110
    mina de prata de Potosí, 188
Bolonha, Itália, 194, *195*, 198
Bolsa de Amsterdã, 179, *180*
Bolsonaro, Jair, 86
"bom ancestral", 30, 37, 134, 151
Bon Marché, Paris, 57-9, *59*, 61
Bonaparte, Napoleão, 128
Bookchin, Murray, 130-3
boro ("trapos esfarrapados"), 66-7, *67*, 70
botânica, 212
Boucicaut, Aristide, 57
Boulding, Kenneth, 60
Brasil, 86, 103, 116, 133
Braudel, Fernand, 182
Brin, Sergey, 154
British Broadcasting Company (BBC), 33, 90
Buxton, Thomas Fowell, 21

cabana/árvore palaver, 120, *120*
caça às bruxas, 46, 83-5, *84*
cães, adoção como animais de estimação, 212

312   HISTÓRIA PARA O AMANHÃ

Califórnia, EUA
imigração chinesa, 41-2
incêndios florestais, 219
leis de esterilização forçada, 143
longevidade na, 147
Câmara dos Bons Ancestrais, 137
Câmara dos Comuns, 26, 93, 137
Câmara dos Lordes, 137
Cameron, David, 23
Cantor, Eddie, 149
capitalismo
alternativas, 227
capitalismo colonial, 188, 189
capitalismo de acionistas, 77, 227
capitalismo de consumo, 57-61,
59, 64, 185, 190-1
capitalismo de informação, 191
capitalismo financeiro, 178-9, *180*,
182-4, *225*
capitalismo genômico, 153
capitalismo industrial, 186, *186*,
188, 191, 210
crise e, 215
definição, 186
extração e, 185-92
fim do, 97
IA e ascensão do capitalismo financeiro, 179-85, *180*
capitalismo de acionistas, 77, 227
capitalismo de informação, 191
capitalismo industrial, 186, *186*, 188,
191, 210
cardápios conversacionais, 94
Carlyle, Thomas, 11
carros, 30

autônomos, 184, 188, 196
elétricos, 19, 73, 188-9
mudanças climáticas e, 19, 60, 72-
3, 76, 185, 188, 191, 196
Segunda Guerra Mundial e, 216
cartismo, 94, 123
Casa de Habsburgo, 127, 205
casta de intocáveis, 164
Castilha, Espanha, 49
Castro, Fidel, 217
Catarina, a Grande, 170
Catedral de Santa Maria, Valência, 105
Catlos, Brian, 47, 50, 51
Cawdrey, Robert: *Table Alphabeti-
call*, 96
cédula inglesa de 20 libras, 186-7, *186*
100 Mil Genomas, Projeto, 156
Centro para a Tecnologia Huma-
na, 199
cercamento, 152-4, 157, *225*
Chamberlain, Joseph, 116
Chaplin, Charlie: *Tempos modernos*,
187
Charles II, rei, 90, 212
ChatGPT, 178, 182-3, 185, 193
chefes nórdicos da Groenlândia, 205
Chen Hongmou, 102
Chenoweth, Erica, 31, 32, 35
Cheriyan, Akkamma, 165
China
combustíveis fósseis e, 20
dinastia Qing, 13, 102, 103, 231
escassez de água e, 100, 101-5, *104*,
113, 116, *225*

ÍNDICE   313

lítio, 188
propriedades agrícolas redistri-
  buídas na, 217
rebelião Taiping (1850-64), 41, 103
sino-americanos/"perigo amarelo" e, 41-6, *43*, 51
tecnologia de reconhecimento facial baseada em IA na, 193
Church, Robert, 159
Churchill, Winston, 124
Cícero, Marco Túlio, 78-9, 232
Cidade do Cabo, África do Sul, 99
cidades
  cidades-Estados italianas, demo-
    cracia nas, 126, 131, *225*
  cidades-Estados sumérias, 112
  falta de água, 99, 112
  políticas de racionamento, 75
  projetando convivialidade nas,
    48, 51-6
  regulamentação da circulação, 71
cidades-Estados italianas
  democracia nas, 126, 131, *225*
  Renascença e, 131, 179, *225*
ciência do aprimoramento, 146
cinco razões para a, 223-9
  1. Movimentos disruptivos po-
    dem modificar o sistema, 226
  2. O "nós" pode prevalecer sobre
    o "eu", 226
  3. Há alternativas ao capitalismo,
    227
  4. Os seres humanos são inovadores
    sociais, 227
  5. Outros futuros são possíveis, 228
Cisjordânia, 110, 111, 113

civilização hídrica, 102, 105
Clarkson, Thomas, 24
Cleaver, Kathleen, 28
clickbait, 84-5, *84*
Climate Defiance, EUA, 32
cliodinâmica, 205
cobalto, 188, 189
colapso civilizacional, 201-22
  assabia, 203-8, *206*, 210
  biofilia, 203, 209-14, 216, 222
  cliodinâmica, 205-7
  colapsologia, 203
  Grande Simplificação, 201-3, 207,
    208, 210, 215, 222
  resposta à crise, 74, 203, 215-22, *219*
  sacrifícios e, 204, 206, 207
colapsologia, 203
Coleridge, Samuel Taylor: *The Rime
  of the Ancient Mariner*, 100
colinas de Golã, 110
colonialismo, 13, 15, 52, 53, 61, 129,
  169, 170, 175, 212, 224, *225*
  capitalismo colonial, 178, 186,
    188-9, 191
  descrição da democracia africana
    e, 118, 119, 120, 121
  efeito de flanco radical e, 34
  IA e categorias raciais do, 189-90
  matéria-prima da revolução de
    IA e, 188-9
  projetando convivialidade nos Es-
    tados pós-coloniais, 51-6
combustíveis fósseis
  efeito de flanco radical e, 27-37,
    34, 220, 226

dependência de, superando a, 13, 17-37, 68, 71, 73, 76, 108, 116, 202, 209, 219, *225*, 227

West India Interest e, 17-8, 23, 24, 26

gradualismo e, 17-20, 23, 24, 26, 36, 222, 226

movimentos rebeldes e, 21-7, *22*, *25*, 28, 36, 220, *225*

Comissão dos Grandes Lagos, EUA, 115

Comissão Internacional para Proteção do Rio Danúbio (ICPDR), 115

Compagnie d'Occident, 180

Companhia Britânica das Índias Orientais, 163, 179

Companhia Holandesa das Índias Orientais, 179

Competição dos Melhores Bebês, Feira Estadual de Indiana (1927), 142, *142*

complexidade do sistema, 182

comunidade Nadar, 164

comunidades ibos, 120-1, 130, 137, *225*

comunismo, 32, 166, 168, 188, 195, 217

comuns, 13

conjunto comum de recursos, 107, 227

definição, 107, 108

escassez de água e, 107-9, 114, 115, 117, 251

genéticos, 153-8

onda de ativismo dos comuns, 108

tragédia dos comuns, 107

vacina contra a pólio e, 150

comuns digitais, 108

Congo, rio, 113

Congresso Nacional Africano (CNA), 31

Conselho dos Quinhentos (Boule), 125

consumismo, 13, 57-77, 202, 208, *225*

anúncios e, 58, 59-60, *59*, 73

capitalismo de consumo, 61, 64, 178, 185, 190-2

economia circular, 65-75, *66*, *67*

economia regenerativa e, 61, 64, 69, 70, 70-7

edonomia/sustentabilidade no Japão

emulação da sofisticação e, 60

impactos planetários, 60-1

invenção histórica, 59-60

lojas de departamentos, nascimento das, 57-9, *59*

movimentos de base e, 76-7

origens, 57-61, *59*

pré-industrial e, 65-73, *66*, *67*

racionamento e, 73-6, *74*

removendo/incluindo escolhas de consumo, 70-1

reparabilidade e, 66, 67, 71, 72

vida simples, um esporte radical, 61-5

consumo de carne, 64, 103, 73, 207

Controvérsia dos Seios Vestidos (1858), 164

Convenção da Água, 115

conversas digitais, 92-3

convivialidade

definição, 40

fatores econômicos e, 45

projetando para as cidades do amanhã, 51-6

ÍNDICE

COOP, 194

Córdoba, Espanha, 46-7, 49, 51

Córdova, Álvaro de, 48

Cotas Pessoais de Carbono, 75

Covid-19, pandemia de, 19-20, 75, 147, 155, 157, 217, 218

Crawford, Kate, 178, 191

Criada de Schiltach, 83-4, *84*

crise
 como oportunidade de mudança, 73-5, *74*, 165-8, 171-2, 173, 175, 203, 206-7, 208, 215-22, *219*
 crise permanente, 12
 etimologia, 215
 múltiplas crises, 202-3

crise financeira global (2008), 19, 45, 181-2, 202, 219, 221

CRISPR/Cas9, 140, 144, 152, 154, 155

Cuba
 Campanha Nacional de Alfabetização, 13, 217-8
 crise dos mísseis (1962), 10

cultura dos cafés, 13, 87-94, *89*, 98, 226

cultura impressa, 78-98
 cultura dos cafés/nascimento da esfera pública, 87-94, *89*
 evolução cognitiva da mente humana, prensa móvel e a, 95-8
 Império Romano, rede social no, 78-80
 prensa móvel, invenção da, 13, 80, 80-7, *82*, *84*, 89, 95-8, 210, *225*
 revolução digital, efeitos da, 97-8

culturas indígenas, 61, 96, 108, 116, 188, 209-11, 213

Cúpula da Terra no Rio de Janeiro (1992), 19

curdos, 131-3, *132*

Daily Mail, 90, 177

Daily News, 90

Damasco, cerco de (1401), 204

Dante, 126, 141

Darug, 209

Darwin, Charles, 143, 213

Davis, Angela, 28, 176

Davis, Mike, 104

Davis, Natalie Zemon, 11

Davison, Emily, 34, *34*

Death Cafe, movimento, 93

debulhadora, 24

decisões coletivas, 126-30

Defoe, Daniel, 90

Delta Works, projeto, Países Baixos, 217-8

democracia
 assembleias comunais/decisões coletivas, 124-37, *128*, *132*, 228
 assembleias de cidadãos, 133-7, 228
 autogestão democrática de recursos, 105-10, *106*, 114, 106
 cidades-Estados italianas, 126, 131, *225*
 comunalismo democrático, 131-2
 cultura democrática moderna, emergência da, 87
 decisões comunais nas comunidades ibos, 120-1, *120*, 130, 137, *225*
 democracia comunitária, 114, 115, 118-37, *128*, *132*

democracia comunitária curda, 130-3, *132*

democracia c comunitária de Rojava, 131-3, *132*

democracia comunitária do Estado Livre da Récia, 126-9, *128*, 130, 131, 137, *225*, 228

democracia comunitária em Djenné-Djeno, 118-9, 121, 122, *225*, 228

democracia comunitária na África, 118-21, *120*, 130, 137, *225*

democracia digital, 133

democracia direta, 12, 123, 192

democracia econômica, 193

democracia representativa, 121, 124, 129, 136-7, 228

democracias liberais, número decrescente, 122

discriminação de gênero e, 128

eleições *ver* eleições

elitismo e, 123

esfera pública e, 89, 97

etimologia, 123

governo autônomo, 114, 131-3, *132*, 194

governo autoritário, 74, 86, 102, 105, 119, 122, 162

"heterarquia" (sistema horizontal de autogovernança), 119

história não oficial da democracia ocidental, 124-30, *128*

IA e, 183, 192, 193

onda deliberativa, 133

orçamento participativo e, 133

origens na antiga Atenas, 122, 124-5, 126-7, 129, 131, 132, *132*, 134, 137, 228

origens, 122-3, 124-5, 126-7, 129, 131, 132, *132*, 134, 137, 228

Pais Fundadores dos Estados Unidos e, 123

projetada para ser antidemocrática, 122-4

revivendo a fé na, 118-37

referendos, 50, 127-8, 134, 135

região Ruund, democracia comunal na, 120

Revolução Francesa e, 123

síndrome da fadiga democrática, 122

sorteio, 125-7, 129, 133-4, 137

"3 Ds" (descentralização, deliberação e decisão direta), 129

democracia ateniense, 124-7, 129, 131, 132, *132*, 134, 137, 228

democracia comunitária, 114, 115, 118-37, *128*, *132*

africana, 118-21, *120*, 122, 228

assembleias de cidadãos, 133-7, 228

ateniense, 124-7, 129, 131, 132, *132*, 134, 137, 228

democracia representativa e, sistema híbrido combinando, 137

Estado Livre da Récia, 126-9, *128*, 130, 131, 137, *225*, 228

onda deliberativa, 133

Rojava/curda, 130-3, *132*

síndrome da fadiga democrática e, 122

sorteio e, 125-7, 129, 133-4, 137

Ver também democracia

democracia representativa, 121, 124, 129, 136-7, 228

democracias liberais, número decrescente, 122

demonologia, 85

Departamento de Saúde e Cuidados Sociais, 156

desastre, mudança transformadora e, 165, 175, 205, 216-8, 219

desemprego, 24, 172, 221
   tecnológico, 183-4, 187

design intencional, 182, 184

desigualdade, 159-76
   choques violentos e, 159-5, 162, 165-6, *225*
   como motor da desintegração social, 205
   comunismo e, 166
   dinâmica geral na história e, 160-1
   engajamento dos cidadãos e, 163-5
   esperança radical e, 175
   Finlândia e, 162, 168-74, *170*, *172*
   futuro em forma de "K" e, 162
   gig economy e, 174
   IA e, 199-200
   les Trente Glorieuses (Trinta Gloriosos) e, 160
   modelo nórdico e, 168
   mortes devido à, 174
   mulheres e, 132, 163-74, *167*, *170*, *172*, 176 *ver também* mulheres
   peste bubônica e, 159-61, 204, *225*
   pré-distribuição de riqueza e, 166
   quatro cavaleiros do nivelamento e, 160
   Querala e, 163-8, *167*
   racial, 31, 50, 51, 54, 161, 176, 220
   resultados, países mais igualitários apresentam melhores, 161
   riqueza, 9, 13, 87, 122, 159-76, 204
   Segunda Guerra Mundial e, 160
   solidariedade coletiva e, 175

desigualdade de riqueza. *Ver* desigualdade

desmatamento, 77, 207

dhimmi, doutrina legal, 47

Dia de Maio, 213, 214, *214*

Diamond, Jared, 205

dieta vegana ou vegetariana, 64, 76, 213

dilema das redes, O (docudrama), 86

dinâmica geral na história, 160-1

Diógenes, 63

discriminação, 41-6, 50, 54, 56, 128, 165, 176, 220

discriminação de gênero
   disparidade salarial, 175
   Finlândia, igualdade de gêneros na, 168-74, *170*, *172*
   Querala, programas de justiça de gêneros em, 163-8, *167*, 170, 173, 174, 175, *225*
   sufrágio/direito ao voto e, 29, 32, *34*, 37, 46, 123, 128, 170-1, 173

discriminação étnica, 41-6, *43*, 49, 51-6, 147, 190. *Ver também* raça/racismo/injustiça racial

disrupção, mudança transformadora e, 21, 218-22, *219*, 226

distritos podres, 26

Divina comédia, 141

Djenné-Djeno, África Ocidental, 118-9, 121, 122, *225*, 228

DNA, 39, 140, 153-4, 158
recombinante, 153

doença de Huntington, 146

Dorling, Danny, 172

Doudna, Jennifer, 144

doutrina da confiança pública, 108

Down, síndrome de, 145, 146

Drivers Cooperative, 197

Dupuis-Déri, Francis, 123

ecocídio (crime de destruir o mundo vivo), 116, 136

ecologia social, 130

economia pós-crescimento, 97, 221

economias regenerativas, 61-77, 97, 210, 222, 227
design regenerativo, 61
edonomia, 65-70, *66*, *67*
reprojetando a escolha para um futuro regenerativo, 70-7

EcoPeace Middle East, 114

Edo (Tóquio), Japão/edonomia, 65-7, *66*, *67*, 69-4, 77, *225*

educação
Campanha Nacional de Alfabetização em Cuba, 13, 217-8
Querala e, 163, 164-70, 173, 174

efeito de flanco radical, 27-37, *34*, 220, 226

efeito negativo de flanco radical, 31-7

efeitos de rede, 92

Egito, 29, 110, 113, 138, 157

Eiffel, Gustave, 57

Eisenhower, Dwight D., 151

Eisenstein, Elizabeth, 82-3, 86

El Niño, 103-4, *104*

eleições
assembleias de cidadãos e, 134-7
direito ao voto, expansão do/sufrágio, 29, 32, *34*, 37, 46, 123, 128, 170-1, 173
distritos podres, 26
eleição geral (1831), 26
fundamentalismo eleitoral, 137
hackeamento, 80, 91, 122, 193, 197
Lei de Reforma (1832) e, 26
mídia e, 122
mulheres e, 14, 29, 32, *34*, 37, 46, 123, 128, 132, 134, 170-1, 173, 220
origens da democracia e, 122-3, 124-5, 126-7, 129, 131, 132, *132*, 134, 137, 228
presidenciais americanas (2020), legalidade questionada, 86
sorteio e, 125-7, 129, 133-4, 137
Tribunal de les Aigües, 105-6

elitismo, 123

Elliott, John, 47

Emília-Romagna, Itália, 194-9, *195*, *225*, 227

emissões de carbono
ação extraparlamentar e, 27, 30, 31, 32, 33, 137
captura e armazenamento de carbono (CCS), 9, 20, 30
cartões individuais de carbono, 75
Cotas Pessoais de Carbono, 75
emissão zero, 19, 30
Finlândia e, 174

gradualismo e, 18-20, 30
Grande Simplificação e, 202, 207, 208
litígios de confiança pública e, 108
racionamento, 73, 75-6
empadronament (registro residencial), 56
empresas farmacêuticas, 151, 154
emulação da sofisticação, 60
Ende Gelände ("até aqui, e não mais"), 32
energia eólica, 20
energia hidráulica, 20
energia renovável, 18, 19, 20, 60, 76, 202, 207
energia solar, 20, 116
engajamento dos cidadãos, 36, 163-5
Erasmo, 84
escavadores, 119
escravidão, 13, 35, 36, 37, 41-2, 62-3, 79, 89, 120, 161, 188, 220
abolição, 18, 20, 21, 24, 26, 89, 220
Lei de Abolição da Escravatura (1833), 23, 26, 220
rebelião da Jamaica (1831), 21-3, *22*, 24, 27, 28, 220, *225*, 226
West India Interest e, 17, 23, 24, 26, *225*
esfera pública, 87, 89-92, *89*, 94, 97, 227
espaçonave Terra, 60, 69, 72
Espanha, 46, 50, 51, 55-6, 86, 101, 105, 116, 129, 188, 193, 204, *225*
espécies migratórias, 39
esperança radical, 46, 77, 163, 174
esquemas de microcrédito, 161, 189

Estação de Imigração da Ilha Angel, baía de São Francisco, 41
Estado empreendedor, 152, 155-7, 193, 227
Estado Livre da Récia (República das Três Ligas), 126-9, *128*, 130, 131, 137, *225*, 228
Etzioni, Amitai, 148
EUA
Comitê da Câmara dos Deputados que investigou o ataque de janeiro de 2021 ao Capitólio, 86
constituição (1789), 123
crise dos mísseis de Cuba (1962) e, 10, 86
eleição presidencial (2020), 86
Grande Depressão e, 184, 196
lei antitruste, 92
litígios de confiança pública nos, 108
movimento pelos direitos civis, 28, 32, 161, 220, *225*
políticas eugenistas, 143
racionamento nos, 73-5, *74*
Segunda Guerra Mundial e, 216
setor de biotecnologia, 153-8
sino-americanos/"perigo amarelo", 41-6, *43*, 51
software de reconhecimento facial Rekognition nos, 190
vacina contra a pólio, desenvolvimento da, 148-52, *150*
Euclides, 158
eugenia, 138, 141-8, *142*, 157, 161
Evelyn, John: *Sylva*, 211

Extinction Rebellion (XR), 30-3, 137, 199

extrativismo, 77, 185-92, 198, 202

Facebook, 79, 86, 87, 91, 154, 189

Fairbnb, 198

Fairphone, 71-2

"fatos alternativos", 85

Fausto, 139, *140*

Ferdinando II, rei da Espanha, 126

ferramentas "obrigatórias" de IA, 183

fertilização *in vitro*, 139

festivais populares, antigos, 213

Filhos de Kali, 35

Filipinas, 31, 110

Finlândia, 13, 159, 162, 168-5, 226, *170, 172, 225*

florestas

desmatamento, 77, 207

escolas florestais, 214

Florestas Reais, 211

nekiyama (florestas de aluguel), 68

reflorestamento, 68, 211

wariyama (florestas comunais), 68

Florestas Reais, 211

FMI, 110

fome, 39, 42, 44, 102-4, *104*, 174, 189

Forças Armadas dos Estados Unidos, 184

França, 23, 45, 55, 103

assembleias comunitárias, 129

assembleias de cidadãos, 136

Banque Général/bolha do Mississippi e, 181, 183

compras inventadas na, 57-9, *59*

comuna de Paris (1871), 129

Grande Jacquerie (1358), 160

les Trente Glorieuses (Trinta Gloriosos), 160

"notas de reparabilidade", 72

policiamento racista na, 50

Revolução Francesa (1789), 90, 123

tradição dos *Annales*, 11

Frankopan, Peter, 222

Fridays for Future, 33

Friedman, Milton, 220, 221

Friends of the Earth, 33

Frost, John, 90

Fu Manchu, 43

Fundação Nacional de Paralisia Infantil, 149, 151

futuro digital, a mente tipográfica e o, 95-8

futuro em forma de "K", 162

Gabinete de Administração de Preços, 73

Galbraith, John Kenneth, 73

Galeano, Eduardo, 188

Galton, Francis, 143

Gana, 41, 52, 53, 56, 108, *225*

Gandhi, Mahatma, 34, 63, 165

Garibaldi, Giuseppe, 14

Gates, Bill, 177

gatos, 212

Gattaca (filme), 141

Gdansk, Polônia, 136

Genebra, Suíça, 73

Genomic Prediction, 144

Genomics England, 156, 157

GenRich e GenPoor, 147, 157
geoengenharia, 20
gestão ambiental, 63, 108, 210
Gibbon, Edward: *Declínio e queda do Império Romano*, 46, 78, 204
gig economy, 174
Gladstone, William, 211
GlaxoSmithKline, 154
Glencore, 189
Goethe, Johann Wolfgang von, 10, 12
Goobalathaldin (Dick Roughsey), 209
Good Water Neighbours, programa, 114
Google, 154, 155, 183, 184, 191, 192, 199, 200
Gorbatchov, Mikhail, 220
Gordy, Sarah, 146
Gore, Al, 19
Governing the Commons, 107
governo autônomo, 114, 131-3, *132*, 194
governo autoritário, 74, 86, 102, 105, 119, 122, 162
governo holandês, 72, 217, 218
Grace, Natalie, 84
gradualismo, 18-20, 30, 36, 222, 226
Granada, Espanha, 46, 49
Grande Biblioteca de Alexandria, Egito, 157
Grande Canal, China, 101, 103
Grande Depressão (1929-39), 184, 196, 221
Grande Enchente, China, 101
Grande Jacquerie (1358), 160
Grande Simplificação, 201-3, 207-8, 210, 215, 222

Grenoble, França, 73
Grey, Earl, 23, 26
Griffiths, Jay, 37
Gualtieri, Piero, 126
guerra, respostas à, 73-4, *74*, 165-8, 171-2, 173, 175, 206, 208, 216-8, *219*
Guerra da Água de Cochabamba (2000), 109
guerra dos Seis Dias (1967), 110-1
guerra dos Trinta Anos (1618-48), 83, 127
guerras balcânicas (década de 1990), 14
guerras religiosas (1562-1598), 83, 87
guerrilhas Fretilin, 31
Guringai, 209
Gutenberg, Johannes, 80, 83, 95, 210
Guterres, António, 37
Guthrie, Woody, 146

Habermas, Jürgen, 89, 91
Hagens, Nate, 201-2
Halonen, Tarja, 169
Hamas, 111
Hamilton, Lewis, 33
HaNagid, Joseph, 49
HaNagid, Samuel, 49
Harris, Tristan, 183, 199
Hartley, L.P.: *The Go-Between*, 15
Hello Peace, 94
heterarquia, 119
Heyrick, Elizabeth, 21, 24
Hickel, Jason, 60
Hidrelétrica das Três Gargantas, China, 105

Hildegarda de Bingen, 14
Hill, Christopher, 11
Hiroshige, 69
história
   abuso da, 14
   "aqueles que não se recordam do passado estão condenados a repeti-lo", 11
   como "biografia dos grandes homens", 11
   escrita da história, natureza seletiva da, 14
   história aplicada, 10-1, 15, 107, 203, 228-9
   homens brancos e, 15
   inovação social e, 12
   "lado certo da história", 18
   "leis" da, 12, 224
   movimento de história oral, 11
   movimento de história pública, 11
   narrativas lineares e, 46
   "o passado é um país estrangeiro; eles agem de modo diferente por lá", 15
   otimismo e, 224
   pensar historicamente, o poder de, 16
   pontos de virada na, 143
   popularidade da, 9
   principal e mais adequado trabalho da, 5
   romantizar o passado, perigos de, 16
   "vista de baixo", tradição da, 11
história aplicada, 10-1, 15, 107, 203, 228-9
história cognitiva, 95, 96
História da guerra do Peloponeso, 5

história pública, movimento, 11
Historian as Citizen, 223
Hitler, Adolf, 15, 143-4, 216, 221
Hobbes, Thomas, 5, 10, 148
Hochschild, Adam, 24
Hoffman, Abbie, 34
Holocausto, 144
homens brancos, 15, 22, 123
Homens Verdes, 213-4, *214*
Homo economicus (espécie econômica), 107
Homo interneticus (espécie internética), 96
Homo sapiens, 39, 184, 226
Homo typographicus (espécie tipográfica), 96
Homo viator (espécie errante), 39
homúnculo, 139-40, *140*
Hong Kong, China, 86
hopium (esperança sem ação), 228
Hot and Cool Institute, Berlim, 75
How to Blow Up a Pipeline (filme), 208
Howick, Lord, 23
Hsu, Stephen, 144-5
Hus, Jan, 82
Huxley, Aldous: *Admirável mundo novo*, 141

IA estreita, 178, 185
IA. *Ver* inteligência artificial
IBM, 184
Ibne Caldune, 10
ideais confucianos, 102
Igreja católica, 53, 80-5, *82*, *84*, 85-6, 127, 134, 195
Igreja luterana, 170
igualitarismo, 171, 173, 174

ilha Ellis, Nova York, 41

iluminismo, 46, 87, 96

imborsazione (colocar nomes em uma bolsa), 126

imigração, 14, 38-56, 85, 111, 124, 143, 174, 197, *225*

  Al-Andaluz e, 46-51, *48*

  autor e, 38-9, *38*

  convivialidade nas cidades do amanhã, projetando, 51-6

  Homo viator (espécie errante), 39

  níveis crescentes de, 40

  referendo Brexit (2016) e, 50, 135

  refugiados climáticos, 34, 40

  Singapura e, 53-5

  sino-americanos/"perigo amarelo" e, 41-6, *43*

  teoria do contato, 51

  trabalhadores migrantes como contribuintes das finanças governamentais, 45

  Trump e, 45, 53

Império Acádio, 209

Império Romano, 46, 78-80, 161, 203, 204

Império Sérvio, 14

imprensa radical, 90

Índia, 13, 189

  direitos das mulheres/justiça de gênero, programas de, 163-8, *167*, 169, 173, 174, 175, *225*, 226

  escassez de água e, 103, 110, 113

  escravidão e, 18

  flancos radicais e, 34-5

  independência, campanha pela, 13, 34

  migração e, 40, 53, 54

  populismo de direita na, 86

Indiana, EUA

  Feira Estadual (1927), 142-3, *142*

  lei de esterilização forçada (1907), 143

Índice de Desenvolvimento Humano, 167

individualismo/individualidade, 95, 148, 157, 196, 226

informações falsas/fake news, 80, 83, 84, 91, 110, 183

inovação social, 12, 27, 50, 91, 106, 117, 148, 175, 193, 227

Instituto Arava, 114

inteligência artificial, 9, 15, 96, 97, 122, 177-200, 202, 224, *225*, 227

  algoritmos, 9, 59, 85, 86, 87, 134, 177, 185, 187, 189, 190, 192, 197

  aplicações militares, 184, 185, 192, 196

  ascensão do capitalismo e, 179-85, *180*

  campanhas públicas e, 199

  complexidade do sistema, 182

  democracia e, 183, 192, 193

  desemprego tecnológico e, 184

  design intencional, 182, 184

  ferramentas se tornam obrigatórias, 183

  IA estreita, 178, 185

  informações falsas/fake news e, 80, 83, 84, 91, 183

  inteligência artificial geral (IAG/"IA forte"), 178, 184, 199

  mais-valia comportamental e, 190

  mais-valia e, 190

  monopólios e, 180, 185, 199

movimento de plataformas cooperativas e, 197

natureza omnimodal, 182, 198

posse distribuída e, 192-200

propriedade pública, transformando as maiores empresas em, 193

risco de contágio/risco sistêmico e, 182, 183, 184, 199

roubo de identidade e, 183

tecnologia de extração, 185-92

viés racial e, 15, 185, 190

internet, 91, 96-7, 155, 189, 193, 199

invasão alienígena, 208

iPhone, 64, 189

Irã, 29, 130, 175

Iraque, 30, 113, 130

Irlanda: assembleias de cidadãos na, 134

Irmãos Unidos da Califórnia, 42

Islã, 5, 28, 41, 45, 47, 49, 50, 52, 105, 106, 204, *225*

isolacionismo, 70

Israel

Gaza, ataque militar em (2023), 111

guerra dos Seis Dias (1967) e, 110-1

guerras hídrica e, 109-12, 113-4

Hello Peace e, 94

Itália, 14, 45, 126, 143

constituição (1948), 196

vale das cooperativas, 192-200, *195*

Iucatã, antiga civilização da península de, 222

Iugoslávia, 113

Jamaica, rebelião da (1831), 21-4, *22*, 26, 220

janela de Overton, 27, 33

Japão

edonomia/sustentabilidade no Japão pré-industrial, 13, 61, 65-70, *66, 67,* 70-4, 76, 77, *225,* 227

Pearl Harbor, bombardeio de (1941), 36, 43, 44, 73, 216

racionamento no, 74

jardinagem, 211-2

Jeffrey, Robin, 168

Joint Warfighter Cloud Capability, 184

Jordão, rio, 110-1, 114

judeus, 39

Al-Andaluz e, 47, *48,* 49, 49-50

EUA e, 146

Holocausto, 146-7

Israel e, 111

Just Stop Oil, 31, 32, 33

justiça econômica, 161

Justiniano, imperador, 108

Kemp, Luke, 203, 205

Kendall, Tim, 87

Kennedy, John F., 10-1, 15, 28, 86, 215

Kennedy, Robert, 10

kettling, 30

Khrushchov, Nikita, 10

Kia whakatōmuri te haere whakamua ("Eu ando em direção ao futuro com os olhos fixos no passado") (provérbio maori), 16

Kibworth, Leicestershire, 159-60, 162

Kimmerer, Robin Wall, 209

King Jr., Martin Luther, 28-9, 34
Klein, Naomi, 220
kleroterion, 125
Korppi-Tommola, Aura, 171
Kudumbashree ("prosperidade da família"), 166, 167, *167*

Lagas, Suméria, 112
Lahti, Finlândia, 75
Landemore, Hélène, 134
Landsgemeinde (assembleias públicas locais), 128, *128*
Law, John, 180-1, 200
Lebow, Victor, 57
Lee Kuan Yew, 53
Legados da Posse de Escravos na Grã--Bretanha, projeto da University College London, 23
Lehman Brothers, 182
lei antitruste, 92, 199
Lei de Exclusão dos Chineses, EUA (1882), 42, *43*, 44, 45
Lei de Reforma (1832), 26
les Trente Glorieuses (Trinta Gloriosos), 160
levantes do capitão Swing (1830), 25, *25*, 26, 28, 36, *225*
Levy, Andrea, 22
Lewis, David Levering, 50
Liga Cinza, 126
Liga da Casa de Deus, 126
Liga da Justiça Algorítmica, 199
Liga das Dez Jurisdições, 126
Liga das Mulheres Trabalhadoras, 170

Lineker, Gary, 33
Linnaeus, Carl, 212
Linux, 108
litígios de confiança pública, 108
lítio, 155, 188, 189
Little People of America, 145
Lloyd's Coffee House, Londres, 88
lobby, 17, 19, 21, 27, 36, 137, 219
Locke, John, 35
Lockhart, John Gibson, 17
lojas de departamentos, nascimento das, 57-9, *59*
Londres
    cafés na era georgiana, 13, 87-94, *89*, 98, 226
    zona de emissões ultrabaixas, 73
Louisiana, EUA, 180-1
Louverture, Toussaint, 23
Luís XIV, rei da França, 180
Luther, Martin, 28, 34, 81, *82*, 82

M-Pesa, 189
MacDonald, Lauren, 19
MacMillan, Margaret, 11
Macron, Emmanuel, 136
Madison, James, 123
mais-valia, 190
    alternativas ao capitalismo e, 227
    comportamental, 190-1
    cultura indígena e, 209-10
    edonomia/Japão pré-industrial e, 13, 61, 65-70, *66*, *67*, 70-4, 76, 77, *225*, 227
    Grande Simplificação e, 201-2

Objetivos de Desenvolvimento Sustentável, 169

Querala e, 163-8, *167*, 170, 173, 174, 175, *225*

sustentabilidade, 99, 107, 108, 132, 169

Majzoub, Tarek, 116

Malcolm X, 28

Malleus Maleficarum ("O martelo das bruxas"), 85

Malm, Andreas, 29

Mandela, Nelson, 31

Manwarings Coffee House, Londres, 88, *89*

Mao Tsé-Tung, 14

mar Negro, 115

March of Dimes, 148-50, *150*

Marcos, Ferdinand, 31

Marcuse, Herbert, 65

Marin, Sanna, 168

Marshall, plano, 220, 221, 231

Marx, Karl: *O manifesto comunista*, 188, 191, 192, 216

marxismo, 130

Mastodon, 91, 197

Mataró, Catalunha, 55-6

Mauny, Raymond, 118

Mazzucato, Mariana, 155

McIntosh, Roderick, 119

McKibben, Bill, 166

McLuhan, Marshall, 78, 80, 95, 96, 98

Mechanical Turk, 187

Meireki, incêndio (1657), 66

Mekong, rio, 113

Mekorot, 111

memórias públicas, fabricação de, 14

Mengele, Josef, 144

mente tipográfica, 95-6

Merton College, Universidade de Oxford, 159, 160

Mesopotâmia, 222

Meta, 184, 192

MetaFilter, 93

método das partidas dobradas, invenção, 179

microplásticos, 60

Microsoft, 92, 183, 184, 192, 193, 199

Miliband, Ed, 173

mir, sistema russo, 129

modelo nórdico, 168

Modi, Narendra, 85

Monbiot, George, 133

monopólios, 91-2, 116, 180, 185, 197

mottainai (princípio da suficiência), 69

movimento cooperativista, 76, 92, 108-9, 117, 132-3, 165, 167, 193-200, *195*, *225*, 227, 228

movimento de história oral, 11

movimento de plataformas cooperativas, 197-200

movimento de reconciliação com a natureza, 214

Movimento dos Guarda-Chuvas, 86

Movimento Occupy, 221

movimento pelos direitos civis, EUA, 28, 32, 161, 220, *225*

movimento pelos direitos dos homossexuais, 29

movimento sindicalista, 14, 42, 161, 165, 171, 172, 173, 191

ÍNDICE

movimentos rebeldes/desobediência, poder dos, 17-37
  efeito de flanco radical, 27-37, *34*, 220, 226
  levantes do capitão Swing, 25, *25*, 26, 28, 36, *225*
  rebelião da Jamaica, 21-3, *22*, 25, 26, 28, 220
  West India Interest e, 17-8, 23, 24, 26
mudanças climáticas, 99
  combustíveis fósseis e *ver* combustíveis fósseis
  consumismo e, 60
  criminosos climáticos, 208
  democracia e, 122, 136
  elevação do nível dos mares e, 217
  emissões de carbono e *ver* emissões de carbono
  escassez de água e, 99, 103, 104-5, 109, 112
  flanco radical e, 30-7
  gradualismo e, 18-20, 36, 222, 226
  Grande Simplificação e, 207, 208
  polarização e, 85
  racionamento e, 75
  refugiados climáticos, 34, 40
  resposta à crise e, 217, 220
  sociedades desigualitárias e, 162, 174
mulheres
  anúncios e, 59
  caça às bruxas, 46, 83-5, *84*
  como agentes de mudança, 176
  direitos em Rojava, 132-3, *132*
  direitos na Finlândia, 13, 168-74, *170*, *172*, 220, 226

  disparidade salarial entre os gêneros, 175
  e democracia ateniense, 124
  escravidão e, 18, 21, 103
  Estado Livre da Récia e, 128
  esterilização forçada, 143
  negligenciadas pela história, 14
  programas de direitos das mulheres/justiça de gênero em Querala, 163-8, *167*, 169, 173, 174, 175, *225*, 226
  redes sociais e, 190
  regulamentação de "máximo geral" e, 73
  sufrágio/direito ao voto, 29, 32, *34*, 37, 46, 123, 128, 170-1, 173
Muqaddimah, 203-4, 205, 207, 210, 226
Murrow, Ed, 150
Museu de História Aplicada, 228-9
Musk, Elon, 192, 197
mutualidade intergeneracional, 195

Nação do Islã, 28
nanismo, 145
Nasser, Gamal Abdel, 110
nekiyama (florestas de aluguel), 68
New Deal, EUA, 197
nexo da disrupção, 218-21, *219*
Nihonbashi, ponte, em Edo, 65-6, *66*
Nihonbashi Uogashi, Edo, 65
Nike, 59
Nilo, rio, 113, 119
niveladores, 123
Nkrumah, Kwame, 52

Norfolk, ilha, Austrália, 75

Northern Star, 90

novas ideias, disrupção e presença de, 218, 219, *219*, 220, 221

Novo Testamento, 81, 82

Nuremberg, leis de, 143

o "nós" pode prevalecer sobre o "eu", 226

O'Connor, Feargus, 90

Öcalan, Abdullah, 130-1, 132-3

OCDE, 134, 174

Ochiai, Eiichiro, 69

"ocupações de cadáveres", 30

Olusoga, David, 21

Omíada, reino, 46, 49, 204

omnimodal, 182, 198

onda deliberativa, 133

Ong, Walter, 95

OpenAI, 183, 184, 193

Oracle, 184

orçamento participativo, 133

Ordem das Damas Pobres, 63

Organização Central de Sindicatos Finlandeses (*Suomen Ammatti-liittojen\ Keskusjrjestö*) (SAK), 172

Organização das Nações Unidas (ONU), 37, 112, 167

Organização Mundial da Saúde (OMS), 151

Organização para a Cooperação e o Desenvolvimento Econômico (OCDE), 134, 174

Ostrom, Elinor, 106-9, 114, 117

Otmoor, Oxfordshire, 25

"ouro azul", 113

Oxfam, 174

Packham, Chris, 214

Paine, Tom, 90, 123, 216

Pais Fundadores dos Estados Unidos, 123

Países Baixos, 45, 104, 133, 193, 217

palestinos, 94, 111, 113, 114

Palvelijatarlehti, 170

Pankhurst, Emmeline, 29, 34, *34*

Panteras Negras, 28

Paracelso: *Sobre a natureza das coisas*, 139

Parents Circle, 94

Paris

bancos, 180-1

carros movidos a combustíveis fósseis, 72

comuna (1871), 129

invenção das compras, 57-9, *59*

policiamento racista, 50

Partido dos Trabalhadores, 42

Partido dos Trabalhadores do Curdistão (*Partiya Karkerên Kurdistané*, PKK), 130-3, *132*

Partido Nazista, 143-5, 146, 207

patentes, 108, 150, 151, 153, 156, 157

Pearl Harbor, bombardeio japonês de (1941), 36, 43, 44, 73, 216

Penn, William, 62

perda de biodiversidade, 60, 75, 134-5, 202, 209

"perigo amarelo", 41-6, *43*, 51

peste bubônica, 159-1, 204, *225*

ÍNDICE

Pickett, Kate: *The Spirit Level*, 161
Piketty, Thomas, 75, 175
Pinterest, 87
Pistor, Katharina, 154
Planeta Azul II, 211
Podemos, partido, 86
Poetas de Lake, 212
Polanyi, Karl, 153
polarização, 13, 34, 85, 94, 97
Políbio, 204
política de extrema direita /populismo, 12, 14, 45, 55, 56, 86, 122, 162, 202, 228
Poor Man's Guardian, 90
população
 crescimento, 68, 99, 101, 112, 147
 declínio, 160
 idade, 40, 56
 imigrante *ver* imigração urbana, 51
populismo de extrema direita, 14, 45, 55, 86, 228
Porto Alegre, Brasil, 133
posse distribuída, 193, 196, 227, *195*
Postman, Neil, 95
Potosí, Bolívia, 188
povos maias, 205, 213
Pré-distribuição de riqueza, 166, 196
Primavera Árabe (2010-12), 29, 86
Primeira Guerra Mundial (1914-18), 10, 191, 206
Principe, Lawrence, 139
privatização, 14, 108, 110, 116, 153-5
Projeto Genoma Humano, 155
projetos de democracia digital, 133
propriedade privada, 35, 36, 152, 185

protestantismo, 61, 80-3, *82*, 84, 85, 127, *225*
Protocolo de Montreal (1987), 207
Proud Boys, 86
pureza nacional, 14
puritanos, 114, 129
Purvis, June, 29
Putin, Vladimir, 193
Putnam, Robert, 194
QAnon, 86
QI, 146
Qing, dinastia, 13, 103
Quakers (Sociedade dos Amigos), 61, 62, 63, 65, *225*
quatro cavaleiros do nivelamento, 160
Quebec, Canadá, 229
Querala, 159, 162-70, 173-5
Querala, Índia, 163-8, *167*, 170, 173-5, *225*

raça/racismo/injustiça racial
 África do Sul, apartheid na, 190, 220
 desigualdade e, 32, 50, 51, 55, 161, 176, 220
 escravidão e *ver* escravidão
 Finlândia e, 174
 flanco radical e, 28
 IA, viés racial em, 15, 185, 190
 injustiça racial, 28, 32, 34, 35, 41-6, *43*, 54, 143, 161, 185, 190, 220, *225*
 movimento pelos direitos civis, EUA, 28, 32, 161, 220, *225*
 policiamento nos *banlieues* de Paris, 50

racismo científico, 143, 145 *ver também* eugenia

redes sociais e, 86

resposta à crise e, 220, 221

Singapura e, 53-4

sino-americanos e, 42-4

sino-americanos/"perigo amarelo" e, 41-4, *43*, 51

tumultos raciais nos EUA, 28

racionamento, 68, 70, 73-6, *74*, 165, *225*

Rahman I, príncipe Abd al-, 46

reciclagem, 66-7, 70-2, 189

recombinante, DNA, 153

redes sociais

atenção e, 9, 80, 97

bolhas, 135

caça às bruxas e, 46, 83-5, *84*

cafés e, 13, 87-94, *89*, 97, 226

cardápios conversacionais e, 94

conversação, o poder das, 87-94

cultura impressa e *ver* cultura impressa

definição, 78

domando, 78-98, *225*

e ascensão da mídia de massa, 90

efeitos de rede e, 92

extremistas de direita e, 86

história cognitiva e, 95

IA e, 177, 190

Império Romano e, 78-80

informações falsas e, 84, 85

leis antitruste /antimonopólio e, 91-2, 199

mente tipográfica e, 95-7

modelo cooperativo e, 197

movimento Death Cafe e, 93

polarização criada pelas, 13, 34, 85, 94, 97

Reddit, 92-3

referendo Brexit (2016), 50, 135

referendos, 50, 127, 128, 134-5

reflorestamento, 68, 211

Reforma, 81-3, *82*, 85, 97, *225*

regulamentação de "máximo geral", 73

Reich, Robert, 199

Renascença, 13, 126, 131, 179

renaturalização, 214

reparos/reparabilidade, 66, 71, 72, 102

represa do Renascimento, Etiópia, 113

represas, 102, 102, 104, 109, 113, 116, 188

República Democrática do Congo, 120, 188

República Florentina, 126

resistência pacífica, 28, 29, 31, 32, 35

resolução de disputas, 107

resposta à crise, 74, 203, 215-22, *219*

desastre e, 165, 175, 205, 216-8, 219

disrupção/nexo da disrupção e, 218-21, *219*

guerra e, 73-4, *74*, 165-8, 171-2, 173, 175, 206, 208, 216-8, *219*

novas ideias e, 218, 219, *219*, 221, 222

revolução e, 12-3, 216, 217-8, *225*

reuniões na câmara municipal, Nova Inglaterra, 114, 129

revolta de Channar (1813-59), 164

revolta dos camponeses (1381), 160

Revolução de Veludo, Tchecoslováquia (1989), 31

Revolução do Poder Popular, 31

revolução genética, gerindo, 12, 138-58

  alquimia e, 138-40, *140*

  bem comum (*bonum commune*) e, 141, 148-52, *150*, 154, 156, 157

  bens genéticos comuns, 152-8

  biodados, 154

  biologia sintética, 9, 153

  biopatentes, 153

  cercamento e, 152-7, *225*

  ciência do aprimoramento, 146

  "civilização eugênica comercialmente motivada", 157

  CRISPR/Cas9, 140, 144, 152, 154, 155

  DNA recombinante, 153

  edição genética, 140, 144, 146, 147, 152, 154, 155

  Estado empreendedor e, 155-8, 227

  eugenia, 138, 141-8, 157, 161, *155*

  GenRich e GenPoor e, 147, 157

  Grande Biblioteca de Alexandria e, 157

  modificação genética, 147

  movimento de cercamento genético, 153-5

  sistema público-privado, híbrido, 156

  técnicas de terapia genética, 140-1, 182

  testes em embriões/fertilização *in vitro* (FIV), 139-41

vacina contra a pólio, desenvolvimento da, 148-52, *150*

Revolução Industrial, 24, 40, 202, 211, *225*

revoluções, mudança e, 13, 216, 217-8, *225*

Rifkin, Jeremy, 157

risco de contágio. *Ver* risco sistêmico

risco sistêmico, 183, 199

Robert of Chester: *On the Composition of Alchemy*, 138

Robinson, Kim Stanley: *The Ministry for the Future*, 35

Rockefeller, família, 91

Rockefeller, Fundação, 144

Rogério II, rei da Sicília, 49

Rojava, Síria, 132-3, *132*

Romantismo, 212

Roosevelt, Franklin Delano, 149, 216

Roosevelt, Theodore, 143

Roper, Lyndal, 83

roubo de identidade, 183

Rousseau, Jean-Jacques, 123-4

Rushkoff, Douglas, 199

Rússia, 129, 169, 170, 193, 206, 208

Rutherford, Adam, 144

Ruund, região da África, 120

Sabin, Albert, 151

sacrifício, 204, 206, 207

Safaricom, 189

Salar de Uyuni, Bolívia, 188

Salk, Jonas, 150-1, 154

Sanger, Margaret, 143

Santa Clara de Assis, 63

Santayana, George, 11

São Domingos (Haiti), 23

São Francisco, EUA
  Estação de Imigração da Ilha Angel, 41, 42, 44
  terremoto (1906), 205, 206, 226

Schama, Simon, 179

Scheidel, Walter, 160, 161, 162, 165, 167, 175

Schmachtenberger, Daniel, 182-3

Schneider, Nathan, 197

Schor, Juliet, 60

Segunda Guerra Mundial (1939-45), 14, 39, 71, 160-1
  desigualdade e, 160-1, 165, 167, 171, 173, 175
  evacuação das crianças, 206
  Holocausto, 144
  Pearl Harbor, bombardeio de (1941), 36, 44, 73, 216
  racionamento, 73-5, *74*
  sino-americanos e, 42-4, 51
  UE e, 208

Seibert, Jeff, 86

seleção natural, 143

Sen, Amartya, 163

Sendero Luminoso, 31

Serviço Nacional de Saúde, 156

Shakespeare, Tom, 145, 146

Shared Capital Cooperative, 197

Sharon, Ariel, 110

Sharpe, Samuel, 21-3

Sharubutu, Sheikh Osmanu Nuhu, 53

Shell, 18-9, 20

Shiva, Vandana, 99

Sicília, 49

Sieyès, Emmanuel Joseph (abade Sieyès): *What Is the Third Esta-te?*, 123

Signal, 185

Sillanpää, Miina, 169, 170, 171, *170*

Silver, Lee, 147

síndrome de deslocamento da linha de base, 223

Singapura, 41, 53-5, 56

Siri, 155

Síria, 79, 110, 111, 113, 130, 131, *132*, 135, 163

sistemas de castas, 147, 163-4, 226

sistema de posicionamento global (GPS), 155, 178, 188

sistemas autônomos de armas, 184, 199

sistemas públicos-privados, 156

Smith, Adam: *A riqueza das nações*, 186-7, *186*

social.coop, 197

sociedade anônima de responsabilidade limitada, 180

Sociedade Londrina para a Mitigação e Abolição Gradual do Estado de Escravidão nos Domínios Britânicos, 21

Sociedade Real de Proteção aos Pássaros, 211

software de reconhecimento facial, 190, 189-90, 193, 199

softwares de código aberto, 108, 197

solidariedade coletiva, 175, 194, 203-6, 222, *227*

Solnit, Rebecca: *A Paradise Built in Hell*, 205

ÍNDICE

sorteio, 125-7, 129, 133-4, 137

Spectator, revista, 88

St Giles, feira de, 25

Stalin, Joseph, 14

Standage, Tom, 79, 88

Standard Oil, 91

Stanford, Leland, 200

Stephan, Maria, 31, 32, 35

steward ownership, 77, 157, 193, 198-9

Stop Killer Robots, 199

Stuart, reis, 212

Sufrágio, 29

sufrágio/sufragistas, 29, 32, *34*, 37, 46, 123, 128, 170-1, 173

Suíça, 107, 126, *128*, 131, 139, *225*, 228,

Suzuki, David, 228

Tabellini, Marco, 45

tábuas de argila da Babilônia, 179

taifas (cidades-Estados islâmicas), 49, 50

Taiping, rebelião (1850-64), 41, 103

Taiwan, 133

Take the Jump, 76

Tamimi, Abdelrahman, 114

tecnologia de dessalinização, 116

tecnologias de blockchain, 198

televisão, 72, 90, 214

teoria da evolução, 157, 206, 212, 226

teoria do contato, 51

teoria monetária moderna, 221

teorias da conspiração, 86, 91

Tesla, 72, 188, 192

"teste de campo da vacina Salk", 150

testes em embriões, 139-41

The Printing Revolution in Early Modern Europe, 86

The Rainbow Serpent, 209, 213

Thomas, Keith, 58, 211, 213

Thompson, E. P., 11

Thoreau, Henry David, 63

Tigre-Eufrates, bacia, 112, 113

Timur (ou Tamerlão), 204

Tokugawa, xoguns, 65, 66, *66*, 68, 70, 71, 73, 76

Toledo, Espanha, 49

tolerância, cultivando, 13, 38-56, 92, 98, 161, *225*, 226

    Al-Andaluz, 46-51, *48*, 55, 56, *225*, 226

    convivialidade nas cidades do amanhã, projetando, 51-3

    crise financeira global (2008) e, 45

    Homo viator (espécie errante), 39, 41

    imigração e *ver* imigração

    referendo do Brexit (2016) e, 50

    refugiados climáticos e, 34, 40

    Singapura, 53-5

    sino-americanos/"perigo amarelo" e, 41-6

    teoria do contato, 51

    Trump e, 45, 53

Törbel, Suíça, 107

Totman, Conrad, 68

Toynbee, Arnold, 203

tradição dos *Annales*, 11

tragédia dos comuns, 107

Três "3 Ds" (três dimensões: descentralização, deliberação e decisão direta), 129

Tribunal de les Aigües (Tribunal das Águas), Valencia, 105-8, *106*, 113, 115, *225*, 226

Tribunal Latino-Americano da Água, 116

Tribunal Universal da Água, 116

Trump, Donald, 45, 53, 85-6

Tryon, Thomas, 211

Tuchman, Barbara W.: *The Guns of August*, 10-1, 86

Tucídides, 10

Turchin, Peter, 205-7, 208

Twain, Mark, 191

Twitter (agora X), 33, 86, 171, 197

Tyndale, William, 82

Tyre Extinguishers, 35-6

Ucrânia, 103, 135, 206

Udala, Noo, 120

Uma, Suméria, 112

uMkhonto we Sizwe (Lança da Nação), 31

União Americana de Liberdades Civis, 190

União Europeia (UE)
  agenda Green Deal, 208
  de "direito ao reparo", 72
  Diretiva Estrutural das Águas, 115
  European Open Science Cloud, 92
  lei de biodiversidade, 135
  Lei de Inteligência Artificial (2023), 199
  Referendo do Brexit (2016), 50, 135
  Regulamentação Geral de Proteção de Dados, 190

União Nacional das Sociedades pelo Sufrágio Feminino (NUWSS), 29

União Social e Política das Mulheres (WSPU), 29, 34, *34*

União Soviética, 10, 171, 220

Universidade de Bolonha, 194, 195, *195*

Universidade de Gotemburgo, 122

Universidade de Oxford, 155, 214, *214*

Universidade de Pittsburgh, 150

Universidade de Stanford, 200

UTKFace, 189

Vaikunda Swami, Ayya, 164

Van Reybrouck, David, 122, 134

veículos autônomos, 184, 188

vida simples, 61-3, *225*

vilarejo Dogon, Sangha, Mali, 120, *120*

Vince, Gaia, 55

23andMe, 154, 156

Vodafone, 189

Voltaire, 181

Vox, 55

wariyama (florestas comunais), 69

Warren, Elizabeth, 92

Wellington, duque de, 21

West India Interest, 17-8, 23-4, 26

WhatsApp, 92

whigs, 21, 23, 26

White, Gilbert: *Natural History of Selborne*, 212

Whittaker, Meredith, 185

Wikipédia, 108
Wilberforce, William, 21, 24
Wilkinson, Richard: *The Spirit Level*, 161
Wilson, Edward, 210
Winstanley, Gerrard, 108
Wiredu, Kwasi, 119
Wisselbank, 179, 180
Wittfogel, Karl, 102, 106
Wojcicki, Anne, 154
Wollstonecraft, Mary, 123
Wong, Kevin Scott, 44
Wood, Michael, 159, 231
Woolman, John, 61-3, 65, 76
Wycliffe, John, 82

X (antes Twitter), 197 *Ver também* Twitter
xAI, 192
xenofobia, 40, 86, 146

Yu, o Grande, 101
yukata (quimono), 66

Zeldin, Theodore, 41, 94
Zika, Charles, 83, 85
Zinn, Howard, 36, 223-4
Žižek, Slavoj, 192
Zola, Émile, 57
Zuboff, Shoshana, 190

Siga o Grupo Editorial Record
e fique por dentro dos nossos lançamentos

- record.com.br
- facebook.com/GrupoEditorialRecordOficial
- instagram.com/editorarecord
- twitter.com/editorarecord
- youtube.com/grupoeditorialrecord

Este livro foi composto na tipografia Minion Pro,
em corpo 11/15, e impresso em
papel off-white na Gráfica Plena Print.